U0948866

掌坳村村委会

掌坳村标志——铜鼓

通往寨内的沙石路

吊脚楼一角

寨内小路

莲花小学教学楼

校园里活泼可爱的小朋友

人畜饮水水塔

收获的土豆

远处山坡上劳作的农民

各式各样的芦笙

芦笙表演

锦鸡舞

铜鼓舞插曲——板凳舞表演

以老带少

妇女同胞齐欢鼓

丢留夫排索落哒：意为从高处下来，起伏不平

谁哥雕（捉蟹舞）：指逢年过节来客人时，主人还要下河捉鱼翻螃蟹来招待客人

送里又：表示五人骑马欢送客人远去回家的情景
（主人骑马送客人到寨边，当客人离去后，才击手掌赶马回家，以示依依不舍）

男女老少同藏鼓：意为将要把鼓放回去，男女老少聚在一起跳

李文英大妈在向我们展示她的“作品”

纯手工绣片

苗家小姑娘在劳动

勤劳的苗族妇女

吴呈岑家

村支书杨昌彪（中）耐心地将苗语翻译成普通话

掌坳村村委会主任吴道安

退休老干部吴德珍

寨老吴正兴

吴绍龙木匠和他盖起的木屋

吴志刚一家

刘永佶教授（右）在与村支书杨昌彪（左）亲切交谈

村长吴道雄在接受采访

热情好客的苗家人

刘永佶院长（右五）、于池博士（右一）与盛装参加铜鼓舞表演的寨老合影

调研组全体成员与村民合影

中国民族经济村庄调查丛书

掌坳村调查

（苗族）

刘永佶　于　池　主编

北　京

图书在版编目（CIP）数据

掌坳村调查／刘永佶，于池主编．—北京：中国经济出版社，2010．4
（中央民族大学“985 工程”中国民族经济村庄调查丛书）
ISBN 978-7-5017-9882-7

Ⅰ．①掌…　Ⅱ．①刘…②于…　Ⅲ．①乡村—民族经济—调查报告—楚雄彝族自治州　Ⅳ．①F127.742

中国版本图书馆 CIP 数据核字（2010）第 056446 号

出版发行：中国经济出版社（100037·北京市西城区百万庄北街 3 号）
网　　址：www.economyph.com
责任编辑：孙　岩（电话：010-68359418）
责任印制：常　毅
封面设计：张志伟
经　　销：各地新华书店
承　　印：河北省高碑店市鑫宏源印刷包装有限责任公司
开　　本：170mm×240mm　1/16　　**印张**：19.25　**彩插**：18 张　**字数**：220 千字
版　　次：2010 年 4 月第 1 版
印　　次：2010 年 4 月第 1 次印刷
印　　数：3000 册
书　　号：ISBN 978-7-5017-9882-7/F·8319　　**定价**：39.00 元

服务热线：68344225　68369586　68346406　68309176

中央民族大学“985 工程”中国民族地区经济社会发展与公共管理哲学社会科学创新基地

中国民族经济村庄调查丛书　编委会

本书写作分工

主　编：刘永佶　于　池

作　者：（按姓氏笔画为序）

马　淮　王玉玲　龙　星　刘丽杰　余　欢

肖　潇　李贺群　李　悦　吴　俊　吴　茉

张　越　欧阳广龙　段静静　贺庆平　郝　赪

郭德启　黄　云　黄彦凯　董殿毅

总 序

村庄，是农民的聚居地，也是农民生产和生活的社会形式。村庄形成于农业文明时代，在中国最为典型和普遍，迄今依然是中国基本的社会单位。所有中国人，或是生于长于村庄，或是父祖辈来自村庄。村庄是中华民族的根基，是我们走向现代化的立脚点和必须改变其内容和形式的地方。认知中国的现实和历史，一个重要环节，就是了解村庄。

中国的民族经济，包括以下层次：一是以中华民族为主体的经济，二是中华民族五十六个支民族的经济，三是少数民族地区的经济。不论从哪个层次的研究，都必须涉及村庄这个基本单位。以往的民族经济研究和行政管理研究，对于村庄的关注，主要是在总体性的统计及对策方面，鲜有对某一村庄的专注系统调查。这种情况使我们所从事的理论探讨总显得有些飘浮，言不及意，大而不当。反思许久，不能不下决心从小处做起，将村庄调查作为根基，扎实做去。恰“九八五”项目实施，经费有所保障，故组织本创新基地近百名教师带二百博士、硕士研究生和高年级本科生，结十五调查组，计划用六七年的暑、寒假，从五十六个支民族中各选一二典型村庄，深入调查，总百余村，每村一书，为中国民族经济三个层次研究，为政府行政决策，提供基础资料。

百村，不及中国村庄万分之一。我们的村庄调查虽只是抽样性质，但却是探根摸底，力求深入、真实、详细。二〇〇八年夏各组分赴河北、内蒙、宁夏、云南、广西调查点，历经一月左右，获初步资料。因为首次，困难颇多，思路和方法也要不断调整，秋、冬写作时又各自补充调查。时间虽短，但师生与村官、村民情谊颇深，既为调查提供条件，又为后续补充予以协助。各地党、政机构，对调查全力配合。无此，则调查难以进行。这套丛书，实为共同努力之成果，并赖中国经济出版社黄允成社长、孙岩主任鼎力支持，得以出版。本调查还要持续数年，望读者批评，我们再努力。

劉永佶

二〇〇九年三月十八日

前　言

掌坳在苗语中意为“生长八月竹的地方”。掌坳村位于雷山县大塘乡的东端，距县城 8 公里，到乡政府 5 公里，省道炉榕线从中穿过，交通极为便利，上可走州府凯里及省府贵阳、下可走黎从榕，是贵州出入广西的必经通道。截至 2008 年年底掌坳村共有 171 户，709 人，除外来媳妇有一小部分是汉族外，其他均为苗族。

全村共分为两个自然寨，即掌坳和南亮。掌坳大寨为吴姓，包含第一、二、三、五 4 个村民小组，据会计吴道雄说大寨只有一家姓台，是当年从丹江镇陶窑村随姐姐嫁过来的，其余的全姓吴；南亮小寨为杨姓，包含第四村民小组。全村耕地面积 489.528 亩，其中田（水田）408.282 亩，土（山坡耕地）81.246 亩，森林覆盖面积 2818 亩。2008 年该村人均年收入为 2000 元，收入来源主要是务农及出外打工，是比较典型的贵州苗族村寨。

掌坳苗族是一个农耕民族，很早以前以狩猎打鱼为生，定居以后基本上就单纯以种植水稻为主。从现今的生活水平而言，掌坳人在 20 世纪 80 年代由土地的集体制到承包到户之后，基本就解决了温饱问题，这一方面得益于农业科技的飞速发展，优良稻种的更新换代使粮食产量成倍增长；另一方面，村里的青壮年外出打工的人口逐年增长，在很大程度上减轻了人口压力。但是从金钱衡量的财富收入来讲，掌坳村的人均收入仍然很低，基本上仍处于贫困线上。由于山区土地资源的匮乏，掌坳村到目前还没有形成有规模的经济作物种植，农产品基本上只是供应家里食用和作为饲养家畜的原料。从家庭养殖业来说，饲养的耕牛是用来犁田的工具，每家最多喂养一头，有的家庭连一头也没有，农忙时租用别人的牛来耕作。虽然政府对于喂养母猪有一定的补贴，但是由于居住环境和空间所限，一般的家庭一年只能喂养一两头猪，用于过年食用或急需用钱时卖掉一头。总体看来，掌坳村的农业经济收入十分微薄，日常饮食基本上都是来自自家产出，仍处于自给自足的自然经济状态。

掌坳苗族铜鼓舞主要是先民们在从事劳动生产、改造自然的过程中创造成的舞种，通过模仿劳动过程而产生步调各异的各种舞姿（蹈），经世代创新、千锤百练演变成集铜鼓与舞姿于一体的铜鼓舞。现寨中有一铜鼓坪，可容纳上千人。逢祭祖、庆典节日（娱乐）等活动时，村内均举行跳铜鼓舞活动，临近村寨苗族来此汇集击鼓狂舞欢歌，已成为惯例。由技艺精湛的长老敲打铜鼓指挥众人跳形态各异的舞姿。铜鼓舞舞姿动作豁达，热烈奔放，浓厚古朴、狙犷豪迈又刚柔相济，是掌坳村民集体智慧结晶独创的民族舞蹈。1978 年掌坳被《人民日报》载文誉为“铜鼓舞的故乡”。

能够顺利进行对掌坳村的调查，首先要感谢贵州省黔东南州州委书记廖少华的支持和指导；感谢团黔东南州州委书记何曼丽，副书记罗祖新，雷山县县委书记吴育标，县长王润华，县委常委、宣传部长刘光信热情的接待周到的安排。尤其不能忘怀雷山县团县委书记欧阳广龙、大塘乡党委书记李灵、办公室主任龙星、团乡委书记李强、掌坳村党支部书记杨昌彪、村长吴道雄等全程陪伴调查组的活动，并给予全方位的帮助，半个月的朝夕相处，使我们结下了密切情谊。贵州团省委青工部刘锐、毛莉、简意、王峰、杨悦和办公室吴莉、聂蔚琳、刘盾等同事对初稿作了认真校对，在这里再次表示谢忱。

愿掌坳村调查能为雷山县苗族经济研究、经济规划、经济决策、产业发展、产业布局提供参考，也为各界了解中国民族经济提供有用的第一手资料。

作　者

2009 年 11 月 22 日星期日于北京

目　录

第一部分　村庄

一、掌坳村概况及历史变迁

（一）掌坳村概况

掌坳村隶属于贵州省黔东南苗族侗族自治州雷山县大塘乡，位于雷山县城南部偏东 7 公里，距大塘乡人民政府驻地 7.5 公里，炉榕公路穿村而过，交通便利。1978 年掌坳被《人民日报》载文誉为“铜鼓舞的故乡”。逢年过节，村内均举行跳铜鼓舞活动，临近村寨苗族来此汇集击鼓狂舞欢歌，已成为习俗。现在寨中有一可容纳上千人的铜鼓坪。

据大塘乡政府计生办提供的人口资料显示，截至 2008 年年底掌坳村共有 171 户，709 人。全村分为掌坳和南亮两个自然寨。掌坳大寨为吴姓；包含第一、二、三、五 4 个村民小组，据会计吴道雄说大寨只有一家姓台，是当年从丹江镇陶窑村随姐姐嫁过来的，南亮小寨为杨姓，包含第四村民小组。

全村耕地面积 489.528 亩，其中田 408.282 亩，土 81.246 亩，森林覆盖面积 2818 亩。2008 年该村人均年收入为 2000 元，收入来源主要是务农及出外打工，在我们整个访谈过程中很少见到年轻人的身影，据村民们反映，几乎每家每户都有外出打工的人。村支书杨昌彪介绍，1985 年以前几乎没有人出外打工，以后渐渐地外出务工的多了起来。打工的地点比较集中，一般去广州的采石场，所做的工作就是卖苦力打石头。待遇还不错，前些年一月能挣到 2000 多元，2007 年涨到 3000 多元。

全村现已通分户小型自来水。在 1975 年以前，村民饮水是用竹筒引山泉供应的，一个竹筒连接着另一个竹筒，从山上到山下，人们吃水就到通到村中央的竹筒处接。1966 年 3 月 12 日，村中央建起了蓄水池，有两个出水口供村民们接水；1975 年，在县水利局的帮助下，村内的竹筒换成了钢管；后来到 1996 年，在各级党委政府、州水电局和县水电局的大力支持，广大群众的积极努力下，掌坳村人畜饮水工程建成。水塔在掌坳村后的半山腰，用的仍是以前的水源地，水塔的左侧是一个有两间房大、贴着瓷砖、最上面镶着一排红砖的建筑，这是消防设施，也是水塔的一级蓄水池。其下面通往水塔。水塔是一个圆形小建筑，周围画着龙的图案，通过水塔下面的木盖板，我们可以清晰地看到许许多多的塑料管。1964 年，由县政府拨款建立了灌溉面积 25 亩的水轮泵站一座，后因水流减少，无法正常运行。

寨内主要步道 3680 米水泥石板硬化，农户房前屋后水泥石板硬化改造 4100 米；村寨内排水排污沟建设 4300 米，寨内主要步道硬化率达 100%。村内道路硬化是在 2005 年，政府购买水泥等材料，由村民出工出力铺成。

目前寨内共有“三格式”厕所 86 间。所谓的“三格式”是指粪池、化粪池、取粪池。村民所说的粪池实际上就相当于城里的卫生间，小房间的四周、地面贴着瓷砖，在便池上方是一个水管，用来冲洗便池，有些在小间的一角还接有一根通往外面的塑料管，这是为了排除卫生间内异味。卫生间的外面很明显的有两个隔板，下面分别是两个水池，第一个水池就是化粪池，也就是稀释池；第二个是取粪池，每隔一段时间就要取粪一次，作为田、土的肥料。

村内建筑为典型的木制吊脚楼；多为三开间两层楼，有的则为三开间带一厢阁三层吊脚楼，一层多用于圈养牲畜和家禽、堆放柴草和农具等，个别三代或四代同堂人家，在采取防潮措施后也有安床住人的。二层为家人活动中心地，正中有一大间为堂屋；两侧正房都用木板隔为若干间，作为家人的卧室和客房。同时二层也是贮藏粮食的地方。

掌坳村的商业比较落后，全村经营小卖部并形成规模的只有一家，在炉榕公路边，掌坳村和南亮村的中间有一家小超市（只是房子的一间）。既卖烟、酒、茶、糖等副食品和柴米油盐、方便面、鸡蛋、洗衣粉等基本的日常用品，自己还养了 30 多头猪宰了卖，可以说村民吃的问题可以在这家一站式小卖部解决，而店主吴仕贵也就当之无愧地成为了掌坳村的首富。但是本村却没有卖衣服或日用品的店铺，也没有饭店、理发店、五金商店、超市等商铺，村民要想满足这些需求就要辗转到县城，非常不方便。

（二）掌坳村历史变迁

采访中我们问过很多老人，他们对建村的情况也不太了解。据考，其先祖在400余年前从掌雷寨迁此定居。据《雷山县志·大事记》中记载：乾隆元年（1736年）二月，川北镇总兵王廷诏率川兵3000与参将哈尚德会师，攻入桃绕（陶尧）、鸡勇、囊荡、黄毛等寨，时首领香第香、久保力（均为陶尧人）率部驻马家屯，戒备森严。哈尚德选精壮80人，乘夜放火箭攻马家屯，烧死义军300余人，马家屯、鸡勇屯遂被攻占。后哈尚德与参将马世禄合兵继续攻占莲花捞（莲花）、攒坳（掌坳）、支舟（鸡鸠）诸寨。这段文字至少说明，掌坳在1736年就存在，在当时叫攒坳，至于何时改称为掌坳，还未有考证。

1950年，雷山县政府建立，县之下设区，掌坳村属于第三区；1953年大塘乡苗族自治区人民政府成立；1954年，中央人民政府政务院批准，撤销雷山县，建立雷山县苗族自治区。原以次序称的第一、二、三区改用地区名称，即丹江、西江、大塘区，掌坳村属于大塘区；1958年，撤区并社，成立“政社合一”的人民公社，大塘公社、桃江公社合并为大塘公社；1959年，雷山县与炉山、丹寨、麻江县合建凯里县，撤销雷山县建制。分片管理，雷山片辖雷山、西江、大塘公社；1961年，恢复雷山县建制，撤销一区一社，恢复丹江、西江、大塘、永乐区；1963年，乡（镇）、公社作了调整，撤销大塘公社，分设为桥港公社、莲花公社、大塘公社；1976年8月30日，大塘公社新桥大队发生特大火灾，大塘区级机关被焚烧殆尽，文书档案也被毁，所以30年前关于掌坳村的各种文字记录已不可能找到。1984年撤社改乡，莲花公社改为莲花乡，归属于大塘区。1992年，撤区并乡，大塘区所辖的莲花乡并为大塘乡。掌坳村的行政隶属也随着大塘名称变化而变化，但村寨的名称始终是掌坳。

至于掌坳村的苗族人属于哪个支系，在我们调查过程中请教过很多老人，他们都说不清。后经多方考证，苗族支系按其服饰的色彩有“红苗”、“花苗”、“青苗”、“白苗”等称谓；按其服装的款式有“锅圈苗”、“披袍仡佬”、“剪头仡佬”等称谓；按其居住地有“东苗”、“西苗”、“平伐苗”、“八番苗”、“清江苗”等称谓；按汉化程度有“生苗”、“熟苗”等称谓；无一而足。掌坳村属于大塘支系，该支系自称“嘎弄”，为“短裙苗”之一。语言为苗语中部方言北部土语，服饰为短裙型大塘式。

雷山苗族文化研究中心的李国章认为：“雷山苗族，是上古社会蚩尤九黎部落的主体氏族。‘超短襟’是鸟氏族中‘锦鸡’氏族的后裔。”所以掌坳村的苗族应该是鸟氏族中“锦鸡”氏族的后裔。在苗族人心中，苗族先祖蝴蝶妈妈是从枫树心生出来的。这是一个妙趣横生的故事：远古时候，地球上光秃秃一片。有个叫榜香的神人将枫树栽在水塘边，东方飞来的白鹤在枫树上做窝，它们偷吃了水塘里的鱼苗。因白鹤飞走了，理老断案时就判枫树是“窝家”，便砍倒了枫树。倒地枫树朽烂的躯干孕育了蝴蝶妈妈，蝴蝶妈妈与“水泡”“游方”后，产下 12 个蛋，鹡宇鸟帮助孵化出苗族的祖先姜央以及雷、龙、虎、水牛等。姜央是苗族的父系始祖，而蝴蝶妈妈就是苗族的母系始祖。① 掌坳村苗族崇拜枫树，据说远古时期的逐鹿大战，苗族英雄祖先蚩尤兵败，化成枫木。苗族先民退出中原，从此开始了一场没有尽头、世所罕见的迁徙。它伴随着整部苗族的文明史，后来被称为人类史上“最古的长征”。

二、人口

（一）概况

关于掌坳村人口增长的历史情况，我们无法获知，原因是乡里档案馆曾于 20 世纪 80 年代中期失火，很多珍贵的材料都被烧光了，所以我们掌握的数据只有最近 20 年的。但通过访问村里的老人，我们获知在 1980 年以前，生活条件很差，人口增长缓慢；1980 年分田到户之后，村民生活水平开始好转，人口也开始增加，尤其是 1981—1983 年期间，由于计划生育政策没有得到严格执行，所以是人口增长最快的时期；1983 年之后，计划生育政策逐步得到贯彻落实，规定每家只能生两个孩子，人口开始进入稳定增长时期。从图 2.1 中我们可以看到，掌坳村的总户数没有明显的增加，20 年来只多了 13 户，人口也以平均每年 12 人的速度缓慢且平稳地增长。但随着医疗及卫生条

① 张智华，李国章．蝴蝶妈妈的记忆（电视纪录片脚本）．

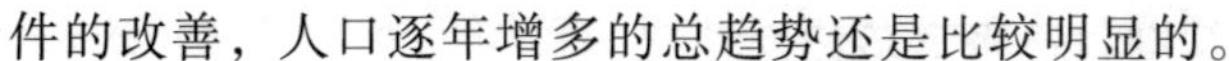

件的改善，人口逐年增多的总趋势还是比较明显的。

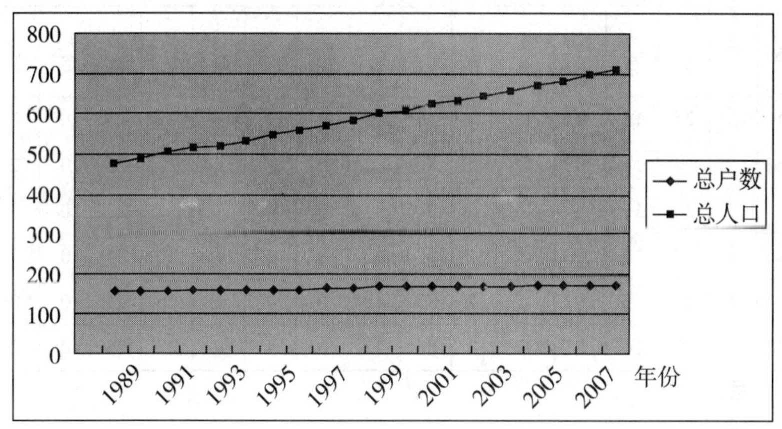

图 2.1　掌坳村近 20 年人口增长情况

关于掌坳村人口出生及死亡情况，村计生主任任明秀给我们作了详细的介绍，截至 2008 年年底，全村新生婴儿 6 个，人口出生率为 5.74‰，较 2005 年下降了 1.8 个千分点；人口自然增长率为 -1%，首次出现了负增长。2009 年上半年的具体情况是，1 月份出生一个女孩，死亡一位 80 岁男性和一位 78 岁女性；2 月份出生一个女孩；3 月份出生一个男孩；4 月份在马路边捡到一个女孩送到了福利院，未算入本村人口，死亡一位 78 岁男性。而增加的人口数则大部分是由迁入人口构成，这已经非常接近低出生、低死亡、低增长的现代型人口生产类型。此结果一方面说明掌坳村的计划生育工作成效显著，而另一方面掌坳村潜在的劳动力不足的问题也将越来越突出。

关于掌坳村本村和流出的已婚育龄妇女的情况，我们找到了一份自 2008 年 10 月—2009 年 3 月的登记表。（见表 2.1 和表 2.2）

表 2.1　　**掌坳村已婚育龄妇女情况**

月份	总人数	无孩	一孩					两孩					多孩				
			人数	节育	离婚	丧偶	待孕	人数	节育	离婚	丧偶	待孕	人数	节育	离婚	丧偶	待孕
10	144	6	25	16	1	1	7	86	82	0	4	0	27	25	0	2	0
11	143	6	24	16	0	1	7	86	82	0	4	0	27	25	0	2	0
12	144	5	25	16	0	1	7	87	82	0	4	1	27	25	0	2	0
1	145	5	27	15	0	1	11	87	82	0	4	1	26	24	0	2	0
2	145	4	28	15	0	1	12	87	82	0	4	1	26	24	0	2	0
3	147	5	29	16	0	1	12	86	82	0	4	0	27	25	0	2	0

表 2.2　　**掌坳村流出已婚育龄妇女情况**

月份	总人数	无孩	一孩			两孩			多孩		
			人数	节育	无措施	人数	节育	无措施	人数	节育	无措施
10	50	2	14	7	7	27	25	2	7	7	0
11	51	2	14	7	7	27	25	2	8	8	0
12	51	2	14	7	7	27	25	2	8	8	0
1	51	2	14	7	7	27	25	2	8	8	0
2	51	2	13	7	6	28	26	2	8	8	0
3	52	2	15	9	6	27	25	2	8	8	0

通过以上数据可以看出，已婚育龄妇女占总人口的1/5，其中59%的妇女都已生了两个孩子，3%的妇女还没有生孩子，20%的妇女目前只生了一个孩子，也就是符合计划生育标准的比率是82%。另外18%的妇女有两个以上孩子，这些妇女分属两种情况，大部分是45岁左右的女性，按年龄推算她们的生育高峰时期正好是1981—1983年计划生育政策宽松的时间，所以超生现象比较普遍；还有少数妇女是在外出打工时生下计划外的孩子，回来之后在给孩子上户口时补交了罚款。流出的已婚育龄妇女占总数的1/3，且基本上都是青年女性，流出的主要原因就是跟随丈夫外出打工或工作。对于这样一个小山村来说，流出的已婚育龄妇女比重较高，这也是掌坳村出现人口负增长的主要原因。

（二）人口结构

1. 年龄结构

由于掌坳村没有相关的人口统计的软件程序，所以我们只能通过乡里提供的数据制作了一个年龄分布图（见图 2.2）。虽然所获得的数据对年龄的划分并不十分详细，但从图中还是可以发现掌坳村 18 ~60 岁的青壮年居多，占到了总人口的 56%，人口老龄化现象并不明显。另外，我们从年龄分布的累计百分比饼形图（见图 2.3）中也可以清晰地看到，35 岁以下的人数累计占到总人口的 60.37%，60 岁以下的人数累计占到总人口的 88.86%，全村的老人只占总数的 1/10，这也说明掌坳村的人口分布呈现出年轻化的特点。

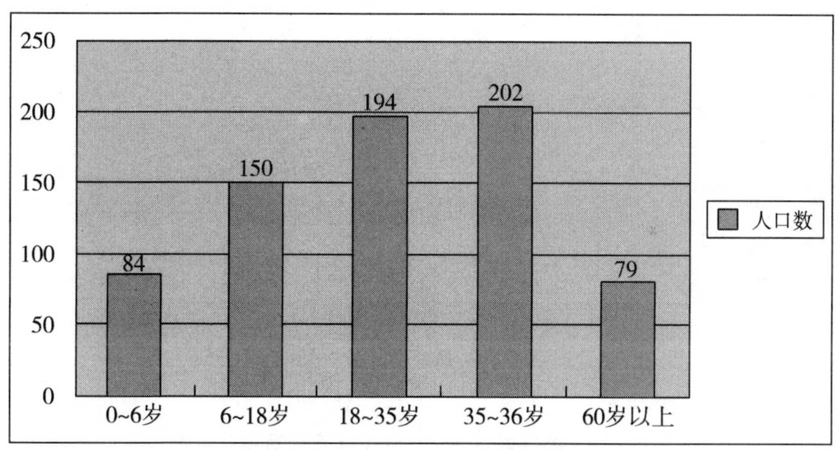

图 2.2　掌坳村村民年龄分布柱形图

另外，通过对近 20 年 0 ~6 岁的儿童人数进行比较（见图 2.4），我们发现从 1989—1995 年，这个时间段的儿童数目增加缓慢，而从 1995—2002 年 7 年的时间内迅速增加了 77 人。我们分析是因为 20 世纪 90 年代后期生活水平逐渐好转，各家各户开始添丁加口，而且这个阶段正是 1980 年后出生的一代人的生育高峰期。经过生育高峰期后新生人口出现急速下降，加之这段时间年轻人大多拖家带口出去打工且 2003—2004 年“非典”时期很多人由于在外打工无法回家，所以在外地生孩子的现象比较普遍，这就使得数目减少了 64

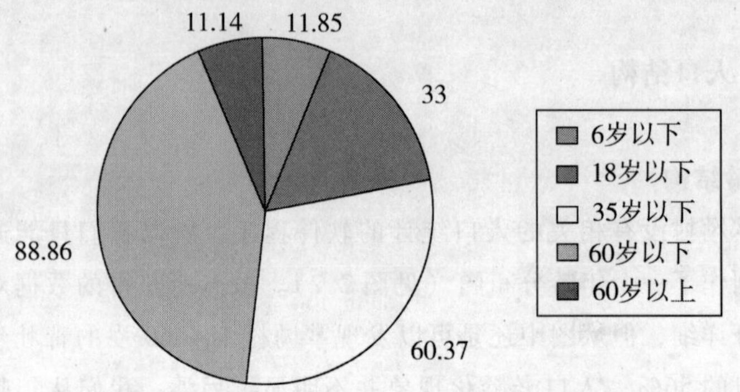

图 2.3　掌坳村村民年龄分布的累计百分比饼形图

人。近三年来，数目又回复了比较平稳的状态，没有出现大起大落，据当地人说，现在每一家都有 1～6 岁的小孩。

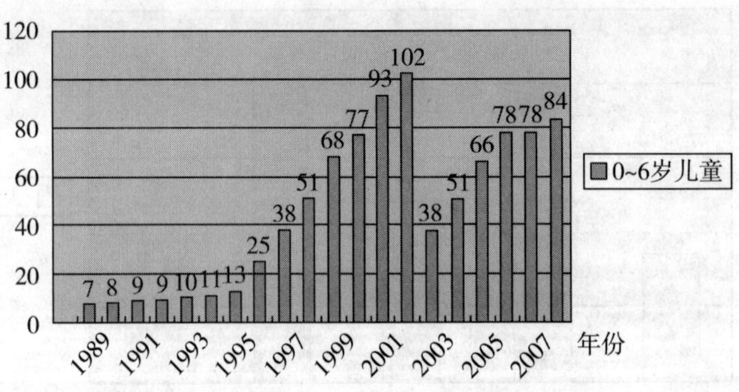

图 2.4　掌坳村近 20 年 0～6 岁儿童数目变化情况

2. **性别结构**

掌坳村总体上男女比例为 114:100，男性偏多，这一点从 20 年来掌坳村男女人数的情况图中也可以看出来（见图 2.5），男性比女性多的现象一直存在，且近 6 年来这种差距越来越明显，男性要比女性多出 45 人，已经接近于失衡的状态。

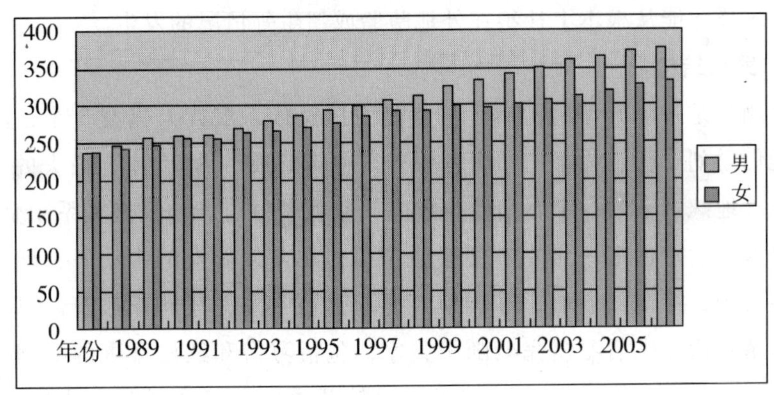

图 2.5　掌坳村近 20 年来男女人数变化情况

由此可以看出掌坳村重男轻女的传统观念相当严重，生男孩以继承家族香火的想法深深植根于村民的心里，直到现在村里还是男童多，可以说这种失衡没有得到根本的解决。由于村里的计划生育检查非常严格，所以在村内不会有超生的现象。但已经生了两个女孩的家庭为了再要一个男孩就会跑到外地偷偷生，而在外打工的育龄妇女经过 B 超检查发现怀的是女孩，往往会选择堕胎或把孩子送人。所造成的结果就是男性娶不上老婆，除了重男轻女是其最主要的原因外，形成这种局面还有三个原因，一个是 20 世纪 90 年代初由于当地太贫穷，女性外嫁的多，这些女孩子觉得外面比家乡的生活好，所以又回来把更多向往先进发达的地方去的姐妹们带出去；另一个就是现在女孩子们读初中、高中都在外地，毕业后又都在外面打工，而这个时期正是女孩恋爱结婚的年纪。加上在地方开放程度增加的情况下，其思想也不再受父母之命媒妁之言的束缚，这个小山村就更难留住她们了，所以当地甚至整个莲花片区的女孩子都越来越少；还有就是苗族的民族传统不允许同寨同姓的男女结婚，也不允许男性到外面倒插门。据吴道雄会计说 30 岁以上、60 岁以下的光棍儿就有二三十人之多，未来大量单身家庭的出现很有可能引发养老危机。要解决这个问题，关键还是要从村民的思想观念入手，这就需要村领导在广泛宣传男女平等的同时，还要切实提高妇女的地位。当然提高掌坳村的经济发展水平和加大医疗保障力度更是重中之重，只有生活过得富裕了、踏实了，养儿才能不为防老。另外，少数民族计划生育的政策制定应更注重细节，国家法规也应对流动人口的生育问题作出详细的规定并加强检查管理力度，这样才能从根本上杜绝在外地堕胎或超生等情况的发生。

3. **民族结构**

掌坳村是一个典型的苗寨，苗族是主体民族，汉族人只有 3 个，均为女性，她们是刘志彩、谭碧艳和唐有菊，其中年龄最小的 25 岁，最大的 50 岁，都是从外地嫁过来的，没有其他少数民族。掌坳村苗族与汉族关系十分融洽，这些汉族妇女嫁过来一年左右便会说苗语，在苗族妇女的带动下，她们也会戴苗族发饰，穿苗族衣服，和当地人一起过苗年节并学跳铜鼓舞。可见，她们嫁到苗寨后，生活习惯完全随了夫家，包括习俗和红白喜事的办理都已经被苗化。而且，现在当地的苗族思想比较开放，大都赞同并支持苗汉通婚，但由于当地的汉族并不多，所以苗汉结合的实例也不常见。

4. **职业结构**

掌坳村没有自己独立的产业，基本上所有村民都是农民，专门从事其他职业的很少，且岗位名称及具体人数也没有确切的统计，我们只能通过杨昌彪支书和吴道雄会计的估计制作了下表（见表 2.3）。虽然这只能反映一个大致的情况，但还是具有一定的参考价值。

表 2.3　　**掌坳村从事非农职业的人数情况**

职业种类	人数
木匠	10
房屋设计师	1
民间艺人	100（农闲时从事）
教师	1
零售商人	1
司机	2（面的）
	3（大货车）
建筑工人	10（在凯里县）
画家	1（在贵阳学习）
舞蹈演员	4（在凯里县）
公务员	6（在凯里县）
石场老板	1（在外地）
外出打工人员	170

据村支书说，本村退伍军人有7人，其中一位是已经88岁高龄的抗美援朝志愿兵，另外70多岁的有两人，50多岁的有两人，40多岁的兄弟两个，村支书说他自己也曾在北京当过8年兵。另外，已退休的教师有一名，还有一人曾在贵阳任机械工程师，现已退休，一人在贵阳大学任教授，一人在黔东南州歌舞团当导演，一人开办水泥厂，不过他们的户口都已从掌坳村迁出。由上表我们可以发现，掌坳村的职业形式比较单一，除了与本村村民发展和生活息息相关的一些行业有专门的人员在当地从事外，其他从事比较高端职业的人员基本都在外地工作，出现了人才外流的现象。

另外，表中提到的100名左右的民间艺人只是在农闲时节做做刺绣、吹吹芦笙，或组成铜鼓队到外地进行表演，他们并不以此作为职业，也不靠这些来赚钱，完全是个人喜好。同时我们也注意到，虽然掌坳村早在1997年就被命名为“民族风情旅游村”，但全村没有一人从事与旅游有关的职业，可见当地旅游的发展只有名而没有实，所以那些民间艺人只能把自己的特长当做爱好而不能转换为生产力就不难理解了。现在村里有三位村干部，分别是支书、村长和会计，他们每个月有300元的工资，而其他干部如治保主任、计生主任、妇女主任和寨老们都是义务工作，但是他们却并不计较这些，依然认真勤恳地为村民服务，努力做好自己的本职工作。

从表中我们还能够看到，掌坳村外出打工的人非常多。这是由于当地农业不发达，基本上是自给自足，不能获得利益，既没有工业也没有商业、旅游业或养殖业等作支撑，所以只好出去打工。而打工者一般又都是18～45岁的主要劳动力，所以他们打工挣的钱是其家庭收入的主要且唯一的来源。

（三）人口素质

1. 身体素质

掌坳村气候舒适、环境优美、空气清新，植被覆盖率高，是一个非常适合人类居住的地方。所以这里的人都非常长寿，平均寿命在75岁左右。据村支书讲，全村60岁以上的老人有79人，70～80岁的老人有15人，而对80岁以上的高寿老人我们也作了一下统计：总共有9人，他们是88岁的吴你同，男性；87岁的杨昌和，男性；85岁的吴德文，男性；83岁的吴怎虾，女性；82岁的杨通财，男性；82岁的杨光富，男性；80岁的吴庭章，男性；80

岁的吴正兴，男性；80 岁的吴庭明，男性。总的看来，80 岁以上的老人中男性要多于女性，这与当地男多女少的人口比例有很大关系。

掌坳村目前有 8 名残疾人，分别是手部残疾 1 人，脚部残疾 1 人，手指残疾 2 人，哑巴 1 人（13 岁），智障 2 人，盲人 1 人，其中手部和脚部残疾都是打工出现工伤造成的。根据当地老人回忆，掌坳村除了 1964 年在全村范围闹过一次麻疹，死了 9 个小孩外，没有再出现过大规模的传染病，包括 2003 年的“非典”以及最近爆发的甲型 H1N1 流感均未对村子产生影响。村支书告诉我们，这里的老人身体都非常健康，基本上没有什么大病，自然死亡的年龄接近 80 岁。但最近几年掌坳大寨频发胃癌、肠癌和乳腺癌，南亮小寨则频发皮肤癌和淋巴癌，而且都呈现出低龄化的特点。仅 2008 年因癌症去世的就有 6 人，其中有两人刚刚 20 多岁，一人 30 多岁，一人 40 多岁。癌症现在已被掌坳村村民视为大患，几乎是谈癌色变，虽然他们不知道出现这种绝症的原因，也坚定地认为当地的空气和水质没有受到污染，但我们分析这肯定与某种和村民生活紧密联系的环境有关，很有可能是种水稻时喷洒的农药及施用的化学肥料使粮食受到了污染。除了癌症，掌坳村还有两位老人因脑出血死亡，其他重大疾病如心脏病、糖尿病等均不存在。非正常死亡的有 6 人，都是在外地打工时因发生意外去世的，这些人的家属均得到了几千元至几十万元不等的赔偿。

2. 文化素质

据莲花小学的杨健老师介绍，掌坳村还是非常重视教育的，这一点我们通过参观莲花小学也能清楚地感觉到。虽然当地经济并不发达，甚至在一定程度上来说是落后的，但他们的小学却建造得非常漂亮，学校配备的设施也很先进。莲花小学于 1977 年建成，占地 700 多平方米，共有六个年级六个班，另外还有一个学前班，全校共 279 人，这包括掌坳村、平寨村、鸡鸠村和小河村 4 个村的孩子；有教师 12 人，开设了语文、数学、社会、自然、品德、英语、科技、劳动、体育、美术、音乐等 11 门课程。教室里课桌摆放得整整齐齐，操场上篮球架、乒乓球台一应俱全，可以说以当地的水平来衡量，莲花小学无论是硬件还是软件都堪称一流。

杨健老师说，掌坳村目前在读的小学生有 89 人，其中女孩有 35 人；初中生有 44 人，其中女孩有 25 人；高中生有 6 人，其中女孩有 2 人；大学生有 5 人，其中女孩有 3 人；硕士生有 1 人，是女孩。而纵观这些孩子的父辈和祖辈，有80%左右都是初中生，有10%是高中生，原因是这些人必须靠打工维持生活，但国家规定只有初中毕业生才能外出打工，所以便成就了一批拥有较高学历的村民。杨健老师还自豪地告诉我们现在掌坳村已经被国家命名为"基本无盲村"，也就是全村不管男女老少都会识字，当然这还要多亏解放以后就开始开办的夜校。家里的男性为了出去打工就必须要上学读书，而留在家中种地的妇女们就没有那么好的条件可以上学了，而夜校恰恰就是为这些没上过学、不认得字的妇女们设立的，是送教上门的一种非常有效的具体形式。夜校一般每年举办一期，一期为一个月，除了周末，礼拜一至礼拜五每天晚上的8点到10点都有莲花小学的老师给妇女们上课。授课内容一方面是教她们识字，尤其是教那些即将出去打工的妇女写自己的名字和住址；另一方面是给她们播放有关农业技术、养殖经验等内容的光碟，以提高她们的劳动水平。夜校不仅受到掌坳村妇女的热烈欢迎，就连附近平寨村、鸡鸠村和小河村的妇女都赶来听课。杨老师说以前夜校是在房子比较宽敞的农户家里上课的，但随着大家的积极性越来越高，就于2005年搬到了村委会，大家坐不下就站着，屋里站不下就自带小板凳站在外面，最多的时候能达到五六十人。除了夜校这种形式，县政府还经常利用莲花小学的远程教育对村民们进行培训，还经常会派一些专业技术人员给村民授课并手把手地教给他们最新的养殖及种植技术。类似这样的培训效果还是不错的，全村唯一一家养猪专业户就常常接受培训。

但遗憾的是，虽然掌坳村的高中生、大学生不少，在县城或省会谋得较高职位的人也存在，但他们很少有回到家乡或直接为家乡的经济及教育的发展作出过贡献，这也说明掌坳村人才流失的现象比较严重。

（四）人口政策

1. 人口与计划生育工作开展现状

掌坳村近年来，以生育、节育和生殖保健服务为中心，以"协会联动、村民自治"为切入点，以避孕方法知情选择为核心，以强化契约化管理和党员干部责任落实为手段，不断拓宽人口计生服务领域，改进计生服务方式，逐步建立计划生育"依法管理、村民自治、优质服务、综合治理"的工作长效机制，本着"两委负总责、村民搞自治、协会当骨干、群众做主人"的工作方针，遵循“依法建制、民主管理、自我约束、奖惩分明、便于操作”的原则，结合村的实际情况，召开各类座谈会，依照《村民委员会组织法》等法律法规，制定通过《计划生育村民自治章程》和《计划生育村规民约》。让群众在计划生育政策实施过程中做到事前参与、事中介入、事后监督，调动了其参与计划生育工作的积极性，也促使了村委会执行计划生育政策法规的公开公正，把想民、富民、安民、乐民与计划生育工作有机地结合起来，促进全村人口与计划生育工作的顺利开展。从2005年开始推行村民自治工作以来，掌坳村就开始边操作、边分析、边完善，探索出了一条比较适合其村情的“村民自治”之路并取得了显著成绩。2008年掌坳村符合政策生育率为100%，政策外多孩为0，综合节育率为94%，获得了“计划生育示范村”的荣誉称号。

2. 人口与计划生育“三新”活动

人口与计划生育“三新”活动是指：新农村、新农家、新农民。其中新农村的活动目标是生产发展、生活宽裕、乡风文明、村容整洁、管理民主；新农家的活动目标是生育有计划、致富有门路、生活有提高、环境有改善、家庭有和谐；新农民的活动目标是计生是模范、致富是能手、民主是主人、文明是典型、健康是标兵。

3. 计划生育工作人员专访

村支书作为计划生育工作主要负责人接受了我们的专访。他说本村计划生育工作的最大特点就是实现了村民自治，具体做法我们总结如下：①加强政策宣传，实现自我教育，使全体村民逐步理解、支持、配合计划生育工作。一是运用标语、黑板报进行宣传，在村里醒目位置和交通要道口粉刷标语和在公开栏上张贴宣传画和书写计划生育优质服务知识；二是通过会议进行宣传，利用每月例会，组织全体村组干部、党员、计生协会理事、育龄妇女自管小组长、村民代表等开展人口与计划生育的学习教育；三是组织活动开展宣传，利用各种节日活动和每次的孕检、环检、生殖健康检查时，针对不同人群开展计划生育政策法规、优生优育优教知识宣传；四是入户宣传，村组干部、育龄妇女自管小组长、计生协会理事等在开展结对帮扶、入户随访服务时进行宣传并发放计划生育宣传资料。②明确分工，实现自我管理，使计划生育工作规范化、经常化。一是明确好村两委成员的工作职责，村党支部书记为计划生育第一责任人，对全村的计划生育工作负总责，对其他干部为具体责任人，实行村干部包组、包重点户，同时由村两委主任领导代表村两委与计生主任和育龄妇女自管小组长签订责任书，将工作责任分解细化；二是在召开好计划生育工作例会，会上由村组干和育龄妇女自管小组长汇报本月计划生育工作开展情况，查明存在问题，拿出处理整改办法；三是召开好计划生育专题会议，收集整理上报计生信息，掌握新婚办证、孕情跟踪、手术、流动人口办证和孕环检情况；四是及时协调处理好计划生育工作出现的问题，使小问题不出组、大问题不出村；五是组织开展好已婚育龄妇女的孕检、环检、查病治病和术后、产后随访跟踪服务工作。③加强制度建设，实现自我监督，作好计划生育村务公开。建立健全了计生工作例会制度、村干部包组包户制度、计划生育结对帮扶制度、孕情随访跟踪制度、健全计划生育村务公开制度、《村民自治章程》、《村规民约》。④依托计生协会凝聚人心，充分调动了广大村民的积极性，以点促面，带动了工作的全面发展，实现自我服务。村支书最后补充说，通过实现村民自治，村民执行计划生育政策及法规的自觉性有了显著提高，履行计划生育的义务已蔚然成风。在这种良好风气的带动下，掌坳村正在逐步走上生产发展、生活宽裕、乡风文明、村容整洁、管理民主的社会主义新农村的道路。

4. 民族特殊人口与计划生育利益导向政策

①国家奖励扶助政策

《贵州省计划生育条件》施行以来，符合政策内二孩生育条件，自愿放弃二孩生育的独生子女户一次性奖励 2000 元，独女户一次性奖励 4000 元。

农村只有一个子女或两个女孩的计划生育家庭，夫妇年满 60 周岁后，奖励扶助对象按人年均不低于 600 元的标准发放奖励扶助金，直到亡故为止。

农村独生子女死亡或者因伤残并持有中国残联统一印发的《中华人民共和国残疾人证》，鉴定为三级以上的，从妻子年满 49 周岁起，本人及配偶均按每人每年不低于 960 元的标准发给救助金，直到亡故为止。

②《贵州省人口与计划生育条例》奖励政策符合生育第二个子女条件，领取《独生子女父母光荣证》的，一次性发放 500 元以上的奖励费，并从领证当月起每月领取 5 元以上的独生子女保健费，至子女满 14 周岁。

③雷山县计划生育利益导向和保障机制政策

符合政策生育二孩，但在一孩年满 3 周岁零 4 个月办理《独生子女父母光荣证》的从获证的次月起，独女户每月给予 60 元补助，独子户每月给予 30 元补助。

符合生育的“二女户”，在90天内（剖宫产210天内）做女扎术的一次性奖励2000元，做男扎术的一次性奖励1000元，同时从结扎的次月起每月给予50元的补助。

农村计划生育“两户”子女参加全国普通高考被录取的，重点大学给予一次性补助3000元，普通高校给予一次性补助2000元。

农村计生“两户”子女入学的，小学、初中、高中阶段每年分别按100元、200元、300元的标准给予补助。

农村计生“两户”死亡实行安葬补助，独女户、独子户、二女结扎户父母死亡每人分别按1800元、1500元、1600元进行补助。

据统计，掌坳村现在推迟二孩生育的有4户，放弃二孩生育的有1户，夫妻两人一工一农户口的独生子女有2户，夫妻两人均为农村户口的独生子女有2户，生两个女孩的有4户其父母均已采取了节育措施。

（五）城镇化

1. 人口迁出和迁入情况

为了便于分析，根据村里提供的一份从2008年10月—2009年3月的人口变动信息的统计数据，我们分别制作了各月份人口变动的情况表（见表2.4）

表2.4　2008年10月—2009年3月掌坳村人口变动情况表

时间	姓名	性别	民族	年龄	婚姻状况	变动类型	变动日期	地点说明
2008年10月	吴鑫	男	苗	26	初婚	返回	2008.10.1	河南省郑州市金水区人民路
	吴凯燕	女	苗	21	未婚	返回	2008.10.1	浙江省湖州市长兴县
	吴凯燕	女	苗	21	未婚	搬出	2008.10.10	大塘乡
	杨秀兰	女	苗	37	初婚	婚入	2008.10.19	雷山县永乐镇
	吴喜良	男	苗	27	初婚	流出	2008.10.4	贵阳市云岩区
	莫桂芬	女	苗	19	初婚	流出	2008.10.4	贵阳市云岩区

续表

时间	姓名	性别	民族	年龄	婚姻状况	变动类型	变动日期	地点说明
2008年11月	李正龙	男	苗	47	初婚	返回	2008.11.1	广东省阳江市江城区平风镇
	李明芬	女	苗	22	未婚	搬出	2008.11.7	大塘乡
	李英	女	苗	36	再婚	流出	2008.11.2	广东省广州市白云区石井街
	吴凯珍	女	苗	28	离婚	迁出	2008.11.2	雷山县郎德镇
2008年12月	吴玉龙	男	苗	36	初婚	流出	2008.12.13	浙江省义乌市
	金芝	女	苗	37	初婚	流出	2008.12.13	浙江省义乌市
	任志江	女	苗	43	再婚	婚入	2008.12.6	雷山县永乐镇
	吴小江	男	苗	23	初婚	返回	2008.12.3	广东省广州市番禺区
	赵兴春	女	苗	21	初婚	返回	2008.12.3	广东省广州市番禺区
2009年1月	吴廷伟	男	苗	23	未婚	迁入	2009.1.3	贵阳民族学院
	吴廷伟	男	苗	23	未婚	流出	2009.1.5	广东省广州市
	杨炀	男	苗	23	未婚	流出	2009.1.5	浙江省义乌市
	程双会	女	汉	25	初婚	婚入	2009.1.19	贵州省遵义市遵义县枫香镇
2009年2月	王玉莲	女	苗	27	初婚	流出	2009.2.15	广东省广州市番禺区
	吴林	男	苗	37	离婚	流出	2009.2.14	浙江省杭州市
	杨子龙	男	苗	21	未婚	流出	2009.2.14	浙江省义乌市
	张学兰	女	苗	25	初婚	返回	2009.2.5	广东省广州市黄浦区
	杨椰	女	苗	43	初婚	返回	2009.2.8	广东省广州市
	吴兴隆	男	苗	42	初婚	返回	2009.2.8	广东省广州市
	吴绍奎	男	苗	57	离婚	返回	2009.2.3	浙江省义乌市
	张东云	女	苗	56	离婚	返回	2009.2.3	浙江省义乌市
	张东云	女	苗	56	离婚	迁出	2009.2.10	从江县
	杨胜梅	女	苗	22	未婚	婚出	2009.2.10	剑河县柳川镇
	谭碧艳	女	苗	35	初婚	流出	2009.2.2	湖南省长沙市
	吴廷科	男	苗	37	初婚	流出	2009.2.2	湖南省长沙市

续表

时间	姓名	性别	民族	年龄	婚姻状况	变动类型	变动日期	地点说明
2009年3月	吴昆	男	苗	26	未婚	返回	2009.1.1	广西省桂林市
	金晓蝶	女	苗	23	初婚	搬入	2009.1.1	雷山县大塘乡
	吴发强	男	苗	28	初婚	返回	2009.1.1	广东省湛江市
	吴生宇	男	苗	3	未婚	返回	2009.1.1	广东省湛江市
	吴生亮	男	苗	2	未婚	返回	2009.1.1	广东省湛江市
	吴小江	男	苗	24	初婚	流出	2009.1.20	雷山县丹江镇
	赵兴春	女	苗	22	初婚	流出	2009.1.20	雷山县丹江镇
	吴佳欣	女	苗	1	未婚	流出	2009.1.20	雷山县丹江镇
	金丽娟	女	苗	23	初婚	搬入	2009.1.12	雷山县大塘乡
	吴文华	男	苗	28	初婚	流出	2009.1.12	江西省南昌市
	吴文龙	男	苗	26	初婚	流出	2009.1.12	江苏省连云港市
	莫云兰	女	苗	22	初婚	流出	2009.1.12	江苏省连云港市
	吴金辉	男	苗	1	未婚	流出	2009.1.12	江苏省连云港市
	姜晓美	女	苗	30	初婚	返回	2009.1.2	浙江省上虞市
	吴庆杰	男	苗	34	初婚	返回	2009.1.2	浙江省上虞市
	吴春	女	苗	3	未婚	返回	2009.1.2	浙江省上虞市
	吴金	男	苗	1	未婚	返回	2009.1.2	浙江省上虞市

从上表可以看出，2008年10月—2009年3月这6个月的时间内，掌坳村共迁出3人，其中1人是嫁到外地；共迁入4人，其中3人是嫁到本地。可见，由于当地存在同寨同姓不能结婚的风俗使得人口迁出迁入的主要原因就是婚姻嫁娶，但由于当地的生活条件并不富裕，所以这种比较频繁的人口变动与经济的关联并不密切。

2. 人口流动状况

从表2.4中我们还可以看到，6个月内掌坳村共流出18人，全部为青壮年，且以25岁左右者居多，有的年轻夫妇还带着刚刚出生的孩子；返回18人，其中3岁以下的有4人，20~30岁的有5人，30岁以上的有7人，可见返回者以中老年居多，同样，年轻夫妇是带着孩子一起返回的；另外，搬出和搬入各2人，也是由于婚姻嫁娶，只不过户口还没来得及变动。

通过几天的走访和村干部的介绍，我们了解到掌坳村外出打工的现象很普遍。村会计吴道雄告诉我们，当地人开始外出打工的最早时间要追溯到改革开放之后，那时候由于观念还比较闭塞，出去的人很少，真正形成打工热是在1985年之后，那时候出去的人一个月能挣300元，这对于每天面朝黄土背朝天的农民来说可是个不小的数目，于是外出打工变成了越来越多家庭的选择。2008年，掌坳村18~45岁的外出打工者共有137人，以男性为主，他们主要是在广东、广西、湖南、江西、江苏、浙江等地的采石场当炮工，有的也在广西、广东等地制作皮鞋或加工眼镜，工资是100多元一天，一个月大概能拿到1800元左右。打工者除留下自己生活必备外，其余的都会寄回家里，一般是一个季度寄一次，一次是3000~4000元。

另据我们了解，这些外出务工人员基本上分为三种，一种是丈夫只身一人外出，妻子留在家中承担种植、养殖等生产活动和伺候老人、养育孩子等家庭责任，负担比较重，丈夫通常半年左右回一次家，这种情况一般会出现在老人身体不好或孩子年幼的家庭；一种是拖家带口一起出去，丈夫在工地干活，妻子则边照顾孩子边给工人们做饭，由于这种情况下孩子都比较年幼，所以夫妻二人无论外出还是返回都会带着孩子；还有一种就是夫妇两个出去，孩子留给老人照看，这就造成了留守儿童的出现，虽然这种现象在整个掌坳村并不多，但还是存在的。这种现象之所以会出现的最根本原因就是城乡二元结构管理带来的深层次矛盾。随着工业和第三产业的飞速发展，农村剩余劳动力大量向城镇转移，与国家鼓励农村剩余劳动力转移政策相矛盾的是我国长期以来实施的城乡分割的户籍制度和义务教育制度，进城务工农民虽然在城市工作、居住和生活，但享受的是与城市居民完全不平等的待遇，所以这样直接导致务工农民会把自己的子女留在农村，由老人看管。这些务工农民基本上一年回家一次，过完年后就又会离开，所以一年之中与孩子相处的时间不过一两个月，这就使得许多留守儿童在幼年时期就被迫与父母分离。他们早期无法与父母建立和谐的亲子关系，在长期与爷爷奶奶或其他亲戚生活的过程中，他们的需要、情感常常无法得到亲人的反馈，这必然对他们的行为发展产生不良影响，也易使他们产生诸多心理问题。而一些家长因为长期在外务工，对子女心生愧疚，往往通过钱、物等大量的物质满足来补偿对孩子的精神关爱，而这些孩子在花钱方面又缺乏有效的指导和监督，极易使他们产生错误的价值观而误入歧途。农村留守儿童的现在，在某种程度上关系到我国未来人口和劳动力素质，关系到农村经济社会的协调发展，也关系到城乡社会稳定，因此值得关注。而对于掌坳村来说，改善投资环境，大力发展当地的旅游业以就地消化转移劳动力，或积极发展劳动密集型产业，增加农村就业机会，使部分农民能在本乡或本县打工，缩短务工农民回家周期也许是目前解决留守儿童问题最有效的途径。

由于掌坳村的农业不发达，也没有自己的产业，所以外出打工便成为这里的农民继续生活下去的唯一途径，可以说当地的人口流动主要是受经济利益的驱使。这种比较大规模的农村劳动力的转移有其积极的影响，对流出地来说，可以加强本地与外界经济、科技、思想、文化的交流；提高村民的经济收入；也在一定程度上缓解了流出地的人地矛盾，保护了生态环境；另外，人口流出所带来的劳动力规模效益和总需求的增加，对经济增长产生了刺激作用。对流入地来说，提供了大量的劳动力；促进了商品流通和经济发展；有利于第三产业的发展。但人口流出所产生的消极影响也是比较严重的，对流出地来说，会导致青壮年劳动力减少、人才外流；对流入地来说，会增加公共设施的负担和管理难度，对自然和生态环境也会产生深刻的影响。而对于掌坳村的每位村民来说，如何确立自身的社会主体地位，提高自己的素质技能，明确对劳动力所有权的自主意识，主动追求本村非农产业的发展，使村庄走上城镇化道路才是当前最应该解决的问题。

三、农业生产

（一）农业生产环境

掌坳村位于贵州省雷山县大塘乡辖区范围内。掌坳村的耕地按照土壤的性态特征可以分为自然土、旱作土和水稻土三种。自然土上生长着丰富的植被和树木；旱作土在当地被称为“土”，主要分布于海拔较高的山坡上，相对干旱，适于种植薯类、豆类、玉米、花生等作物；水稻土在当地被称为“田”，分布在坳坡、河谷、平坝等地带，地势平坦水源充足。全村现有耕地面积 489.528 亩，其中水稻土 408.282 亩、旱作土 81.246 亩。掌坳村的农业种植以苗族传统的稻作农业为主，其中水稻土的面积占全村耕地面积的

83.4%。水稻土分为坝子田和高坡田两种。坝子田主要分布在海拔相对较低区域，水源相对较为充足，水稻产量高，占全村田面积总数的1/3。按照苗语的名称掌坳村有“照虾、照亮、里交、照考、作南、革南”6片坝子田。高坡田主要分布在海拔相对较高的区域，水源相对较为贫乏，水稻产量低，占全村田面积总数的2/3。按照苗语的名称全村有“欧共、八说、也贵香”三片高坡田。掌坳村的耕地缺磷、富钾、氮中等，有机质多，所施的化肥以磷肥为主。

雷山县处于云贵高原向湖南、广西丘陵盆地过渡的斜坡地带，按海拔高度可将全县划分为低山、低中山、中山、高中山等地貌类型。掌坳村海拔911米，属于中山、高中山峡谷区。掌坳村属北亚热带季风湿润气候区，但因山峦起伏、沟壑纵横，引起水热条件的变化，气候受海拔高度影响明显。全村地处雷公山西坡因受南来气流影响，又下沉增温效应，气候温暖，湿度小，光照多。

掌坳村年太阳辐射总量为3650.20兆焦耳/米，处于低值区。辐射主要集中在夏季。6—8月总辐射量达1312.73兆焦耳/米，占全年辐射总量的35%；4—9月辐射总量为2374.72兆焦耳/米，占全年辐射总量的65%。全年日照时数为1225.1小时，日照率为28%。最多年为1524小时，日照率34%（1978年）；最少年为1022小时，日照率为23%（1961年）。雷山县划分为温暖区、温和区、温凉区、冷凉区4个农业气候区，掌坳村年平均气温13.5℃～14.4℃，冷浸田多，大部分农田只一年一熟，水稻易受秋风影响。

雷山县的降水量由西向东递增，随海拔高度增加而增加。掌坳村位于雷山县的中部，年均降水量在1300毫米。雨季开始日期一般为4月15日，结束日期一般为10月25日，全年降水日数平均为181.7天。掌坳村降水充沛，极少发生干旱灾害，但由于地处喀斯特地貌，降水在土地中下渗速度过快，造成田土的工程性缺水。全村水源相对匮乏的高坡田占田总面积的2/3，正是喀斯特地貌的结果。掌坳村有着独特的稻田灌溉设施，在山上用拦河坝将河水拦住，再用引水沟将水引到山坡上和山下各家的田地中。原来的引水沟是村民自发组织挖的，河水在引水沟中大部分下渗为地下水，造成了稻田缺水；2005年国际援助组织和乡政府采用资金捆绑使用的方式，共同出资建造了长达2000米的水泥质地引水沟，有效解决了河水在引水沟中运输的下渗问题，保证了灌入稻田中水量的充足。

掌坳村种植的作物主要是水稻，也会种植少量的土豆和玉米。村里的稻作农业已经有几千年的历史。水稻喜高温、多湿、短日照，对土壤要求不严，以水稻土最好。幼苗发芽最低温度10℃～12℃，最适28℃～32℃。分蘖期每日平均温度在20℃以上，穗分化最适温度在30℃左右；低温使枝梗和颖花分化延长。抽穗最适温度在25℃～35℃之间。开花最适温度在30℃左右，当温度低于20℃或高于40℃时，受精将受严重影响。相对湿度50%～90%为宜。穗分化至灌浆盛期是结实关键期；营养状况的平衡和高光效的群体，对提高结实率和粒重非常重要。抽穗结实期需大量水分和矿质营养；同时需增强根系活力和延长茎叶功能期。每形成1千克稻谷约需水500～800千克。

土豆传入我国只有100多年的历史，主要在我国的东北、内蒙、华北和云贵等气候较凉的地区种植，以云贵等西南山区的播种面积最大，约占全国总面积的1/3。现在我国土豆种植面积居世界第二位。土豆产量高、营养丰富，对环境的适应性较强，在掌坳村甚至土豆在冬季或凉爽季节也可以生长，是当地的主要食物和养猪的主要饲料。

玉米喜温，种子发芽的最适温度为25℃～30℃。拔节期要求日均温度在18℃以上。从抽雄到开花要求日均温度在26℃～27℃之间。灌浆和成熟期温度需保持在20℃～24℃；低于16℃或高于25℃，淀粉酶活动受影响，导致子粒灌浆不良。玉米为短日照作物，日照时数在12小时内，成熟提早。长日照则开花延迟，甚至不能结穗。玉米在沙壤、壤土、黏土上均可生长。在掌坳村玉米主要作为猪饲料使用。

（二）农业生产过程及成本

在掌坳村，水稻种植的技术主要靠一代代的口传身授，是几千年来掌坳村稻作农业耕作经验的总结，是劳动人民智慧的结晶。

在掌坳村，水稻种植为一年一季。清明节前后，当杜鹃鸟开始鸣叫时，表明天气变暖，村民们开始了一年当中的农耕时节。翻地之前要先打开引水沟，使河水从山上流下来灌入稻田中，当稻田里的水位有一尺深后，村民们用小石子堵住引水沟的进水口，使水不能流入稻田中。高坡田和坝子田的翻地方法并不相同，高坡田要先向土壤中加入磷肥、尿素等肥料，翻两次地，再用耙子将地耙平，之后犁一次地，最后再耙平；坝子田只需向土壤中加入肥料，犁一次地再耙平就可以了。原因在于坝子田较高坡田土壤湿润、颗粒较小，易于把土壤犁松散，有利于水分的渗入及肥料与土壤的充分混合，从而为水稻根系的向下延伸及充分吸收土壤中的肥料和水分做好准备工作。在掌坳村，种植水稻几乎没有使用任何现代机械化设备，完全靠人力和畜力。生产工具基本停留在耙子、叉子、锄头等原始的工具上。大部分家庭用水牛犁田，没有水牛的家庭甚至靠人力拉犁进行犁田。

耕田的同时在温室里开始了水稻秧苗的培育，在此期间要求每隔两小时喷一次水。一周后，当秧苗长到 8 厘米时就可以进行插秧了。插秧时，秧苗一般南北走向，间距为 5 厘米，行与行之间间距并不相等，一般采用宽窄行（一行间距宽，下一行间距窄，宽行和窄行交替）的方式，这样的间距有利于秧苗的光合作用，同时可以保证秧苗根系充分吸收土壤中的养料，保证每棵秧苗上的出穗数量。随着水稻秧苗的生长，要随时调整稻田内的水位，保证秧苗高出水面 5 厘米左右。由于当地水稻病虫害严重，需要按时喷洒农药保证水稻产量。插秧半个月之后就要开始喷洒农药，喷洒农药的次数视实际情况而定，如果稻田内水质变黄就说明病虫害严重需要进行农药的喷洒，一般 7 ~ 8 天喷洒一次。在水稻生长的过程中要及时拔除杂草，以免杂草和水稻争夺养料。

9 月中下旬，当稻穗垂下，金黄饱满时，就可以开始收割，掌坳村的收割方式比较原始。村民们先用镰刀将水稻割下，再通过手工抖动水稻，使水稻上的生谷脱落。所有的生谷都落入一种叫挞斗的四方形广口木质容器中，再将生谷装入丝袋中抬回家来晾晒，晒干之后用打米机将谷壳分离，再将打好的米装袋储存。

图 3.1 挞斗

水稻收割之后，秸秆一般留在水稻田里统一焚烧，很少进行再利用。村民们说把秸秆留在田地里可以使土壤更加肥沃。只有极少数的家庭会把秸秆打成捆带回家里作为冬天的水牛饲料。

很早之前掌坳村村民便知道利用水稻稻田中的水养鱼。用稻田水养鱼，既可获得鱼产品，又可利用鱼吃掉稻田中的害虫和杂草，排泄粪肥，翻动泥土促进肥料分解，为水稻生长创造良好条件，一般可使水稻增产一成左右。据村民介绍说春天插秧一周后就可以放入鱼苗，秋天一亩田可以收获 300 斤左右的鱼。

图 3.2　村民在稻田中捕鱼

1984 年杂交水稻引入掌坳村，这使村里的水稻亩产量大幅上升。1984 年之前水稻种子一直都是从自家上年的稻谷种子中选择较为优质的作为留种。这种种子产量很低，一亩坝子田只能产 500～600 斤生谷；在政府的推荐下从 1984 年开始掌坳村采用水稻改良品种——杂交水稻作为种子，这使水稻亩产量大幅度上升，现在一亩坝子田最高可以产 1200 斤生谷。杂交水稻在提高水稻产量的同时也带来了水稻的病虫害问题。

掌坳村很少发生干旱和洪涝等自然灾害，最常见的就是水稻的病虫害。其中水稻遭受白背飞虱、稻丛卷叶螟等迁飞性虫和稻瘟病危害尤为严重。

特别是从1984年种植杂交水稻之后，虽然产量大幅提高，也带来了严重的水稻病虫害问题。每一年都有一定程度的病虫害发生，需要大量的农药防治病虫害，保证水稻产量。由于杂交制种比面上生产早得多，因此，面上的害虫均有可能转移到生长浓郁的制种田上集中为害，加重其危害程度。同时，高肥水管理的制种生产，容易引起植株营养过剩，游离营养多，导致病虫发生。

1991年和1992年两年，掌坳村发生了严重的稻瘟病，导致60%的水稻绝产。村民们靠往年存下来的余粮才得以生活。稻瘟病是最具毁灭性的水稻病害之一，水稻生长期中叶片受害严重时，成片枯死，有的虽不枯死，但新叶不易伸展，稻株萎缩，不能抽穗或抽出短小的穗。抽穗期穗颈受害严重，则造成大量白穗或瘪粒，具体发病原因并不是很明确，但有很多因素可以导致稻瘟病。稻瘟病的病源是稻梨孢菌，菌丝分隔，初无色，后变褐色，寄生于寄主细胞组织内。稻瘟菌以分生孢子和菌丝体在病稻草和病种上越冬。在干燥条件下，分生孢子可存活半年至一年，病组织中的菌丝可存活一年以上；但在潮湿条件下，它们经2~3个月便都死亡。因此散落在田间、场地以及堆肥中的病菌和草堆外层的分生孢子往往不能越冬，而带病的种子、稻草和未腐烂的牛栏草，就成为此病主要的侵染源。播种带病稻种后，潜伏其内的菌丝可能引起秧苗发病；附在种子表面的分生孢子，萌芽后从幼苗基部侵入，都可引起秧苗发病。可以通过选用抗病良种、合理处理病谷病草、喷洒农药加以防治。白背飞虱是影响掌坳村水稻生长的重要迁徙性害虫，以成虫和若虫群栖稻株基部刺吸汁液，造成稻叶叶尖褪绿变黄，严重时全株枯死，穗期受害还可造成抽穗困难，枯孕穗或穗变褐色；秕谷多等为害状。可以通过选用抗（耐）虫水稻品种、引入白背飞虱天敌的方法加以防治。

在掌坳村，村民种植的水稻、玉米等作物全部留给自家食用，极少出卖。由于水稻由村民用传统的农用工具如叉子、犁、镰刀来耕作，不涉及任何人工成本和农用机械的成本，因此种植水稻的成本主要包括种子、化肥、农药。种子每亩需要1千克约25元，肥料以农家肥居多，但每亩仍需要25千克约合75元，农药每亩需要50元。因此，在掌坳村种植一亩水稻的成本约为150元。所种植的水稻由于并不出卖，因此收益并不好统计，与每亩水稻的产量和市场价格直接相关。

与水稻的种植相比，土豆和玉米的种植相对简单。土豆和玉米生长在山坡的旱作土上，掌坳村的村民说只需在清明节前后种下土豆的块根和玉米的种子，施些农家肥，在生长过程中拔些杂草，10 月份过来收获就可以了。当问到生产成本时，村民告诉我成本是不确定的，因每家播种的面积很小，只有几分土，因此，种子几乎不需要成本；化肥和农药则完全视各家的情况，经济条件好的就多施些化肥喷洒些农药，经济条件不好的就少施肥、少喷农药，甚至完全不施肥、不喷农药。当地村民并没有产量的概念，收获的多少他们并不在意，土豆或者玉米都是留给家里人吃或是喂猪的。

（三）农业生产关系

生产关系的变革是以土地利益关系的变革为基础的。

掌坳村土地改革从 1952 年 1 月开始至 4 月结束，历时 4 个月。进行土地改革的法律依据是《中华人民共和国土地改革法》，土地改革在乡里的统一安排下进行。掌坳村的土地改革主要分四步进行。第一步，大塘乡召开贫雇农代表会议，宣传学习《土地改革法》，贯彻执行“依靠贫农、雇农，团结中农，中立富农，有步骤、有分别地消灭封建剥削制度，发展农业生产”的阶级路线和政策。建立农民协会，运用阶级对比的方法，访贫问苦，扎根串连，发动群众。第二步，划分阶级成分。按照中共中央《关于划分农村阶级成分的决定》，普查登记各户土地占有量和劳动力，剥削程度和被剥削量，以劳动与不劳动为主要界限，进行阶级分析排队，通过评议，张榜公布。第三步，依法没收地主土地、山林、房屋、耕牛、农具及其财产，征收公田、学田、庙田。对于富农则按照保护富农经济的政策，只征收其出租部分的土地，对中农（包括富裕中农）的财产和耕地加以保护，不允许侵犯。第四步，民主分配斗争果实（没收的土地、浮财和实物），尽量做到“缺啥补啥，缺多补多，缺少补少，不缺不补”。先分田土，再分房屋、宅基和山林（地主也分给一份），逐户落实造册登记。由于田地之间的产量不同，为体现公平原则，掌坳村的田地是按产量平均分配的。当时一亩田可以产 6 挑米约合 600 斤米，每人可以分得产 5 挑米的田，即平均每人可以分得 8 分地。据统计，掌坳村土地改革后雇农、贫农、佃农占有土地，分别是土改前的 92.4 倍、37.5 倍和 15 倍，从而解放了农村生产力。在土地改革中，强调认真贯彻执行民族政策，尊重少数民族风俗习惯。掌坳村在“土改”时保留了多处马郎坡（青年对歌的场地）和跳花场。土改后，农民生产情绪高涨，这年虽遭伏旱，但依靠农民组织起来，进行抗旱斗争，仍取得土改后第一个丰收。

从 1953 年开始，掌坳村开始搞农业合作化。

第一个阶段是互助组（1953—1954 年），1953 年在深入宣传过渡时期总路线之后，开始发展互助合作道路。村民们不是各种各家的土地，而是共同在村里的土地上劳动，生产工具虽然是一起使用，但村民仍然拥有对于生产工具的所有权，秋收后平均分配劳动成果。1954 年，各种季节性和常年性的互助组实行简单的评工记分，推广先进技术。互助组发挥了集体的智慧和力量，修沟渠、筑塘库、造水车，战胜了旱灾的威胁，农业获得连续增产。

第二个阶段是初级社（1954—1955 年），1954 年 9 月掌坳村建立了半社会主义性质的初级生产合作社，并认真宣传学习“一化”（实现国家工业化）、“三改”（对农业、手工业、资本主义工商业进行社会主义改造）的过渡时期总路线及办社的方针政策。

第三个阶段是高级社（1956—1957 年），1956 年年初，中共雷山县委贯彻执行《中央关于农业合作化问题的指示》，和毛泽东《关于农业合作化问题》的报告，根据“全面规划，加强领导”的方针，作出了全县农业合作化的规划。全县 173 个初级社合并为 65 个高级社。高级社以下分生产队，掌坳村由此转变为掌坳大队，掌坳大队分为 4 个组（是现在掌坳村行政区域 5 个组划分的基础），实行包工、包产、包成本、超产奖励的责任制。

第四个阶段是人民公社（1958—1981 年），1958 年 8 月，中共中央发出在农村建立人民公社的指示之后，全县开始大办人民公社，实行“政社合一”的管理体制。到 1958 年 9 月 20 日，雷山县已全面实现人民公社化，全县 69 个高级社合并为 8 个人民公社，入社农户达 14654 户，占总农户的 99.4%。掌坳大队归属于大塘人民公社，大塘人民公社内的耕地、山林、耕畜、农具、果木等均属人民公社所有；农副业统一由人民公社经营，实行工、农、兵、学、商一体化。组织上按军事化编制为团、营、连、排、班。在生产上，劳力由公社统一调配，实行“大兵团”作战。在生活上，推行供给制，大办公共食堂，过急地改变集体所有制为全民所有制，不切实际地提出“粮食翻一番”，全民夜战搞深耕。据掌坳村的村民回忆，村里村民们响应号召耕田到一米深，破坏了大量田土，导致当年大量水稻绝产，在田间、路上经常能看到因缺粮饿死的人。1959 年 1 月原凯里县、麻山县、雷山县、丹寨四县并为凯里县，县政府办公地点定在麻山。合并为凯里县后，因行政体制变化，生产和管理渐趋混乱，使“高指标、瞎指挥、浮夸风”为标志的“共产风”蔓延滋长，违法乱纪的事情频繁发生。社员无力生产，土地荒芜，牛马死亡，森林被毁。加上自然灾害影响，粮食产量和牲畜存栏数急剧下降，农民口粮持续紧张，严重挫伤了农民的生产积极性。1960 年 7 月，中共中央发出《关于农村人民公社当前政策问题的紧急指示信》。10 月，县委召开五级干部会议和县委扩大会议，着手纠正“五风”和“一平二调”的错误。1961 年县委按照中央和县委指示，全面调整农村经济政策，实行公社、生产大队、生产队三级所有制，以生产大队为核算单位。8 月，雷山县制恢复，大塘乡政府恢复，原丹寨县永乐、排掉两区划属雷山，又一次调整公社。1961 年，重新划分了掌坳村的土地，使土地尽量分布在村内，便于村民的生产劳作。1962 年，县委先后召开三级干部会和四级干部会，贯彻中共中央《关于改变人民公社基本核算单位问题的指示》，组织各级干部深入掌坳村，进行分配大包干，纠正在大办人民公社过程中发生的“左”的错误，重申人民公社是集体所有制的经济组织，实行“三级所有，队为基础以生产队为基本核算单位”的制度，确立了掌坳大队的地位。1966 年开展文化大革命，农业生产秩序又趋混乱。1968 年，开展“农业学大寨”运动，实行“政治”工分，“割资本主义尾巴”，限制社员家庭副业和经营“三地”，改变雷山集市贸易场期，掌坳村的农业生产遭受严重干扰和破坏。掌坳大队内平均主义和“吃大锅饭”的弊病严重，造成生产难以维持。

第四个阶段是分田到户（1981 年至今）1978 年，党的十一届三中全会后，恢复了党的优良传统和作风，贯彻实事求是的思想路线，“左”的错误逐步得到纠正，农村生产力再次得到解放。1981 年掌坳村开始实行“包干到户”的承包责任制，当地村民称为“分田到户”。当时掌坳村的田地按照产量的高低，被分为三个等级，村民通过抽签决定自己分得的土地，为了公平每家分得的土地尽量做到产量高的和产量低的相搭配。平均每位掌坳村的村民可以分得 8 分田。家庭联产承包责任制的实行取消了人民公社，又没有走土地私有化的道路，而是实行家庭联产承包为主，统分结合，双层经营，既发挥了集体统一经营的优越性，又调动了农民生产积极性，是适应我国农业特点和农村生产力发展水平以及管理水平的一种较好的经济形式。为了保障农民利益、增加农民对于田地基础设施的投资，1984 年，党中央和国务院决定将土地承包期延长至15年。1993年，又将承包期扩大为30年，称“农村土地承包制度30年不变”。从1981年掌坳村实行家庭联产承包责任制至今，土地关系从未发生过改变。

（四）农业生产的不足及发展趋势

稻作农业一直是掌坳村农业的基础，以此为依托发展了掌坳村历经千年的文化。然而一方面今天的掌坳村却依然以小农经济为基础，农业生产工具落后，农产品几乎没有任何流通；另一方面，从1981年家庭联产承包责任制到今天已经有近30年的时间，土地的分配状况也渐渐暴露出了一些问题。

虽然家庭联产承包责任制在宏观上表现为“集体所有，家庭经营”，而对于掌坳村的村民来讲无异于小农经济的恢复。农民拥有自己的田土（实际上是拥有使用权）极大地促进了他们生产的积极性，但小农经济的恢复却与现代农业生产中对科学技术的利用与开发，以及农业工业化产生了不可避免的矛盾。另一方面，子女方对于亲方财产的分割进一步导致了掌坳村家庭田土面积的缩小。在新陈代谢的过程中，子女的数目可以是多个的，于是亲方的财产要分割传给多个独立的子方单位。在田土继袭上掌坳村实行“单系继袭”，即田土“只传儿，不传女”，儿子间平均分配田土。正是这样的制度，进一步分割了土地，也使中国遍地都是小农，各家各户的田土面积过小，小到农用的机械无法使用，小到技术改良无法进行。

掌坳村的支书深知村里农业发展所面临的问题，自己却无力改变。他说：“掌坳村现在这种自给自足的农业生产模式是不可能有发展的，各家各户自己种一点水稻，再种一点蔬菜、土豆、玉米供自己家里吃，生产的专业化不强，规模化不够，产量更是难以保障。应该组织村里的一个组，或整个村专门种植优势品种，或把田包给一家实现规模化经营，只有这样的农业才能充分实现经济效益。”

人民公社体制的主要缺陷一方面是对农民个人权利的限制，从而限制了农民个人的主动性和积极性；另一方面是合作制对于集体制的异化。克服这个缺陷，并不是要将集体制组织起来的公有制经济再退回个体小农经济，而是改革集体制，实行以农民个人权利为基础，保证农民个人主动性和积极性的合作制。掌坳村村支书所说的改进方法，正是这样一种合作制，在保障农民个人主动性和积极性的前提下，组织农民进行规模化和集约化的生产，使这种生产充分适应商品经济发展要求，以此来提高农业的生产效率，促进农民权益的实现和生活水平的提高。

掌坳村的田地实行的是“单系继袭”，这样的方式虽然是迫于实际需要却带来了一系列问题。在掌坳村，一个人只能得到父亲方面传下的农田，农田即在父亲的亲属关系中传袭，女性就得不到农田的所有权。女性出嫁不能带着她父家的田产到夫家去，于是她自己没有农田可以传给后代。这种“单系继袭”的模式违反了我国《民法》中规定的“双系继承”原则，侵犯了妇女的土地权益。很多女权主义保护者都在问：“受法律保护的女性的土地去哪里了?”

田土的“单系继承”进一步加剧了家庭中男女地位的不平等。在女性结婚以后，房屋是由男方家供给的，维持新家庭经济基础的农田也是由男方继承的，因此夫妇对于新家庭经济贡献的差距是决定妇女地位的一个重要因素。在掌坳村处处都体现着“重男轻女”这一村里的基本原则。没有田的妇女在经济权利方面远远低于丈夫，而在劳动义务方面则多于丈夫。做妻子的义务一方面是生育孩子为丈夫家延续香火，另一方面承担烹饪、针线等家里的杂物。此外还有下田、晒谷子、喂猪等农活。

田土的“单系继袭”还带来了掌坳村现在土地分配不合理的问题。虽然1981年实行家庭联产承包责任制时，掌坳村按人口，每人分得了8分田地，但随着时间的推移，出现了田土的继承和分家问题。由于田土的“单系继袭”，女儿出嫁并不带走田土，因此女儿多的农户现在就有较多的土地；儿子成家后一般就要分家，田土也要进行相应的分割，导致儿子多的农户由于土地不够耕种，只能外出打工寻找出路。

在掌坳村，虽然田土的“单系继袭”存在着一系列问题，但却是一种最为切实可行的田土继承方法。如果继承的是动产，女性在出嫁时可以带走，“双系继袭”的方法有实施的可能性，然而田土是不动产，在现代的生产技术之下，“双系继袭”无法实施。因此，在“男尊女卑、重男轻女”思想严重的掌坳村，男性对于土地的“单系继承”就成了必然的选择。国家对于土地使用权30年不变的政策和现实土地分配状况的矛盾，使掌坳村这一情况在短期内很难得到解决。

今天的中国是一个商品经济充分发展的多元化中国。农业已经不是掌坳村村民唯一的生存途径。掌坳村山清水秀、文化底蕴深厚、旅游资源开发的潜力很大，因此可以以此作为掌坳村沟通外界的窗口，并以此为契机促进经济的发展。同时可以加强教育工作、提高村民素质、增加劳动力的对外输送，促进农民收入的增加。通过多元化的方式，解决存在问题，促进掌坳村更好更快地发展。

四、政治组织

（一）政治组织的历史变迁

掌坳村早在清雍正七年（1729 年）就成为一个独立的村庄，至乾隆三年（1738 年）归属丹江厅丹江卫黄茅岭司管辖，成为土司政权控制下的地区。辛亥革命之后，贵州省成立丹江县政府，于民国二十年（1931 年）将掌坳村划归丹江县一区（中区）莲花乡管辖。民国三十三年（1944 年），重庆国民政府设雷山设置局，后改称雷山县，将掌坳村划归雷山县大塘乡管辖。总体来讲，解放之前，由于掌坳村深处苗族聚居区，与外界隔绝，仅在形式上受上级政府管辖，村里的大小事务均由苗王、寨老协商决定，属于典型的族群政治形式。

1950 年 9 月，雷山县解放，掌坳村随即建立了村级政权。1952 年，掌坳村开始进行土地改革，成立了农民协会，由农民协会统一管理全村事务，行使政治职能。1953 年，掌坳村开始农业生产合作化运动，成立了互助组。农民协会将全村人口按居住地编为 4 个互助小组（其中南亮自然村的人口编入第四小组），各小组长负责本组农业生产，同时负责本组的行政事务。1956 年前后，掌坳村建立了基层党支部，设书记、副书记各 1 人，支部委员若干人，其中专职宣传委员、专职组织委员各 1 人。1958 年，雷山县开始人民公社化运动，大塘乡改称大塘人民公社，实行政社合一，掌坳村随之更名为掌坳大队，4 个小组改称小队（后由于第一小队人口数量上升，掌坳大队遂将其分为两个小队，即第一小队、第五小队）。大队一级设有大队长、副大队长、民兵队长、妇女主任、文书、会计等职位。大队长负责统筹安排全村的生产与政治组织工作；副大队长协助大队长进行工作；民兵队长负责村里的治安并训练全村民兵；妇女主任负责全村的妇女工作；文书、会计时常由1人兼任，负责全村档案保管、账目核算等。小队一级事务由小队长统筹负责。大队长一般由公社任命，其余大队干部由群众推举产生，小队长由各小队村民轮流担任。1961年前后，掌坳村又设立基层团支部，设书记1人，负责日常事务。同年，大塘人民公社改称大塘区人民政府，将公社一级下放，掌坳大队编入大塘区下属的莲花人民公社。

在"文革"时期，掌坳村于1967年成立了革命委员会，职能与大队基本相同，实行一班人马，两块牌子，甚至革委会主任有时也由大队长兼任。革委会没有太多实际作用，只有在上级革委会的严令之下，才将全村村民划分一下阶级成分，象征性地搞一些批斗活动。革委会不设下属机构，也不进行其他政治活动，因此，全村的农业生产并没有受到政治运动的太大破坏。但受全国"左"的错误影响，共青团、妇女工作在这段时期停滞不前。

"文革"结束后，掌坳村革命委员会随即撤销。1984年，莲花人民公社撤销，改称莲花乡；掌坳大队亦随之撤销，改称掌坳村，并设立村民委员会，沿袭大队时期的机构设置。掌坳村村委会下设5个由小队改成的村民小组，人员没有变化。村委会成员由村民大会或村民代表大会选举产生，村民小组长仍由各组村民轮流担任。1992年"拆区并乡"时，掌坳村划归大塘乡莲花片区管辖，后片区一级撤销，改由大塘乡直辖，党支部与村委会结构一直没有发生太大变化。此后数年中，村调解委员会、经济发展委员会、计划生育协会等组织相继成立。至2008年，掌坳村党支部组成人员中，有支部书记1名、副书记1名，宣传委员、组织委员和支部委员各1名；掌坳村村委会组成人员中，有村长（村委会主任）1名、副村长（村委会副主任）1名、经济发展委员会主任1名、治保主任（兼调解主任）1名、民兵连长1名、会计（兼文书）1名、妇女主任1名、计生主任1名、共青团支部书记1名。村里的其他工作如计划生育村民自治工作，则由党支部委员会、村委会"两委"共同领导开展。

（二）党支部与党建工作

掌坳村现存最早的党员登记记录始于2002年12月。当时，村党支部共有党员17人（含流动党员3人），其中男党员15人，女党员2人，均为雷山籍。从年龄结构上看，全体党员中年龄最大的 73 岁，年龄最小的 25 岁，平均年龄 57.1 岁，有 12 人出生在解放前，17 人中有 5 人已退休，其中 3 人退休前为干部。从文化程度上看，全体党员中高中学历 4 人，中专学历 1 人，初中学历 4 人，高小 3 人，初小 1 人，文盲 4 人，其中 2 名女党员均为文盲。从入党时间上看，全体党员中 20 世纪 90 年代入党的有 4 人，80 年代入党的有 2 人，70 年代入党的有 6 人，50 年代入党的有 5 人，平均党龄 27.8 年。入党时间最早的是杨昌和，为 1955 年，最晚的为吴德雄、吴廷胜，为 1997 年。时任支部书记为杨昌彪，副书记为吴廷学，支部委员为吴德雄、杨胜波、吴往三，党支部平均年龄 46.6 岁。2002 年时，全村有入党积极分子 10 人，其中男性 8 人，女性 2 人。从文化程度上看，初中学历 9 人，小学学历 1 人，有 8 人受到过组织的培养教育。从整体上讲，党员平均年龄偏高，学历水平偏低，男女比例不合理，党员数量在改革开放后上升缓慢，平均每 4 年才发展 1 个党员。

2003 年第二次统计时，党支部没有新发展党员，有入党积极分子 9 人，均为初中学历，均受过组织的培养教育。到 2005 年 12 月第三次统计时，党支部共有党员 19 人，其中男党员 17 人，女党员 2 人。从年龄结构上看，全体党员中年龄最大的 83 岁，最小的 22 岁，平均年龄 56.4 岁。从文化程度上看，全体党员中大专学历 1 人，高中学历 4 人，中专学历 1 人，初中学历 5 人，高小 3 人，初小 1 人，文盲 4 人。此外，全体党员中已分配工作 1 人，外出打工 5 人，在家务农 13 人。2007—2008 年，又先后有 3 人入党。到 2009 年 6 月，党支部共有党员 22 人，其中男党员 19 人，女党员 3 人，平均年龄进一步下降为 53.8 岁，中专以上学历有 9 人，学历层次有所提高。2000 年后，平均每 1 ~ 2 年发展 1 个党员，发展速度加快，党员数量也有所上升。现任支部书记为杨昌彪，副书记为杨福英（女），宣传委员为吴呈岑，组织委员为杨胜波，支部委员为吴德雄。整个领导班子平均年龄下降为 42 岁，呈现年轻化趋势。

党支部每 3 年换届 1 次，最近一次换届是在 2007 年 11 月。换届时，召开党员大会，首先确定党支部人数及各个职务，由全体党员选举出支部委员若干名。支部委员再选举产生支部书记，由选举产生的支部书记对剩下的支部委员进行分工，做到各司其职。在现任村支书杨昌彪之前，吴道雄自 1998—2001 年任村支书，从 2001 年起，杨昌彪连任 3 届村支书至今。党支部书记负责统筹安排支部工作，传达上级组织精神，与县委、乡委领导进行沟通和协调；副书记负责协助书记处理日常党务工作，并在书记外出时代行其职；宣传委员负责支部及村务宣传工作；组织委员负责发展新党员、培养入党积极分子、收取党费等；支部委员负责其他工作。

组织委员负责收取党支部全体党员的党费，党费交由村支书保管。党费数额每期均不固定，按照党员自愿原则，以其收入水平的一定比例缴纳。如有特殊情况（如遭受灾害等），或某些党员家庭贫困，可申请免交党费，每期党费的收缴情况均记录备案。从这些记录来看，2003 年下半年，18 名党员中共有 13 名党员缴纳党费合计 74.8 元（含 1 人补交上半年党费 5 元），数额从 0.8 ~15 元不等；2005 年上半年，19 名党员中共有 14 名党员缴纳党费合计 65.5 元，数额从 0.5 ~25 元不等；2005 年下半年，19 名党员中共有 13 名党员缴纳党费合计 110.3 元（有 1 人托人代缴），数额从 0.4 ~25 元不等。

党支部制定有详细的工作制度：

（1）全面宣传贯彻执行党的方针政策及上级党委有关决议，带领农民群众深化农村改革，发展农村经济，坚持社会主义方向，全心全意为人民服务，带领群众走共同富裕之路。

（2）开展社会主义精神文明建设，用马克思列宁主义、毛泽东思想和中国特色社会主义理论体系武装思想，用社会主义文化占领农村文化阵地。

（3）抓好党支部自身的思想、组织、作风、制度建设，做好党员的教育、发展、培养、监督工作，充分发挥党员在两个文明建设中的先锋模范作用。

（4）负责村其他组织和村办集体企业干部的教育、培养、选拔、推荐和监督。

（5）领导村委会、村级经济组织、团支部、妇女组织、民兵连等组织开展工作，并支持和帮助各级村组织依照法律和各自的章程正常运行，发挥好职能。

（6）党支部的中心任务是：坚持和贯彻落实党的“一个中心、两个基本点”的路线、方针、政策，密切党和群众的血肉联系，引导、团结和组织群众走社会主义道路。

党支部的日常活动集中地体现在“三会一课”上。“三会”具体指支部委员会、支部大会、党小组会，“一课”指党课。“三会一课”活动基本上集中在村委会所在地二楼的党员活动室进行，并有严格的会议签到制度。支部委员会每月召开 1 次，主要传达、贯彻上级党组织的指示，对党员的教育和管理进行讨论，研究党员发展、转正、处分和支部自身建设等问题，讨论并决定其他重大事项。支部大会每季度召开 1 次，主要传达、学习中央文件和上级党组织的决议、指示，制订、贯彻、执行计划和措施；听取支部委员会的工作报告，听取村委会各负责人通报行政业务工作情况，听取党员的意见和建议；讨论并通过党员的转正、发展、表彰和处分，选举产生支部委员会和支部书记，补选支部委员及推举出席上级党代会的代表等。党小组会每月召开 1～2 次，参加人数及如何分组不固定。主要学习上级文件，传达党支部决议，讨论并贯彻执行具体措施；向党员布置工作，听取党员汇报思想和工作情况；开展批评与自我批评，分析群众的思想状况，研究如何做好群众工作；研究入党积极分子的培养教育，研究发展对象，酝酿并讨论党员的发展、转正、奖励及处分。党课在每月 15 日集中至少半天进行，全体党员和入党积极分子必须参加。主要进行马克思主义基本理论教育，党的基本理论、党章、党的路线方针政策教育，党的优良传统、党纪党规及当前形势与政策教育等。除“三会一课”外，党支部还不断加强农村党员干部现代远程教育工作。远程教育站点设在村委会，有 1 名兼职人员专门管理，管理制度规范，站点运行正常，管理人员熟练掌握技术，能适应各类培训学习需要，并按《农村党员干部现代远程教育教学大纲（试行）》，制订有村远程教育培训计划，每月平均培训 2 期（次）以上，全年最多能够培训 50 期共计 1000 人次。培训以学习政策法规、农村党建、计划生育、农村卫生、农业适用技术和旅游知识等 40 多个课件为内容，其中以农业适用技术为主要学习对象，包括养牛、养猪、养羊、养鸡等养殖技术及水稻栽培、水稻病虫害防治、茶叶栽培、果树栽培、蔬菜种植技术等多种内容。

近年来，党支部紧跟党和国家的发展步伐，根据形势需要，不断开展紧扣时代、贴近生活的专题活动。2005 年 12 月，为配合中央保持党员先进性教育活动的开展，党支部成立了保持共产党员先进性教育活动领导小组，由村支书杨昌彪任组长，吴廷良、吴德雄、杨胜波任副组长，在莲花小学远程教育活动室定期开展学习教育活动，并聘请乡派出所干警文国春为兼职辅导员。为确保先进性教育活动顺利开展，党支部向每位党员下发保持共产党员先进性教育活动个人征求意见表，认真听取大家的意见与建议，村支书带头做个人党性分析材料，找出个人工作中存在的问题和不足，最后全体党员提出并一致通过了支部的整改措施，收效明显。2007 年 12 月，党支部召开了学习党的“十七大”会议精神讨论会。会议由村支书杨昌彪主持，全体党员认真研读了胡锦涛总书记在“十七大”上的重要讲话，并作了详细的学习记录。会后，党员们围绕“十七大”精神，提出了各自的心得体会，畅谈今后开展支部工作的建议。2008 年 1 月，党支部开展党的基层组织建设年活动，计划用 1 年的时间，将基层党建工作常态化、持久化。全年的活动分为 4 个阶段（动员部署、调查研究、深入实施、总结验收），每阶段为 3 个月。党支部为此成立了党的基层组织建设年活动工作领导小组，由村支书杨昌彪任组长，吴道雄、吴呈岑任副组长，并在村委会设立办公室。活动内容主要包括加强中国特色社会主义理论体系的学习，加强支部党风廉政建设，建立健全基层民主制度等。党支部计划于 2009 年 11 月将活动最终成果上报乡党委。除了上述活动之外，近期即将全面展开学习实践科学发展观的主题活动。

总的来看，掌坳村党支部的各项工作紧跟中央步调，能够及时、有效地传达中央精神，在学习党的创新理论、中央各项方针政策时能够自觉地与本村实际情况结合起来，为群众解难题、办实事，受到党员、群众的一致好评。不少群众认为，党支部的工作民主、高效，能够反映他们的利益和要求。党支部成员责任心较强，工作能力提升很快，经常受到县、乡党委领导表扬。但是，党支部的工作亦存在一些亟待改进之处：首先，党支部全体党员的平均年龄偏大，性别比例不合理，学历层次整体偏低，发展年轻党员、女党员、高学历党员的力度还不够；其次，党支部在对党员特别是入党积极分子的培养上还有所欠缺，特别是还不能发挥出党员远程教育系统的作用，对党的基本理论学习研究仍不够深入；再次，党支部在执行具体工作时缺乏计划性，不能严格贯彻制度，与村委会在工作上配合仍不够紧密；最后，党支部在真正能使群众在认识党、了解党的基础上，真心拥护、配合基层党组织的工作方面做的还远远不够，党支部在群众中的影响力、先锋模范作用有待进一步发挥。

（三）村委会与村务工作

掌坳村村民委员会组成人员中，现任村长（村委会主任）为吴道安，副村长（村委会副主任）为杨福英（女），会计兼文书为吴道雄，吴呈岑兼任村调解主任与治保主任，民兵连长为吴道州，经济发展委员会主任由吴道安兼任，妇女主任为杨芬英，计生主任为任明秀，并兼任村人口计生领导小组副组长、村计划生育协会理事会秘书长，共青团支部书记为杨秀青。村委会将全村 169 户（2003 年）按居住地全部编入，下辖 5 个村民小组，小组长由组内各户户主轮流担任，任期由各组自行决定。1 组辖 32 户，现任小组长为吴德帮；2 组辖 44 户，现任小组长为吴廷帮；3 组辖 27 户，现任小组长为吴玉才；4 组辖 36 户，现任小组长为吴耐英；5 组辖 30 户，现任小组长为吴廷良。

村委会每 3 年换届 1 次，由村民直选产生，最近一次换届是在 2007 年 12 月。村委会委员可连选连任，任期最长的是吴廷帮，自 1987—1999 年，连任 4 届村长。村委会换届时，召开村民大会，会议由村民选举委员会主持，村民选举委员会成员由各村民小组推举产生。凡年满 18 周岁、未被剥夺政治权利的村民都可以参加选举。选举村长时，由村民代表提名两位村长候选人，须超过半数村民参与投票，得票超过半数者当选。2007 年 12 月换届时，两位村长候选人分别是吴道安、吴秀才，选举中，吴道安凭借更胜一筹的领导才能及带队表演铜鼓舞的亲和力胜出。接下来由村民直选产生村委会委员。在确定了本届村委会委员人数及职务后，由村民大会提名产生若干名候选人，再进行选举，须超过半数村民参与投票，得票超过半数者当选。如当选人数小于应当选人数，则未当选的各候选人再进行下一轮选举，直到村委会委员全部选出为止。最后，由村长决定新一届村委会分工。在选举过程中，如发现有贿选、合谋操纵选举的行为，则选举委员会有权宣布选举无效；如发现村委会委员中有依靠不正当行为当选的，选举委员会有权宣布其当选无效。如事后发现村委会委员有违法违规行为，可以联名全村 1/3 以上村民要求对其进行罢免。

村委会亦制定有详细的工作制度：

（1）根据党和国家的路线、方针、政策，协助上级政府、党委开展工作，积极完成任务，带头遵守国家宪法及各项法律法规。

（2）坚持实事求是的原则，树立勤政为民的思想，认真贯彻执行村规民约，抓好本村的公共事务与公益事业。

（3）依照法律规定，管理好本村的集体所有土地及财产，支持、帮助村民小组工作，组织村民学习科学技术，依靠科学发展经济和生产，承担好本村生产的协调与服务工作，维护集体经济组织和个人合法权益。

(4) 按时完成上级政府交给的各项任务，发扬一丝不苟、办事公正、精益求精的优良作风。

(5) 深入了解和掌握各村民小组出现的新情况、新问题，对存在的问题要及时指出并加以解决。

(6) 开展多种形式的社会主义精神文明建设活动，进行思想教育。

(7) 村干部在工作中，要互相帮助、互相配合、互相支持，齐心协力做好各项工作，不许相互推诿刁难。

(8) 坚持考勤制度、值班制度，加强干部工作责任心与紧迫感，提高工作效率。

(9) 村委会要及时向上级党委、政府反映村民的意见、要求和建议。

(10) 每个村干部要在积极搞好工作的基础上不断提高自身的理论水平、政治水平和业务能力。

由掌坳村全村村民制订的村规民约（见附录），对处理全村各类事务均有详细的规定，是村委会的日常工作准则。除此之外，村委会对各组成机构、人员及其工作亦制订有详细的职责：

村委会主任、副主任在村党支部的领导下，主要负责主持村委会全面工作，带领村委会全体成员积极贯彻执行党的方针政策，并按时完成县、乡政府交办的任务；负责领导村民依法治村，开展村民自治活动，教育村民依法履行义务；负责带领村民发展经济，兴办集体经济与公益事业，管理集体土地、山林、矿山、水利设施，统筹全村财务收支；负责社会综合治理与民事纠纷调解；负责管理学校教育，狠抓九年义务教育入学率；负责抓好本村的计划生育工作，严格执行国家的计划生育政策等。

文书负责协助村支书、村委会主任开展全村各项工作；负责起草和修改村委会、党支部的申请、报告、村规民约等文字材料；负责作会议记录，统计各种数据、上报工作以及向上级反馈信息；负责在村务公开栏张榜公示村务工作。

经济发展委员会主要由全村农业生产大户、个体户组成，受村委会的直接领导，主要负责带领全体村民贯彻执行党的农业、农村政策；发展农村经济，兴办集体经济实体与公益事业，经营全村“储金会”，管理承包责任田、山林；负责公开兴办集体公益福利事业及其他建设项目的办理过程与结果，公布全村经济发展、基础设施建设项目的账目收支结余结果；负责向全村提供科技信息、市场信息及农业技术扶持；配合村委会解决其他在经济发展中存在的问题，帮助全村人民实现共同富裕。

治保主任在村委会领导下开展工作，主要负责组织和带领治保人员进行普法宣传，增强群众的法制观念与安全防范意识；制定安保、联防制度，保护公共资源；组织群众开展治安巡逻，落实防盗、防火、防破坏等治安事故的防范措施；协助公安机关侦破刑事案件，并对违法人员进行监督和教育，维护全村治安。

妇女主任负责统筹全村的妇女工作，向广大妇女宣传党的各项方针政策，带领妇女参政议政，维护妇女儿童的合法权益；教育广大妇女自尊、自立、自强，带领她们学习科学文化知识，脱贫致富；教育妇女群众遵纪守法，正确处理婚姻家庭关系，并积极配合村计生主任、计划生育协会开展计生工作，宣传计生政策；适时开展刺绣比赛、“三八”红旗手、“五好”家庭、双学双比等评优活动并做好拥军优属活动。

计生主任负责具体承担本村人口和计划生育各项任务。具体包括宣传国家计生政策法规；发放计生宣传品；每月向乡计生办报告人口信息并掌握流动人口去向；组织已婚育龄群体定期参加生殖健康“普查普治”工作；协助乡计生办落实计生责任帮扶工作，管理计生档案等。

调解主任负责协助治保主任开展普法教育与法制宣传活动，主持本村民间纠纷调解活动；组织对刑满释放人员或解除劳教人员的过渡性安置与帮教工作，排查并及时报告影响本村治安的不稳定因素；培训全村调解员。调解民事纠纷时，如双方和解，则在协议书上签字，如无法调解，则书面请求乡政府处理。

民兵连按年龄组分为3个民兵排：1排为20～30岁年龄组，吴兴远任排长；2排为30～40岁年龄组，吴树林任排长；3排为40～60岁年龄组，吴国良任排长。全连现有民兵40人。民兵连长负责贯彻民兵工作条例，搞好民兵组织建设；定期选派民兵到县城训练（每年1期，每期2～3人，训练半个月左右），组织村民参与军事训练，参与村庄执勤，配合治保主任工作；开展拥军优属、治安保障、抢险救灾等活动。

共青团支部现有团员35人，均系中学在校期间入团，现有近一半人外出务工或上学，但组织关系仍然保留在村里。团支部只设支部书记一人，未设宣传委员、组织委员，团内工作（包括团费收缴）均由团支书杨秀青一人负责。杨秀青号召力很强，深得村里年轻人信赖，也很受村支书倚重，平时经常组织青年参与文体活动，如篮球比赛，学习农业技术等，还每年选派青年赴县、乡参加创业培训。他还很注重发挥团员青年的劳动热情与战斗堡垒作用，使广大团员担当起村里公益事业的主力军，如修建蓄水池、修筑寨道、消防等活动。但由于杨秀青从2008年起到贵阳贵铁五局三校学习，团内活动无人组织，也就停滞了下来。

5个村民小组长负责督促本组村民落实村委会决议，统计本组各项工作数据，及时向村委会、党支部汇报本组村民的生产、生活情况，反映村民的要求和建议。

2008年7月，为确保在发生突发性地质灾害时能够及时、有效地实施救助，提高全村对地质灾害的应急反应能力，最大限度地减少全村人民生命和财产损失，村委会决定成立突发性地质灾害应急救护队，由吴道安任队长，杨昌彪、吴道雄、刘太云、吴廷良任副队长，吴胜洪等58人为救护队队员。

2009年3月，为使村绿化工程顺利开展并通过大塘乡政府验收，村“两委”决定成立“百村绿化”工程领导小组，由杨昌彪任组长，吴道安、吴道雄任副组长，吴德帮、吴庭帮、吴玉才、吴耐英、吴庭良为小组成员。

村委会专门在村委会楼下设立了村务公开栏，并设立了村务公开制度。村务公开的主要内容有：村干部的任期目标、工作规划、任务完成情况及报酬、补贴；集体经济承包，全村经济收入、支出及财务管理状况；农民负担及农民集资款使用状况、宅基地审批、计划生育政策落实、救灾物品发放情况；水电费、各种补贴及其他事项。村务公开的内容每半年进行1次小结，并于每年年终总结群众对村务公开的意见和建议，并将全年的村务公开状况记入档案，作为对村干部考核的重要指标。为落实村民行使对村务公开进行监督的权利，村委会成立了村务公开监督小组，随时对公开的内容、时间进行监督和审核。审核完成后，小组负责向村委会提出建议和要求，督促其整改，并协同党支部、村民代表定期检查村务公开的落实情况，对公开的各项数据进行审计。

村委会定期、不定期召开各种会议，为此专门制定了各种会议、议事制度。会议主要分为村民大会和村民代表大会。村民大会由村委会召集，年满18周岁的村民均可以参加，每年至少召开1次，超过1/5的村民提议即可召开村民大会。开会时，应至少有半数以上村民参加或2/3的农户代表参加，所作决议应至少获得半数到会村民的支持。村民会议负责审议村委会工作报告，评议村干部工作，推选村民代表并制定、修改村规民约及其他村民自治章程，以及其他涉及村民利益的事项。村民代表大会每季度召开 1 次，由村委会组织，原则上按照 10～15 户推选 1 名代表或每个村民小组推选 3 名代表参会，会议讨论内容由村民会议决定。开会前，每个村民代表负责联系 10 户左右的村民，将会议时间、地点、内容告知村民，听取其意见与建议，填写联系户花名册。村民小组长负责联系村民代表开会，提前 2 天通报会议议题，督促村民代表按时到会。开会时实行签到制度，并由文书作好会议记录。村民代表大会的议题主要包含统筹提留的收缴与使用办法、享受误工补贴的人数及标准、村集体经济所得收益的使用、村公益事业经费筹措方案、集体经济项目与公益项目的立项与承包方案、宅基地的使用方案、村规民约及其他村民自治章程的修订以及涉及村民利益的其他事项。此外，村党支部委员会、村委会“两委”不定期召开工作会议，沟通工作情况，布置上级任务，“两委”会议至少每季度邀请党员代表、村民代表列席 1 次，列席代表开会时有权询问“两委”成员相关问题并代表党员、村民提出批评意见，行使民主权利。

掌坳村的财务制度是全乡最为严格的。村委会规定，村集体资金为村民集体所有，由村委会代为管理，其他任何组织和个人不得以任何名义占有和挪用。为此，村委会成立了村民理财小组，小组成员由村民代表大会选举产生，一般为 3 人，负责审批村里的一切财物开支，并协同村委会编制年度预决算，将财务状况进行公开。全村一切财务开支，须经村委会与理财小组共同审批后方可办理，并应在年底编制出年度财务预算决算，交由村民大会讨论通过。现金、账目由出纳和会计分管。出纳存有现金及银行存款账簿，负责及时、准确核算现金与银行存款的收入、支出、结余，出纳手中持有的现金不能超过上限规定。会计负责对村委会领用各种票据进行登记、注销，并根据实际发生的业务进行核算，填制会计凭证，登记会计账簿，每月与出纳核账并编制财务报告交理财小组审核。此外，出纳、会计应确保手中账目完整、系统、安全，每年年终进行 1 次盘点清查。村委会每季度都要在村务公开栏中公示本季度财务状况。村干部离任时，须向村委会移交剩余资金，接受理财小组的审计。如发现审计纰漏，则责成其说明原因，如发现资金挪用、账目造假等违法行为，理财小组可以报告上级纪检监察部门，依法追究其责任。

最后，掌坳村对村干部、村委会的工作亦有一整套激励和约束措施。对于政绩突出、群众拥护的干部每年予以表彰，并对打击报复村干部的活动坚决制止。对于违反村委会工作程序、造成重大财产损失或私自以集体名义借贷、私自变更村委会决议、私自挪用公款、对村务公开弄虚作假的干部一律予以党纪、政纪处分，情节严重的予以罢免，对其涉嫌违法犯罪行为移送司法机关处理，造成的集体经济损失由个人负责。为了更好地接受村民监督，每年村委会须向村民大会或村民代表大会客观、具体、实事求是地汇报本年度工作情况，并自觉接受村民问询、提议，接受村民代表的考核。考核完成后，全体村民对村委会成员进行评议。评议采取自评与民主评议相结合的方式，村干部填写自评表，村民填写民主测评表，测评的内容涉及 1 年来的思想、学习、工作各个方面，目的是找到缺点、弥补差距。评议活动由乡党委派驻的包村干部主持，现场公布评议结果并将结果通报村干部本人，对于评议过程中群众意见较大的干部，勒令其限期进行整改并向村民大会进行汇报。

总的来看，掌坳村村民对村委会的工作是满意的，对村干部的日常工作大多也积极配合，对村干部工作中遇到的困难积极协助，取得了明显的成效。村委会自觉接受党员、群众的监督与约束，形成了务实高效、积极有为的良好作风，涌现出一批深受群众爱戴、信赖的基层干部，他们在日常的生产生活中发挥模范带头作用，使掌坳村的面貌在近几年中大为改观。

但是，纵观村委会各部门的工作，仍存在着许多不足之处，村民对于村委会的工作在充分肯定的基础上，也存在一些不满意之处。

第一，不少村干部与村民沟通不及时，导致村民对于村干部的工作不了解，对村委会的某些决议产生疑惑。甚至有些村干部在与村民交流时存在厌烦情绪，不愿虚心听取群众的意见和批评，导致村民的不满。

第二，相当一部分村民民主意识淡薄，平时很少参加甚至从不参加政治生活，对法律法规、村委会的工作及各项规章制度缺乏基本的了解，加上村委会没有对村民自治章程等民主制度进行有效宣传，使得村民不能自觉履行对村干部的批评、监督义务。这就导致了某些村干部在工作中虽有违规行为，却不能有效地追究其责任。

第三，村务公开与村财务管理制度的运作不够透明。调查中发现，有近一半的村民不知道村务公开的具体内容。村务公开栏设在村委会门外偏僻的角落里，远离村民聚居区，村民查看村务公开内容十分不便。因此，虽然财务管理制度十分健全，但也只有少数村民能够清楚村里的收支状况。更为严重的是，由于宣传不到位，一部分村民对村里集资进行公益性事业产生怀疑，误以为集资是村委会的变相摊派，资金被村委会挪作他用，借此对村委会的财务工作产生不满。

第四，团支部、民兵、治保和妇女工作虽有完整的制度章程，但平时组织活动很少，有的在组织构架上依然不够完善，工作缺乏常态性，没有能够发动广大村民参与进来。

（四）计划生育组织与计划生育村民自治

掌坳村作为雷山县计划生育工作示范村，早在国家计划生育政策出台伊始就成立了村级计划生育工作小组。而后通过发动所有村民参与计划生育知识普及、政策学习、法规落实活动，逐渐形成了具有特色的计划生育村民自治制度，产生了两个计划生育组织：计划生育协会与人口计划生育村民自治领导小组。

掌坳村计划生育协会成立于2006年5月，由其理事会负责日常工作。理事会会长由村支书杨昌彪兼任，专职副会长由村长吴道安兼任，吴道雄、任明秀任副会长，吴桂英、吴德胜、金贵、杨芬英、金琴为理事。计生协会下属5个会员小组，各户本着自愿原则加入。第一会员小组辖30户，组长为吴呈岑，会员联系户长为李兴兰；第二会员小组辖39户，组长为吴志彪，会员联系户长为任永兰；第三会员小组辖21户，组长为吴道先，会员联系户长空缺；第四会员小组辖32户，组长为杨昌林，会员联系户长为蒋志英；第五会员小组辖31户，组长为吴廷安，会员联系户长为唐文花。

计生协会的工作机制为“依法管理、村民自治、优质服务、政策推动、综合治理、社会保障”。协会定位为村党支部领导下的非营利性群众团体，旨在组织会员并带动广大群众实行自我教育、自我管理、自我服务、自我监督，维护会员和育龄妇女的合法权益。协会制定有《人口与计划生育村民自治章程》，并协助村委会和全体村民共同制定了《人口与计划生育自治村规民约》。协会的任务在于贯彻落实国家的计划生育政策，动员广大村民自觉实行计划生育，帮扶广大妇女群众解决生育、生活中的实际困难；向青少年群体普及生育、节育常识，预防生殖疾病，杜绝超生行为。协会会员代表大会一般每5年召开1次，如遇到重大紧急事项可以临时召开特别会议，特别会议由会长组织召开，副会长、理事参与。大会主要内容包括修订《人口与计划生育村民自治章程》，审议并批准理事会的工作报告，并选举产生新一届理事会，会议记录由理事会秘书长备案。协会的经费来源有3部分，一部分来自政府拨付，一部分来自社会和个人捐赠，另一部分来自会员交纳的会费。协会资料包括生育资料、手术资料等，由会长指定专人负责保管。协会规定，组长、会员联系户长负责了解所在小组各户妇女的婚育情况并宣传节育知识，每月至少入户调查1次，组织1次组内集体学习教育活动，并定期参加理事会组织的人口计生理论培训（地点即为设在村委会的人口学校）。年终时，协会评选出本年度优秀会员并给予一定的物质奖励。

计生协会开展的服务多种多样，一是生育知识的宣传。宣传主要依靠集体活动（如节日活动）或理事会成员入户宣传，内容包括避孕节育措施，青春期性健康常识，婚孕期卫生常识，哺乳期、育儿期保健等，同时宣传国家关于计划生育的各项政策法规，并结合农村、少数民族地区的实际情况引导村民改变传统生育观念，解决他们在计生方面的实际困难。二是计划生育责任帮扶。这是当地解决计生问题的一个行之有效的措施。乡政府计生办委托村计生协会理事会与农户签订协议书，乡政府承诺向农户免费提供科学种植技术，并帮助农户解决农业生产中出现的实际问题。乡政府保证每年至少与农户联系6次，使农户人均收入逐年递增20%以上；农户则承诺遵守国家的计划生育政策法规，自觉实行计划生育。协议执行效果良好，至今没有出现过违约个例。

计生协会还组织会员成立了计生监督评议小组，对村委会计生工作展开民主监督，内容主要包括计生政策的落实情况，计生数据的统计，计生社会抚养费的征收、管理，独生子女补助的发放等。

为了使村委会加强对计生协会的领导，更加重视村计生工作，村委会在计生协会成立的同时也成立了人口计划生育村民自治领导小组，由村委会直接管理。村支书杨昌彪兼任组长，村长吴道安、村计生主任任明秀兼任副组长。领导小组下属4个育龄妇女小组：杨芬英任第一育龄妇女小组的小组长，组内共有育龄妇女27名；姜桂英任第二育龄妇女小组的小组长，组内共有育龄妇女37名；金琴任第三育龄妇女小组的小组长，组内共有育龄妇女48名；

吴耐英任第四育龄妇女小组的小组长，组内共有育龄妇女 30 名。值得一提的是，村计生主任和 4 个育龄妇女小组长每月可以享受乡计生办发放的特别补贴，计生主任为 240 元，育龄妇女小组长为 50 元，这足以证明上级政府对村级计划生育工作的重视程度。

人口计生领导小组负责指导计生协会的工作，并于每月 1 日召开计划生育村民自治工作例会，主要听取各育龄妇女小组长的工作汇报并布置下个月的工作；每季度组织妇女开展 1 次人口计划生育方针政策、法律法规、节育技术、生殖健康知识培训并组织妇女参加妇科疾病普查；每年召开 1 次村民大会，协同计生协会修订《计划生育村民自治章程》与《人口与计划生育村规民约》；每 5 年召开 1 次村民大会，选举产生新一届领导小组成员和育龄妇女小组长。

人口计生领导小组下设宣传教育组、执约组与监督组。宣传教育组主要负责宣传国家计划生育政策法规，开展人口与计划生育“三新”（新农村、新农家、新农民）活动；执约组负责发现和处理村民违反《人口与计划生育村规民约》的行为并作出相应处罚；监督组负责监督计生协会的工作并定期审查村委会、计生协会的计生经费收缴、使用状况。

人口计生领导小组还制定有全面、详细的计生制度，包括领导小组例会制度、计生工作见面报告制度、计生信息采集制度、计生宣传教育工作制度、生育证申报制度、计划生育村务公开制度、计划生育妇检制度、流动人口计划生育工作管理制度等，并明确了村党支部、村委会、村计生主任、育龄妇女小组长的计生工作职责。

掌坳村的计划生育村民自治工作不仅有健全的组织、有效的领导、详细的制度，更有广大村民特别是妇女的支持与拥护。村民们一方面对国家的计划生育政策普遍理解和支持，另一方面积极地参与到计划生育村民自治工作中去，使村人口与计划生育工作的开展非常顺利，成效显著。但在取得成绩的同时，计划生育村民自治工作也面临着不少困难，比如近两年外出务工人口增多，加大了人口动态管理和计生统计数据收集的难度，计生协会由于经费紧张难以经常开展活动，等等。

五、传统文化与工艺

掌坳村是黔东南苗族侗族自治州的一个苗族聚居村落。掌坳人勤劳勇敢，充满智慧。他们在继承传统文化的基础上，形成了独具魅力的特色文化，流传至今，生生不息。

（一）语言与文字

掌坳苗族语言属黔东方言北部土语，具有汉藏语系语言的一般特点。苗族语言属汉藏语系，苗瑶语族，苗语支。苗语分三大方言：东部（湘西）、中部（黔东）、西部（川黔滇），各方言又分一些次方言或土语，其中川黔滇方言分为7个次方言，各个方言及次方言内部还有土语之分。各方言及次方言之间差异较大，有些甚至不能用于简单的日常沟通。

黔东方言北部土语，每个音节的结构只有n、z两个辅音在音节的末尾，每个音节差不多都具有词汇和语法意义，多音节的单纯词不多，声调系统有b（中平）、x（高平）、d（中升）、l（低平）、t（次高平）、s（低升）、k（高降）、f（中降）8个音调。此外，掌坳的苗族语言属于雷山南部方言区，与北部方言区还有所不同。它没有送气音声母hl hf hx hs hv kh而且第七、八两个声调并在一起。

苗族语言的语音、词汇、语法、修辞等，在组织上和结构形式上有它独特的规律，属于声、韵、调相结合的声调语言。方言的声母有送气音和不送气音之分。雷山掌坳村苗语语音有实际语言意义的音节，共约1700多个，易学易懂。

掌坳村的语言和一般苗族语言的结构形式一样，分单纯词与合成词，以单纯词为主。分名词、动词、形容词、代名词、状词、数词、量词、指示词、副词、连接词、介词、助词、感叹词等13类。句子成分有主语、谓语、宾语、表语、定语、补语、状语7种。有单句与复句之分，单句分为一般单句与特殊单句；复句分为联合复句与主从复句。按语气分为陈述、疑问、祈使、感叹4个句型。

苗语的修辞和语法艺术有其独特性。形容词后加状语和动词后加状语。

诗歌的喻、比、兴表现手法十分幽默。

苗族历来只有语言而没有文字，掌坳的苗族语言也不例外。1956 年 10 月，中国科学院与中央民族学院经广泛深入调查和科学论证，制定《苗文方案》。苗文属拼音文字，有 26 个字母：即 a、b、c、d、e、f、g、h、i、j、k、l、m、n、o、p、q、r、s、t、u、v、w、x、y、z；有声母 32 个：即 b、p、m、hm、f、hf、w、d、t、n、hn、dl、hl、l、z、c、s、hs、r、j、q、x、hx、y、g、k、ng、v、hv、gh、kh、h；韵母 26 个：即 i、e、a、o、u、ai、ee、ao、ei、en、ang、ong、ia、io、iu、ie、iee、iao、in、iang、iong、ui、ua、uai、un、uang；8 个声调：即 b、x、d、l、t、s、k、f。雷山县曾做了一些推行苗文的工作。苗文进入中小学试验教学的有雷山民族中学、雷山师范学校、大塘民族学校及达地、方祥、大沟、西江、陶尧、莲花、岔河、望丰、排告、开屯、固鲁、报德、白坡等 17 所小学，参加学习的学生有 4000 多人。多数学校还开展了汉语、苗语并用的双语教学。目前，掌坳村里大部分中老年人都用苗语交流，但是年轻人中只有少部分可以说苗语。有些年轻人外出打工，有些外出求学。当地的九年义务教育使用汉语教学，这样接受教育的孩子逐渐偏重使用汉语。因此，苗语面对的现实非常严峻，如何继承和保护这个非物质文化遗产对人们提出了更多更高的要求。

（二）民间艺术

掌坳的人们不仅在物质生活上保持知足常乐（当地称休闲文化），同时也在精神生活上独具创造力和享受。在普通的农耕生活中，他们不乏丰富的精神生活，独具风格的民间艺术是其中的一部分。其民间艺术历史悠久、内容丰富，主要包括：民间故事、民歌、民间舞蹈、民间工艺和民间建筑艺术等，尤其以铜鼓舞见长。

1. 民间故事

掌坳苗族在建国前是个只有语言而没有文字的民族，因此，口头文学的内容和形式都比较丰富，有着其自身的特点和风格。虽然年代久远，有的已经失传，有的被扭曲变形，但基本的东西至今还在民间广传流传。民间故事就是口头文学的形式之一。

掌坳的民间故事的内容主要有三类：一类是歌颂英雄人物、反抗包办婚姻等题材的故事，如《神药“贺阿忙”》的故事，主要讲述了贺阿忙不畏艰险为苗寨里的老百姓寻找治疗怪病药物的过程。传说很久以前，在苗家山寨里突然蔓延一种怪病，病一发作头痛得要炸，骨痛得要断，肉痛得要裂，人们吃了好多药都不管用。长者说，相传有一种神药能治怪病，可这种药只有在长有飞龙掌血树和红升麻草的大山里才能找到，一路上要翻山过河，地上有毒蛇挡道，头上有恶鹰袭人，非常危险。有个叫贺阿忙的年轻人决心冒险去寻找神药。一天，贺阿忙来到一座山崖前，突然看见一位挖草药的白发白须老人遭到几只恶鹰的围攻。贺阿芒不顾危险，抬起弓弩射落恶鹰，老人连声感谢贺阿忙，送给他一个黑葫芦。过了几天，贺阿忙来到一道深沟里，看见一个中年汉子在打柴，他身后有条毒蛇正悄悄袭来，贺阿忙大喊一声猛冲过去，挥刀斩断蛇头，中年汉子连声感谢贺阿忙，送给他一个黄葫芦。又一天，贺阿忙来到一条大河前，突然发现激流中有个姑娘在挣扎，他纵身扑入河中，奋力将姑娘救起。为表感谢，姑娘送给贺阿忙一个白葫芦。最后，贺阿忙终于来到长有飞龙掌血树和红升麻草的大山，看到白发白须老人、中年汉子和姑娘都在山上。白发白须老人笑着说：“好小伙，你要找的药就在葫芦里。”接着告诉了他制药的方子。贺阿忙赶回山寨，照老人说的，用苗家米酒把葫芦里的药浸泡了，给乡亲们吃，乡亲们的病果然好了。为感谢贺阿忙不畏艰险找到神药，苗家人就把这种神药叫做“贺阿忙”。

第二类是叙述古代自然现象和人类起源的故事，如“开天辟地”、“十二个太阳”、“洪水漫天”和“兄妹开亲”等，大概描述的是人类发挥主动性，与自然灾害现象不断作斗争最终取得胜利的事迹。第三类是鬼神、熊虎拟人化的故事，如“老虎外婆”等。

2. 民歌

掌坳苗族以人和事为对象，配合诗词和曲调形成了格调古朴、内容丰富的民歌。民歌内容有的是融合古今素材即兴编唱的；有的是以历史素材为基础的叙事长歌；有的是世代相传沿袭下来的古歌。主要有酒歌、情歌、飞歌、古歌、嘎百福歌等，歌声高亢嘹亮、热情奔放。其音乐既有刚毅、率直、粗狂、豪放的一类，以飞歌为代表；又有柔情、委婉、细腻、深沉的一类，以情歌为代表。掌坳的民歌流传至今，酒歌、情歌、飞歌还为人们所吟唱。

酒歌是一种歌调，是人们生活中常见的民歌体裁。时逢佳节或婚姻喜庆酒宴，人们常用酒歌来祝福酬谢；席间酒后，老人们往往用酒歌曲调来传唱历史、歌颂民族英雄和祖宗的业绩。酒歌曲调旋律起伏不大，庄重严肃，带朗诵风格，常常是一个章句的无限反复，仅因歌词调值不同而稍有变化。在调研的过程中，我们欣赏了歌师吴培德盛情演唱的酒歌，歌声浑厚、悠扬，令我们非常难忘。据他讲述，酒歌尤其为青年人所喜爱，并且每逢唱完酒歌之后，演唱者必须无条件地吃酒，感谢主人的盛情之情。

情歌，即游方歌，是男女青年在游方场上用以交流思想、倾诉爱慕思恋之情的曲调。比较简单的是一段体曲式即一句乐曲作无限反复，只在结束时才加上一至二小节用前词唱的尾声收尾的曲式。掌坳的游方歌是曲调优美的“5136”四声音阶徵调式民歌。这种曲式结构多为 A、B 两段体。A 段为主体，低回委婉，优美动听，旋律进行像歌剧中的咏叹调；B 段为歌尾，速度较为明快，近似于歌剧中的宣叙调，结束时速度缓慢、节拍自由与 A 段相呼应。整个曲调每个乐句的终止音都是主音“5”的拖腔，母音“3”是一个游移不定的变化音级，上行时较快地滑向“徵”音得到解决，下行时则缓慢悠长地滑经“宫”、“羽”两音才解决到主音“5”。不论主音“5”还是游移音“3”，其拖腔都很长，演唱时讲究强弱起伏，均用假嗓、气息深厚、音量轻柔表达入微的感情。

飞歌是苗歌瑰丽的钻石、歌曲艺术的珍品。音调高亢嘹亮，豪迈奔放，曲调明快，有强烈的感染力。唱起来声振山谷，山鸣谷应，几里外都能听到。飞歌歌词以颂扬祖国大好河山和歌颂坚贞爱情及表达男女青年之间的爱慕之情为主。随着社会主义制度的建立，歌颂党和人民领袖、歌唱美好生活也成了飞歌的重要内容。飞歌曲调有 20 余种，调式不一，各有特点，但共性也很突出。格调上，基本都是高亢激昂的，其曲调结构多为 A、B 二段体。A 段即歌头，往往由两个乐句组成，节奏自由，舒缓而宽广；B 段收尾，节奏鲜明、活泼有跳跃感，作为陈述歌词的主要部分。歌尾在结束前，常以渐慢速度作拖腔，与 A 段的自由节奏相呼应，形成完整的曲调。掌坳飞歌在音阶调式、旋律进行等方面具有自己的特色，情调开朗、曲调流畅、手法少炼、用音单纯、曲式完整，体现了掌坳村民开朗豪放的性格特征和思想感情的真挚流露。

除了民歌和声乐以外，器乐也是掌坳音乐艺术的重要组成部分，主要是芦笙曲。芦笙曲调很多，并且每一种服饰类型都有完整而独立的曲调内容。就其体裁来说，可分为舞曲、吹歌、礼乐三类。

3. 民间舞蹈

掌坳村现在保留下来的民间舞蹈主要有铜鼓舞、芦笙舞、板凳舞和锦鸡舞。

掌坳村是铜鼓舞的发源地，位于村口的铜鼓雕塑已经成为这个铜鼓舞故乡的典型象征。铜鼓舞是掌坳村民世世代代集体智慧的结晶，是民族文化中的奇葩，在民族文化研究中具有深刻的意义。这里的铜鼓舞鼓点复杂，雄浑宏亮，舞步豪放，幅度大，难度高，有的如蜻蜓点水，有的如猛虎下山，刚柔相济，独具风格。掌坳铜鼓舞现已享誉九州，走向世界。

铜鼓是铜鼓舞唯一的乐器，它发展到今天也经历了一个不断发展的过程。铜鼓的起源和演变伴随着一系列民间故事的发生。我们先来看看木鼓的产生及变化过程。相说很久很久以前他们的祖先告耶生有三个儿子，一个叫条留（客家），一个叫古留（侗家），一个叫你留（苗家），三兄弟各有所长、勤劳能干。他们过的是刀耕火种的生活，与父辈躬耕于茂林大山之中，开垦梯土，劈山造田，繁衍生息，从事农耕活动。他们从大山中取来一根九抱长、三抱宽的大桐木。抠成一个大木鼓，如庞然大物，大木鼓敲打时发出的音律浑圆宏亮、悠长，如同隆隆雷声，逢祭祖、庆丰收重大节日时，用它来敲打，启用它。一次在庆祝丰收的活动结束后，一位如花似玉的姑娘在家中扫地时，不慎被存放于家中堂屋中的大木鼓倒下压死。姑娘的突然猝死，使全寨人万分悲痛，父母思女心切，三兄弟思念小妹。随着三兄弟的长大，要分家立户，在分割家中财产时，古留（侗家）说要小木鼓（相当于现在的腰鼓），条留（客家）说要喇叭（就是现在客家常吹的唢呐）；你留（苗家）说要大木鼓。你留想念小妹心切，把大木鼓改造成6尺长，1尺宽左右的木鼓，平时你留把改制成的木鼓存放在野山坡的岩洞空穴内。在使用过程中，要举行隆重的祭祀仪式活动。后来逢牯藏节（13年一次）时才去取用。铜鼓又是怎么代替木鼓的呢？据说他们的祖公翁耶连定居于掌坳后，其子孙有猫翁、略翁（苗语）；猫翁又生有兄猫、保猫、交猫；略翁生有杀略、喜略、敢略。众兄弟各有千秋，有的学文、有的贩商、有的习武、有的务农、有的走南闯北，兄猫和喜略在外闯荡谋生时，发现一种用铜皮铸成的小铜鼓像自家的木鼓模样；兄弟俩商量，决定在回家时，买一小铜鼓回家仿制，把自家的木鼓改制成铜鼓的形状。进行改修，铸上铜皮，精雕细琢，一试用，发现经改制的铜鼓发出的音质比自家原来的木鼓声更加动听、悦耳，鼓声雄浑，声音传得更远，并有反馈声，声振数里之外。

俩兄弟又进一步加以改进，声音传得更远、更宏亮，为增加音韵效果，自制一小木桶，作为辅助器具（它就是现今敲打铜鼓时用的铺助器具小木桶）。这之后，就用铜鼓取代木鼓作为既定不变的敲打乐器（主要用于娱乐），一直沿袭于今，原来的木鼓就只能存放在岩洞内作为纪念物。

掌坳铜鼓舞主要是先民们在从事劳动生产、改造自然的过程中创造成的舞种，通过模仿劳动过程而产生步调各异的各种舞姿（蹈），经世代创新，千锤百炼演变成集“铜鼓与舞姿”于一体的铜鼓舞。逢祭祖、庆典节日（娱乐）等活动时，由技艺精湛的长老敲打铜鼓指挥众人跳形态各异的舞姿。铜鼓舞舞姿动作豁达，热烈奔放，浓厚古朴、狙犷豪迈又刚柔相济，是掌坳村民集体智慧独创的民族舞蹈。

掌坳铜鼓舞的种类及跳法。掌坳铜鼓舞的鼓点有 12 种，现留传的鼓点有 11 种：即①虎排索落单（苗）；②谁刚雕；③斗高斗；④牙干丢；⑤翻身斗；⑥丢虾斗；⑦麻略虾；⑧根相量；⑨送力又；⑩略南西；⑪咯勒随（捞虾舞）。因语言口音不同，由苗语译成汉文时，所借用的汉字有所差别，但内容大体一致，八九不离十，跳法不一致。有的在状物与叙事上各有说法，表达的含义也各不同，敲的鼓点声音也不同，如：虎排索落单，虎排索是地名，落单是苗语（意思是从高处往下走，起伏不平），说是一年轻苗家男子到虎排索山上狩猎时，满载猎物而归，在回来的路上碰上一玩皮小伙，要其剥猎皮，扮成猎物模样在前面奔跑，小伙子扮成猎人在后面追赶，形成你追我赶之势，动作急促变化，由此形成现今的虎排索落单舞。又如：牙干丢（鸭干丢），是苗家人在野外放鸭，鸭子在路上行走时，摇摆不定，由此模仿旱鸭子走路时的姿态而形成牙干丢舞蹈。送力又、丢虾斗舞表示的是五人骑马欢送客人远去回家的情景，说是主人骑马送客人到寨边，当客人离去后，才击手掌赶马回家，以示依依不舍之情。麻略虾（举刀舞）说的是在牯藏节，祭祀祖宗亡灵时，寨中男士，手举大刀伴舞念口语，以示平安无事，人丁兴旺。根相量（客虾良），是一种团聚舞，表示主人与客人欢聚时尽情地欢跳，共享美好节日的情景，以欢乐为主。翻身斗舞，说是从前有一寨民，刚在土中撒下黄豆种，就有许多斑鸠到土里刨豆种吃，他听说后骑马到土里，大声拍手掌撵斑鸠；也有的说村民种的庄稼在某一年中，遇上虫灾，庄稼被害虫啃咬，害虫来回起跳，捉虫的村民为捕害虫来回奔跑，身子时前时后，时左时右，村民就仿此动作产生成翻身舞（是掌坳最具看点的舞种之一）。谁刚雕（省根雕），即捉螃蟹舞，指的是逢年过节、来客人时，主人还要到河中捉鱼翻螃蟹来招待客人，由此，模仿捉螃蟹的动作而产生成捉蟹舞。刚俩水（格勒随），说的是苗家姑娘手拿虾把身背腰箩，说说笑笑到河中捞虾时，要想捞到虾子，用双脚或双手搅混河水时，来回扒动的动作情景，为此而形成捞虾舞。迎客舞（斗高斗），意即欢迎客人的到来。据说以前有一苗民上山砍柴，忽听一啄木鸟在树上用嘴啄扎树干，发出“嘟笃、嘟笃”的声音，回家后，就用一木椎在罐缸边仿照啄木鸟的声音敲打起来，由此演化成现今的“迎客舞”。

掌坳铜鼓舞鼓点变化多样，根据模仿的动作不同，步伐起跳不一，鼓点敲打有：敢咚敢咚咚；咚咚敢咚咚；敢咚敢咚，咚敢咚；咚敢咚敢等鼓点声音。

掌坳铜鼓舞蹈有适宜老年人跳的，有适宜青年男女跳的，也有适宜男女老幼共跳的。可以说劳动是产生铜鼓舞的源泉，集敲、动、跳、音、声、歌、舞为一体，完美无瑕，是掌坳村民千秋万代集体创造的文化结晶，是具有深刻民族文化内涵的无价之宝。这一民族文化魂宝，现已熠熠发光，享誉九州，走向世界。在调研的过程中，热情的掌坳村民为我们表演了在2007年“多彩贵州”原生态舞蹈比赛中获得铜鼓奖的节目——《铜鼓舞》。随着鼓头手执木槌击响起，6个年轻的小伙子跑向场坝的最前面，以“人”字形排开，两手举握牛角，吹响、传出宏厚的声音。退出场地后，6个小男孩上身穿着红色的肚兜，下着黑色裤子，以牛一样的精神头冲进舞场，和着鼓点，他们上身摆动，舞步豪放，时而向前、时而向后、时而旋转，都沉浸在音乐和舞蹈的韵律之中。之前出场的小伙子们不断地加入这种热情高涨、激烈的表演中，而6个中年表演者身着节日的盛装在舞台的最后面跳着类似捉螃蟹的动作，整个场面类似一个热火朝天的田间劳作场面。随着音乐进入高潮，4个年轻漂亮的姑娘，穿着盛装跑进舞场，纵情地和她的舞伴们一起跳，时而如蜻蜓点水，时而如猛虎下山，奔放激越、刚柔相济、跳转结合、舞姿优美，以胯部的扭动和上身的摆动为主，令我们赞叹不已。尤其是4个年轻漂亮的姑娘，她们的盛装和银饰比较重，跳舞不到几分钟就已经大汗淋漓，但是在这个过程中，她们享受着舞蹈所带来的无限乐趣，处处传递着喜悦的心情。这让我们深刻感受到掌坳苗族人民通过自已的勤劳勇敢智慧传承下来的文化丰富而独具魅力，令人难忘！

芦笙舞是苗族最为广传的一种舞蹈。芦笙舞的基础步法有三：一是排成行，围成圈，先三步向左，后三步向右，依次向前；二是三步向前，三步后退，翻身转体，返回原位后再向前；三是全身旋转，手舞足蹈，互相逗趣，步法有三步、四步和五步。掌坳村芦笙曲调有8～9种，主要有：①咯略；②咯同；③咯改；④咯改反（分两种：咯敢反，翻身；敢改咯，不翻身）；⑤咯同；⑥咯古树南；⑦咯讲略；⑧咯又罗（闹）。①、②调为主调，吹此调时，不能吹其他调，主要用于欢聚吃牯藏时；③调用于翻身动作舞时，意即捉虫，驱赶兽鸟动作；④调用于敲铜鼓时，采鼓的动作；⑤调用于捞虾捉鱼捕蟹等动作舞步调；⑥调用于讨花带等舞；⑦调用于小孩踢蹦球（用小鸡毛制成的小球用脚踢），或雄鸡打架时产生的斗鸡舞调，其他小调只能在午夜以后吹奏。芦笙型号按套数有大、中、小号芦笙，大的约1.2尺，中的0.6尺，小的0.3尺，吹时人数不限，只要是同调、同型号芦笙，2人、4人、6人均可。芦笙单套吹时音色清脆，多套吹时音色浑厚，成组合音。

板凳舞舞姿奔放、豪爽、古朴，广为流传。据说原来无板凳舞，古时板凳是作为一种传递信号的工具，苗族部落在大迁徙过程中敲击板凳，鼓舞士气和增加斗志，辨清行动方位，保持行走时与各族落联系，同时还可震慑飞禽猛兽的袭击。部落到达迁徙目的地时，为示庆贺众人敲打板凳。板凳舞主要适用于续香火、生儿育女、吃满月酒等喜庆日子。但现在有所变化，掌坳村民在酒酣至极、心情舒畅、举怀畅饮之时也跳此舞，跳时气氛热烈。那么缘何在吃满月酒、生儿育女时要跳此舞呢？据说，部落中有一对叫阿杀略、阿保耶迭（苗语）的夫妇，阿杀略诚实，勤劳能干，日出而作，常出外狩猎；妻子贤慧、善良、心灵手巧，在家纺纱织布。夫妇俩相敬如宾，恩爱有加，可婚后12个月未见生育子女的迹象，阿杀略焦急万分。一天晚上，他做了一个奇怪的梦，梦见送子观音菩萨在妻子的身上画了一道弧线，菩萨对他说阿保耶迭要怀3年零6个月的胎，方能生下一子。两口子怀着企盼的心足足等了3年零6个月，皇天不负苦心人，到了农历七月七日，妻子生下一个又胖又大、人见人爱的小男孩，两口子喜上眉梢，乐开了花。满月的那天，女方娘家人、男方族中人及乡邻纷纷前来道贺，两口子杀鸡宰鸭、炖鱼，备上酿制的米酒盛情款待来客及乡邻，大家痛饮了三天三夜。临散客的一天，男主人为表感谢，在酒兴酣至时，操起自家的小方凳手舞足蹈起来。来的客人在饮酒畅谈之中，有的醉眼朦胧，有的似醉非醉，客人们听到板凳击打发出的碰撞声，铿锵有力、振聋发馈、节奏明快，于是纷纷操起自己坐的板凳互相尽情地击打起来。后来，人们受其启发，经过加工锤炼，独创成现在的“板凳舞”，之后，无论是谁家添丁生育、续了香火或建房起屋，主客人都要跳板凳舞欢庆心中的喜悦。

锦鸡舞是掌坳年轻人喜欢的又一种舞蹈。缘何叫锦鸡舞？是因女子腰中系着约7寸的百褶短裙，图案艳丽，形如锦鸡的羽毛；裙子前后各系多个长方形的花腰带，如孔雀的两翅。在起舞时，以腰和膝盖以下的自然蠕动为主，双脚随曲调的变化而娓娓移动，脚步动作多，轻巧灵活的上身动作少，如同锦鸡在林中觅食行走之样；百褶裙和花围腰随风飘动，色彩艳丽，看之形如锦鸡起舞又如孔雀开屏，经后人引申，演变成现今的锦鸡舞或孔雀舞，是根据动物的形态与动态而创意成。一般是2~4个芦笙手在前，女性于后列队组圈起舞。

盛大节日里，年轻漂亮的姑娘们身着盛装（银衣），随着笙曲，迈着各种不同舞姿步伐，翩翩起舞。姑娘们眼角帽冠上绣的图案有飞禽走兽、花虫鸟类，冠上系挂的银铃吊到双眼处，帽上高耸的银牛角亭亭玉立，颈套上的项圈舞动时来回翻滚，花腰带上下飘动、翻飞，看得人眼花缭乱、目不暇接，起跳时，银铃、银片发出的银铃声如大珠小珠落玉盘，仿佛进入银的世界里。

4. 民间工艺

掌坳村的民间艺人很多，民族工艺是掌坳村文化的重要组成部分，具有高度的审美价值，显示出当地人卓越的创造能力。掌坳民间工艺主要包括刺绣工艺、银饰工艺、酿酒工艺、建筑工艺和农具工艺等，这些都是劳动人民在生产和生活中创造并不断发展的。它在艺术上集壮美和朴素于一身，表现出朴实明朗、火热向上的风格，散发着掌坳人内在的真挚、善良、直率、热情等心理特质和审美情趣。

掌坳的苗族刺绣用色活泼而热烈，尤其以年轻女子穿的绣花条群和嫁时穿的乌摆最为典型。每个飘带的点缀都是来源于生活中的动物纹样，绣有杜鹃、菊花、荷花、向日葵等山中常见花卉植物，还有布谷、白鹭、鸳鸯、鸭子等动物禽鸟纹样交相组合，其配色常不少于五六种色彩，最多的可达到七八种。根据苗族刺绣色彩的这一表现，我们所看见的色彩搭配组合取材有原始再现的特点。由于苗族是一个没有文字的民族，其服饰图案还有记载民族迁徙史和古歌传说的功能，于是有些用色具有某种“巫文化”的含义，这些图案主要是来自古歌传说中的故事形象。图案主体纹样用色常常是配合底布色彩对比用色，如底色鲜艳，纹样色彩一般取与面料的对比色，其图案则采用类似色配色，整体使得纹样主题突出，具有很好的观赏性；底布用色明度较低或偏冷色，则图案取色丰富自由，图案本身用色也常寻求对比，表现一种饱满丰富的视觉，图案整体活跃动人，如西江苗族的龙纹样刺绣图案中的色彩表现。①

我们在采访刺绣艺人张民猫时，据她介绍，苗绣工艺分平绣、绒绣、贴绣、挑绣、绉绣等，各有特点，各具风格，有的先剪纸贴花，有的信手拈来、自成图案，有的边绣边改设计。

平绣是最为普通的绣法，这种绣法重于图案布局的美观匀称、色调鲜明，有明显的物象感。所谓平绣即指在布上描绘或贴好纸模后，以平针走线构图的一种方法，其特点是单针线，针脚排列均匀，纹路平整光滑。苗族平绣往往与剪纸结合在一起。其方法是先把剪好的纸花贴在绣花布或缎子上，然后将花线照着剪纸花纹样绣，直到绣满为止。这种绣法用色不太复杂，习惯以一种色为主，如蓝色或红色。

编绣是以八九根或 13 根彩色丝线编成宽窄不同的小辫条，每根辫条多数只用一种颜色，然后将这些小辫条贴在贴好纸花的缎子上，照着纸花的纹秆下铺或皱起来铺在纸花上，一圈一圈地由外向里，另用一根同色丝线把它钉紧即成。

缠绣也先用剪纸花贴在缎子上，再用两根各穿有线的针来绣，即甲针向乙针缠线，乙针被缠好线后向下刺，回针上来又向甲针缠线，甲针再往下刺，两根针这样互换着。这种绣法花工太多，现在很少用了。施洞地区红衣盛装的花纹花缘，有的也用缠绣的方法绣上一圈围着，但只用一根针操作。打籽绣是将纸贴在绣布上，然后用缠丝线钉花纹的边缘，形成花瓣框架，最后在花框内插针刺绣。插针时，每入一针，回针在布面上，以丝线绕针 2 ~ 3 圈，然后插入布，形成打结的样子，并使画面呈现粒状。苗绣中以打籽技法为服饰主要装饰构图闻名的是台江县革一地区，此地喜用缠丝白线为花瓣钉线，以朱红、浅绿色的打结绣丝进行刺绣，形成以花草、鸟纹为主的水云纹式风格的图案。

堆花是以同色或不同色的布剪成方块或三角形状，将色布一层叠一层地

---

① 黄玉冰．西江苗族刺绣的色彩特征．丝绸，2009（2）：53.

贴在衬布上图案，用丝线钉固而成。其特点是运用色差显花，使图案具有由远到近或由近向远的立体视觉效果。堆花为主要造型手段较著名的是台江革一、施洞凯堂一带。在记载中，堆花多达15层之多，图案有人物、鸟、蝶、几何纹等。还有另一种方法是贴花，其做法是将彩色布或缎子剪成花朵，贴到衣物上去，然后在花纹的边缘上滚个边就行了。贴花使用不很普遍，用于衣物上面也很窄。[①]

张民猫说，掌坳村的刺绣技法基本属于平绣。首先先将布片裁剪制成各式各样的绣片，然后在纸板上画上各种图案，将图案从纸板上剪下来之后，再缝制在欲绣的绣片部位，然后根据自己的想象和审美视角搭配色彩，最后用丝线将图案纸板覆盖。苗族刺绣的图案多种多样，不同的地方具有不同的特点：松桃地区以花、鸟、虫、鱼为主，黔东南多以龙、鱼、蝴蝶、石榴为图案，掌坳村属于黔东南地区，他们的图案还有鹤、鸭、对虾等，独具风格；黔中地带喜欢用长条、长方、斜线等组成几何图案。此外，古藏衣上刺绣的蝴蝶纹，是苗族纹饰中最常见和最重要的装饰文化，除了蝴蝶纹绚丽的因素外，还与苗族一个家喻户晓的神话传说——蝴蝶妈妈有关。在苗族人的心目中，蝴蝶妈妈等于他们的始祖，把这些蝴蝶、鸟纹绣在衣服上用以表示对祖先的尊敬与崇拜。这些图案有明显的阴阳组合、创造生命的寓意，表达了苗族先民们对自然、宇宙和生命起源的理解和认识，追求天人合一的和谐生活。

掌坳酿酒历史悠久，他们很早就掌握了酿酒的技术，从而形成喝酒的嗜好，我们每到一户人家，他们都热情地拿出自家酿制的米酒招待我们。按照苗家人最高的规格，他们敬每个客人两碗酒。苗家人自家酿制的米酒味道香醇，受到很多人的青睐。掌坳村民几乎每家每户都掌握酿制米酒的技术，平时都会酿制米酒以备招待客人，或者逢年过节来喝。酿酒的第一步是制酒曲，酒曲一般是由从山上采摘的草药而制成，有的也直接购买使用；第二步是将米饭蒸熟，并与酒曲混合在一起，然后放在向阳处晒干，目的是让其发酵；第三步是将发酵的米饭再次蒸馏（不过在其上要放置一个特制的木桶）。这个过程中蒸发的酒气上升到木桶的顶端，经过冷却成为酒水，然后顺着桶壁流到桶底；桶底有一个出口，外接一根管道，酒水经过出口，顺着管道就流到器皿中，这样米酒就制成了。这些米酒存放的时间越长就越香醇。

---

① 罗林，吴培秀．论苗族刺绣及其传承．贵州民族学院学报，2008（4）：37－38.

掌坳的建筑工艺独具特色。在调研的时候，据我们采访的建筑师吴绍龙介绍，苗族大多数居住在高寒山区，山高坡陡，平整、开挖地基非常不容易，加上天气阴雨多变、潮湿多雾，不宜起居。因而，苗族历来依山傍水构筑一种通风性能好的干爽的木楼，叫吊脚楼。苗家的吊脚楼鳞次栉比，层叠而上，极富民族色彩，掌坳村也是如此。

现存的吊脚楼按照地基可以分为三类：平地吊脚楼，即二楼也设有堂屋、大门、干栏走廊等，三楼亦设有房间和储存室。人主要居住在一、二楼，三楼放置一些杂物和粮食。斜坡吊脚楼，即建于斜坡的吊脚楼，一般依坡面挖土成上下两级屋基，两级屋基外下方都用岩石砌上一层牢固的堡坎。如果下层堡坎太高，还加砌一层护坎。每栋吊脚楼一般为 4 排柱 3 开间（也有 6 排柱 5 开间的），每排木柱一般为 5 柱 4 瓜（两长柱间悬着的短柱称为瓜）或 6 柱 4 瓜。建在池塘中的吊脚楼，接触水面的部分用专门打制的坚硬石头撑出水面接房柱，但现今这样的吊脚楼已经不住人了，专用于存放粮食等物。雷山县大塘乡新桥村的水上粮仓便是典型的代表，它是先民在东方水乡湖泊沿边居住木房的活化石。按吊脚楼外形从简单到相对复杂、美观，修建费时费工，工艺也较精湛的情况，大致可以分为四类：正房为 3 层 3 开间以上，两头无厢房或偏厦的吊脚楼；正房为 3 层 3 开间以上，在一头加一偏厦或一厢房的吊脚楼；正房为 3 层 3 开间以上，在两头各加一偏厦或一头加偏厦一头加厢房或两头各加一厢房的吊脚楼；正房为 3 层 5 开间以上，加建双层飞檐的吊脚楼，这是雷山县苗族吊脚楼中工艺最精湛、外形最亮丽的一种类型，苗语称为展愿兑（意为双层飞檐）或展往展干栏（意为首领或领导人居住的房屋，“干栏”即首领、领导人之意）。干息建筑学上称美人靠，又称吴王靠。

掌坳村的吊脚楼主要是斜坡吊脚楼，正房为 3 层 3 开间以上，有的在两头各加一偏厦的，有一头加偏厦一头加厢房的，还有两头各加一厢房式的。每栋吊脚楼的正房一般为 4 排柱 3 开间，几乎没有 6 排柱 5 开间或 10 排柱 9 开间的。柱子都是选用材质好的杉木，有的中柱因“巫文化”要求特选用枫木。吊脚楼对中柱要求特别严格，中柱必须通直落地，不能用两根柱相接。每排柱一般为 5 柱 4 瓜，每排 6 柱前列的第二根柱子悬在穿坊不落地，或 5 排柱中最前列的一根柱子悬空不落地，吊脚楼因此而得名。最引人注目的是房子的框架系榫卯衔接，一栋房子需要的柱子、屋梁、上千个榫头眼之多，但苗家的造房木匠从来不用图纸，仅凭着墨斗、角尺、竹竿尺、墨线、斧头、凿子、锯子和成竹在胸的方案，便能柱柱相连、坊坊相接、梁梁相扣，使房子巍然屹立于斜坡陡坎之上。房间一般用厚板封装，间壁多用木枋和木板镶成块状后再嵌入两柱间拉槽夹紧固定。房间每间均安窗子，窗内一般用一厘米宽厚的木条装成方格，呈“米”字形、“田”字形，也有八卦形或“寿”字形的。其中，“寿”字形是模仿水田中一种苗语称为“冈欧随”的水生虫，是农耕文化的表现。

除个别外，绝大多数吊脚楼都是三层建装模式。第一层多用于圈养牲畜和家禽、堆放柴草和农具等，个别三代或四代同堂人家在采取防潮措施后也有安床住人的。第二层为家人活动中心地，正中有一大间堂屋；两侧正房都用木板隔装成若干房间，作为家人的卧室及客房；有一间做火塘兼餐室，偏厦多用作厨房。苗族的堂屋是最神圣的地方，一般为一通间，正中内壁安有祭祖的神龛，是祭祀祖宗的地方，神圣庄严，不得随意触动；堂屋又是宴请客人嘉宾的场所，要求整洁、宽敞、明亮。堂屋极有苗族特色的地方有两处：一是堂屋前部分接近干息的第三根柱子角，安装有两扇大门，宽 2 米左右，高约 3 米。大门外，还附设两扇挡风矮门。两扇大门的上方安装有一对造型别致形似牛角的空间，外侧安有“S”形或弧形栏杆、长坊木板坐凳干息。干息建筑学上称美人靠，又称吴王靠，是黔东南苗族民居的一种标志。平时，家人可在劳作之余坐在栏杆长凳上小憩，每当夏秋清风明月之夜可凭靠栏杆观星赏月，极目远眺。农闲时或雨天时，可供女人们纺纱、绣花、织花带、纳鞋底等。客人到来，常被安排在此休歇，观赏村寨风光。若用地允许，房主常在干息前栽种常绿果木或竹林，枝叶迎风招展，送来阵阵清香。第三层一般用作存放粮食和杂物，大户人家也用一两小间做客房或用作儿女的卧室。用地允许时，户主还在离住房不远处另搭建粪棚，设有厕所，兼放置牲畜粪便和农耕杂物等。房顶有歇山式、悬山式，以歇山式为主；在屋檐处理上，吊脚楼的楼角反翘，谓之飞檐，在外形上给人以舒展向上腾飞之美感。掌坳吊脚楼的屋檐大都是最具有观赏价值的双层飞檐。

此外，掌坳苗族在修建吊脚楼中有成套的建房工序，如筑屋基、备料、发墨、拆坊、凿眼、立房、上梁、盖瓦、装房、立大门、立神龛等，都有其礼仪和禁忌。①

---

① 雷山旅游与文化，2008：268－270.

随着经济的发展，吊脚楼的造价也在发生着很大的变化。据建筑师吴绍龙介绍，木材、运输等费用的上涨，建一幢吊脚楼要花费12万~13万元，但是吊脚楼尽管雨淋日晒，寿命都在上百年。

（三）乡风民俗

1. 日常生活习俗

掌坳苗族人们的服饰做工考究，色彩斑澜、式样别致、艳丽夺目、线条流畅、图案丰富，具有鲜明的特性，融民族性、地域性于一体，艺术风格独特，制作精湛，其造诣达到了炉火纯青的程度。服饰分为长裙和短裙；着装分为古装、便装和盛装，尤以盛装引人夺目，盛装的精细程度、制作技巧等是女方家财富、心灵手巧的综合体现。

盛装（中年妇女、青年少女的盛装）制作手法和工艺精湛、复杂、精细，所绣花色图案杂而不乱，大部取材于自然界中的飞禽走兽、花草树木、鱼类及所崇拜的图腾物。图案上一般缀有龙凤抢宝、仕女骑马、战将出征、猎人弯弓搭箭等。女的盛装主要是用银制品做成的银角、银花、银圈片、银雀、银梳、银耳环2只，银项圈（有纽式和钻花两种），银压领，银衣片15片，衣肩银泡36个，衣角银片15片，裙银角花24朵，银衣花链13朵，银手镯分圆式、纽式、扁式共4只，银围腰牌1个，围腰链1根，银头簪1只，银花片等。较富有的人家如制备全套，总需银16.81斤，价值约人民币3000余元。腰配银饰品（各种花样），缀花腰带、捆花围腰、脚穿绣花布鞋。盛装从上到下，都是银装品点缀和色彩斑斓的花带装饰。逢重大节日、祭祀庆典念祖、德高望重的人故去时要着盛装，着盛装时，青年女子要精心梳妆打扮，逢节日时，青年女子梳理穿戴整齐后，相邀一起，到芦笙坪采鼓跳芦笙舞，芦笙场上汇成银的海洋。穿上盛装的年轻女子可以用“头角峥嵘皆俊俏，满身银甲赛婵娟”来诠释。掌坳村的年轻女子的盛装是以长裙为主，而附近的新桥村则是以短裙为主。

女士的头饰用假发制成发型配发簪挽束于头顶，插银簪或者木梳，有时也搭银花枕巾，老年搭黑色头巾。裤装一般穿直筒长裤，形同“倒喇叭裤”和都市里的“健美裤”，开口很小。一般都穿绣花鞋，年轻女性到市场上购布料制作，老人年则用自织的靛布裹脚，穿锈有花纹的布鞋。

男士着装简朴，通常是着对襟上衣、包蓝靛色头帕，分老年盛装、便装。男士服装有两层，里面为自织的白布扣衣，布扣一般在7~9对之间；外为自织的青黑色对襟或短襟。头帕是用红、绿丝线编织成一撮须线的布帕，约2丈有余折叠成约2寸宽的头帕缠绕于头上。

2. 人生礼仪习俗

掌坳苗群的婚姻，有着其独特的形式和习俗，主要有自由式婚姻和传统式婚姻。先来看自由式婚姻，年轻的男子平时忙于劳作，没有时间和机会认识年轻的姑娘，从而选择自己中意的配偶。所以，苗家男子用“闹寨”的方式，通过对唱情歌与姑娘们进行交流。有时是晚上，有时是过吃新节的时候，之前还有一个固定的节日，专门提供男女交流、互相认识的机会。青年男女通过游芳对歌传情，互相了解之后，双方情投意合，便交换信物，订下终身；父母亲知道后，他们会私下权衡对比，认为匹配也就默许了。男方半夜将新娘接走，俗称“偷亲”，女方父母兄弟只装做不知道不加干涉，但如果女方父母兄弟认为女方所喜欢的男方不匹配，便要横加干涉。“偷亲”必须十分秘密，败露就结不成婚，即使“偷亲”成功也会引起风波。“偷亲”到家，男家办完喜酒，就央请族中叔伯兄弟或长辈二人提一只母鸡，携酒、肉、糖等礼品到女家报信，如女方父母认可，就受到招待；如不同意就会给报信人难看。但这并无损于报信人，因为只要完成报信的任务就可以了，其他的事情由开亲的男女双方家长去理论，与报信人无关。这种情况的结局要么是女方家邀集一伙人来将姑娘强拉回去；要么因木已成舟，不得不委屈认亲；要么宣称不认这门亲事拒绝女儿回娘家。后一种情况比较少见，第二种情况为多。

传统式婚姻包括父母包办婚姻和经过自由恋爱双方父母认可的媒妁说亲婚姻，这种公开的在白天迎送的结亲方式，是苗族长辈所乐意的。其过程是男方父母为儿子相中了某一姑娘后，即请媒人到女方家去说亲，如双方认为门当户对，就答应联姻。这种情况有的女儿知道，有的女儿不知道或不同意。但不管同意与否，以父母一言为定。反对的也有，但是效果不大。以后便商定吃“半路酒”的日期和婚期，此种形式为包办婚姻。另一种是青年男女双方在“游芳”中建立了感情，同意结为夫妻，诉诸父母，父母亦不反对，于是便请媒说亲，商定吉日。选好地点，双方均有父兄出面，邀请宗族中的叔伯兄弟或长辈一二十人，在野外露天摆酒叙谈，协商结婚日期和财礼钱的数目，日暮方散，这种形式叫“半路酒”。经过“半路酒”的仪式之后，婚事便定下来。

在婚期的前两天，男方需要抬一头猪，带着酒到女方那边邀请亲戚朋友吃两个晚上的酒。到娶亲那天，新娘子要穿自己缝制的嫁妆，并且由婆婆、嫂嫂和妹妹三四十个陪着，还有一些男子抬着猪鸭等一起来到男方。新娘子进大门时，要接过婆婆手中的酒将其喝尽，然后由男方的未出嫁的妹妹扶着来到堂屋的香火前。香火前的桌子上面摆着两条烹饪好的鲤鱼、糯米饭和肉，新娘子先是摸鲤鱼、端饭用的伞，祭酒，然后再捏其他的东西。最后的环节就是端甑子。甑子是苗家人做米饭用的木桶，新娘子开盖之后，在未来的生活中就有使用甑子，也就是做饭和吃饭等的权利了，真正成为这个家庭中的一员。端完甑子后，所有的人就可以开始吃饭。这天还要邀请寨子里德高望重、婚姻幸福的歌师唱歌，祝福新人和和美美、白头偕老。

青年男女结婚以后，自由结婚（偷亲）的新娘尚可在夫家住上十天半月，因为财礼钱还未讲妥，不能回娘家；属传统式明媒正娶的接亲当天或第二天就回娘家住。但不论哪种方式，都有坐家的习惯，即逢年过节或是农忙时节，经夫家来人接才去夫家住一二十天，这是传统规矩，住长了怕人讥笑，直到有了身孕后，才常住在夫家。据歌师吴德培介绍，在他与妻子结婚一周后，妻子就在老妈妈的陪伴下回娘家了。坐家大概持续了一年，妻子才回到家中。

掌坳在丧葬方面有传统的习俗，其形式因死者的年龄、死因、家境而异。葬法有土葬、火葬、停棺待葬（二次葬）等。

死者已有子孙、死因又属于正常的都须装棺土葬。一般要经过临终按眼、沐身、整容着装、报丧、守灵、入棺、唱丧歌、出殡送葬、入土、呼魂、引魂、走亲等过程。病人心脏停止跳动后，家属要将几滴水酒灌入死者嘴里，然后用手指按摩其眼皮，使之瞑目，俗称“按眼睛”，并将其五指并拢，握拳，脚掌靠齐。寿衣用棉布或丝织品制作，里白外黑或者蓝色。如是女性则上身着出嫁时的乌摆，下身穿着百褶裙。正常死亡的老人，实行土葬，经着装后停尸于堂屋（通常男左女右或女东男西），以后择吉日入棺出殡。亲戚看遗容，须经孝子许可并揭开盖面的白布。出殡前，家属要捏饭团用羊不食叶包好，放入一篓中，给死者做冥粮，并给一点碎银给死者买水喝，给一双草鞋赶路。寨上有父母已逝的，亦包一团饭放入篓中，意为带给其已故的父母。尸身抬出灵堂，停于棺材旁，由巫师念咒“开路”，将尸身敛入棺中，用白布盖好。棺材两边系 10 米多长的布带或绳索，以便送葬者牵引。抬棺先是孝子和至亲，后再替换。死者媳妇和姑娘，哭丧送葬，火枪、火炮齐鸣。若墓地路途远，则将棺材拆成数块分抬至墓地合拢，尸身用木架抬着上山，再将尸身收敛棺中，由死者的儿子整理衣冠后落葬。未垒土前，鬼师持砍牛刀立于棺上给死者指点东南西北和日出日落的方向，先由孝子撮第一铲土盖棺，帮忙人再垒土。随葬的常用物包括：男的为旱烟竿、砍牛刀、火镰、柴刀；女的有手镯、耳环、项圈、花衣。家境贫困的入棺时把银器摘下来，铜器不能随葬。择墓地请风水先生进行，俗称“看风水”。挖墓穴由孝（长）子挖第一锄。宰杀牲口送葬和款待宾客，是苗族葬礼的重要习俗。过去杀水牯牛，现在一般杀猪。杀牛的规矩是：屠手必须是死者兄弟或者叔伯兄弟等血亲。杀牛前先搭一木架，并在架上插上三排纸剪的人像和六面三角红旗，将此套于牛头上，再牵到屠宰场。牛头朝水井方向，屠手先丢给牛一根青草，由一人拉尾巴，屠手即从右边用砍牛刀挥向牛颈。若一刀未死，原屠手不能再补刀，由另一副手操刀再杀，再不死由第三人继续补刀。拉尾巴的人要保证牛在未开肚前不能屙牛屎，若屙了必须用衣服包起来。杀牛时须鸣枪，以后每半小时鸣一次，每次三响，直到死者入土时为止。晚上举行丧宴，由德高望重的老人唱哀歌，叙述死者生平，哀婉凄切，使人潸然泪下。歌毕，向孝子敬酒，劝其节哀、保重。此时，悲伤情绪全无，可以戏谑打笑和猜拳行令。葬后第三天凌晨，家属要请一巫师一起到新坟上“呼魂”，把亡灵请回来，将杀牲开吊的猪头骨或水牛角置堂屋正中神壁下，表示此地为亡灵的栖身之处。十天或半月以后，家属须备一只鸡和酒、肉、糯米饭等，带亡灵到舅爹、姑母、女婿等至亲嫁娶“走客”，至此，丧事才算完毕。

对凶杀、自缢、摔死、死产等不正常死亡，都实行火葬。不需棺材，用木板或杉木皮抬到规定的火葬地点，把死尸置柴堆上用干柴焚烧，骨灰撒下河中流去，不留骨灰，也不设“灵魂寄宿所”。但产妇是死在屋里，又有小孩，可以用棺殓焚化。

停棺待葬有两种情况：一是正常死亡，但问卜认为当年不宜入土，须停棺待葬，这种葬礼同样隆重；一是属非正常死亡，但问卜不宜火化，于是用木匣殓尸，抬到人迹罕至的山谷中荫蔽处停放，任其风干或腐烂，家属不再过问。

生儿育女是当地人们心中的大喜事。婴儿在出生后第二天就要抱出去见太阳，并且要兄弟们来祭祖。在出世后的第三天就要举行问卜取名的仪式。在苗族自古以来就崇拜的神前面或者树前面，鬼师边念叨的过程中，边杀猪和鸭，然后烧香用竹片打卦。如果打卦认为名字可以使用的话，名字就确定下来；如果不行的话，在预备的名字中另选一个继续打卦来确定，直到确定名字。

3. 祭祀习俗

扫寨，或叫洗寨，也称扫火星，是雷山地区普遍存在的在客观上起到防火作用的一种仪式。扫寨一般只是一天时间，当日期决定后，由寨老和村长通知全寨的人，然后挨家挨户收钱买一头猪或牛和一只鸭。指定的这一天到了，就由组织者抬着一桶水（两人抬），带着一只鸭和一个放有茅人的撮箕，找来一个鬼师带路串门。每到一户，在鬼师念念有词之后，大家把各家事先准备好的放在火炕旁的一个草把拿走，接着就舀水灭火。当整个寨子都走遍后，抬着所买的那头猪或牛和鸭到河对岸，在鬼师念念有词之后宰杀，杀死的猪鸭只能用火烧去毛，不用水烫。收钱和分肉都以户为单位平均处理，不论人口多少，吃是以户为单位带着锅瓢碗盏到河边煮吃。吃不完也不能带回家，要不倒掉，要不留在河边，次日去吃。鸭一般是煮熟后任一群小孩一抢吃光。烧、煮食品所需的火是到其他寨子借来的（借，实际上是点火种）。吃毕，由鬼师念巫词送反回去便算结束。在整个扫寨活动中，无论外寨人或是本寨人，只能出来，不能进寨，其间，各条路都派有人把守。之所以有这样的习俗，传说有个火鬼，常常放火烧寨上的房子，为使寨子免于这种灾害，每年要杀一头猪或牛和一只鸭来祭它。所以就产生了扫寨活动。

我们在调研过程中发现几乎每家每户的门两边靠上方都会挂着由白纸条、农作物秆捆绑在一起的东西，据村支书杨昌彪介绍说，这就是扫寨时挂上去，经鬼师念巫词等结束后保留下来的。人们都希望通过这种活动能够使生活等方面顺顺利利，给自己带来好运，也是一种心理寄托。

祭桥。苗家人钟爱桥，是因为在他们的巫教文化心理中，认为人从另外一个世界来到人间，统统是从桥上过来的。桥是幼儿的保护神，传说架桥立板凳是给来投胎的魂灵以方便，板凳是供给投胎的魂体休息，桥是供给投胎的魂体行走，如果其走累了没有板凳坐，遇河沟没有桥过，魂过不来，就生不了小孩，因此家家户户都有自己的桥或板凳。每年农历二月初二的祭桥节期间，家家户户都不惜破费鸡、鸭、鱼、肉、酒等佳肴来供敬象征生育神和保护神的村旁附近架设的旧桥（板凳），或用桃、李、杉树架设新桥（板凳）。这天，可以说是苗家的“儿童节日”，父母们把娃娃们打扮得分外漂亮，不许打骂小孩，他们有什么要求，只要父母能办到的，尽量予以满足。祭桥仪式在早上举行。去祭桥的娃娃至少要有两个蛋吃，并且必须在头上缠一丝麻线，表示命运之神已将后代牢牢地缠住，不会夭折。

苗族架桥祭桥的缘起，传说是古代苗家美女仰阿莎兴起的。仰阿莎与天上的美男子略那——月亮结为夫妻，但多年没有生育儿女。神仙暗示他俩在二月初二去架桥便可怀孕生子。正如礼俗歌所唱："回头看远古，是谁先架桥，是谁先祭桥？略那仰阿莎，他俩配成双。过了好几年，没育儿和女，他俩着了急，商量去算命。翻过九重坡，过了九条河，遇着一神仙，……神仙劝他俩，你俩莫要忧，你俩莫要愁；坳上三棵杉，是姜央栽的，回去把它砍，用它来架桥。三根排排架，一头靠那山，一头靠这山；一头靠火龙，一头靠水龙，当天就架好，儿女得过来。略那仰阿莎，砍倒三棵树，架好那座桥。说来也逢巧，正逢二月二，生出一男孩。杀猪来祭桥，杀鸭来祭桥，米酒一大坛，烧香燃纸祭。就从那时起，苗家代代传，每逢二月二，家家来架桥，户户来祭桥。"这样，苗乡的桥的产生就有两种途径，一叫有意架桥，一叫无意架桥。前者为婚后不育，刻意求子，祈求儿童健康无恙；后者指为来往交通方便而别无他求地架桥。桥需要经常维修，但求子护儿之桥只能由桥主自家来修，他人是绝对不能代劳的。任何一座桥，只准维修，不得拆除。若因交通条件改变了，可能不要原桥了，也必须在原地象征性地平铺三块木板或三块石头——用材通常用三，只能单不能双，以供祀祭。民俗认为，若不如此，就导致桥毁家破，断子绝孙。架桥与祭桥习俗相辅相成、互为促进，这是当地苗乡的桥丰富多姿的根本所在。①

此外，掌坳村民还有祭树、祭土地、敬菩萨、供奉庙神的习俗。

4. 民族节日

掌坳村较为盛大的苗族节日有吃新节、苗族年、大春节、鼓藏节等。他们的民族节日大多在收割大忙之后或者在春耕大忙之前的农闲季节。

吃新节，苗族称"脑莫"，每年一次。因为多按宗支系统自定时间，故各寨过节时间亦不统一。丹江、西江地区过节时间为农历六月上、中旬的"卯日"（兔场天），所以又叫"吃卯"，从开秧门的日子计算，满50天即举行。

① 梁子．山地文化的一种景观：中国苗族的居住和建筑．贵州民族学院学报，2002（2）：18.

掌坳与桥港、桃江、掌雷等地则在农历八月上中旬的“卯日”。吃新节的来历有三：一是为纪念开发雷公山的苗族祖先；二是大忙季节已过，趁农事稍闲时，休息娱乐，调剂一下生活；三是稻秧已孕穗、抽穗，预兆丰收，祭祀天公赐福。过节时，家家包糍粑，几乎联合杀一头猪或全寨宰一头牛分食，鸡鸭鱼各户自备。进餐前要用的祭品是从稻田中扯来7～9个稻苞（孕穗）置于饭上祭祀花树、岩妈或祭桥以及祖宗神灵。这个节日大约会持续一周，第一天过节日，第二天有斗牛的活动，第三天会赛马、赛飞鸽。人们白天会跳芦笙，下午和晚上会到各家各户喝酒，相互间祝贺丰收。

苗族年，这是苗族比较隆重的节日，每年一次，时间各地都不一样。新塘、独南、开屯、方祥、西江、大沟、报德、黄里、肖家、格益、白连等地为农历十月上旬“卯日”（兔场天，对于这些地方的人来说是个吉利的日子）；桥港、掌批、排里等村为农历十月上旬“辰日”（龙场天）；莲花、固鲁、丹江、龙头、响楼、陶尧、望丰、乌江、桥洛等地为农历十一月上旬“卯日”。苗族年从“辰”、“卯”日开始后，连续过3次，每隔13天过一次，称头年（小年）、中年（大年）、尾巴年。以中年为最热闹。过苗族年用糯米打糍粑，分送邀来过年做客的亲友。富裕户每户杀一头猪，也有两户合杀一头的。贫困户只称一二十斤肉。一般不熏腊肉。鱼是必备佳肴，同时还制作冻鱼。年饭一般在“卯日”下午4时许进行，也有选择在上午11时的。吃团年饭之前，要以鸡、鱼、肉、酒、糍粑为祭品，祭祀祖宗和图腾物，追怀创业开发的艰难，表示“尽力为农，遵循不变”。年早饭在第二天凌晨5时举行，亦甚隆重。有的地方早饭必须由男人去做，女人不插手。意思是女人一年到头做饭炊爨，新年头一餐应由男人做，让女人休息。新年早上忌扫地，忌女人到别家串门。过年一般休息3天，有的休息5天。节日中，对外来的客人格外热情，凡是客人到来，即使是非亲非故，也一样热情接待。节日的娱乐活动，主要是跳芦笙和踩铜鼓，时间是5～7天，芦笙会开始和结束，均由芦笙头主持。要以祭品和酒奠祭天地神灵，用牛角杯向芦笙场上的客人，特别是高德劭的人敬酒，互祝安康以后，才祝芦笙会胜利开始和圆满结束。芦笙会期间，每天中午，苗寨的男女老幼都着节日盛装和戴银饰赴会。吹笙的为男青年，二、三、五人为一组，轮换吹笙，不使场上笙音停息。跳芦笙的以女青年为主，客人也可以参加，以银饰最多、辈分最长和品貌出众的姑娘在前，列队按笙音拍节行进。高潮时，老年男女自围一圈按拍节欢跳。最富有戏剧性的一幕是吹笙青年向客地姑娘吹奏“讨花带”笙曲，倾诉爱慕及追求之情。“讨花带”笙曲吹起以后，被追求的姑娘不管对青年的印象如何，都应以礼貌待人，不能断然拒绝，要将身上的花带、围腰带、项圈之类挂在吹笙人的芦笙管上。青年得到东西之后，必须掏出价值相等的钱物给赠礼的姑娘，但这类均属未婚青年。互送礼物不是以此定情（也有成为夫妻的），只是以此作为一种娱乐形式。因而凡举行芦笙会，都是青年寻欢觅侣的最好时机。他们通过这种方式相互表达内心的深情爱慕和对美好生活的向往，通过相互接触、彼此熟悉，交流感情，加深了解，寻找合心的伴侣。苗年伴随着思想观念的继承，其有庆丰收、祭祖宗的主观意志。这些敬奉祖宗、祈盼人丁兴旺、五谷丰登的崇高美德和美好愿望，虽然由于历史的原因存在着深厚的神话色彩，但它终究使苗族人民得到了美好的精神寄托。

大春节。掌坳的苗族人民庆祝大春节，期间也会跳芦笙等；而在其他地区，苗族人不会隆重地过春节，有些地方甚至不过。

鼓藏节，雷山苗族又称祭鼓节，习称吃鼓藏，是苗族一“鼓”之族，每隔 13 年一次祭祀本宗支祖宗神灵的大典，是极隆重的节日。雷山地区的祭鼓节先后过三年，第一年为引鼓（起鼓），第二年为立鼓，第三年为送鼓（藏鼓）。过节时间不同，原因是按其宗族迁入定居之年推算，故有早有晚。现在除西江、丹江、报德等地区外，达地、桃江、掌雷、掌坳等地的苗族已不过祭鼓节了。过节时，有的地方杀牛，有的地方杀猪。解放以后，人民政府鼓励人民发展生产，牛是耕地的动力，教育人民不要杀牛，以猪代替。

祭鼓节杀的猪是有选择的，即必须是阉割后的公猪，而且猪的毛旋涡必须周正，不能有特异和畸形。杀猪之前，先杀一只公鸭，祭告祖宗神灵；杀猪时猪头朝东方，猪死后用稻草盖起来，称“盖被子”。之后，才刮毛破肚。进餐之前，当家人以猪肉、鸡肝、鱼、酒、糯米饭和烧酒洒少许于地，燃烛焚香化纸祈祷，然后才动筷。猪的四大腿砍下来留着，待女婿、姑爷、舅舅等至亲送礼时作回敬，自食的仅是肚腹胸腔部分。这种鼓藏肉苗语称为“艾丢农”，每砣约重 2 两，有豆腐块大，用白水煮熟，不加盐和作料，吃得越多越好，意思是人生难逢几个 13 年。吃鼓藏还须说鼓藏话，不能照平时的说法，其意在图吉利。如杀猪叫做“抠干勒”，“抠”汉意为吻，“干勒”即大官的意思；点火叫“拖哈”，即“出太阳”之意。吃饱了叫“巴农巴拦”，即“满仓满库”之意；客人归去叫“蛮门”，即“骑马归回”之意等。祭鼓节的娱乐活动仍以铜鼓舞和芦笙舞为主。吃鼓藏的前两年就开始跳铜鼓舞，头年跳 5 天，第二年跳 7 天，第三年跳 9 天，跳铜鼓舞的形式、仪式与芦笙舞相同。铜鼓并不是每个寨子都有，有的以长木鼓代替。但铜鼓舞不是随便都可以跳的，必须是祭鼓节或先议定的时间才能跳。跳铜鼓的消息传出去之后，八方聚会，宾朋云集，一般戴银角的姑娘就有百人以上，比过苗族年、吃新节的芦笙会宏伟壮观得多。祭鼓节的筹备和日程安排通常由鼓头负责。在过这个节日的时候，本村的鼓头要杀一头水牛，其他每家都要杀一头猪，等到兔年才会过。节日期间，需要到外婆家放鞭炮，在亲戚走后要送给他们一条猪腿，并且吃饭的时候很庄严，不能随便说话，要遵守一定的章程。由于祭鼓节的费用太高，所以，掌坳村已经不再过这个节日。

六、社会事业

（一）教育

教育是人类社会特有的有意识地培养人的社会现象，与经济发展、社会进步关系十分紧密，它既是传递社会生产经验和生活经验的必要手段，更是经济社会发展不可缺少的重要基础和条件。农民素质技能的高低与所受教育程度有直接的关系，受教育程度越高，农民素质技能往往越高。教育通常包括传统教育和现代教育。

1. 传统教育

在传统教育中，由于苗族是一个没有自己文字的民族，苗族的历史文化只能通过口头来传承，以口头教育为主成为苗族传统教育最为明显的特征。这种单一的口头教育模式致使苗族的很多文化遗产都是通过歌的形式表达出来。苗族传统民歌押韵易记，通俗易懂，为广大苗族同胞所喜闻乐见。以歌载道和以歌传道是苗族传统教育的主要手段，喜庆欢快的时候以歌表达，悲伤忧愁的时候以歌叙情，庄严隆重的场合也以歌明理，可以说苗族社会无处不歌、无事不歌。苗族对本民族所固有的生产技术、伦理道德、风俗习惯和民间文化等传统的继承，主要是通过家庭教育、家族教育、村寨教育和师徒传承几种类型来实现的。经过家庭督促、师徒传承、社会舆论及村规民约等传统教育方法，使苗族传统文化在苗族人民的生活中代代相传，并不断地丰富和发展。家庭教育是苗族社会成员生存的启蒙教育，苗族孩子一出生，便首先在家庭里接受生存的启蒙教育。男孩子跟父亲学习开荒种树、耕田犁地，吹笙击鼓、习武狩猎；女孩子同母亲学习耕耘收割、纺纱织布、刺绣蜡染、唱歌跳舞。家庭是人们学会生存的第一课堂，每一个年轻的家庭成员在这里不仅学到今后生存必需的生产技能，也学会了社会交际和做人的基本准则。苗族传统教育十分重视伦理道德的教育，从幼儿时代起，长辈们就教育他们如何称呼自己家中的长辈，学会讲究辈分礼节，学会如何待人接物。年纪稍长的长辈们就他们简单的生产技术，逐步扩大到社会生活的方方面面。苗族的家族教育以礼仪教育和集体教育为主，其作用在黔东南苗族中表现得尤为突出。例如他们的鼓社节，主要是通过全家族祭祖形式祈求五谷丰登。在祭祖的同时要求活着的人们要尊老爱幼、亲善团结，遵守家族族规以及村规民约。鼓社节含有一定的宗教成分，也是一次家族教育。因为祭祖时通过历述列祖列宗的迁徙史和奋斗史，使大家了解先辈们如何在艰苦条件下创业和与大自然以及各种压迫势力抗争的历程，增强村寨家族成员的内聚力和抗争精神。村寨教育是一种有特色的苗族社区教育，可以是几个宗族，甚至还包含其他民族。黔东南苗族地区的村寨教育主要以议榔的方式来完成。榔规一般由各村寨寨老制定，并凿石埋岩为证。由于苗族社会往往聚族而居，一个家支或宗族一般都集中在一村或一寨，寨老一般是村寨家族中辈分较高、办事公正且能言善辩的老人，他们的地位是村寨家族中人们自愿公认的，所以议榔制定的榔规，是周围苗族社区内的准法律。通过议榔可以规范人们的行为准则。正是由于议榔这种社会约束机制，使得苗族社会在历史长河中得以民风淳朴，不断发展。师徒传承，这是苗族传统教育必不可少的一种形式，一般表现为歌师传理、工匠传艺。苗族民间的师徒传承主要有两种：一种是一人教、众人学，例如传授苗族民间古歌、古俗，学吹芦笙或者学习民间武术等。另一种是个别传授、内外有别，例如学习中草药，一般是父亲传男不传女，母亲传女不传男，男药师传男徒弟，女药师传女徒弟。苗族的很多传统生产技艺、民间文学、纺织刺绣、银饰加工、乐器制作等都是通过师徒传承的方法来实现的。

在掌坳村，传统教育中民间传统礼仪、工艺、生活常识、劳动技能以及民间艺术同样也是通过家庭教育、家族教育、村寨教育和师徒传承几种方式来实现的。当地的孩子从小就参与家庭劳动，做一些力所能及的事情，在这个过程中，自然而然就学会了一些生活常识和基本的劳动技能。例如养猪、种田和种树等，都是在随同长辈们劳动时学会的；对于一些手工艺和民间传统艺术，同样也是靠这些传统的传承方式来流传的。大多数人凭着自己的兴趣爱好有意识地跟长辈们学习，通过老人们的言传身教逐渐获得了这门技艺，例如铜鼓舞。据民间艺人吴绍龙说，80 年代以前几乎人人都会跳铜鼓舞，一方面是自己的兴趣，另一方面是氛围，当时逢年过节、结亲嫁女都要跳铜鼓舞。改革开放以后，一批批的年轻人出去打工，没有时间跳铜鼓舞，也就慢慢失去了兴趣，现在很多年轻人已经不会跳了。但毕竟铜鼓舞是掌坳村的标志，留在村里的老人和小孩妇女爱好舞蹈的几乎都会跳。村里有一支铜鼓舞队，由三十五六人组成，有老年队、青年队、妇女队和儿童队，这支队伍经常要去省里或州里演出，还多次被北京、杭州、深圳等地邀请去演出。在 2007 年 7 月举办的“多彩贵州”舞蹈大赛中他们还荣获“铜鼓奖”。从我们了解到的情况看，传统的民间艺术的传承方式已逐渐减弱或逐步消失，这也是历史的必然。比如说游方，这是苗族青年男女公开的娱乐和社交活动。届时，外村男青年们相约结伴来到女方村寨附近，以吹口哨、木叶或芦笙等为信号，邀请女青年汇集游方场；姑娘们听到信号后，有意参加者便会梳妆打扮一番，然后来到游方场。男青年们热情地以歌相迎，接着有意的男女双方便展开情歌对唱。苗族青年正是通过这种方式来结交朋友、选择伴侣。村里一些中老年村民就是通过这种方式来选择伴侣的，例如民间歌师吴德培老人。然而从 80 年代开始，年轻人有了现代娱乐和交友方式，不需要再游方对歌，更不必去学情歌才能谈情说爱，游方这种形式在日常生活中的作用已逐步消失，只有在节日表演上才能看见了。还比如制作芦笙，据掌坳村支书杨昌彪说，全村就他父亲一个人会做，现在老人过世，这门技术就失传了。

为了挖掘和保护苗族民间文化，2008 年雷山县出版了《雷山县乡土文化教材》，把苗族民间文化列入全县中小学校的必修课，苗族飞歌、苗族舞蹈、苗族吊脚楼技艺、苗族银饰、苗族刺绣等走上了学校课堂。如雷山二中开设苗语课、苗族民间工艺课，开办了文艺陈列室，学校铃声用苗族音乐，把掌坳村的铜鼓舞、苗族芦笙舞作为课间操；西江小学办起了刺绣班、芦笙舞蹈班、苗族泥土艺术班；雷山民族职业技术学校在旅游班开设了苗族芦笙、苗族歌舞、苗族建筑、苗族服饰等课程。掌坳村作为铜鼓舞的发源地，如何更好地将铜鼓舞传承下去是值得深入思考的。于是从2006年起，苗族文化特色的技艺就走进课堂，掌坳村唯一的小学——莲花小学校长专门请来村里跳铜鼓舞最有名的老人教孩子们跳舞，三年级以上的学生都要求学习。另外，上午的课间操以及下午放学课外活动时间也用来跳铜鼓舞，每次大概半个小时。

2. 现代教育

掌坳村只有一个小学——莲花小学，没有初中和高中。学校始建于1943年，至今已有66年历史，原为丹江永定堡小学，后搬迁至莲花平寨村，经历数次搬迁到现校址。莲花小学师生员工恪守"勤奋、严谨、求实、创新"之校训，坚持"以人为本，全面发展"的办学方针，以"六年影响一生"的办学理念，给学生美好的童年和人生坚实的起步。

莲花小学校园依山傍水，环境宜人。学校占地面积为3925平方米，生均18.25平方米，建筑面积780平方米，生均3.62平方米，有一幢水泥建筑的三层教学楼，共6间教室、6间功能室。一间教室有三四十张桌椅。学校一共有6个教学班、1个学前班，正式学生共215人，女生79人，学前班有64人。学校有教师12人，其中有7位女老师，教师平均年龄35岁，其中中小教高级8人，小教一级4人，大专以上学历占91.66%。历年来，莲花小学在各级政府和上级主管部门的关心支持下，不断加强硬件设施建设，改善办学条件。2003年，雷山县实施了"农村中小学现代远程教育工程"，共建有计算机室10个、接收站55个、播放点65个，莲花小学属于其中的一个卫星教学收视点（一个卫星教学收视点国家投资大概1.6万元），配备有卫星接收系统、计算机、电视机、DVD播放机和一年级到六年级所需的教学光盘。通过中国教育卫星宽带传输网，可以快速大量接收优质教育资源。学校配备有两台电脑，一般老师开研讨课或上公开课时会使用多媒体教学。

莲花小学开设了语文、数学、音乐、美术、自然、品德等课程，其中音乐课没有任何乐器，单靠老师自己唱来教学。从2009年1月起，自三年级开始还开设了英语课。学校通常是一位老师身兼数职，老师一般从一年级到六年级一直跟班上。36岁的吴贵英老师告诉我们，她不仅教语文，还同时教学生自然和品德课程。从2005年起，国家提出了农村义务教育阶段（小学和初中）"两免一补"政策，"两免"即免除学杂费、免除课本费；"一补"即对住宿学生补助住宿生活费。莲花小学没有住宿的学生，主要都是掌坳村的孩子，家离得最远的学生走路不过20分钟。由于学生不用交任何费用就可以上学，所以全村适龄儿童都已上学，不存在辍学情况，不像以前，总会有孩子因为学费交不上而辍学。一到开学就是老师们最忙碌的时候，挨家挨户叫学生上学，争取不让一个孩子辍学。莲花小学教育教学质量一直保持乡级前列，多次受到上级好评，这与教师工作认真负责是分不开的。2004 年、2005 年雷山县教育督导室授予该校“环境育人先进学校”称号，2008 年黔东南州州委组织部授予该校“远程教育先进集体”称号，2006 年、2008 年雷山县政府授予该校“两基”先进集体称号，2008 年 12 月被省人民政府教育督导室评为“省级农村小学示范实验学校”；学校教职员工多人被评为县乡优秀教师、优秀辅导员。

掌坳村的孩子从莲花完小毕业后一般都去雷山二中读初中，由于初中也是义务教育阶段，学生同样可以享受“两免一补”政策。由于雷山二中在雷山县城，距离掌坳村虽只有十几分钟的车程，学生都住宿，一个礼拜回家一次。据统计，全县共有简易寄宿中心小学 10 所，住校生 1187 人，占小学生总数的 8%；寄宿制初中 8 所，住校生 4073 人，占 60.6%；寄宿制高中 2 所（含职校），住校生 1310 人，占 52.4%。从我们了解的情况看，目前学生寄宿的学校还存在很多问题，比如没有标准食堂，满足不了学生就餐需要；饭菜物价较高，学校没有经费给学生提供伙食补助，再加上大部分农民还较贫困，无力为子女提供更多的生活费用，导致学生伙食标准较低；学校没有专职管理员，学生管理措施和服务体系缺位等。针对这些情况，县政协调研组召集县教育局和县直中学负责人进行协商讨论，制订了一套健全和完善寄宿制学校建设的方案。其中特别提出要采取多种融资渠道：一是充分利用中央加大对中西部地区教育投入的机遇，积极向上级有关部门申请立项，争取国家项目资金扶持；二是将上级每年拨给雷山的学校改造资金和县财政划拨给教育局的资金捆绑使用，全部投入寄宿制学校建设；三是积极争取社会民间资金的支持。

3. 村民的文化素质

雷山县政府统计数据显示，2009 年雷山县农村 15 ~ 50 周岁青壮年人口为 76536 人，失能 407 人，非文盲人数 73868 人，非文盲率为 97.03%；近三年共完成农村实用技术培训 40406 人次，全县脱盲人数为 1341 人，脱盲后巩固人数 1331 人，巩固率为 99.25%。全县 159 个行政村（居委会）都建有农民文化技术学校，并配备了专（兼）职管理人员和教师，县政府每年都向各乡镇拨付专项扫盲经费。2006—2008年下拨扫盲经费分别为4.83万元、5.85万元、6.49万元。对于掌坳村来说，村民大多数是小学文化水平，有一部分妇女还是文盲，她们既不会说普通话，也听不懂普通话。自2006年以来，在乡党委、政府的高度重视下，掌坳村办起了农民文化技术夜校。由于之前精心做好了动员工作，村民们逐渐意识到受教育的重要性，所以夜校吸引了很多村民，每天晚上，村里的男女老少都兴致勃勃地集中在一起学文化、学技术，形成了浓厚的学习氛围。夜校的地点设在掌坳村村委会。上课内容主要以扫盲识字与技术培训，技术培训的师资由乡农推站、畜牧站等技术部门负责，内容包括畜牧养殖、茶叶种植、药材种植及卫生知识等。另外，扫盲夜校还与远程教育相结合，在进行扫盲巩固的同时，充分利用远程教育设备，为村民播放技术培训课件和法律法规课件，让村民更直观地学习农业技术，了解法律法规，取得了较好的效果。截止到2008年，掌坳村青壮年非文盲率达96%。

相比以前信息闭塞的状况，现在村民们跟外界的接触越来越多，对教育的重视程度也大大提高。那些出门在外打工的人感触尤其深刻，由于缺乏教育，没有技能只能从事一些最辛苦的体力劳动，比如在石场当搬运工。村民们逐渐意识到受教育对家庭经济发展的重要性，不论是外出就业还是搞家庭经营，受教育都能使人眼光长远、思路开阔，一方面可以改善生产经营，另一方面可以走出农业生产的局限，在其他行业就业。从我们入户调查情况看出，受教育程度高的家庭往往生活相对富裕，比如81岁的吴正芳老人家，有2个儿子3个女儿，都是高中毕业，其中小儿子还是本科毕业。大儿子去湖南打工，3个女儿分别在凯里农行、区妇联和雷山三中工作，小儿子在州委办公室当秘书科科长，他们家的条件在村里算是比较好的。因此教育程度高低对于一个家庭经济的发展起着至关重要的作用，村民们日益重视教育。据我们了解，村里有些贫困的家庭不惜节衣缩食甚至借款也要供孩子读书。

（二）医疗

1. 传统民族医技与医药

苗族民间有丰富的医学知识。由于苗族没有文字，仅靠口传脑记，无人研究总结，故史籍上仅有赞赏苗医的记载，而无苗医的专书著述，人们只知其好，而不知其为何好。苗医历史悠久、内容丰富、疗效显著、形式特殊、自成体系，一般是家族相传和师徒相传，不懂苗族语言和风土人情的外族人，很难全面掌握。苗医诊断病情有四诊：一是望，即看望病人病情，如病人神色、精神状况，了解身体各部位的形态，其中包括指甲、掌心、指纹、外耳、鬓角、汗毛，这和中医有所不同；二是号脉，除和中医一样号手脉外，有的地方如松桃等地，还要加号足脉和三关脉，共号脉大象十余处，这和中医也有差别。通过号各种脉象，往往能发现许多特异的疾病征兆；三是问，即询问病人的疾病史，疾病的各种表现；四是触摸，即用手触摸病人有关部位，观察其反应，在此基础上，还注意发病季节、病人性别、年龄等，以确定处方。苗医在辨证立症确定处方上，以经济、简便、速效为原则，很适合苗族人民经济贫困、文化落后的需要。在治疗方法上，也很注意经济、简便、易行。如妇科有“坐产法”，利于分娩；治脓肿有“打火针疗法”，用针引脓；治小伤小痛有“桐油点烧法”，既可治病，又防感染；治骨折有“骨椅法”、“悬吊法”、“悬梯移凳法”等，此外，“体育疗法”、“气功疗法”、“针刺法”、“推摩按捏法”等，也是常用的治疗方法，效果也很显著。苗族医学最高成就是骨科和伤科，凡属跌打损伤，尤其是刀伤枪伤，一经医治，见效甚速。苗医正骨原则是抢救生命第一，恢复功能第二，保持肢形第三，一般性骨折，一个月左右即可痊愈，粉碎性骨折，二三个月即可愈合，疗程短、疗效高。另外的妇科、儿科、蛇伤科等亦颇有名。

苗药主要分布于苗族聚居的苗岭山脉、乌蒙山脉等广大地区。苗药对采制有一定要求：植物药在有效成分富足时采集，如根类药宜在植株茂盛至翌年抽苗前采集，茎叶宜在生长旺期，花类宜在待放时，果实宜在初熟时，同时芽力求娇嫩鲜美，皮类以浆汁富足为好，鱼、虾、虫、兽要辨别真假，腐败者不能入药；矿物、金属宜剔净杂质。苗药制作包括一般加工、炮制、提炼、合成及剂型改革几个步骤。苗医用药配方有两个法则：配单不配双及三位一体。配单不配双，就是只用1、3、5、7、9之类成单的药物种数配方，而不用2、4、6、8之类成双的药物种数配方。三位一体，就是领头药、铺底药、监护药三类药物共组成方。领头药，是针对病情起主要作用的药；铺底药，是对领头药有相资作用或对身体有补益作用的药；监护药，是缓解领头药、铺底药的劣性和毒副作用，督促共达病所的药。这三类功用药与别的药物共配成方，形成三位一体，才能发挥药物的良好疗效，因此，在选药配方时，在选药、用药分量、制作方法以及服药方式、禁忌事项等方面都要注意发扬事物之间的良性关系，达到最佳的治疗效果。居住在贵州省黔东南州山区的苗族人民为了繁衍生存，与“天无三日晴、地无三尺平”的恶劣环境作斗争，世代均用半枫荷等十余味纯天然野生苗药煨煮成药液加入适量水至温度38℃左右时进行药浴，用以祛风除湿、防病治病、强身健体、驱秽避邪和益寿延年。因而，苗族人称半枫荷为“加幼”（即神树的意思）。几千年以来，苗族人都延续着用半枫荷的叶子制成的药液煎水洗浴、涂擦或是内服的习惯。苗族产妇习惯于生产的当天用这种药沐浴，三天后不忌月子，就能出外割草、担柴，风吹雨打，无妇科病，无风湿病，所以在苗寨山乡90多岁的老寿星比比皆是。

2. 卫生室

掌坳村位于雷山县大塘乡的东端，大塘乡一共有18个村，其中5个村有卫生室，其中莲花片区的1个卫生室就位于掌坳村，掌坳村的村民看病一般都去这里。卫生室外表非常简陋，门口挂了几个牌子，其中一个写了“大塘乡莲花卫生室”。卫生室有两层，第一层一共有6间房，一进门的房间里靠左边有一张较旧的长沙发，正对着是一张桌子，这里主要是门诊，碰上病床不够用时也会在这里给病人输液。这个房间靠左边的一间是治疗室，仅有一些简单的医疗设备，房间看起来空荡荡的；靠右边是药房，有几排架子，摆放了一些常规药；再往里并排着三个房间，每个房间有两张病床，床上垫了薄薄的小褥子，屋子看起来比较阴暗，光线不好。第二层是医生休息室和值班室。卫生室一共有6位工作人员，3位医生和3位护士，每天有两位工作人员（一位医生和一位护士）上班。据卫生室的任明秀医生介绍，每天看病的人平均有10个左右，都是感冒、拉肚子之类的小病，由于这里设备简陋，严重一点的病只能去县里或条件好点的地方看。可能是长期运动（爬山）和饮食的原因，掌坳村的村民一般比较长寿，生大病的较少，近10年来得癌症的仅有1例，因高血压死亡的2例。

3. 农村合作医疗

2009年是雷山县全面实施新型农村合作医疗工作的第三年。该县应参合共有32189户129817人（含失地农民），实际参合30750户126261人，农业户参合率为95.53%，农民参合率达97.26%，各乡（镇）户、人口参合均实现90%以上。按照筹资规定，农民今年每人筹集资金达到100元，全年应筹集新型农村合作医疗基金 12626100 元，其中：个人交纳 20 元，中央财政补助每人 40 元，省级财政补助每人 34 元，州、县两级财政各补助每人 3 元。上半年到位基金共计 11422803 元，其中参合农民筹资款 2525220 元，达 100%；县级财政拨入 378783 元，达 100%；州级财政拨入 378800 元，达 100%；省级财政拨入 429 万元，达 99.93%，尚未到位资金 2874 元；中央财政拨入 385 万元，达 76.23%，尚未到位资金 1200440 元。截止到 2009 年 6 月 30 日，报销 23993 人（次）补助 5728458.72 元，占年统筹基金总额的 45.37%，与去年同期相比上升了 22.20%；参合农民收益率 19%，与去年同期相比报销人（次）增加 274.93%，补助金额增加 240.35%，参合农民收益率提高 12.28%。报销总人（次）中，住院报销 5875 人（次）补助 4368310.51 元，比去年同期相比住院报销人（次）增加 123.29%，补助金额增加 191.15%，人（次）均住院补助 743.54 元，住院人（次）均费用比去年同期增长了 155.03%，住院费用实际补偿比为 60.01%；门诊报销 18118 人（次）补助 1360148.21 元，人（次）均门诊补助 75.07 元，门诊费用人（次）均费用比去年同期增长了 302.95%。门诊报销中，统筹报销 11510 人（次）补助 1080142.35 元，人（次）均门诊补助 93.84 元，家庭账户报销 6608 人（次）补偿 280005.86 元，人（次）均门诊补助 42.37 元。从住院报销补偿情况看，县内乡村住院补助人次占总人次 42.08%，补助金额占住院补助金额 19.97%，补偿比为 75.96%。县级医院补助人次占 46.49%，补助金额占 49.64%，实际补偿比达到 66.92%。县外医院报销人（次）占 11.44%，补助费用占 30.39%，实际补偿比达到 45.93%。从门诊报销补偿情况看，县内乡村门诊补助人次占总人次的 86.65%，其中：门诊统筹占 54.95%，个人账户占 31.7%；乡村门诊补助金额占门诊补助总金额的 85%，其中门诊统筹占 67.63%，个人账户占 17.37%，门诊统筹补偿比为 87.99%。县级医院补助人次占 11.85%，其中门诊统筹占 7.54%，个人账户占 4.31%；县级门诊补助金额占门诊补助总金额的 12.12%，其中门诊统筹占 9.29%，个人账户占 2.83%，县级门诊统筹补偿比为 80.62%。县级以上医院（含县外医院）补助人次占 1.5%。

从 2009 年开始，雷山县的补偿模式从原“住院统筹 + 门诊统筹 + 门诊家庭账户”模式逐渐向“住院统筹 + 门诊统筹”模式过渡，就是保留 2007 年、2008 年参合农民自筹的 10 元门诊家庭账户，如尚未使用的，可滚存到下年使用；2009 年个人自筹 20 元全部列入统筹基金使用。参合农民门诊费用先在家庭账户余额内由定点医疗机构当场按 100% 标准补助；家庭账户已经没有余额的，从门诊统筹账户基金中按比例给予补助，每人门诊医药费用一年封顶补助 300 元。该县还建立了新农合计算机网络信息管理系统，管理水平得到提高。据县卫生局介绍，按照“以收定支、保障适度、收支平衡、略有节余、科学管理”的原则，今后还要对新农合补偿方案进行调整，以实现合作医疗基金使用最大化，不断提高农民的受益水平。据我们了解，目前雷山县掌坳村的村民（除了一些在外打工的人）几乎全部参合，享受的补偿比例为：乡级住院费用补助 80%，县级住院费用补助 70%，转诊到州级医院的补助 50%，转诊到省级或省外医院就医的补助 40%。在入户访问的家庭中，很多人都享受到了相当多的补助，村民们普遍认为新农合使他们得到了实实在在的好处。

尽管新农合确实给农民带来了很多实惠，而且今后雷山县新型农村合作医疗起付线及补偿比例还要进行调整以进一步提高补偿标准，但雷山县新农合工作中也存在不少问题，主要有以下几个方面：一是对违规定点医疗机构处罚不力，对医疗机构特别是村级卫生室的监管难度大，个别定点医疗机构存在违规甚至套取新农合资金的现象；二是有些乡（镇）卫生院对村卫生室业务指导不够，监管不力，较多村卫生室业务工作不规范，甚至出现村卫生室无证行医现象；三是有些定点医疗机构报账不及时，繁重的审核任务导致审核进展跟不上进度，加上定点医疗机构违规行为的增多，对医疗机构的监管越来越力不从心。对于这些问题，县卫生局相关人员表示，今后还要在以下 5 个方面多做工作：一是加强定点医疗机构监管，控制医疗费用不合理增长；二是加强对参合农民的管理，全面建立参合农民的信息档案杜绝弄虚作假；三是继续加强对参合基金的使用和管理；四是规范乡（镇）合医办的管理，确保合医办对定点医疗机构的指导和督查，并建立考核奖惩制度；五是加强信息化管理，提高新农合管理水平和服务水平。

（三）养老

由于雷山县农村地区经济不发达，农村社区养老、商业养老保险和农村社会养老保险缺乏建立的经济基础，对于农村社区养老来说，虽然现在乡镇一级地区都已建立敬老院等养老机构，但由于家庭养老的观念在农村根深蒂固，入住率很低，难以满足农村老年人的养老需求。因此，目前雷山县农村地区的养老仍然主要靠家庭养老、土地保障、“五保”制度、社会救济制度和农村最低生活保障制度。

家庭养老是以血缘关系为纽带，以家庭为单位，由老年人自己或其所在家庭成员为老年人提供衣食住行等一系列生活安排的养老方式。根据养老的主体来分类，家庭养老主要有子女养老型、自己养老型、混合养老型三类。子女养老型主要指由老人的子女或其他亲属负担老人的生活费用；自己养老型是指老人自己承担自己全部的生活费用，其中又包括房租养老、储蓄养老、劳动养老；混合养老型指由老人自己和子女共同负担老人的生活费用。这三种家庭养老方式由老人的健康状况和经济能力决定，只有健康的有经济能力的老人才能选择自己养老，身体状况差、没有经济能力的老人只能选择子女养老，处于两极之间的则适合混合养老。随着年龄的增加，老人的劳动能力甚至生活自理能力将逐渐丧失，劳动养老的脆弱性显而易见，所以自己养老只能作为子女养老的一种补充，子女在家庭养老中扮演了非常重要的角色。在我国农村，家庭养老为主的养老方式作为一种维系社会稳定和代际情感交流的纽带持续了几千年。据有关部门调查统计，中国农村家庭养老占整个养老保障的92%，“养儿防老”仍是农民在养老问题上的“风险最小化”选择。在掌坳村，由于经济不发达，传统的家庭养老形式仍起主导作用，我们入户访问的民间歌师吴庭和就是一个例子。他今年66岁，老伴64岁，有两个儿子一个女儿，女儿出嫁到大塘乡，小儿子前几年分家在县城买了房子，老房子就留给大儿子。目前两位老人和大儿子一起生活，生活费用以及生病花钱全是由大儿子来支付，由于两位老人身体还很健康，平时自己还种一亩多田。

（四）就业

作为一个农耕民族，土地是掌坳村村民最主要的生产资料。千百年来，生活在丛林中的掌坳祖先一边狩猎一边开垦荒山，在贫瘠陡峭的山坡上开出大片大片的肥沃良田，从此人们渐渐不再去和丛林猛兽搏斗，也不再握着猎枪到处游走。虽然田地面积越来越大，但是随着人口的急剧增长，人均占有耕地面积十分有限。

和全国其他地方一样，掌坳的经济制度也经历过一番重大变革：1958 年的时候，全国开展互助组、合作社运动，掌坳村也将所有的田地山林以及各种生产资料都集中为集体所有，大搞集体制生产。这一时期，生产资料归集体所有，而劳动力归个人所有，但由集体统一使用和支配，分工协作是当时劳动形式的典型特征。由于生产力低下，集体制风行的平均主义导致村民劳动积极性显著下降，产出水平很低，人们难以维持温饱。1962 年，不欢迎集体制的掌坳村人私下里又将田地山林分给各户，并希望能解决自家的温饱，但后来被工作组知道后，迫于压力在 1964 年又恢复了集体制生产。在这种情况下，就业就是在村集体参加农业生产活动，基本上适龄人口都参加，达到全部就业，无所谓失业。成年村民自然具备了参加集体劳动获得工分的资格。当时由于家庭贫困，大量的孩子读完小学和初中就开始跟大人在队里劳动，年龄未达到 18 岁者，只计半个工分，虽然如此，他们也要拼命地干活。据村民吴庭发说，他读初中的时候，正赶上最困难的时期，学校里无法继续上课，只好停课一学期，所有学生全部回家参加劳动，劳动强度很大。生产大跃进的时候，上级要求他们将田地深翻三尺，全部靠人工劳作，那时候，大人们可以挣到 12 分，他最多只能挣到 6 分。工分的高低由工作种类、工作数量和质量来决定，每天晚上开会大家公开民主评定工分，每个工分那时候两三毛钱，当时村里有六七十户参与工分分配。吴庭发的父亲由于表现良好，做的又是挣工分最高的喂水牛的工作，所以工分收入比较高，每年他家里的收入能达到五六百元，这个水平在村里算是上等的了。

20 世纪 80 年代，集体制终于解体，随着家庭联产承包的土地改革，掌坳村的田地和山林终于又分包到各户，每户能分到四五亩田，在自家的田地上生产经营。掌坳人全都种上了水稻，随着稻种的改良，粮食产量大增，各家各户终于能吃饱饭了，大家逐渐过上自给自足的生活。但是供子女上学、看病等生活支出还是没有足够的经济收入来支持。跟其他偏远的民族地区一样，这里的计划生育工作展开得比较晚，在民族人口惠顾政策的影响下，很多农户家都有 3～5 个孩子。一旦家庭人口增多，特别是当子女成家之后，很多家庭为数不多的田地要进行分割，在有限的土地资源上就会产生剩余劳动力，而出现其他的就业途径。比如农户吴德帮家，原来全家 5 口人分到 4 亩多水田，后来二儿子结婚后分家另过，他又给二儿子分出一亩多地维持生活。好在大儿子都 40 岁了，还没有成家，否则再分掉一些自己就所剩无几了。随着田地山林面积的逐步缩小，本来就贫瘠的土地上根本就产出不了多少经济收入，掌坳人不得不去谋求更多的就业之路，想方设法扩增致富之门。

目前，掌坳村的劳动力就业情况可以分为三大类：一是在自家农业生产中就业；二是外出打工；三是利用自身技能或者本地其他资源开拓新的就业渠道。

1. 在农业生产中就业

“民以食为天，农以地为本”。无论到了什么年代，农民也不愿失去自己赖以生存的土地，目前大多数掌坳人都是以种田为主。田地除了能给人们提供食物来源之外，似乎有了更深层次的含义。特别是那些在泥土里生存了几十年的掌坳村的老人们，几乎天天都要去田地里忙碌。他们对于土地有深厚的感情，也许是缺乏别的技能，他们仍然沿用传统的农业生产方式，在有限的土地资源上辛勤耕作。现在掌坳村基本上都在水田里种植水稻，大部分家庭还要留出一部分旱地种植玉米和土豆，以获取饲养家畜的食物来源，剩下的一小部分就是种植自己平时食用的瓜果蔬菜。由于地理位置和地形的制约，现代农业技术还不能广泛应用，适宜的经济作物也不能大面积展开种植，犁田、插秧、灌溉、施肥仍然需要人力。从种田来看，农业产出基本只能维持温饱或略有剩余，每年的粮食即使有剩余，也很少有家庭去出售。因为每户的粮食产出扣除每年食用的数量之后，在按照每斤 0.7 元的市场价格出售，仅有几百元的纯收入，而这些钱也许还不抵农业各项投入再加上运输的成本支出，很多村民觉得养猪养牛收入反而大一些。从养猪来看，政府大力支持，喂养母猪有一定数额的补贴，而且一头两三百斤的大肥猪价格好的时候能卖出 2000 多元。由于农户家的猪圈一般在吊脚楼下面，空间不大，也只能养一两头。我们访谈的农户吴庭发家，因为房子大一些，所以养了 8 头猪，应该算是规模比较大的了。从喂养水牛来看，水牛一般是是作为犁田的工具，虽然很值钱，但不会出售，每户人家也就喂养一头，有的家庭前两年卖掉之后就没有再养。这样农忙的时候，有水牛的农户就会把自己的牛租给别人犁田，连牛带工一亩地 120 元，价格不菲，这对于饲养水牛的家庭也是一笔不小的收入。在农业生产中就业是一种古老而传统的方式，掌坳村的人就是过着这种自给自足的生活，这种自然经济总是阻碍着生产力的发展，导致掌坳村人很难从贫困中走出来。所以即使劳动力付出成本较高，农民们整天起早贪黑地忙碌在田地和庭院两点之间，农业收入依然非常微薄。

2. **外出打工**

掌坳村外出打工的人口众多，早在解放初期，很多被贫困所迫的村民就到很远的异乡干活。由于贵州省大部分地区都较为贫穷落后，他们大都远走他乡，比如到广州、广西等地。由于缺乏技能，他们一般都做很低级的工作，很多人都是到最艰苦的采石厂做苦力，劳动强度很大而且收入也不高。村民吴德帮说，20 世纪 90 年代的时候，50 岁的他还曾到广州采石厂干过两年，每天只有十几元钱，但毕竟能维持家用。现在的年轻人也基本上都是初中毕业就出去了，有的靠打工收入改变了家庭面貌。吴道文家有三个儿子，都在外面打工，近两年买了电视机、摩托车、手机，装了电话，装修了老房子，家里面貌焕然一新。可以说，外出打工已经成为年青一代人的生活方式，像村民吴道武家的小女儿今年 20 出头，到广州一家餐馆做服务员有两年了，早前让她留在家乡姐姐家开的发廊帮工，她都不肯。两年只回家一两次，这说明她很向往外面大城市的生活，不愿意再回到家里重复父辈的艰辛。老人告诉我们，并不知道她具体的收入，估计也没多少钱，只够自己花的，只要她能过得好点就行了，家里不需要她的资助。目前，掌坳村的这种情况有很多，在他们看来，不管外出打工收入水平的高低，只要能够扩大视野、接触新鲜事物，毕竟强于在几亩地上刨食。

3. **其他就业方式**

掌坳村有很多能人，是个藏龙卧虎之地。有技艺高超的工匠、手艺人、巫师和舞师鼓手，这些技能在某种程度上也能为他们带来部分收入，但基本上他们只是做兼职，仍未改变农民的身份。比如，奇人吴绍龙是村里有名的建筑工匠，还是村里的唯一的鼓社头，他建筑吊脚楼的技艺高招，同时又是铜鼓舞表演队长。据他自己介绍，现在他是村里唯一一个会建吊脚楼的人了，不光村里，很多外面村寨的人都要请他来去帮着建房子，就连西江都有他建的吊脚楼。农闲的时候，他一般都是在各家各户做建筑和木工师傅，每天的工钱是50元，包吃包住，只有在表演队有活动的时候，他就会停工带队出去演出，每天有40 元的补贴。表演队里共有 40 多个村民，分老人组、青年组和小孩组三个组，待遇是一样的。有的家庭会有很多成员参加，比如吴绍龙家就有他、儿媳妇和孙女三个人同时参加，每天总共有 120 元的收入。掌坳村还有部分心明眼亮的人，经济条件好些、看得远些的，就在自己开了农家乐，依托掌坳的旅游资源，增加收入。比如赵子英家，早在 2002 年就有了远见，自筹资金开办了大塘乡莲花片区第一家农家乐。前两年游客多的时候，生意红火，效益很高，在整个大塘乡都很有名气。

从掌坳村的劳动关系来看，除自己在自家农田生产经营外，经济收入来源于分为两类：一类是雇佣与被雇佣的关系，如外出打工、外出表演或到别人家做工等；一类是个体经营，如农家乐的创建等。

通过考察当前掌坳的就业形式，可以发现隐藏在背后的一些问题：

首先，外出务工人员逐年增多，虽然增加了当地经济收入，但并不是一件好事。因为外出的人口大部分是青壮年劳动力，他们由于缺乏一定的技能，所以从事的都是低层次的劳动，收入处于最低水平；而且农民工在城镇里仍然属于廉价劳动力和弱势群体，他们的权利难以得到保障，很容易受到各种冲击。比如今年在金融危机的冲击下，大批的农民工返乡，虽然政府采取了一定的扶持措施，鼓励他们自己创业，但是有行动的和取得成功的人凤毛麟角，大部分都在家待业或近处打零工，但这毕竟不是长久之策，不能作为扩大经济收入的支柱。另外，越来越多的人出去打工，造成了村庄的空心化，我们在调研中到各家采访，大都是老人和小孩在家，年轻人一般都去了较远的城市，长年累月不回家，给村寨带来了留守老人和留守儿童的问题，给乡村的养老和孩子的教育，造成不良影响，尤其是对下一代的健康成长非常不利。

其次，掌坳目前已经作为一个旅游景点正在开发中，以后的发展前景非常广阔。而本应成为家乡建设者主体的年青一代都到外地打工，使当地极缺人才，建设工作难以开展；同时当地的很多人缺乏敏锐的头脑和市场意识，如何借助旅游开发引领相关产业发展，还没有人好好规划。其实，掌坳村凭借自身的自然资源和传统文化优势还有很多潜力可挖，还有很多就业渠道可以开发，比如村民张民猫精湛的刺绣工艺、吴绍龙濒临失传的建筑手艺，将来都是一笔丰厚的财富，可为掌坳铺设更多的致富门路。

七、旅游经济

掌坳苗族是一个农耕民族，很早以前以狩猎打鱼为生，定居以后基本上就单纯以种植水稻为主。从现今的生活水平而言，掌坳人在20世纪80年代由土地的集体制到承包到户之后，基本就解决了温饱问题，这一方面得益于农业科技的飞速发展，优良稻种的更新换代使粮食产量成倍增长；另一方面，村里的青壮年外出打工的人口逐年增长，在很大程度上减轻了人口压力。但是从金钱衡量的财富收入来讲，掌坳村的人均收入仍然很低，基本上仍处于贫困线上。由于山区土地资源的匮乏，掌坳村到目前为止还没有形成有规模的经济作物种植，农产品基本上只是供应家里食用和作为饲养家畜的原料。从家庭养殖业来说，饲养的耕牛是用来犁田的工具，每家最多喂养一头，有的家庭连一头也没有，农忙时租用别人的牛来耕作。虽然政府对于喂养猪有一定的补贴，但是由于居住环境和空间所限，一般的家庭一年只能喂养一两头猪，用于过年食用或急需用钱时卖掉一头，价钱最好时，一头二三百斤的大猪也就卖到2000元左右。总体看来，掌坳村的农业经济收入十分微薄，日常饮食基本上都是来自自家产出，仍满足于自给自足的自然经济状态。外出打工的年轻人消费支出逐渐增多，打工收入对于家庭的贡献微乎其微。在这种状况下，面对外面的世界越来越多的诱惑，掌坳村民们都不再满足现状，开始不断思索钱从哪里来的问题。

事实上，作为“铜鼓舞发源地”的掌坳村，和这里的其他苗寨一样，有着淳朴民风和原生态的秀丽风光，民族文化和自然风景完美交融，旅游资源十分丰富。特别是濒临失传的苗族特有的铜鼓舞作为民族文化的瑰宝，恰是一块闪亮的招牌，吸引着无数对民族文化无比向往的人们前来观瞻。近些年来，依托雷山县的旅游开发的整体规划，掌坳村人开始不断探索和挖掘自身的旅游特色，大搞旅游开发，为该村的经济收入拓宽了渠道。富有浓郁的民族特色的乡村旅游也正逐渐成为该村未来最有前途和发展潜力的支柱产业。

（一）县域旅游资源和布局规划

掌坳村所属的雷山县位于黔东南苗族侗族自治州的西南，是一个苗族、侗族、水族、布依族、瑶族、彝族等少数民族聚集的山区，其中苗族占全县总人口的83.5%，为黔东南苗族、族自治州最主要的苗族聚集地之一。全县自然资源丰富，生态保护良好，森林覆盖率已经超过60%，位居全国首列，民族文化氛围浓厚，旅游资源丰富，开发潜力很大。雷山作为一个苗族聚居地，历史久远、民族风情浓郁，村村寨寨都保存着苗族建筑、服饰、习俗、歌舞、乐器工艺等传统古老和原汁原味的古朴内涵，作为“苗疆圣地”的雷山已经被视为是中国苗族文化的中心。闻名遐迩的中国第一苗寨——西江千户苗寨，千幢吊脚木楼傍山而建，层楼叠宇，规模庞大，甚为壮观，堪称露天的民族博物馆。被誉为“中国民间艺术之乡”的郎德上寨，集苗族传统文化于一体，民族文物丰富，处处散发着民族文化的气息。雷山县最有名的旅游景观是苗岭主峰——雷公山，被誉为苗族圣山。其气势磅礴、连绵逶迤的山脉纵横200公里，原始森林覆盖率覆盖率达4.7万公顷。山中珍禽野兽、奇林怪木，数不胜数，是当今人类保护的最为完好的生态文化净地，被誉为全国最大的一处天然氧吧。这块旅游圣地很早就被列为国家级自然保护区和国际级森林公园，也是世界十大森林旅游区之一。除此以外，雷山的许多看似普通的村寨都具有鲜明的个性特征，如掌坳的铜鼓舞、南猛村的芦笙舞，以及陶尧苗寨的嘹亮飞歌等都别具一格，吸引了五湖四海的游客前来参观。

正是拥有这些丰富而独特的自然资源，雷山县在全国拥有了很高的知名度。2004年，雷山曾在中央电视台联合多家媒体组织的旅游节目展播中，被全国观众评为中国最好玩的地方之一，与四川九寨沟、湖北神农架齐名，享有盛誉。

雷山县的旅游开发大体经过这样一个过程：1982年，贵州省人民政府明文批准西江千户苗寨为县内唯一的乙类农村旅游对外开放点；1985年，贵州省人民政府、黔东南州人民政府将郎德上寨定为“民族文物村”和乙类农村旅游开放点。到1987年以后，雷山“一山两寨”的旅游格局形成，其声誉日盛；1994年5月25日县旅游局成立后，又大力发展和培育新桥、掌坳、排卡、岩寨、猫猫河等旅游景点。有了得天独厚的旅游资源作为依托，2002年，雷山县政府立足县情，果断地把发展旅游业作为第三产业的突破口，实施旅游强县的战略计划，力图将雷山建设成为一个全省名列前茅的旅游大县，使旅游作为该县的支柱产业，以克服当地农业基础薄弱，工业经济由于受到环境的制约而无从发展的瓶颈，逐渐摆脱贫困的局面。2002年2月另建立“雷山县旅游发展有限公司”。2003年9月建立“雷公山风情旅行社”为对外营业运作的管理企业。“十五”期间，县委、县政府紧紧围绕旅游“吃、住、行、游、购、娱”六大要素，着力抓好宾馆酒店、旅游公路、西江千户苗寨、郎德上寨等民族旅游村寨景区景点和县城基础设施建设。随着旅游产业进一步发展壮大，县级财政收入显著提高，农民的生活水平大幅增长。据了解，该县旅游接待人数由1994年的6849人上升到2007年的78.54万人，增长

113.67倍，旅游总收入也由1994年的7.25万元上升到2007年1.4亿元，增长了1930.034倍。

正是在由“旅游兴县”到“旅游强县”的思路指导下，雷山县将社会主义新农村建设与乡村旅游开发结合起来，逐渐扩大旅游规模，又经过近几年的努力，逐渐形成了以雷公山、郎德上寨和西江千户苗寨引导的巴拉河风光游为主题的“一山两寨一线”的旅游总体布局。力图打造出几条精品的旅游路线，精心推出一系列的旅游黄金点：秃山群落——格头，水上粮仓——新桥，万丘梯田——开屯，中裙苗乡——公统，短裙苗寨——掌批，芒筒之乡——桃江，歌舞之乡——陶尧，芦笙之乡——水电，铜鼓舞之乡——掌坳，图腾柱之乡—水寨，空中吊脚楼——陕寨，云雾之村——高岩，枫树文化之乡——报德，嘎百福歌发源地——排福，瓢笙百鸟衣之乡——也蒙等一批各具特色的苗族旅游村寨。我们可以看到，按照规划，掌坳村位于巴拉河沿岸的旅游带上，并且极具个性，具有了旅游开发的有利契机。

虽然雷山的旅游业对于当地的经济总量贡献力增强，但是由于雷山县的乡村旅游尚处于起步阶段，还没有形成完全成熟的旅游景区，也没有现成的可以借鉴的管理经验，适宜本土的乡村旅游模式尚在摸索和探讨中。从目前来看，总体规划布局尚未完全实现，面虽然扩大了，但是点的支撑作用还没能发挥出来，许多景点建设都处于半成品状态，还有很多村庄尚未起步，距离规划目标还有一定距离。由于起步时间不同，阶段的规划和资金投入侧重点不同，使得雷山县的各个村寨之间的旅游开发并没有全起而动，差距逐渐拉大，到现在形成了两个层次。

一是具备先天超凡脱俗的条件，开展乡村旅游的时间比较早，旅游接待活动比较多，旅游项目种类比较多，基础设施较完备，旅游收入高的村寨，如郎德上寨和西江千户苗寨。郎德上寨开展旅游经营有20多年了，自1987年对外开放以来，党和国家领导人多次到郎德上寨视察，几十个国家的贵宾来过这里参观。为了把这个品牌做大做强，政府每年的投入都比较多，是重点培植对象，也为当地的经济发展作出了不可小觑的贡献，该村旅游收入已经占年人均纯收入的50%以上。西江千户苗寨距今已有近2000年的历史，较为完整地保留了苗族的原生态文化和传统建筑，被誉为“苗族的建筑博物馆和民俗博物馆”，是研究苗族历史与文化的“活化石”，至今仍有苗家传统木质吊脚楼800多栋，是全国最大、最典型的吊脚楼建筑群落。2001—2005年，西江村千户苗寨景点共接待中外游客10.2万人次，旅游直接收入150.5万元；2006年，共接待中外游客4.5万人次，旅游直接收入159万元；2007年，千户苗寨景点共接待中外游客11.5万人次，旅游创收575万元，人均纯收入来自旅游业的有695.6元；2008年，第三届贵州省旅游发展大会在西江千户苗寨成功举办后，旅游业更是得到空前发展，全村旅游收2982万元，人均纯收3205元。仅去年四季度至今年一季度西江苗寨实现旅游收入近2亿元，同比增长近10倍，在全球金融危机的大背景下逆势飘红，发展势头强劲。

二是旅游开发时间不长或者力度不够，旅游景点和项目少，有不定期的零星接待活动，但并未形成规模。经济效益比较差的村寨，如雷山县后来开辟的新桥村（1994年）、掌坳村（1997年）、岩寨村（1995年）、排里村（1996年）等村寨，每年旅游人数不过五六千人，演出和出售旅游产品一年总收入5000～1万元不等（雷山县统计）。这些村寨虽然已被列入旅游开发计划中，且都有自己的鲜明特色，但是其他旅游项目和资源的开发总是避免不了雷同，缺乏因地制宜的详细规划。同时在资金的投入和政府的支持力度上也比郎德和西江差得远。我们从近些年的政府工作报告中看到了多项关于郎德上寨和西江的几百万、几千万的政府投入和开发资金，但是没有涉及像掌坳这类普通村寨的项目实施计划，只有在一些旅游信息景点介绍中偶有提到掌坳的字眼。

掌坳作为雷山地区旅游开发大背景下的一个节点，由于总体发展的滞后，使得自身的发展也停滞不前，各方面的工作进展十分缓慢。应该走一条怎么样的开发之路，如何能既保持和展现自身的亮点，也顺应地区旅游规划的大局，加大前进步伐，迅速脱颖而出？是掌坳目前亟待解决的问题，需要更多的人来思考和严肃对待。

（二）掌坳旅游开发现状

掌坳在苗语中意为“生长八月竹的地方”。掌坳村位于雷山县大塘乡的东端，距县城8公里，距乡府5公里，省道炉榕线从中穿过，交通极为便利，上可走州府凯里及省府贵阳、下可走黎从榕，是出入广西的必经通道，是进入高岩大峡谷探奇的必经之路。历经数百年的发展，这个原来仅有一两户人家的自然村寨逐渐成为一个有160来户、四五百人的极具魅力的小村庄。村庄坐落在一条由东北向西南方向延伸的山坳尾部上，寨后是连绵起伏、巍峨相接的莽莽群山，远看形似一条猛虎睡卧于众山之中（此山因形似卧虎，故名卧虎山）。寨前一条发源于雷公山腹地的莲花河由众溪交汇而成奔流不息，潺潺流经巴拉河，河的两岸是一片良田沃土，整齐的梯田恰似层层绿毯。后山坡上，草木郁葱果林绿荫，寨子四周绿竹映衬，村落掩映于青山翠竹之中，房屋依斜坡地势而建；站在村中，远看青山翠柏，近观小桥流水，孩童戏水摸鱼，满眼的美景和情趣。掌坳的山水风景具有一般苗寨的原生态特点，如诗如画，静谧怡人，而使它更享有声誉、蜚声海内外的就是精彩绝伦的铜鼓舞表演，丝毫不愧于“铜鼓舞发源地”的美称。

掌坳铜鼓舞源远流长。传说在千百年以前，先民们从遥远的地方迁徙到此以后，他们就有喜欢鼓和踩跳鼓舞的习俗了。据传当时寨上的先祖们用七七四十九天的工夫，从大山中扛回一截有九尺长、七抱粗的枫木，将其抠通，制成一个长圆柱形的大木鼓，用木槌敲击，能发出各种清脆悦耳的声音，节奏奇妙。消息传出后，招来了附近各寨的男女老少，围着大木鼓欢跳狂舞。于是，掌坳的鼓舞名声便传遍了雷公山周围的苗族村寨。清朝雍正时，派贵州巡抚张广泗拓建苗疆六厅。清兵来到掌坳，看到木鼓一敲就有人群聚集，非常害怕木鼓的声音，于是便把木鼓毁坏烧掉了。清兵撤离后，为了让鼓能久敲不破和便于保管，掌坳苗寨的先民们挨家挨户凑钱购置黄铜，冶铸了独具特色的铜鼓。

现今掌坳村用的铜鼓，是青铜时期的式样的铜鼓。掌坳寨的铜鼓重 29 斤，其鼓身长 36 厘米，鼓面直径为 46. 5 厘米，鼓面正中所铸的是一轮凸起的太阳，围着太阳的是 12 道凸现的光芒。连接太阳光芒的是一圈一圈的光晕，共为 9 圈，圈与圈中间还有一些图案相连。这 12 道太阳光芒，代表的是太阳普照大地哺育生命的光辉，它表示《苗族古歌》传唱中的苗族的祖奶孕育的 12 种生命，都能在阳光下生存成长，生生不息；它还表示每年有 12 个月都在阳光的普照之下。在逢年过节祭祀活动踩铜鼓舞时，以绳子系铜鼓耳环悬挂，需两人合作来完成，一人执木槌力之，一人以木桶合击，以木槌的鼓手力击节奏，木桶合之而音出。根据节奏木桶或进或出于鼓身的空心部位口，一击一合，鼓声雄浑而低沉音远，男女老少身着盛装踩铜鼓、跳芦笙，那动人心弦的鼓声使人遐想先民们的祭祀活动，苗族的铜鼓舞蹈展现着苗族先民的史歌。

掌坳苗寨每年过苗年和吃新节时，都要跳铜鼓舞。村里专开辟了两个鼓场，每个场地可容观众2000余人观赏铜鼓舞。掌坳铜鼓舞在雷公山区所有的铜鼓舞中，可谓独树一帜。它的鼓点复杂多变，声音粗犷激越，舞步奔放雄浑而热烈，刚中有柔，柔中有刚，深沉而稳健。动作随着鼓点，多方向跳跃，旋转交错组合，其幅度之大、难度之高，实为民间舞蹈中少见。原来的铜鼓舞步有12种，现在传下来的有9种，每种都是由50多个动作组成。铜鼓舞舞步有的如蜻蜓点水，有的如猛虎下山；有时飞步横跨，有时腾跃转身。全身足蹈手拍口中还发出阵阵“嗨喴喴，嗨喴喴”的声音。这些古朴粗犷的舞步，来自生活，又高于生活。如鸡打架舞，它表现的是现实生活中雄鸡格斗的姿态，反映苗族人民的勇敢顽强、敢于拼搏的精神；捉螃蟹舞则是反映劳动之后，为消暑而下河捉螃蟹的愉悦之情；送鼓舞是反映节日即将过去，将铜鼓送回藏洞中存放，待来年过节再敲的依依之情。总之，掌坳铜鼓舞舞姿千变万化，时而娇柔优美，时而刚健雄劲，舞步舒缓自如，神情豁达展畅，给人以力的欣赏和美的享受。由于鼓点复杂，舞步难度特大，如今在众多的苗寨中，唯有掌坳苗寨民众才会跳这种别具一格的铜鼓舞。经数辈老人们的努力，传承了下来。老中青少共舞，逢年过节狂欢，其目的是驱邪除恶、庆贺丰收、向往新的生活。直到现在，掌坳铜鼓舞一直是老中青少一起跳。这种舞蹈很有感染力，我们在掌坳村铜鼓场看村民跳舞的时候就有种感觉，在外围看了几分钟，不要别人拉你，就很想跃跃欲试，想融入到激情四射的舞的海洋中去。

掌坳村铜鼓舞自20世纪50年代就走出大山，曾受邀到国内各地及东南亚莫斯科等国，参加各种文艺会演，并多次获奖。1978年，掌坳被《人民日报》誉为“铜鼓舞发源地”，从此掌坳名气大增，其铜鼓芦笙队蜚声海内外，村民多次自行组队到浙江、北京、上海、广州、南京、贵阳等省市演出。多次赴北京参加“民族民间艺术节”、“中国国际芦笙节”、“中国传统斗牛大赛”等，亮相登场就轰动京都。村中艺人赴苏联演出的《木叶声声》《铜鼓人》享誉莫斯科红场，响遍欧亚。长坳村铜鼓舞文艺会演，硕果累累，所到之处，具有轰动效应，甚至获得了“东方迪斯科”的美称。同时，他们也曾多次接待过英国、美国、法国、德国、加拿大等多国客人的来访。凭借其浓厚民族风情和丰富山地资源，1997年又被县人民政府命名为“民族风情旅游村”。在2007年“多彩贵州”舞蹈大赛全省比赛中，掌坳铜鼓舞作为全州原生态代表节目参加全省比赛，荣获全省“铜鼓奖”（三等奖）。2007年7月20日，在“余秋雨西江民族民间原生态文化对话”表演中，深受余秋雨等学者的高度评价。除了铜鼓舞，掌坳村的另一极具民族特色的就是斗牛，有“掌坳的牛断只角也还斗”的赞誉，也曾被广州、重庆、深圳等地邀请去比赛。

近年来，掌坳村人积极抢抓旅游发展机遇，实施铜鼓旅游示范村建设，充分挖掘整合旅游资源，自筹资金不断完善旅游基础设施建设，民族风情旅游资源得到进一步开发，兴办起“苗家乐”，组建了更加正式的表演队，有40来人，包括老年、青年和小孩三个组，先后到周边县市演出，参加州庆活动，继续将自己的品牌做大做强。掌坳村通过乡村旅游开发培育了新的经济增长点，拓宽了农户的增收渠道。2006年掌坳村接待游客1500人（次），旅游业收入36000余元，2006年全村农民人均纯收入达到1310元，比2004年增长18%。虽然如此，我们从调研中发现，目前掌坳的舞蹈队仍以外出表演为主，据了解，由于来村旅游参观的游客很少，也很随机，基本上表演队都是应邀到外地表演，以西江千户苗寨为主，每天表演一到两场，每场五六分钟，每场演出大约600元，每个演员的劳务费是每天40元。他们每次出门一般都要两三天，交通和住宿费免费，如果出省的话，每个人的劳务补贴就是50元。由于掌坳村的旅游景点尚未开发，依托铜鼓舞带动的乡村度假休闲模式也尚未形成规模，特点不突出，要想吸引并留住游客还有很多困难。对于这种零散的旅游接待模式我们从下面的公告中可窥见一斑。

掌坳村旅游接待内容：

一、感受铜鼓舞姿魅力

（一）时间

1. 旺季（4—11月）：周末、黄金周、苗年节期间：上午11时、下午15时

2. 淡季（12月—次年3月）：周末、黄金周、苗年期间：下午15时

3. 其他时间：先预约

（二）地点：一般情况在寨内，有要求可在河边草坪上

（三）费用

1. 定时表演：30元/人（含一份小礼物）

2. 预约：500元/场

二、体验乡村菜肴清香

（一）特色菜：提前预订，20 元/人

（二）家常菜：随到随用，10 元/人

三、享受田野烧烤美味

（一）时间：每年 4—11 月

1. 白天：先联系后服务

2. 夜晚：晚晚有

四、观赏民间斗牛奇观

（一）时间：提前通知

（二）费用：1000 元/场

注：1. 活动从 2007 年 10 月 1 日开始。

2. 如果自行在掌坳片区进行烧烤的，掌坳村将按照村规民约收取每人 3 元的卫生费。

农家乐是乡村旅游经济开发的必不可少的载体，作为旅游服务的基础设施，为游客提供最基本的餐饮和住宿服务，是旅游发展的重要环节，也是推动旅游经济的关键支撑点。农家乐的发展状况可以说是影响和制约乡村旅游经济发展的最主要因素。据了解，目前，掌坳村里仅有两家规模不大的“苗家乐”，地处公路边，交通便利。农户赵子英今年 42 岁，只有小学文化，从 2002 年以来就自筹资金在家开办农家乐饮食服务，通过近几年的苦心经营，其开办的农家乐规模不断扩大，吸引的客人也越来越多。由于其开办的农家乐饮食、服务等独具特色，得到了县有关部门的大力帮扶，受到了省内外各方游客的一致好评。几年来，她不辞辛苦地自费到本县旅游服务业发展良好的乡镇向别人学习农家乐开办经验，学习内容涉及了饮食、服务、接待等方方面面，同时，她通过电视、外出考察等方式学习农家乐市场信息等，对现代群众的农家乐消费有了一定的了解和掌握。在开办农家乐的这几年中，她突出以“三个亮点”打造出了大塘乡特色旅游农家乐，吸引着越来越多的客人们她家来体验农家乐，感受农家风情，品尝农家米酒。

一是饮食出亮点。农家乐最基本的是要推出自己特色，展现苗族农家饮食文化的饮食，让客人品尝到别具一格的农家饭菜。通过思考，她充分利用农村丰富的绿色蔬菜、山野菜等生态健康食物，通过学习农家饭菜烹饪技术，为来体验农家乐的客人们提供了丰富、特别的饭菜。在饮食中突出以绿色生态食品、农家原汁原味的烹饪手法吸引客人，为客人提供满意可口的饭菜。

二是服务出亮点。在她开办的农家乐中，在除了提供农家饭菜的同时，她明白，客人来到农村，特别是来到贵州雷山（中国苗族文化中心），体验的不仅仅是农家饭菜，其中感受农家苗族风情也是客人们的渴望。因此，在她开办的农家乐中，通过招聘苗族少女作为服务员，在客人们品尝农家饭菜的同时，为客人们献上甜美的农家米酒和动听悦耳的苗族飞歌，使客人们在她的农家乐中享受到了风情独特的苗族农家服务。客人们在这里忘却的是烦恼，抛掉的是劳累，得到的是快乐，体验的是清新。

三是体验出亮点。她开办的农家乐在为客人提供特色饭菜、苗族风情服务的同时，也为客人们提供了体验农村生活、感受农村清新气息的特殊体验。在逢年过节时，她会带着客人们一起打糯米粑；在春光明媚时，她会领着客人们到田间地头干农活；在丰收季节，她会和客人们一起去丰收的田野中一起打谷子，让客人们感受到实实在在的农村生活。

通过几年的苦心经营，她所开办的农家乐规模越来越大，名气也越来越大，来农家乐消费的客人也越来越多。但她不满足于现状，仍一心想着把规模做大，一心想着为客人提供更多的特色服务。2007 年她重新选址搬迁了农家乐饭店，重新建造起一栋别具一格的农家木屋，这样掌坳村的农家乐就有了两处。据了解，赵子英打算等公路修好之后再重新整修房屋，改善环境，扩大规模，能够更好地吸引众多游客来掌坳旅游。她对未来充满信心。

（三）掌坳旅游经济发展存在的问题

可以看出，目前掌坳的旅游资源开发仅仅处于起步阶段，已经取得了不小的成就，但是跟西江和郎德上寨相比，差距还很大。许多村民表示，他们不愿意出去到各个旅游景区为别人表演，而是希望能把游客吸引到自己的家里来，在自己的铜鼓坪上为客人表演。但是从现有的条件和发展状况而言，这还存在诸多问题尚未解决，主要有：

1. 规划滞后，缺乏角色定位和旅游模式的探究

从雷山县的旅游规划来看，虽然掌坳村是一个开发目标，但是由于和附近的雷公山景区、西江千户苗寨及郎德上寨的资源和品牌存在差距，竞争力弱，政府投资和支持力度更加倾向于后者。而像掌坳这类仅以某个方面的特征为亮点的村庄尚有 100 多个。因此，它们虽都被列入了旅游规划圈内，但都还缺乏详细的、可实施的开发计划，很多村庄不知道如何发挥自身别具一格的优势，乡村度假旅游开发缺乏科学的模式，只是简单模仿西江或朗德，造成很多低水平的重复建设，对于游人的吸引力低，效益低下，致使掌坳们的发展很多年都迟滞不前。所以我们认为，集思广益，为掌坳村制定一个符合目前本村实际情况，又具有前瞻性和可操作性的乡村旅游开发规划和方案才是当务之急。可喜的是，在我们离开之前，看到了刚刚出炉的大塘乡政府制定的关于掌坳村（2010—2015 年）旅游发展纲要，让我们感到欣慰。

2. 基础设施落后，环境卫生尚待整修

方便卫生、整洁美观的村容村貌是安家乐业的基础，也是旅游开发的硬件环境，是旅游开发要着手解决的首要问题。2008 年在“农民文化家园”创建工作中，掌坳充分利用上级有关部门的帮扶资金和给予的优惠扶持政策，着力加强基础设施建设，优化环境，对寨貌进行“整容”和“包装”。相继建成了村旅游综合配套设施芦笙场扩建、村寨道路硬化、改厕改圈、环境卫生整治改造等，使村级旅游服务接待功能和外部环境大为提升。但是，在我们调研中发现，虽然村里的基础设施已经大为改观，但是与发挥乡村旅游载体功能相差太远。比如，村口的路面仍然较窄，仅能容一车通过，并且路面坡度较大，上面没有停车场地，基本上只适宜徒步进村。另外村内没有像样的公共厕所，有不少家庭的厕所无比简陋，甚至是根本没有厕所。村内的局部卫生状况堪忧，还有的家庭沿袭传统的人畜混居方式，猪和牛的棚圈就在楼下，人在楼上，环境吵闹而又异味扑鼻。这需要继续增加投资，统一规划和布局，统一行动，改善村庄居住环境。

3. 缺乏旅游景点和项目的开发，接待能力尚待提高

铜鼓舞作为一朵艺术奇葩只是代表了民族文化的一个方面，真正作为一个旅游圣地，还需要全方位的打造和包装。以铜鼓舞作为亮点，把八方的游客吸引到这里来，接下来就考验留住客人的能力。这就需要扩充旅游项目，努力挖掘自身潜力，加强餐饮、休闲、娱乐等场所的开发，装饰村里或者周边的秀丽景点，并以此为依托，打造休闲旅游度假村，大力发展农家乐，增强旅游接待能力。目前村中仅有两家农家乐。我们看到掌坳的山水十分迷人，但是偶然建见到年久失修的路边的凉亭，碧绿的山水间忽现土灰色斑驳的水泥建筑物，顿觉大杀风景。

4. **资金不到位，村民参与积极性不高**

旅游开发需要不小的投入，光基础设施一项，掌坳就无力承担。从上级政府的扶持力度来看，由于县财政经济容量小，并且很大一部分是投向了西江地区；乡财政更是拮据，根本没有旅游开发项目资金，只有规划，对于掌坳也是心有余而力不足。从村民自身来讲，由于缺乏农业收入，大部分家庭生活仅维持在温饱状态，无力投资于旅游开发。我们在调研中，就发现一家正在村口路边修建吊脚楼，据建筑师傅说是村里最大的一幢，三层小楼，纯木质结构，传统工艺。房主告诉我们，现在村里都禁止建水泥房，要求保持传统民族吊脚楼建筑艺术，但是现在像这样的吊脚楼要花去她家十四五万元，这对于一个农户来讲，真可谓是天文数字了。目前只有几家经济条件好的家庭，自己出资建立了苗家乐。目前掌坳的经济发展应该说在很大程度上得益于外来资金的帮扶，比如在2004年，宁波市扶贫办投入帮扶资金17.5万元，帮助该村完成公路续建1公里，建成取水池2口，增主管道4700米，改造人行道路5条，并建成村综合服务室1幢，建筑面积150平方米，使该村基础设施得到完善，为该村的旅游经济发展起到很大的带动作用。2008年6万元用于掌坳村旅游文化遗产开发保护项目购仿真铜鼓一个，现在立于掌坳村口，作为掌坳的形象大使、一个标志性的建筑物，吸引了众多游客前去拍照，已经成为一个景点。还为掌坳购买两个铜鼓，直径各60公分，用于现在铜鼓舞表演队的表演器材，功不可没。可以说，宁波扶贫办对于掌坳的对口帮扶推动该村的建设和发展前进了一大步。但是后续资金仍是一个很大的难题摆在村民的面前，我们希望掌坳人能凭借自己的力量想方设法扩大增收渠道，不断挖掘经济增长点，同时，也希望有识之士和社会组织能伸出援助之手，帮助掌坳这颗明珠焕发应有的光彩。

5. **旅游经营管理人才缺乏，普遍缺少市场意识**

人是经济活动的主体，没有高素质和善于谋划经营的人才，一切活动都难以展开。从掌坳的情况看，人才匮乏是最核心的问题。调研中发现，掌坳人的普遍学历是初中文化。随着近些年进城务工的人员增多，村中的青壮年劳动力人口大量转移，村中只剩下老人和孩子以及一些妇女在家务农，这对于该村的经济结构转型极为不利。老人只会种田，而且思想观念陈旧，不乐于接受新事物，满足现状。比如：跳铜鼓舞的艺人，但是他们跳舞的初衷往往是取悦于人；刺绣艺人张民猫，她的刺绣手艺精湛，作品让人看了都赞叹不绝、爱不释手，很多人都慕名到她家里参观等，他们都没有深究过文化与经济之间的联系。经济意识薄弱的掌坳人没有想过如何更多地开发旅游产品促进旅游市场的形成，如何通过旅游业和农业、手工业完美的结合，产生连带效应，带动自身的经济全面发展。人才的问题、智慧的挖掘，还需要教育来发挥作用，我们期望通过职业技能培训，能为掌坳培养出一大批精干的旅游人才，引导和带领掌坳人冲破瓶颈，大步跨进属于掌坳人的新的时代！

八、退耕还林与林权制度改革

（一）退耕还林

根据掌坳村2008年4月的最新统计数字，全村山林面积共2828亩。疏林地与密林地的面积大致各占50%。巴拉河以东村中央的沟谷地及附近低山上多疏林地，离村中心位置较远的高山上多密林地；巴拉河以西山坡北侧多疏林地，南侧多密林地。林木种类以松树、杉树为主，松树又以马尾松、华山松为主。其中，除果树林外，松林地约占全部山林面积的70%，杉林地约占30%。巴拉河以东的疏林地中，北侧多为松树林，南侧多为杉树林，以西的疏林地皆为松树林；巴拉河以东的密林地主要是松树林，以西的密林地主要是杉树林。全村果树林面积约有110亩，其中杨梅约58亩，梨50亩，还有极少量面积的其他果树。总体来看，掌坳村的林地以天然林为主，森林覆盖率高达85.75%，在大塘乡各行政村中是最高的。但由于历史原因，林木过度采伐比较严重，致使现有林木的成熟度偏低，可采量十分有限，商品率几乎为零。

掌坳村的退耕还林工作始于20世纪80年代后期。建国前村里山林茂密，树木丛生，但由于建国后人口迅速增加，新建住房、砍柴消耗掉了大量木材，造成全村山林普遍过度采伐，对植被的破坏十分严重。据村民吴呈岑回忆，80年代初，由于当时林业政策宣传不到位，群众害怕政策改变，都争相采伐自留山的林木，甚至暗地里偷伐责任山、管理山的林木，导致村庄附近的低山基本上是光秃秃的。1987—1988年，为了响应当时党中央的号召，村委会对退耕还林政策、法规进行宣传、指导，村民自发地参与进来。上级政府对全村的退耕还林工作进行了周密的部署，在全县整体的退耕还林面积上有总指标，但对每个村的具体完成面积没有固定安排。当时确实有一部分村民想不通，不愿退耕还林。但在几年后，他们看到了退耕还林后，林副业收入增长很快，加上政策宣传比较到位，退耕还林补偿措施落实得也很好，都自愿地加入到了这个行列之中。因此，掌坳村的退耕还林工作自始至终开展得都比较顺利，并得到了绝大多数村民的支持。

20 多年来，掌坳村共进行了大大小小十余次退耕还林，其中规模较大有6 次，主要集中在过去10 年里。全村最早的退耕还林档案记录始于2001 年，那一年，退耕还林的地块全部集中在巴拉河西岸的第四村民小组的承包地上，全部与山林接壤。全村共完成退耕还林面积29.26 亩，是历年规模最大的一次，其中退耕水田5.96 亩，旱地23.3 亩。当时，雷山县政府根据中央及贵州省政府2000 年10 号文件的要求，规定坡度在25°以上的耕地必须全部退耕还林、还草，还林、还草后也不允许再搞林粮间作。掌坳村5 个村民小组中只有第四组的耕地多为坡度较陡、地势较高的耕地，故在本次集中完成退耕还林任务。共有包括村支书杨昌彪在内的23 户村民参与了这次退耕还林。其中，10 户村民退耕2 块以上的耕地，退耕地块最多的是村民杨胜州，他一共退耕了3 块旱地、1 块水田，退耕面积4.7 亩；退耕面积最大的是村民杨立森，他退耕了1 块旱地、1 块水田，退耕面积达5.5 亩。本次退耕还林的补助标准为粮食补助每亩每年300 斤原粮（折合成现金发放），生活补助每亩每年20 元现金，补助年限为5 年，到2006 年，所有补助已发放完毕。

2002 年，掌坳村又进行了一次规模较大的退耕还林，共涉及第一、二、四、五等4 个村民小组共35 户，共退耕地块70 块，退耕面积27.86 亩。其中，第一组共有2 户参与退耕还林，退耕土地3 块，退耕面积0.82 亩；第二组共有4 户参与退耕还林，退耕土地5 块，退耕面积3.12 亩；第四组共有28 户参与退耕还林，退耕土地60 块，退耕面积23.19 亩；第五组共有1 户参与退耕还林，退耕土地2 块，退耕面积0.73 亩。共有20 户退耕2 块以上的耕地，退耕地块最多的仍然是第四组村民杨胜州，他共退耕土地7 块，退耕面积2.63 亩；退耕面积最大的是村支书杨昌彪，他共退耕土地3 块，退耕面积4.54 亩（其中有一块3.94 亩的退耕地为杨昌彪与其他户共有，但登记时计入杨昌彪名下）。与以往不同的是，这次退耕还林时栽种的林木全部划归为生态林。这次补助标准仍为每亩每年300 斤原粮，按0.73 元每斤的标准进行折现（其中0.7 元为中央粮食直补，0.03 元为粮食调运费），生活补助仍为每亩每年20元，补助年限为10年。截至2009年2月，村委会已完成第七年度的粮食、生活补助的发放工作。

2003年，掌坳村的退耕还林工程共涉及第一、二、三、四等4个村民小组共32户，退耕地块共67块，退耕面积13.96亩。其中，第一组共有6户参与退耕还林，退耕土地14块，退耕面积3.64亩；第二组共有3户参与退耕还林，退耕土地7块，退耕面积1.61亩；第三组共有1户参与退耕还林，退耕土地1块，退耕面积0.17亩；第四组共有22户参与退耕还林，退耕土地45块，退耕面积7.94亩。其中，共有18户退耕2块以上的耕地，9户村民退耕3块耕地，吴廷镇等4户村民退耕4块耕地。退耕面积最大的是第一组村民吴廷才，他共退耕土地2块，退耕面积1.51亩。这次退耕还林时栽种的林木亦全部划归为生态林，补偿标准及年限与2002年时相同。截至2009年2月，村委会已完成第六年度的粮食、生活补助的发放工作。

2006年是掌坳村有档案记录的最后一次退耕还林，本次退耕还林工程涉及第四村民小组的19户，退耕地块共46块，退耕面积24.93亩。退耕块数与总面积最大的是村民杨金伦，他共退耕土地9块，退耕面积3.79亩。这次退耕还林时栽种的林木为政府引进并无偿提供的茶树，补偿标准及年限与2002年时相同。截至2008年12月，村委会已完成第三年度的粮食、生活补助的发放工作。

从掌坳村这4次退耕还林工作来看，政策宣传比较到位；退耕地块面积测量严格，归属明晰；补助款由县农村信用社直接核算到每户，能够将补助款及时、足额打入村民的“一折通”，无拖欠现象，并且村委会能够将补助款发放情况及时在村务公开栏进行公示；从执行效果来看，没有出现毁林复垦的情况，全村的森林覆盖率10年来提高了约3.43%，生态环境较20世纪末大有改观。每年村委会下放各种退耕还林补助款近2万元。但是，在取得成绩的同时，还有以下几方面亟待改进：

第一，各级地方财政对退耕还林的补助力度仍然不够。在折现后每斤0.73元的粮食补助中，国家补助为0.7元，占95.9%，而省一级配套的补助只有0.03元，名义上计入调运成本，仅占4.1%，而国家发放的生活补助每亩每年仅20元，合1分地1年仅2元。全村平均每户耕地面积2.90亩（2003年），如果一个农户退耕还林1亩，每年仅能得到补助总计239元，显得微乎其微，州、县两级政府对退耕还林工程更是没有一分钱的配套补助，这就造成了退耕还林补助款从数量上不足以弥补某些农户退耕还林的经济损失。根据掌坳村的实际情况来看，全村农户的耕地面积本已十分狭小，有些农户产的粮食甚至自给不足，再将有限的耕地退耕还林，如得不到足够的补偿，一方面会危及他们的基本生活，另一方面也会挫伤他们退耕还林的积极性，影响到日后退耕还林工作的继续开展。

第二，退耕还林工作开展过程中某些环节还不够规范。20 年来的十几次退耕还林，记入档案且保存较为完整的仅有 4 次，2001 年之前的退耕还林面积、补助情况几乎无据可查。此外，在某些年份，退耕还林登记表填写较为混乱，仅记录每户退耕的总面积，退耕区域没有标注位置或仅标注所在山头位置。只有 2002 年对退耕还林进行登记时详细标注了每户每块退耕地的小地名（即山头位置）、宗地编号、四抵界限，并且报乡政府备案。另外，每年公示的退耕还林粮食、生活补助名册没有按规定要求领款人、经办人签字，大部分村民对补助款的具体核算过程、发放时间仍不很清楚，与退耕还林相配套的“百村绿化”工程仅在形式上有所组织而实际工作未曾深入开展，等等。

第三，退耕还林的后续工作不到位，突出表现为退耕后林副业发展严重滞后。农户将耕地退耕后，政府往往会号召村民们进行果树、茶树种植，并从外地引进苗木品种按退耕面积发放给各村民小组，再由小组发放到每个退耕农户手中，完全免费。茶树品种主要是龙井，因为当地茶树总共只有几亩（主要是 2006 年退耕还林时统一种植，主要分布在第四组的退耕地上，极少数分布在第一组个别户的退耕地上），茶叶在当地市场上也比较稀缺，因此效益还不错。果树品种主要是杨梅与山梨，但由于大部分村民没有果树管理经验，导致全村梨树大部分染上病虫害——一种飞蛾专门在夜里吃快要成熟的山梨，因此产量一直很低。另外，全村水果的销售既没有统一组织，也不联系外地客商，只是靠村民自行解决，根本卖不出雷山县。种植的头几年，因为附近州县基本不产水果，杨梅最贵时能卖到 17~20 元 1 斤，山梨也能卖到 2~3 元 1 斤，收入还算可观，但现在由于当地果树种植面积盲目扩张，几乎每户都种几分到 1 亩多地的果树（20~30 棵），价格下跌得很厉害。现在县城杨梅 1 斤只能卖 4~5 元，最低时 2 元，山梨 1 斤只能卖 0.2~0.3 元，而且滞销现象非常严重。好些村民家里产的水果只能自家吃，吃不完就只能眼睁睁地看着它们烂掉，根本卖不出去。有些村民干脆任山梨在树上自生自灭，根本不去采摘。村民们都清楚技术落后、缺乏种植规划、找不到市场是林副业无法增收的原因，但上级政府几乎没有科技下乡、资金扶持等项目，对果品的产销亦无远期规划。最近，文化部赠送给村里一些关于果树种植的书籍和光盘，也只是被村干部象征性地摆在文化活动室一角，无人问津。

（二）林权制度改革

掌坳村的林权制度改革始于2007年11月，到2009年6月基本结束，历时1年零8个月。改革之前，全村山林总面积为2828亩，共有林地445亩。其中，自留山378幅，责任山4幅，管理山63幅。全部自留山为林业“三定”时期所划定，当时执行的政策是“生不增，死不减，长期无偿使用，允许继承”，按照当时全村人口数平均分配到各户，并赋予农户山林的永久经营权和林木所有权。自留山总面积较大，主要分布在村中心附近的山坡上。全部责任山也为林业“三定”时期所划定，上级政府将一定面积的山林给农户承包，期限由承包经营合同书规定，期间由农户行使林地经营权与林木所有权。管理山全称为集体管理山林，63幅管理山中，一部分是“四固定”时期国家划拨村委会集体所有林地，另一部分是林业“三定”时期上级政府将原国有林场划拨给村委会集体所有的林地，已经发放了林权证。全部管理山在划分时均按户数平均划分至各小队（也就是后来的村民小组），由各小队行使集体所有权，小队内部各农户共同进行经营管理，具体方法是将每4户编为一组，以组为单位分片管理。管理山总面积较小，主要分布在离村中心较远的高山上。过去由于权责不明晰，尽管上级政府多次明令禁止私自砍伐管理山的树木，但仍有不少村民图一时之利，加上各小组的管理山平日疏于管理，因此偷伐现象屡见不鲜，植被破坏十分严重。反而是自留山和责任山由于已经将林地经营权和林木所有权划分到户，村民看护、管理比较得力，所以尽管离村庄很近，植被破坏远不及管理山严重。将小组集体所有的管理山的林地经营权、林木所有权下放到户，在更好地保护森林资源的同时发挥出更大的经济效益，自然就成为了掌坳村进行林权制度改革的主要任务。

掌坳村的林权制度改革工作按时间顺序可分为3个阶段：2007年11月—2008年4月为第一阶段，主要完成改革前的宣传、调查、制定方案等准备工作；2008年5—12月为第二阶段，主要完成勘界、确权、文件审核及上报等主体工作；2009年1—6月为第三阶段，主要进行自查整改、上级测评，然后发放林权证并建档等后续工作。

第一阶段：2007 年 11 月—2008 年 4 月。

《中共中央、国务院关于全面推进集体林权制度改革的意见》一经颁布，村党支部、村委会就开始研究林权制度改革的相关问题。2008 年 1 月，为贯彻落实《雷山县集体林权制度改革实施方案的通知》和《大塘乡集体林权制度改革实施方案的通知》，掌坳村成立了村林权制度改革工作领导小组（以下简称领导小组），村支书杨昌彪任组长，村委会主任吴道安任副组长，吴道雄、吴承岑、杨芬英、杨秀青以及当时的 5 个村民小组长吴胜州（1 组组长）、吴廷金（2 组组长）、李正龙（3 组组长）、杨昌亮（4 组组长）、吴廷州（5 组组长）为领导小组成员，并在各个村民小组成立了林改工作队。

领导小组一经成立，就立即着手进行林改的宣传工作。2 月上旬，领导小组召集全体农户代表召开了村林改工作动员大会，向全体农户发放了林改明白书，将《县委、县政府致全县林农朋友的公开信》印发给全体农户，深入各村民小组、各农户宣传林改的各项法规与政策，使农户普遍了解了这次林改的目的和意义，消除了他们的疑虑，为改革营造了较好的舆论氛围。2 月中旬，领导小组配合乡集体林权制度改革工作村级指导员、乡驻村林改工作组组长李振华制订了详细的工作计划，组织领导小组全体成员参加了乡林改业务培训会议和林改工作摸底表册填写培训会议，随即组织各村民小组林改工作队进行了相关的业务培训。通过培训，林改人员全面、准确地理解了开展林改的重大意义，明确了林改的指导思想和基本原则，统一了工作的方法步骤与标准要求。2 月下旬，领导小组根据上级要求，制订了林木采伐申报具体办法和重大森林案件应急处理办法，建立起了一整套村级林改监测、举报、监督、查处体系，并做好了林权登记现场审核、勘界设备资料的准备工作，进一步清理以往的涉林税费项目，并向全村公布上级政府规定的继续保留的各项税费项目、征收标准与收取办法。

3 月上旬，领导小组深入农户和山林，对全村的林权现状和人口现状进行摸底调查。一方面摸清林地性质，各幅自留山、责任山、管理山的区划及林地、林木的权属情况，另一方面了解现有山林的经营管理现状，询问群众对山林管理中存在的问题及其对林权制度改革的想法和意愿。领导小组先后组织填写了《农户家庭人员现状登记表》《林地使用权现状登记［公示］表》《插花山登记明细表》《山林权属争议明细表》，领取了《林权材料证明收据》，并向乡林改办提供了各类统计数据。3 月中旬，领导小组召开了第一榜（即《林地使用权现状登记［公示］表》）公示会议并向全村进行了第一榜公示。第一榜明确地标注了林权权利人姓名、宗地编号、使用权类型、经营性质、林地所在地名称、权源依据、面积、四抵，并要求权利人进行签名或按手印确认。公示完成后，领导小组将各种表格统一存入档案，对公示期间暴露的问题进行登记和调处，最后确定同欧见、乌干兰、学各谷、排东、乌勇山等 5 幅山为争议山。3 月下旬，领导小组会同乡驻村林改工作组结合前期调查的实际情况，对村级林改实施方案进行初步拟定，并组织学习了自治州林改办《关于进一步认真履行“四签两不准”的通知》（“四签”即林改会议通知由户主或其委托人签收、参加林改会议签到、林改方案表决票上签名、林改方案上签名；“两不准”即签到和签名不准找他人代签、不准用圆珠笔或铅笔签字）。

4 月上旬，领导小组着手发放村林改实施方案表决会议通知书，将初步拟定的林改村、组方案交乡林改办初审并获通过。4 月 10 日，领导小组牵头召开村民大会讨论林改正式方案，经“两个三分之二”（即参加村民会议的人数必须超过应到会人数的 2/3、表决票通过票数必须超过参加会议人数的 2/3）票决后宣布通过《大塘乡掌坳村集体林权制度改革实施方案》（见附录）。随后，5 个村民小组中的 4 个也按照同样的方式通过了正式的组林改方案。这些方案经过乡政府审核、县政府审批并进行了为期 7 天的公示，于 4 月下旬正式付诸实施。领导小组遂将《林改会议通知［存根］》《会议签到册》《林改方案审批表》《会议记录》等文件存入档案。

纵观整个林改过程的准备阶段，大体上进行得比较顺利。根据村集体林权制度改革工作进度表，在这一时期，全村共成立村级林改领导工作机构 1 个，组级林改领导工作机构 5 个；村级和 4 个村民小组林改方案制订完成并获通过（另有 1 个村民小组林改方案存在争议，未按期制订完成，亦未按期进行第一榜公示）；共制订出台林改宣传方案 1 套，制作宣传横幅 2 幅，张贴宣传标语 15 条；相关表格全部填写完成；4 个村民小组按期进行了第一榜公示。上述工作顺利完成为林改主体部分的顺利实施打下了坚实的基础。

第二阶段：2008 年 5—12 月。

5—6 月，领导小组在上级政府林改政策的框架内制定了一系列林改的明细任务、具体原则及工作流程。

掌坳村林权制度改革共有3项明细任务：一是将尚未落实经营主体的63幅集体管理山，按照国家规定“均山、均股、均利”的原则，将林地经营权、林木所有权分配到全体农户；二是勘察所有自留山、责任山、管理山的划分界限，彻底厘清每幅山林的四抵、植被覆盖情况和面积大小，重新按户划分管理山的界限；三是将本次林改中面积大小、四抵准确位置仍存有争议的山林与当事林权权利人集中进行调解和协商，争取达成一致，让村民满意。

领导小组在按照国家和各级地方政府的指导意见的基础上，制定了林权制度改革的具体原则：一是稳定现有378幅自留山的承包状态，继续由农户长期无偿行使林地经营权与林木所有权。对于植被破坏较严重的自留山，督促其林权权利人配合“百村绿化”工程的开展，限期完成绿化工作。二是完善现有4幅责任山的承包状态，厘清面积大小与四抵准确位置，在明晰产权的基础上依法完善原有合同，对于合同到期的，则进行续包，续包期为70年。三是将63幅管理山按照本次林改时调查的人口数均分，以户为单位进行承包经营，承包期为70年。鉴于全村的管理山在历史上有过集体或个人的造林活动，在明晰林木所有权时原则上执行国家“谁造谁有”的政策，具体由当事人协商解决。四是山林权属如有争议，由领导小组统一进行调处。争议方要出具调处书面申请并提供权源依据，领导小组进行协商调解后达成一致的，遂下达调解书进行确权发证，若无法达成一致，则暂不进行确权发证。五是严格落实林改方案、集体争议调处，具体原则经村民大会或村民代表大会“两个三分之二”票决通过，林改会议签到、相关文件签名严格落实“四签两不准”，明晰林权时“三榜定案”。六是如农户没有权源依据、遗失权源依据或权源不合法的，在尊重历史的前提下，由村民小组集体决定林权的归属。七是统一使用标准文件记录林改事项，统一与每户签订《农村林地家庭承包（续包）合同》，统一换发国家林业局制定的林权证书。八是林改档案资料的收集管理由领导小组委派专人负责。村、组的林改统计表格、林权证明收据存根、各种林改工作通知、林改工作委托书、林权权源依据、林改工作会议记录、村组林改方案、表决记录等均属于林改档案资料的收集管理范围。实行档案资料“谁经办、谁分类、谁管理”的原则，经办人要在工作结束后的5个工作日内交付领导小组指定的专管人员进行归档整理，交接时要有签收记录，归档整理后统一编制档案检索目录和编号。档案专管人员每月检查1次档案、资料的保管情况，如发现档案丢失、遗漏或损毁，须及时向领导小组报告并及时采取补救措施。

本次林权制度改革的工作流程，被领导小组细化为5大工作步骤和13道林改程序。5大工作步骤为：宣传培训、制订方案、明晰产权、调处争议、确权发证；13道林改程序按先后依次为：宣传发动、摸底调查、第一榜公示（林权现状公示）、制订并通过村组林改方案、勘界、第二榜公示（勘界确权结果公示）、签订或完善承包合同、林权权利人申请发证、审核、输机、第三榜公示（林地所有权、使用权公示）、颁证、建档。

7月上旬，在雷山县县委常委、宣传部长、县委办公室主任刘光信（包片县领导）和刘志涛、吴锡锋（县派干部）以及李灵、蒋明秋、杨胜旗（包村乡领导）的组织领导下，领导小组和乡驻村林改工作组一起开始全村范围的山林勘界工作，乡政府还特派技术员杨风华指导勘界的技术工作。领导小组在勘界前向全体农户下发了《林权外业勘界通知单》并要求户主签字。整个勘界工作进行到10月上旬大体上完成。勘界过程中，在第一榜公示中存有争议的地界全部厘清，户与户之间、组与组之间、村与村之间在第一榜公示前的争议山，经过实地勘测、集中协商调解，当事各方均达成一致。

10月中旬，领导小组收齐《林权外业勘界通知单［存根］》、山林权源依据复印件和现有的林权申请户户主的身份证复印件，组织各户填写《林权登记申请表［内表］》《联户发证委托书》。其中，《林权登记申请表［内表］》明确登记了申请人（或单位）名称、法定代表人（或负责人）姓名、林地的坐落位置、小地名、宗地编号、面积、树种、使用期、所有权人等，特别登记了明晰的权利内容（林地所有权、林地使用权、森林或林木所有权、森林或林木使用权4项中的若干项）、山林四抵、主要权源依据，最后由勘界人员签署意见并签名确认。

11月上旬，领导小组召开第二榜（即《林权登记公示表》）公示会议。领导小组根据《林权登记申请表［内表］》填制了《林权登记公示表》并要求林权权利人签字确认，绘制了比例尺为1∶10000的《宗地成果图》和《宗地各户分块示意图》（均为剖面图），随即在村务公开栏进行了为期7天的第二榜公示。下旬，领导小组与村民签订了样式统一的《农村林地家庭承包（续包）合同》，并收齐农户的户籍材料，与前期填写的相关表格统一进行整理，准备报请乡政府审核。

12月，领导小组向乡政府汇报了林改主体阶段的成果并递交了阶段性总结报告。乡政府、乡林改办对村领导小组的工作予以充分肯定。

从5月中旬起到11月，在领导小组开展制度制订与实地勘界工作的同时，县、乡两级政府共同对领导小组的各项工作进行同步督查验收。整个督查验收的项目按照林改工作开展的时间先后顺序分为组织领导、宣传发动、调查摸底、第一榜公示、村组林改方案、踏界勘察、宗地外业勾绘、内业资料整理和第二榜公示、签订完善合同、林改档案管理、山林纠纷调处及林区稳定，共11个大项20个小项。每项都有相应的督查验收时间、办法、评分标准和分值。从督查验收结果来看，领导小组基本能够按上级规定如期完成各项林改工作，整个林改过程筹划周密、措施得当、开展顺利，完成情况较好。但是，也存在一些亟待改进之处：首先，村、组林改方案不够详细，尚有1个村民小组未按期制订好林改方案并进行第一榜公示；其次，由于技术原因，在绘制的《宗地成果图》和《宗地各户分块示意图》时没有按照乡政府林改方案的要求绘成平面图，而是绘成了剖面图，图上各宗林地的四抵标注也不很明确，这就给上级审核带来了一定难度；再次，一些表格填写内容不完整。如部分《林权登记申请表［内表］》未填写宗地内业号、森林类别、树种、株树、面积等内容，《村集体林权制度改革工作进度报表》未填写会议、勘界等工作情况等。

第三阶段：2009年1—6月。

2009年1月，在山林权属落实之后，领导小组将全村林权申请人的《林权登记申请表》封面、该户所属宗地《林权登记申请表［内表］》、申请人身份证复印件及其户籍证明材料、林权权源依据复印件、《农村林地家庭承包（续包）合同》和委托他人代办的相关材料证明统一装入林权登记档案袋，报送乡政府进行审核。随后，乡政府将审核后的材料统一报送至县政府、县林业局进行审批。月底，审批获得通过，领导小组开始将各种表格制成林改电子档案。

2月中旬，领导小组召开了第三榜（即《林地所有权登记公示表》和《林地使用权登记公示表》）公示会议，将最终的林权审批结果填入《林地所有权登记公示表》和《林地使用权登记公示表》，并将其张贴在村务公开栏公示30天，接受全体村民监督。

3月中旬，第三榜公示期满，期间没有异议。乡政府、乡林改办和包村干部、领导小组签订了《大塘乡集体林权制度改革确权发证工作责任书》，要求领导小组在接下来的自查整改工作完成后立即展开发证工作，确保在规定时间内全村的发证率达到95%以上。截至6月中旬，全村发证工作基本完成。

4月初至5月初，领导小组按照乡林改办的自查整改要求，开始了为期1个月的自查整改工作。自查整改项目共有调查摸底各项表格、林改方案、勘界通知单及存根、《林权登记申请表［内表］》、公示表、争议山调处、身份户籍和权源依据证明、无权源依据的处理办法、林改委托书和联户发证委托书等9项。此外，乡林改办对会议记录提出特殊要求：林改会议至少应举行宣传动员会议、业务培训会议、重大问题解决会议、林改方案票决会议、林改公示情况通报会议、颁证总结会议；记录内容应至少有与会人员姓名、会议内容、时间，具体内容要清楚明了，会议目的与会议结果应一目了然；会议的相关材料如会议记录本、会议通知存根、签到册、影像资料等要齐全；会议召开形式要合法，票决时严格遵照“两个三分之二”的规定。对于各种林改材料，乡林改办要求具体内容要正确、不错填、不漏填，填写质量符合相关规定；所有材料凡涉及签字的，必须严格执行“四签两不准”；并注意所有材料之间的逻辑性和衔接性。

为督促领导小组的自查整改工作，乡政府特派包村干部陆胜彪于4月21日进驻掌坳村。4月22日，领导小组召开林改自查整改工作会议，具体安排各领导小组成员按照前期的分工任务认真开展自查。领导小组按照《贵州省集体林权制度改革确权发证办法》的规定要求，对林改宣传发动、摸底调查现有林权、第一榜公示、制订并通过村组林改方案、勘界、第二榜公示、签订（完善）合同、林权权利人申请发证、审核、输机、发证前第三榜公示、颁证、建档等13道程序逐项进行自查，凡没有按照《贵州省集体林权制度改革确权发证办法》规范操作的，都进行整改补漏，并完善相关档案。重点是检查调查摸底环节的表格是否填写完整；村组林改方案是否具有针对性，对管理山的改革方式是否明确；“四签两不准”与“两个三分之二”是否按要求执行；《林权登记申请表［内表］》是否按要求规范填写；联户勾图、联户发证是否满足《贵州省集体林权制度改革确权发证办法》规定的条件，以及是否按照《黔东南州林改办通（2009）7号》文件精神严格执行审批程序等。

经过细致的自查，领导小组于4月29日向乡林改办提交了《大塘乡掌坳村集体林权制度改革自查报告》，汇报了自查结果：

1. 调查摸底各项表格：共填报人口现状登记表162份、林权现状登记表

68 份；但还有部分表册出现未用签字笔或碳素笔填写。

2. 林改方案：写明了集体管理山林宗数、面积、林情；写明了集体管理山林地改革方式；方案表决会参会人数占全村户数（户代表）的 2/3 以上，表决同意方案的人数占参会人数的 2/3 以上。表决同意方案已经签字，并且签字时已经遵照“四签两不准”的规定。会议通知签收单、开会签到册、林改方案签字、票决签名等材料已存入林改材料档案盒。会议记录完全根据林改工作步骤和程序并书写完好，但林改方案表决时未使用专用票决书签字（盖章）。

3. 上山勘界确权：遗失外业勘界通知单存根。

4. 内表填写：还出现四抵不明的情况，如：抵冲、岭、路等情况；而且此类四抵没有接界人签名。

5. 公示表：有 3 次林改公示存根表，但第三榜公示没有让林权权利人签字。

6. 身份证明和权源依据收集：权源依据已经收集齐全，但身份证明由于某些特殊原因还未收集齐全。

7. 联户发证委托书：确认全部是以签字形式，未按要求相应按手印。

8. 会议记录及会议签到册：都按照林改规定记录，并有与会人员签到记录。

为及时纠正自查期间暴露出的各项问题，领导小组于 5 月 5 日向乡林改办提交了《大塘乡掌坳村集体林权制度改革整改报告》，汇报了整改情况：

1. 调查摸底各项表格：4 月 25 日召集领导小组成员集中把《农户家庭人员现状登记表》《林地使用权现状登记［公示］表》完善整改。

2. 林改方案：4 月 26 日重新用专用票决书签字（盖章）。

3. 内表填写：4 月 29 日厘清全部四抵界限并签字（盖章）。

4. 联户发证委托书：5 月 2 日补齐手印（盖章）。

5. 会议记录：5 月 3 日完善好各种林改会议记录。

此外，外业勘界通知单存根尚未找到，极个别户主的身份证明由于其全家外出务工未归尚未进行收集，第三榜公示尚未拿给群众签字（盖章）。以上内容领导小组将以最快的速度整改完成。

5 月初，乡政府应县林业局要求，专门派出李林海等三名干部组成检查组对掌坳村的全部林改书面材料再次进行彻查，整个过程历时一周。5 月 12 日，检查组向领导小组下达了书面的整改通知单，指出所有林改书面材料中仍存在以下 10 处不符合要求：

1. 会议签到册签名存在一支笔签的现象。

2. 外业勘界通知单存根签名存在一支笔签的现象。

3. 林改方案表决会议通知书签名存在一支笔签的现象。

4. 《农户家庭人员现状登记表》存在部分复写，且没有附人口现状汇总表。

5. 《林地使用权现状登记［公示］表》存在复写。

6. 村林改方案未加盖翻口公章，方案内容仍不够完善，特别是对于历史上无权源依据山林的详细处理方案未列入其中。

7. 《联户发证委托书》未按规定填写日期。

8. 《林权登记申请表［内表］》填写过程中，四抵界限签字确认存在一支笔签的现象。

9. 无林改方案表决会议签到册。

10. 档案管理较为混乱，重要档案没有分盒装存。

领导小组立即按照检查组的要求进行再次整改，到本次调研结束时，整改过程已接近尾声。

纵观掌坳村的这次林权制度改革全过程，村党支部、村委会与村林改工作领导小组筹备充分，组织严密，宣传广泛，工作开展始终比较顺利，在整个执行过程中基本能够按照上级要求认真、按时完成林改任务，达到了预期目标。广大村民对于领导小组的工作始终予以积极配合，对其工作成果普遍表示满意。县、乡两级政府及林业部门也在不同场合，多次对领导小组取得的成绩进行表扬。

诚然，掌坳村这次林权制度改革在全过程中不可避免地还存在着一些不足之处，主要体现在以下 3 个方面：

首先，各级组织者没有以这次林权制度改革为契机，成功地树立广大村民对于林业生产资料的权利意识。领导小组在进行林改政策宣传时大部分浓缩在几句浅显易懂的口号上，对于改革的核心问题、具体制度以及维权方法等方面涉及较少。林改过程中，大部分村民没有认真、深入地学习国家的各项林业法律法规，对林权制度改革的目的、意义没有完全理解。林改之后，仍有一些农民不太清楚承包山林的确切范围，也不能准确理解自己能够行使哪些林权。这固然与村民文化水平有限、理解困难有关，但要想真正让村民成为权利人，享受到林权带来的经济利益，不唤起他们对林权的关注是绝对不行的。

其次，领导小组在林改某些程序的具体操作上效率低下、不够认真，甚至存在着敷衍、搪塞上级检查的心理。在一些重要表格的填报过程中不注意填写规范，在一些关键数据的收集过程中不够严谨，在一些重大问题的决策、表决过程中未严格按照上级要求进行。客观地说，林权制度改革是国家近年来的一件大事，基层单位的具体工作量大且烦琐，经办的各种手续、材料数不胜数，实际执行难度较大。因此，广大基层干部只有认识到林改的重大经济、政治意义，从而切实负起责任，务实高效地进行工作，转变原有浮夸、拖拉、懒散的作风，才能够保证国家的林改政策真正落到实处。

最后，林改工作缺乏相应的后续配套措施。一是全村的松树林有 2/3 受到蚁群危害，松毛虫、枯死病的威胁与日俱增，林改之后村委会对于林业病虫害的防治没有作出明确的安排。二是尽管林改明确了山林承包人防火、护林、造林的责任，但村委会对全村的造林护林、山林防火工作没有作出统一部署。特别是每年旱季到来时，仅靠上级的一纸禁火令是无法发挥实际作用的。三是此次林改结束时，领导小组没有制定出全村的林业发展规划。根据政策规定，今后承包人持林权证，经上级政府批准可以在承包的山林内砍伐成熟的树木，也有权将其进行加工、出售。而掌坳村目前没有木材对外销售渠道，也没有成规模的木材加工场所，这些都会制约今后全村林业的发展，因此必须尽早进行规划。

第二部分 农户

九、主要从事农业种植的家庭

（一）传统农业种植户吴道红家

吴道红，今年 43 岁，小学四年级即辍学务农。女主人张某交，36 岁，没有上过学，只是在夜校补习过几天的文化课。夫妻二人性格开朗，热情好客。两人结婚已经 17 年了，家里有两个孩子，女儿吴桂英 16 岁，今年刚去浙江义乌打工，儿子吴贵金 13 岁，正在上小学三年级。

房子是典型的苗族木结构，一共三层，底层挑空，用于养猪、养牛，三层相当于阁楼，主要用于储存粮食，二层是主人的卧室，共 4 间，大概有 80 平方米。下午 2 点我们在村支书带领下走进了吴道红的家，吴道红和孩子们正在看电视，女主人和几个中年妇女正围坐一起边聊天边刺绣。我们的到来引起了短暂的骚动，但是很快大家就各司其事了。只有吴道红认真地辨析着我们的问话，虽然理解有些费劲，但是稍作思考后很快就会爽朗地笑，女主人虽然在刺绣，其实对我们这边还是很关注的，不时地用苗话给男主人补充着。女主人和大多数苗族妇女一样，主要料理家务，刺绣当然是闲暇时必做的事。看着女主人娴熟的手指在绣片上快速地移动，虽然是半成品，但是精美的图案已经显现于眼前，不觉对苗族同胞的聪慧和精巧叹服。在啧啧赞美声中，问这样的工艺品能够卖到多少钱，女主人微笑着说是用于自己的衣服，从来不卖的。

吴道红有一个弟弟和两个姐姐。大姐 18 岁那年母亲去世，半年后为帮助父亲做农活和料理家务即辍学回家。现在谈起母亲，吴道红还是流露出些许伤感。他母亲是在干农活时不慎摔伤头部，到凯里医治了几次不见好转，半年后就去世的。弟弟16岁那年在广州打工，干的是开山石的工作，3年后由于事故不幸身亡，广州的老板赔付了一万元。父亲比较疼爱弟弟，弟弟的死对父亲打击很大，父亲去广州处理完弟弟的后事回来后就一直抑郁，不久（1998年）因患心脏病去世了。就这样吴道红成了家里的顶梁柱，也就继承了现在这处房子。每年6月份过吃新节的时候，吴道红拿着鸡、肉、米去看两个姐姐。

吴道红家境在村里算得上中等，村里的农户总体状况上差距并不是很大。吴道红家有电视、电扇、缝纫机、电磁炉、VCD等家用电器，孩子们围着电视机看着VCD里放出来的苗家歌舞，兴趣盎然。吴道红和妻子很少通过电视等了解国家的政策及外面的时事。为了减少开支他们没有使用电话和手机，平常主要的信息来源是村干部的传达。家里有田3.5亩，土有4亩，山林有20多亩。田用来种水稻，土种玉米和土豆。每年的水稻产量大概有4000多斤，玉米500斤，红薯五六百斤，土豆八九百斤。粮食收成主要用于自用，口粮剩余的一部分口粮用来养猪。一般来说每年种地收入在五六百元左右，另外政府每年还给50元种粮补贴。家里养了两头猪和一头牛，每年卖猪大概能收入2000元，为了更好地搞好生产，吴道仁2008年贷款2500元买了一头牛。在水稻田里，每年10月份可以放上鱼苗，水稻成熟的时候就可以同时收获300多条一斤左右的鲤鱼。鲤鱼主要用于家里吃，一般不拿到市场上销售。吴道红家在农业种养殖收入中，除家里生活自用的以外，养猪的收入占主要部分。吴道红给我们算了一笔账，水稻种子每千克30元，每亩大概需要一千克，家里有田3.5亩，每年需要105元；玉米种子每千克25元，一亩大概也是一千克，家里有土4亩，每年需要100元。这几亩地每年还需要施用化肥，一般用磷肥、复合肥、尿素等，大概一亩地需要50斤左右，这样每年需要230~250元的肥料。另外农药花费也很大，每年最少需要350~400元。家里还需要支出水电费，水费是一年12元，电费每度0.456元，需要500~600元。这样算下来，不算人工每年的成本就需要将近1000元，除去口粮外剩余很少。要想扩大养猪的规模就需要多购进一些猪仔，但是买猪仔需要本钱，如果贷款买进一些猪仔的话，就会承担很大的风险，因为近两年猪肉价格的波动很大。另外人情世故也需要一笔不小的开支。吴道红当年结婚时，一般的礼金需要10~20元，现在一般需要50~60元，亲戚则需要500~600元，至亲需要1000~2000元。苗家的红白喜事都要抬猪的，喜事抬宰杀好的，白事抬活猪，也要放鞭炮，很是热闹。同村的人可以不随礼金的，但是都要去帮人场，村里的人表演铜鼓舞是免费的，只是参加宴席就行了。要想改善家里的经济状况还需要另外想办法，用吴道红自己的话说，需要出去找钱。

吴道红和寨子里很多中年人一样会些木工活，苗家人的木结构的房子需要很多木工技术。在凯里，我们看到很多正在施工的房子。房子首先需要打好地基，一般地基是用山石砌成的，但现在也有很多用砖砌的，这样在砖石的基础上，构建起木质的框架结构，一般是用当地山上的柏木，给人感觉结实实用。最后是用木板在各个木柱之间做好围墙。这种建房结构很像城市里的钢筋水泥框架结构的施工方法。进行施工的工种也主要分为三类，一类是结构施工的，他们也兼工程设计；一类是做木围墙的，相当于装饰；一类是做地基的。做结构的是技术要求最高的工种，当然报酬也最高，围墙装饰的次之，做地基的最少。吴道红是属于会做木围墙的工种，一般每天可以挣到50元的工资，但是一年也就是有大概一个月的时间去做工，可以收入1500元。

表演民族歌舞和乐器也是一项重要的收入来源。吴道红从小就跟着叔叔学习芦笙的演奏，现在苗家的十几种芦笙他都会演奏。每当12月过苗年的时候，寨子里家家户户杀猪宰鸡，欢庆新年，跳铜鼓舞。2007年他们到贵阳参加芦笙演奏比赛，取得了第三名的好成绩，这让吴道红等村民们为之自豪，最重要的是提高了村子里的知名度。村里也就经常组织他们出去进行芦笙和铜鼓舞表演，主要去西江那边，每天40元的收入，一年有1000～3000元的收入，家里的电视机就是用表演芦笙的钱买来的。

但是，吴道红不可能把主要精力放在打工和表演歌舞上，为保证家庭基本生活，他必须先做好农活，也就是搞好家庭农业生产这个基础。平常农活不忙的时候主要要养好贷款买来的牛，在寨子里牛是农家生产生活中重要的资料。由于地处山区，可用于耕种的农田很少，而且比较分散，大型农业机械无能为力，小型农机具还属空白，这样延续了几千年的耕牛在农业生产中仍然地位显著。如果家里没有耕牛，即使是家里这几亩地请别人来犁地就需要1000元左右，成本太高，还要求人。所以，他和很多村民一样，每天早上到山上去给牛割一次草是必做的功课。

虽然家里收入不是很多，但吴道红和妻子目前并没有感到太大的压力，两个孩子还都小，大女儿今年都出去打工了，很快也能改善一下经济状况。

现在农业税等也已经免除，村里也没有什么摊派。2008 年，吴道仁家里都参加了农村合作医疗，每人交了 10 元钱，总共交了 40 元钱。由于家庭成员没有什么大的疾病，还没有实实在在地享受农村合作医疗的好处，但是吴道红心里明白这是个踏踏实实的保证。但是吴道红现在还是有隐隐的着急，虽然现在温饱没有什么问题，但是需要钱的地方很多，比如给小儿子一个好的教育、扩大家里的生产。尽管贷款手续现在是较为方便，但是缺乏还款能力还是不行的，现在主要是缺少致富的渠道。

吴道红夫妇是掌坳村有代表性的家庭，具有苗家传统的善良朴实和热情好客。虽然对目前的生活不是很满意，对未来生活有着强烈的期待，但又流露出些迷茫和不知所措。市场经济已经在淳朴的苗家显示了力量，但新一代的苗家农民对于如何保持自己灿烂文化的同时，更多地参与市场化经济和改善生活，仍然处于当地政府引导与个体农民探索的初级阶段。

十、艺人家庭

（一）木匠吴道文家

2009 年 7 月 15 日下午，我们在村干部的带领下来到木匠吴道文家进行访谈。

吴道文，男，今年 64 岁，掌坳村的木匠之一。老伴金浓你，年龄与他相当。老两口有三个女儿和一个儿子。儿子是老大，已成家，并育有一女。二女儿和三女儿已出嫁，小女儿在外打工，未婚。

我们的话题就从吴道文的木匠身份谈起。按照一般的传统，做木匠或铁匠等是需要拜师学艺的，但吴道文并没有专门拜师，他说自己年轻时就对木工活感兴趣，喜欢看木匠们做活，自己下来再慢慢琢磨练习，渐渐地就学会了木工活，成为村里的一名木匠，可谓自学成才。虽然有一技之长，但他并没有专门做木匠，主要还是在家种田、搞养殖，空闲时间才去做些木工活。特别是 1990 年他做过结扎手术后，留下了一些后遗症，既怕冷又怕热，身体一直不是太好，木工活就做得更少了。

吴道文家中的收入主要来源于做木匠和养猪，每年吴道文做木工活收入大约 2000～3000 元，养猪收入大约有 3000 元，算下来年收入约在 5000～6000 元。此外，小女儿在外打工每年会给家中寄些钱贴补家用，儿子逢年过节时也会给家里点钱表示心意。

几个子女当中，儿子目前的情况算是不错的。他今年 40 岁，在凯里歌舞团工作，主要跳民族舞。当年儿子在上小学四年级时，省艺校来小学招生，因为从小就喜欢唱歌跳舞，所以他就报名参加考试，结果被顺利录取，这样小学没有读完就去贵阳上省艺校。在艺校学习两年后，他被分配到凯里歌舞团工作至今，虽然今年才 40 岁，但由于参加工作较早，工龄已有 20 多年。儿媳妇也在凯里工作，做饭店服务员；孙女今年 8 岁，上小学二年级。由于夫妻俩都在凯里工作，平时回来不多，有时两三个星期回来一次，有时可能两三个月才回来一次。当然，如果家中有事，儿子总会及时赶回。大女儿和二女儿均已出嫁。大女儿就在雷山县城的理发店打工，二女儿随丈夫在外打工，小女儿也在外打工，现在南京做饭店服务员，已外出三年有余，中间只回过两次家。

几个子女上学时间都比较短，文化程度比较低，多为小学文化，文化程度最高的是小女儿，读到了初中毕业。吴道文说，子女们的文化程度偏低，一是因为当时家中生活困难，供几个孩子上学很吃力；二是由于他们的传统观念，认为女儿迟早是要嫁出去的，所以不重视女孩的教育。

由于子女们或成家或在外打工，平时基本上就老俩口在家务农。大女儿的孩子留在他们这里上小学，陪伴着两位老人。家庭成员减少了，支出也就少了许多，现在家中一年的支出大约 2000 元。日常的支出项目有：购买各种生活必需品；看病买药；电视、照明、做饭等用电支出，以上支出每月要花 100 元左右。老俩口和小女儿、儿媳妇四人均参加了新型农村合作医疗，每人每年交费 10 元，属于一次性支出。此外，还有种田的支出（以前家中曾经养水牛犁地，这几年因为吴道文身体不太好就不再养水牛了，所以种田时要花钱请人来犁地），今年犁地花了 450 元，收割时也请人帮忙，男劳力每人每天 50 元，女劳力每人每天 40 元。吴道文家现有水田 3 亩、旱地 2 亩。水田种植水稻供自己食用，旱地除了种植蔬菜外，还种植玉米和红薯用来喂猪。家中现在喂有三头猪，有时过节会杀头猪，做一些腊肉，可以存放很长时间；此外家里还种了几棵梨树，主要是供自己吃。家中做饭用电饭锅和电磁炉，只有煮猪食时才烧柴。冬天家中靠烧炭来取暖，所用的炭是吴道文自己上山烧制的。平时自家酿一点米酒，一般不买酒喝。可以说，家中吃的和用的东西基本上能做到自给自足。吴道文家的房子建于20世纪60年代，房子的主体是木结构，当时建房所用木料不用花钱购买，直接向所在的小队提出申请，经过批准后就可以在小队的山林里伐木建房。建房时主体框架是请人帮忙搭起的，木板则是吴道文自己一块块安装上去的；房子也不是一下子建好的，而是分期搞完的，因为用木料要申请，有了木料才能继续建，这有一个等待时间。由于年头太久加之房子过重，2008年家里部分地基垮塌，儿子专门从凯里赶回来帮助老两口把垮了的地基又重新砌起来。修地基花费了4000元左右，这对于老两口来说是一笔很大的支出，现在手头比较紧张，所以最近很少买肉吃。

回忆起以前的生活，吴道文说没有太多印象了，只大概记得这样几件事：一是在1962年时曾经有过分田到户，后来田又被收回；二是1977年他曾外出务工，当时榕江县修建电站，他到那里干过活，不过要交钱给小队买工分，这样做比挣工分要划算；三是当时通过挣工分换了一些建房用的瓦（因为瓦场也是队里的，不够的部分再花钱买）。

对现在的生活，老两口比较满意，特别和生产队时期比起来，要好多了。一是生活水平提高了，二是人自由了，想做什么就做什么，再也用不着天天出工记工分。但也有美中不足，主要是子女们都不在身边，家中人太少，有点冷清，在精神上感到有些孤独（老两口的这种心态也是现在农村中许多留守老人普遍存在的）。好在大女儿的孩子留在他们这里上学，还能陪陪两位老人，这多少给了他们一点精神上的慰藉。现在村里很多人家都是父母外出打工，孩子留给外公外婆或爷爷奶奶照看，这已成为一个普遍现象。

吴道文家客厅里摆放着一台彩色电视机，算是这个家庭的主要家用电器（这台电视机是2008年才买的，之前一直都看黑白电视）。通过自己安装的卫星电视接收器来接收电视节目，安装接收器当时花了300元。刚装好时可以收看很多节目，现在由于节目频段的调整只能收看有限的频道。老两口平时的主要娱乐活动就是看电视，吴道文最爱看战争片，特别欣赏战斗英雄，还喜欢看新闻，关心国家大事。

吴道文的身体不大好，会不定期地去看病拿药。虽然苗医苗药很出名，但他看病一般还是去看西医，因为苗医以治疗跌打损伤见长，而他的病吃西药效果更好些。虽然参加了新型农村合作医疗，但只有在大病住院治疗时才能按一定比例报销，所以他平时看病拿药的费用基本上是自己负担。谈到今后的养老问题，老人说现在自己的身体还算可以，自己种点田养两头猪做点木工活，基本上能够满足生活需要，不需要子女们照顾什么。至于今后，哪一天干不动了再说，尽量不给子女们添麻烦。老两口还怕将来不能给子女们留下什么东西，一想到这里就会觉得心里不安。现在老两口最大的心愿就是小女儿能够早点回来，毕竟一个人离家那么远在外打工，做父母的很不放心；再有就是她已到谈婚论嫁的年龄了，希望能够找到一个合适的对象结婚成家，这样也就了却两位老人的一件心头大事了。

在我们谈话时，老人的外孙女，也就是大女儿的孩子回来了。这是一个聪明伶俐、活泼可爱的小姑娘，马上要升小学三年级了。对于我们的提问，小姑娘用流利的普通话一一作了回答。她告诉我们普通话是在学校里学的，学校里上课都用普通话，所以她的普通话能说得这么好。

离开吴家时，两位老人和他们的孙女把我们送出来。我们走出很远时回望，还能看到老人和孩子在向我们挥手道别。吴道文家是我们这次调查走访的最后一家，就要离开美丽的苗乡、告别淳朴的苗族乡亲，大家都有些依依不舍。我们祝愿两位老人早日实现自己的愿望，今后的日子里幸福安康，也祝愿苗乡人民的生活越来越好！

（二）刺绣高手张民猫家

刺绣是苗族源远流长的民间手工艺术，而在掌坳村调查的所有农户中，张民猫一家就是典型的一户。张民猫家位于一个低洼处，她家的房子是一幢典型的木制的三层吊脚楼。从外貌来看，这个吊脚楼经过雨淋日晒后颜色已经变得比较深，散发着杉木特有的气味。

张民猫家的陈设比较简单，灶台是她家厨房最明显的一部分。穿过厨房就是正堂，相当于客厅。家里有沙发、电视、电磁炉、电风扇和 3 个手机以及柜子，还有一些小板凳等。吊脚楼的一层是养牲畜的，三层是储存粮食和置放杂物的。张民猫留给我们的印象是一个善良朴实但不善言谈的苗家主妇。她的学名是张志芬（汉语），37 岁，家中有 4 口人；丈夫叫吴顺钢，热情淳朴，有一儿一女；儿子吴文葆今年 17 岁，初中刚刚毕业，未考入高中而在家待业；女儿吴文芳 14 岁，在雷山县第三中学就读初中。全家人在苗寨里一直过着普通而又和谐的生活。

张民猫的刺绣在整个寨子里都很闻名。张民猫的刺绣手艺并不是得益于名师，而是她在刺绣方面有着很高的天赋，外加自己的勤奋和努力。她曾经在2007年和2008年的全寨刺绣比赛中获得第一名。由于家庭比较困难，她小学毕业后就辍学在家干活，在十五六岁的时候，她受到母亲以及周围亲戚的影响开始学习刺绣，经过自己的不断努力而自学成才。她的刺绣做工精密，针脚整齐。颜色搭配是刺绣的精髓之处，而张民猫就是凭着自己独有的审美感觉来完成这个环节，这是她的刺绣受到别人称赞的原因之一。虽然张民猫的刺绣手艺如此高，但是她从来都没有把刺绣成品作为商品去销售。一方面受到苗族忠厚朴实这种民风的影响，他们几乎没有经济或者商业化的观念；另一方面他们对自己的作品不是很自信，担心卖不出去。因此，刺绣仅仅是张民猫业余之外的一种兴趣，没有成为这个家庭收入的来源之一。张民猫家的收入主要来源于丈夫的手艺——木工，以及自己平时打零工。她的丈夫吴顺钢，今年40岁，是个工艺精湛的木匠。他平时主要的工作是支起吊脚楼外框之后，装置房子的内部，如门、窗、地板和家具等，每天的收入是70~80元。吴顺钢每年都会外出集中打工一段时间，打工的地点一般是在广东和江苏等地，收入也在70~80元/天，持续3~4个月。在丈夫外出打工期间，张民猫不仅要干农活，而且还在本村附近忙于修河堤。所以这个家庭几乎没有时间搞养殖，家中仅有两只小猪仔。张民猫家的收入主要源于夫妇两人打工，每年大约2万元。而丈夫吴顺钢工作收入的稳定也是这个家庭经济的有力保障。

张民猫家的主要支出是农业种植支出、教育费用、燃油费用、红白喜事支出、通信费用等。每年农业种植需要购买种子，包括稻谷和玉米等，购买农药和化肥，这几项大约花费1000元；5亩多田的租用水牛犁地费用，以每天120元计算，每年也达1000多元。孩子的教育费用是这个家庭较多的支出之一。在国家关于九年义务教育“两免一补”政策实施后，女儿在莲花小学读书仅仅是平时文具用品和课外读物的支出。儿子在县城第三中学寄宿就读初中，主要费用包括伙食费和住宿费，每周是60~70元。此外，每年的大约一次的红白喜事要支出总计2000元左右。苗族在婚丧嫁娶的风俗上有着自身显著的特点。血缘非常近的亲戚非常重视礼节和礼金，每次都需要抬一头猪、放鞭炮、送鸭、挑稻谷，还要大约1000元的礼金。剩下的就是摩托车的燃油费用和通信费用。张民猫家庭支出的主要部分都是非常必要的，节约不仅是这个家庭而且是整个苗族的优良传统。

掌坳村村民对孩子的教育是非常重视的。无论是男孩还是女孩，他们都希望自己的孩子能够读书，接受高等教育。由于学习时间比较紧张，村里的女孩子们很少有时间去向张民猫这样的刺绣高手去学习刺绣，因此，能够将刺绣这样的民间手工艺自然继承下来的人越来越少。刺绣这样属于苗族文化重要的一部分，面临着逐渐消逝的危险，当与张民猫谈到这个问题时，她只能表示一种遗憾和无奈。她的儿子现在初中毕业在家，但是仍希望他能接受职业教育，掌握一门技术，这样能为他将来的基本生活提供一份保障；对于女儿，她希望她能够认真地坚持读书，把握好继续读书的机会。

对于现在的生活，他们更多的是满足和快乐，因为这里的每个人不仅是物质生活的创造者和享受者，同时也是精神生活的创造者和享受者，他们天然地把二者集于一身。对于张民猫一家来说，未来生活的希望更多的是寄托在孩子的身上，希望他们能够生活得更加幸福。也许这种愿望的实现最终要通过教育。

（三）靠手艺致富的吴道仓家

走进吴道仓家就知道是一个殷实富裕的家庭。两层的木质房子宽敞明亮，家中电器一应俱全，34 寸的彩色电视机格外显眼，还有 VCD、DVD、洗衣机、电饭锅、电磁炉、电话、切猪菜的切菜机、打米用的打米机和装修房子专用的电刨机。吴道仓说现在经济条件好了，家里应该买些家用电器改善生活的质量。

吴道仓，54 岁，初中毕业，有装修房子的手艺；妻子 53 岁，每天在家里喂猪、喂牛、种田。家里有 3 个孩子，一儿二女。两个女儿都已出嫁，儿子最小，今年 23 岁，在家里也最受宠爱，还没结婚，儿子的婚事让老两口很心急。儿子一直听话懂事，这与父亲的教育分不开。儿子很小的时候，吴道仓就教育儿子做人要正直善良、要广交朋友、生活要节俭。在掌坳村，重男轻女的思想根深蒂固，这体现在生活和习俗的方方面面。吴道仓家也是如此，3 个孩子中女儿都是初中毕业，只有儿子读到高中。因为当时家里经济状况很不好，而 3 个孩子都要读书，为了让儿子读高中，两个女儿不得已辍学回家。

吴道仓很支持儿子读书，一心想培养儿子上大学，在经济和物质上为儿子的学习创造各种有利条件。但儿子并没有体会到父亲的良苦用心，学习不是很努力，最终没能考上大学。吴道仓很想把自己装修房子的手艺传给儿子，儿子从小耳濡目染学起装修房子来很快，现在已经掌握了基本方法，再强化一段时间就可以独立出去干活了。

吴道仓有装修房子的手艺，但原来村里人收入少，很少有家庭有钱装修房子，所以他难以靠装修房子维持生计。从1985年开始吴道仓先后去浙江和广东打工，具体工作是在采石厂做炮工，但这个工作辛苦危险收入又很少。于是1990年，他开始做贩牛的生意，收到牛后，把牛运到外地（一般在凯里最远到湖南）后出卖，每月可以赚400元。最近几年随着村里人收入的增长、生活水平的提高，装修房子的生意好了起来。一般一天可以赚60元，如果包工每天可以赚70~80元，一个月可以赚1800元。他介绍说自己装修房子从不用钉子，单靠木板之间的拼接就可以盖好房子，这门手艺村里很少有人会，所以现在装修房子的生意很忙收入也很稳定。2007年儿子高中毕业后，吴道仓决定让儿子出外闯荡，开阔眼界。从2008年开始儿子独自去浙江打工，现在每个月可以赚2000元，吴道仓很为儿子感到自豪。

在家里，吴道仓虽然经常和老伴因小事斗嘴，但夫妻间感情很深。家里的钱统一由老伴管理。吴道仓与老伴有一个不成文的规定，如果家里用钱数目在100元以下可以不经过夫妻俩协商直接使用；如果家里用钱数目在100元以上，则要经过夫妻俩商量。亲戚朋友红白喜事总的礼金无论多少都要经过夫妻俩协商。家里虽然经常因小事争吵，但还算是民主和谐的家庭。吴道仓常与亲戚家来往，特别是每年秋收之后，会利用为期13天的苗年节走亲戚。每次去亲戚家都回带上糖、糯米、鸡肉等礼物，亲戚也会用鸡鸭鱼肉等家里最好的酒菜招待自己。吴道仓和寨子里的人关系很好，但认为红白喜事的礼金支出是家中的一项经济负担。每次直系亲属家有红白喜事都要送米酒、猪、衣服和现金，每次送的总价值都在2000元以上。掌坳村只有吴姓和杨姓，因此村里大多都同姓，是同一家族的人，如果寨子里的人家里有红白喜事，各家可以按照实际经济状况送礼金。吴道仓说寨子里其他家如果有红白喜事自己每次会送50元。家里每年在红白喜事礼金方面支出都在5000元以上，红白喜事的礼金支出成为家里的一项经济负担。

吴道仓兴趣爱好非常广泛。读初中时开始和同学打篮球，从此便迷上了篮球运动。在生产合作社时期曾是寨子里篮球队的队员，还多次被选中去县里参加篮球比赛，打一场比赛记 2 个工分。现在寨子里的篮球队早已解散，自己随着年龄的增长也不再打篮球，但提起篮球吴道仓仍是显露出抑制不住的兴奋，为我们讲述年轻时打篮球发生的趣事。现在吴道仓很喜欢斗牛，每年吃新节村委会都会在河边组织几个寨子之间的斗牛比赛。当问到他家的牛成绩如何时，他自豪地说自己家的牛得过数不清的冠军。在装修房子之余吴道仓经常看电视，最喜欢看体育节目、电视剧和娱乐节目，但从不看新闻不关心国家时事和国家政策。这反映出村民素质还有待提高，这需要当地教育水平的提升和村干部宣传工作的进一步落实。

吴道仓精通装修房子，在掌坳村算得上是手艺人，依靠这门手艺和自己的勤劳工作，家里的生活在村里算得上是中等偏上水平。这应该成为村里勤劳致富的典范，要想致富就一定要学习一门手艺或技术，单靠自给自足的自然经济生产方式很难脱贫致富。村委会也应该将提升农民素质、教授农民技术作为工作的重点，以促进农民收入水平和生活水平的提高。

（四）民族文化艺人吴德帮家

吴德帮，今年 66 岁，他是掌坳村里有名的艺人，铜鼓舞舞技高超，也是铜鼓舞表演队老年组的一名成员。我们采访他时，他正要到西江去演出。他身材虽然矮小，但看上去比较硬朗，皮肤黝黑（因为贵州地处高原，紫外线照射很强烈，村里人的皮肤大都呈褐色），高颧骨，眼睛深陷，有些浑浊，脸上一道道深深的皱纹记述着岁月的沧桑。

吴德帮小的时候家里经济条件很差，上到初中二年级的时候，父亲就去世了，家里的两个哥哥又分家另过，他只能辍学回家照顾老母亲，开始和父辈们一样的过活。21 岁的时候，他就成家了，全家人到生产队里参加集体劳动，多一个人就多挣一些工分，但是即使再怎么辛勤的劳作，全家人还总是吃不饱。20 世纪 80 年代分田到户的时候，他家里分到 4 亩田，2 亩山林，全家就一直都这几亩田地艰难度日。吴德帮两儿一女，都是小学毕业。由于家庭贫困，三个孩子很早就辍学在家干活。大儿子今年 40 岁，还没有成家，一直在外地打工；二儿子成家比较早，结婚后就和父母分家单过，他的孩子在读初中。二儿子分家时，分走了家中的一亩多地，没有什么农业收入，也只能到外面去打工，只有儿媳在家照看孩子和田地。吴德帮唯一的女儿早些年就嫁到江西了。

由于缺乏知识和技能，儿女们的谋生似乎都十分艰难，所以66岁的吴德帮并没有享受到子孙满堂的安逸，相反，他还要继续为了生活忙碌和奔波。据他介绍，二儿子分家后，他还剩下3亩田地，全部种着水稻，没有其他经济作物。家里还养着一头耕牛，用来犁田。据说，现在村里很多人家都不养水牛，因为喂养水牛成本很高，每天除了起大早去田里割草，还要定时喂水喂食，照看不周就容易生病。而它仅是在农耕的时候派上用场，所以很多经济条件尚可的家庭都不愿意再费这番工夫，索性到农忙的时候，花钱来雇用别人犁田。但是这样的成本也很高，据说一亩地要花120元。吴德帮觉得趁自己现在身体还好，还有力气，自己养牛，虽辛苦但能省下不少钱，而且还能帮儿媳们去犁田。由于场地所限，家里只能养两三头猪。现在的仔猪一斤5~7元，肥猪肉一斤6元，一头两三百斤的大猪一斤5元，行情好的话，每头也只能卖到一两千元，而且猪肉价格并不稳定。虽然政府给每头母猪补贴50元，鼓励大家养猪，但是这个补贴很少，有的家庭觉得不值得去领取，也就不要了。但是与种田相比，养猪的收入还要高一些，因为种田还有化肥之类的农业投入，他的3亩田地每年只收3000斤粮食，按照当前的市价卖，全部卖掉也只能卖2000元，如果扣除自家吃的，就所剩无几了。因此他也从来没有卖过粮食，就是自己食用，农业收入几乎是零。年轻人常年都外出打工，家里的一切农活和照看孩子的事情全都交给了老人，这种现象在掌坳村非常普遍。含辛茹苦地把子女抚养长大，不仅没有什么回报，本应尽享天伦之乐的年纪还要继续辛劳。老人们似乎并不在意和计较什么，等到有一天他们病了，再也不能劳动的时候该怎么办？农村的养老问题确实是亟待解决的问题。

生活的贫困并没有打消他对生活的热情，有着高超舞技的吴德帮一旦谈到他最热爱的铜鼓舞，眼神里顿时迸发出神采。吴德帮8岁的时候就会跳铜鼓舞。铜鼓舞表演以前都是过节的时候村里人自娱自乐的活动，后来被发掘后列为了旅游文化项目。最初，有游客到村里来观看表演时，村里就召集一些技术高的人组成表演队，还特地修建了铜鼓坪作为专用表演场所。吴德帮说以前还有很多外国游客前来参观，现在游客比较少，大概是交通不畅、语言不通等客观原因的限制，没有发展成很大的规模。2007年他们自编自演的铜鼓舞在“多彩贵州”舞蹈大赛上获得第三名，此后掌坳声名鹊起，引起上级政府的高度重视，并将铜鼓舞作为支撑，开发本地旅游资源。旅游局的人经常带一些游客和参观的团队到村里来观看表演，每场表演大约 600 元。但是由于环境和硬件设施等各方面原因，到村里来的游客还是很少，表演队一般都被请出去到一些旅游点参加演出，去得最多的就是距离本村最近的西江苗寨，那里是县里重点开发的著名旅游点，游客很多。这种演出不是定期的，每月能去三四次，每次大约两天时间。每天表演一至两场，每天每人 40 元劳务费，如果出省的话就每天 50 元，吃住和交通费用免费。大家对于这个待遇还是比较满意的，没有什么怨言。据吴德帮讲，现在老年队共有 8 个人，最大的 69 岁，吴德帮是稍微小一点的。他说虽然年纪大了，但是跳舞的时候，只要听到铜鼓的声音就会兴奋起来，每次跳舞之时心中都无比舒畅，有了激情就很投入，他觉得那是一种享受。

吴德帮说，现在的年轻人都出去打工了，小孩子都在学校里学习，现代人一是没有时间，二是不能欣赏这种传统文化的魅力，学跳铜鼓舞的人越来越少了。吴德帮不无感慨地说，要不是该村被列为铜鼓舞发源地，作为重点的非物质文化遗产的保护对象，也许若干年后，随着他们这些老人的逝去，这原汁原味的艺术就会消失。

吴德帮是掌坳村的一个典型人物，他的生活现状就是村里大部分农户的生活的写照。作为农民，他们还无力摆脱土地的束缚；作为艺人，这种表演对于提高他们的收入水平作用是微乎其微的，他们并没有想到以艺术作为谋生的手段，只是自娱自乐的工具。也许是由于缺乏经济意识，很少计算经济收入和个人得失，他们似乎更看重对于生活的满足和自我愉悦的能力。勤劳、乐观、知足就是对他们这代人最好的描述，跟金钱和物质相比，他们似乎得到了更多不能用实物度量的价值。我们只有期待在文化艺术传承和文化财富价值的挖掘中更好地提高他们的物质生活水平，这需要政府作更多的努力。我们也相信，不久的将来，吴德帮们再也不用到异乡去挥洒汗水，在自家铜鼓坪上跳舞的那一天终会到来。

（五）兼有鼓头和建筑师名衔的多才艺人吴绍龙家

今年 70 岁的吴绍龙是掌坳村的鼓头，在当地是一位优秀的建筑师。有 1 个儿子 3 个女儿。大女儿今年 40 岁，二女儿今年 35 岁，三女儿今年 30 岁，儿子是28岁。3个女儿都嫁到莲花区，吴绍龙和老伴目前和儿子一起生活。4个孩子都是初中毕业，都去外面打过工。儿子和媳妇在县城开了个五金店，每天骑摩托车来回。儿子有一儿一女，女儿7岁，儿子5岁。因为违反了计划生育规定：两个孩子必须间隔5岁，被罚了2000多元。家里总共有3亩地、4亩林和5分土，田里主要种植水稻。家里养了1头牛、3头猪。吴绍龙家的收入主要来源有以下几个方面：种植水稻和养猪的收入，水稻按亩产1000斤算，一年下来就是3000斤左右；儿子和媳妇开五金店赚的收入；全家参加铜鼓舞演出的收入；经常有人请吴绍龙设计房屋、做木工活给的报酬。

鼓头主要是负责举办牯藏节和组织跳铜鼓舞。吴绍龙的爷爷和父亲以及上几辈也都是鼓头，以后还要传给他的儿子。鼓头的产生要符合以下条件：第一，夫妻双方身体健康，有儿有女；第二，双亲健在；第三，人品端正，口碑好；第四，经济条件偏中上水平。鼓头一旦确定就会世袭下去。掌坳村作为铜鼓舞的发源地，跳铜鼓舞所用的铜鼓就存放在吴绍龙家。该铜鼓重29斤，鼓身长36厘米，鼓面直径为46.5厘米，鼓面正中所铸的是一轮凸起的太阳，围着太阳的是12道凸现的光芒。连接太阳光芒的是一圈一圈的光晕，共为9圈，圈与圈中间还有一些图案相连。这12道太阳光芒，代表的是太阳普照大地哺育生命的光辉，它表示《苗族古歌》传唱中的苗族的祖奶孕育的12种生命，都能在阳光下生存成长，生生不息；它还表示每年有12个月都在阳光的普照之下。通过吴绍龙的介绍，我们详细了解了牯藏节的仪式。

牯藏节是远古苗民祖先崇拜留传下来的一种古老的祭祖仪礼，也叫“祭鼓节”、“鼓社祭”、“翻鼓节”、“吃鼓藏”等。一般隔13年举办一次，每届要连续举办4年的仪式活动，才算完结。其规模之宏大，形式之奇特，寓意之丰繁，堪称华夏民族文化之一绝。苗族祭鼓，源于一个传说，相传苗族的女性始祖——妹榜妹留最初是从枫木树心孪生的，苗族先民认为人死后灵魂只是一种转移，而枫木制成的木鼓便是祖先的归宿之所，只有敲击木鼓，才能唤起祖宗的灵魂，因而祭祀祖宗就用祭鼓的方式来体现。牯藏节的程序大体如下：第一年，由民众选出5位精明能干的已婚男子为鼓头。第二年，在鼓头的领导下采购牯牛，同时完成接鼓、醒鼓和制单鼓的任务。所谓接鼓就是在祭祖前把双鼓从一届第一鼓头家接到新的第一鼓头家里搁置。接鼓时要举行隆重仪式，5位鼓头要一齐出动，歌师一路高歌，尾随群众无数，庄严而热闹。所谓醒鼓就是大家上山去把珍藏于石窟里的单鼓翻动一下，以告诉祖先，即将杀牛祭祖了。所谓制单鼓就是每次祭祖时要制一个单鼓，届时鼓头挑选一些人上山去，在相中的树木处举行敬祭仪式，然后将树砍倒，取其一段抬到寨边，群众们敲锣打鼓将之迎进寨中，选择一个适当的地方放置，备作制鼓时用。第三年，为正式吃牯藏年，祭祖前一日，举行隆重的斗牛仪式。次日杀牛祭祖，事前请鬼师念“扫牛经”，说是超度牛魂到祖先住处去，以使族人免受灾害。接下来祭祖第一天，各户以牛的肝、肺、心、肚、肠，茶、酒等敬奉祖先。第二天4位歌师轮流到5位鼓头家去唱祭祖歌。第三天向祖先敬献牛角。第四天跳芦笙、跳铜鼓，青年则可以游方。第五天举行“角形排骨”仪式。第六天群众从鼓头家门口取牛角。第七天晚上举行投火把游戏。第八天自由活动。第九天在第一鼓头家摆上高、矮两条长凳，高凳为祖先桥，矮凳为行人桥，都供祖先和后人享用的。第十天舂米做粑粑。第十一天进行“背水养鱼”和“抹花脸”活动。第十二天大家去第一鼓头家吹笙庆贺。第十三天用牛皮蒙制单鼓。第十四天家家户户祭鼓。第十五天也是最后一天深夜，大家把单木鼓抬进石窟里珍藏，祭祖活动结束。

吴绍龙告诉我们，由于牯藏节花费很大，仪式很隆重，目前掌坳村的人已经不过牯藏节了，一般就是过苗年节和吃新节等节日。掌坳村寨中有一个铜鼓坪，面积较大，铜鼓坪用鹅卵石铺墁。当节日到来时，全村男女老少一起集中到铜鼓坪上跳铜鼓舞来庆祝。吴绍龙作为鼓头，跳舞时排在第一个位置，打头阵，带领大家跳。铜鼓舞的跳法原来有12种，现在传承下来有9种舞步，每种都由50多个动作组成。铜鼓舞舞步有的如蜻蜓点水，有的如猛虎下山；有时飞步横跨，有时腾跃转身。全身足蹈手拍口中还发出阵阵“嗨嘁嘁，嗨嘁嘁”的声音。这些古朴粗犷的舞步，来自生活，又高于生活。如鸡打架舞，它表现的是现实生活中雄鸡格斗的姿态，反映苗族人民的勇敢顽强、敢于拼搏的精神。捉螃蟹舞则是反映劳动之后，人们为消暑而下河捉螃蟹的愉悦之情。送鼓舞是反映节日即将过去，将铜鼓送回藏洞中存放，待来年过节再敲的依依之情。掌坳村有一支铜鼓舞队，由三十五六人组成，有老年队、青年队、妇女队和儿童队。这支队伍经常去省里或州里演出，还多次被北京、杭州、深圳等地邀请去演出。在2007年7月举办的“多彩贵州”舞蹈大赛中，荣获“铜鼓奖”。吴绍龙家就有4个人参加这支队伍：吴绍龙自己、老伴、儿子和媳妇。通常情况下，如果是去不太远的地方，比如去西江演出，每天包吃包住，大概一天收入40元。看得出来，吴绍龙一家还是非常热衷跳铜鼓舞的。一方面是吴绍龙作为鼓头的身份决定了要积极带领大家跳铜鼓舞，另一方面也是出于兴趣爱好，而且参加演出家里就有收入。也正是由于这些热爱铜鼓舞的人的传承，铜鼓舞才一代代得以流传。铜鼓舞作为掌坳村的标志，应该更好地加以传承。据吴绍龙介绍，现在掌坳村唯一的小学——莲花小学校长专门请来村里跳铜鼓舞最有名的老人教孩子们跳舞，三年级以上的学生都要求学习。另外，上午的课间操以及下午放学课外活动时间也用来跳铜鼓舞，每次大概半个小时。

吴绍龙不仅是掌坳村的鼓头，还是当地有名的建筑师。掌坳村的房子基本上都是苗族典型的吊脚楼建筑。吊脚楼通常分两层或三层，最上层很矮，只放粮食不住人，楼下堆放杂物或做牲口圈，两层者则不盖顶层，一般以竹编糊泥做墙，以草盖顶。吊脚楼通常建在斜坡上，把地削成一个“厂”字形的土台，土台下用长木柱支撑，按土台高度取其一段装上穿枋和横梁，与土台平行。吊脚楼低的七八米，高者十三四米，占地十二三平方米。屋顶除少数用杉木皮盖之外，大多盖青瓦，平顺严密，大方整齐。吊脚楼一般以四排三间为一幢，有的除了正房外，还搭了一两个偏厦。每排木柱一般 9 根，即五柱四瓜。每幢木楼，一般分三层，上层储谷，中层住人，下层楼脚围栏成圈，堆放杂物或关养牲畜。住人的一层，旁有木梯与上层和下层相接，该层设有走廊通道，约 1 米宽。堂屋是迎客间，两侧各间则隔为二三小间为卧室或厨房。房间宽敞明亮，门窗左右对称。有的苗家还在侧间设有火坑，冬天就在这烧火取暖。中堂前有大门，门是两扇，两边各有一窗。中堂的前檐下，都装有靠背栏杆，称美人靠。修建吊脚木楼的地基必须是把斜坡挖成上下两层；每层进深各为 6 尺多，各层面积约 100 平方米。上下两层相差约 4 尺多，层与层之间的山壁和外层山体用石头砌成保坎。建房时，将前排落地房柱搁置在下层地基上，最外层不落地房柱与上层外伸出地基的楼板持平，形成悬空吊脚，上下地基之间的空间就成为吊脚楼的底层，这就是所谓的“天平地不平”的吊脚楼特点。吊脚楼采用穿斗式结构，每排房柱 5～7 根，在柱子之间用瓜或枋穿连，组成牢固的网络结构。中柱一定要用枫木，因为枫树是苗族的生命图腾树，是象征祖先灵魂的圣树。吊脚楼一般以三间四立帖或三间两偏厦为基础，一般分为三层，底层都用作家畜和家禽的栏圈，以及用来搁置农具杂物等东西。中层住人，正中间为堂屋，堂屋两侧的立帖要加柱，楼板加厚，因为这是家庭的主要活动空间，也是宴会宾客笙歌舞蹈的场所。有少数人家在正对大门的板壁上安放有祖宗圣灵的神龛。神圣的家庭祭祖活动就在堂屋进行，一般情况下，左右侧房作为卧室和客房，三楼多用半存放粮食和种子，是一家人的仓库；如果人口多，也装隔出住人的卧室。厨房安置在偏厦里。建筑的空间分割组合，以祖宗圣灵神龛所在的房间为核心，再向外延伸辐射。家庭成员在这样的空间组合下生活，无形中便被祖宗圣灵所在的堂屋的空间引力所凝聚，从而为家庭的团结增强了亲和力。祖先崇拜的苗族传统宗教，在吊脚楼的民居建筑上被充分完美地体现出来了。

吴绍龙的手艺是从小向一位老人拜师学艺得来的，加上他刻苦钻研，技术在当地远近闻名。吴绍龙告诉我们，苗族木匠从来不用图纸，仅凭着墨斗、斧头、凿子、锯子和各种成竹在胸的方案，便能使柱柱相连、枋枋相接、梁梁相扣，使一幢三层木楼巍然屹立于斜坡陡坎上。我们都很感叹苗族木匠的手艺，这些不认识汉文的苗族木匠在建造民居中，运用高深的力学建筑原理和普通的几何图形，将房屋构筑成三角或长方形的组合，给人以一种既有典雅灵秀之气，又有挺拔健劲之美。无论柱、枋、梁、檀，都互为垂直交叉，构成一个在三维空间上相互垂直的网络体系。从纵观看，房屋的上部、中部、下部由一个三棱体和两个长方体组成，艺术感觉和结构都显得端庄稳重。由于吴绍龙技术好，所以村子里只要有建房子的家庭都找他设计和做木工活，基本上整个掌坳村的房子都是他设计的。甚至外村的好多房子也是请他帮忙盖。我们在采访的过程中正好碰上吴绍龙帮一户人家在建房子，一共三层，问了下主人造价，整个下来要花费 12 万 ~13 万元，主要花费在木材和工钱上面。吴绍龙经常在外帮别人盖房子，木工活一天收入 70 元，家里的农活主要由老伴来承担。当我们说起这么好的技术应该传下去时，吴绍龙不无遗憾地说：“儿子不喜欢干这个，不愿意学。村里其他的年轻人好多出去打工了，对木匠活都不感兴趣。”看来如何更好地来传承民间传统艺术值得我们思考。吊脚楼作为苗族等少数民族安身立命、繁衍后代、延续民族历史的根基，是经济、文化、艺术、家庭、社会和宗教观念等的积淀和集中体现。没有任何图纸、不用一根钉子就能盖成上千年不坏的房子，如此精湛的民间工艺如果没有能流传下去，实在是人类的损失。然而随着经济的发展，少数民族地区与外界接触越来越多，民族意识的渐渐淡漠一定程度上会阻碍民间传统艺术的传承。为了保护传统的民间工艺，雷山县在 2005 年将苗寨吊脚楼营造技艺申报为国家级非物质文化遗产，提出要加强非物质文化遗产的传承工作。传承途径包括学校教育和鼓励办节，在具体形式上，有群体传承和传承人传承。总而言之，保护传统民间艺术的目的就是保护我们民族悠久的文明特征，就是让一个民族的古老的生命记忆和活态的文化基因和血脉得以延续，就是弘扬一个民族的伟大精神。

十一、寨老家庭

（一）寨老吴廷金家

根据村委会的安排，2009 年 7 月 14 日下午，我们到本村的寨老吴廷金家进行访谈。担心我们和寨老的谈话存在语言障碍，大塘乡团委书记李强专门陪同我们一起进行访谈。还没有走到吴廷金家，就看到一位慈祥的老人站在门口微笑着向我们招手致意。

吴廷金，男，今年 74 岁，初中文化，是本村的几位寨老之一。老人看上去虽然黝黑瘦削，但精神矍烁。交谈中我们得知，老人的老伴已去世，老人共有三子一女，其中大儿子吴胜红，今年 38 岁，小学文化，至今尚未成家；二儿子吴勇，今年 32 岁，小学文化，已结婚生子，育有一男一女，女儿 9 岁，即将升入小学四年级，儿子 3 岁；二儿媳妇在家务农；三女儿吴宇春，28 岁，小学文化，已出嫁；小儿子吴宇贵，今年 23 岁，初中文化，未婚。可以看出，老人的子女们受教育程度都比较低。提到这个话题，老人说，主要是因为当时家里比较穷，子女又多，所以孩子们很早就辍学在家。

全家现有水田 3 亩 1 分、旱地 3 分，还有 6 分林地。水田主要种植水稻，旱地则主要种植玉米。由于大儿子和小儿子都未成家，目前全家人在一起生活。整个家庭的年收入有 8000 ~ 9000 元，其中主要来自 3 个儿子的打工收入。3 个儿子做砖瓦工。大儿子和二儿子每天的收入有 60 ~ 70 元，一般在农闲时外出打工，农忙时则在家种田；小儿子以前曾去过上海打工，现在长年在贵阳打工，只有在逢年过节时才回家。除了打工收入，其次是来自养猪的收入。家里每年都要养两三头猪，养猪一般不买饲料，主要是以家里种植的玉米做猪食。再有就是国家每年给农民发放的种粮补贴。全家每年的支出 5000 ~ 6000 元，除了日常生活必需品，就是农用的化肥等支出。全家人从 2007 年起参加了新型农村合作医疗，每人每年交纳 10 元的费用；孙女上小学，每年交 20 元的保险费。

老人的寨老身份是我们十分感兴趣的话题。寨老，通俗地说，就是村子里德高望重的长者，由村民们推选产生，并由村两委予以确认。按照老人的说法，做寨老应具备的基本条件是：50 岁以上，为人正直，不偏不倚，在村中具有很高的威望。同时寨老不能兼任村干部一类的行政职务，以保持其独立性，主要是为了防止受行政干扰不能代表群众利益。虽然村里也有村民代表，但是他们只是依照《村民组织法》的规定表达意见，不具体参与村子管理，地位远没有寨老重要。

寨老的职责，主要负责调解村里、邻里纠纷，维护村里的公共秩序。当村里或邻里发生纠纷时，如果双方争执不下，就一致商定请寨老进行调节仲裁，同时村干部也参与其中；纠纷双方要先各拿出 100 元钱交到村里，来请寨老和村干部；而后寨老、村干部把双方召集在一起，先听取双方关于纠纷的情况陈述，根据双方的陈述，寨老会逐一进行分析，指出错在哪一方，或双方各有哪些错，直到接受调解结果；调解完毕后错的一主或主要过错方上交的 100 元钱不再退还，没过错的一方或过错较少的一方会被退还 50 元钱；纠纷双方所交的钱拿出一部分给寨老作酬劳，剩余的则上交村里。一般情况下双方都会接受寨老的调解结果，如果没有调解成功，再到乡司法所进行调解。农村里的纠纷往往非常具体，大到山林水土、婚丧嫁娶，小到天旱时放了邻家的田水、鸭子没看牢吃了人家的秧苗，如果不能妥善处理都会引发极大的矛盾。而这些非常具体的问题往往无法统统通过法律来解决，所以寨老们就承担起了“民间法官”和调解员的作用。

寨老任期并非终身制，如果做寨老私心太重，做事不公道，村民会在改选时进行“罢免”。寨老的一言一行大家都看在眼里，因此做寨老后更是要在各方面身体力行、率先垂范，以不辜负大家的期望。

除调解纠纷外，寨老的威望在村子里的其他事务中也发挥着积极作用，比如修路、搞募捐也要寨老出面才能顺利开展。

谈话过程中，老人的大儿子端上了自家包的粽子请我们品尝。吃着香甜的粽子，我们感受到苗乡人民的质朴和热情。老人家中的陈设比较简单，家用电器只有电视机、电风扇、电饭锅、电磁炉等有限的几件。老人说，电视机是大儿子五六年前买的，现在家里都用电饭锅煮饭、电磁炉炒菜；只有在做猪食时才烧柴，或遇到停电的情况时才烧柴做饭。老人一辈子的主要活动就是种田，年轻时由于文化程度较高，曾在人民公社时期做过大队会计。老人也很少出门，去过的最大城市也就是黔东南州的首府凯里，绝大多数时间是在家务农。老人平时喜欢听村里播放的苗歌，有时也跳跳铜鼓舞。虽然家里有电视机，但看得不多。但老人对外面发生的事情也了解不少。老人经常和村里人在树荫下歇凉聊天，很多信息就是通过这种方式获取的。对于现在的生活，老人很满意。老人如今已年逾古稀，膝下儿孙满堂，家中的生活虽然不算富裕，但也衣食无忧。我们衷心希望老人健康长寿，安享晚年！

（二）现任寨老吴庭学家

在村支书的带领下，我们来到吴庭学家。吴庭学家两层木质结构的房子宽敞明亮，房子每层都有近 100 平方米。客厅靠墙一侧的电视柜里，摆放着一台 25 寸的创维牌电视机，从家里 1988 年购买第一台电视机开始，这已经是第三台了。电视柜下层放着一台 VCD 机，电视机旁边的柜子上放着饮水机和电话。电视机对面的长条沙发使整个客厅看起来舒适安逸。客厅旁边的一个小屋里放着一台洗衣机和一辆摩托车。据吴庭学介绍，家里共有三台农用设备，其中包括 2006 年花 600 元购买的农田灌溉抽水机、2007 年花 500 元购买的脚踏打谷机和今年年初花 200 元购买的杀虫喷雾器。在掌坳村极少有家庭购买农用设备，绝大部分家庭的生产方式还比较原始。大部分家庭的旱地都未配抽水机，主要靠雨水自然灌溉。在稻谷成熟以后，一般采用手工的方法，将整棵水稻用力向下摔，以使生谷从水稻上脱落下来，极少有家庭用打谷机。村支书介绍说：“吴庭学家的脚踏打谷机在整个掌坳村就只有两台。”吴庭学家有 4 亩田、5 分土，是 1980 年村里分田到户时分下来的田土。由于掌坳村田土的产量差别很大，坝子田（海拔较低、水源充足平坦的田地）每亩可以产 950 斤左右生谷，高坡田（山坡上的田土）只能产 300 ~ 500 斤的生谷。因此当时分田并不是按田土的面积平均分配，而是按照田土的产量平均分配。当时吴庭学家有 5 口人分地，分到 4 亩田、5 分土之后，至今土地关系都没有变更过。

吴庭学 71 岁，虽然身体不好，但精神矍铄、思维清晰。他从 1955 年开始读书，先后就读于莲花小学、雷山中学，1961 年高中毕业后分配到乡里的粮管所工作，工作勤恳认真，在单位广受好评，曾多次受到上级领导的嘉奖和鼓励，参加工作不久后，被提拔为粮管所的副所长，1978 年因各项表现突出，加入中国共产党。吴庭学说自己工作一直很平稳，没有什么变动。1999 年，吴庭学从粮管所退休，退休后在村里干了 6 年的副支书，主要负责宣传党的各项政策、带领村里人学习党的文件并协助支书工作。吴庭学现在是村中的寨老，但觉得自己并没有做什么工作，只是寨子里的人信任自己。老伴今年 63 岁，皮肤黝黑，看起来精明能干，是家里的主要劳动力。家中的 4 亩田、5 分土全部由老伴来耕种。每天早晨吴庭学的老伴都要去山上割 80 斤左右的草，用担子挑回来喂牛。虽然这些活都很辛苦都是体力活，但她做得得心应手。

吴庭学有两儿一女 3 个孩子。大女儿吴英 40 岁，已经嫁到外村，有两个孩子，平时在家中种田照看孩子，所以很少回娘家看父母。大儿子吴道标和妻子在广州打工，有 3 个儿子，全都交给吴庭学和老伴照顾。大儿子 2 ~ 3 个月寄钱回家一次，每次寄 1000 ~ 2000 元。吴庭学和老伴特别喜欢这 3 个孙子，大孙子已经上小学五年级了，虽然在班级中年纪小，但学习成绩很好。另外两个孙子还没上学，但都聪明懂事。在掌坳村，由于种田的收入有限，不足以维持生活，大部分青壮年都去外地打工，村里留下老人种田、照看年幼的小孩。吴庭学家的情况在掌坳村很普遍。小儿子吴义 35 岁，1997 年结婚，和妻子唐玉珍都是永乐中学的教师，有一个孩子，放寒暑假时，经常带着孩子回家看父母，很是孝顺。

吴庭学家的收入主要分为 3 部分。吴庭学的退休工资收入、家里种田养猪的收入和演出收入。吴庭学在退休以前，每月工资 400 ~ 500 元，现在每月可以领到退休金 800 元；家中 4 亩稻田产的 3000 斤生谷，全部供自己家中食用；家里养的猪一部分外卖，其余自己家里吃，所以具体的收入不好统计。掌坳村旅游业开展起来以后，为游客表演的收入成为家中一项主要的收入来源。雷山县素有“苗疆圣地”之称，被誉为苗族文化中心，这里拥有丰富的自然生态和民族文化旅游资源，每年吸引了大量游客前来观光旅游。各旅游景点都招募大量的演员表演芦笙舞、铜鼓舞等各类富有苗族传统的节目。村民在种田之余或农闲时表演每人每天可收入 50 ~ 60 元。因此，发展以苗族文化为依托的旅游业，不仅促进了当地经济的发展，加强了掌坳村与外界的沟通，同时也成为提高农民生活水平的重要途径。吴庭学擅长吹芦笙，吴庭学的老伴喜欢跳苗族传统的芦笙舞和铜鼓舞，老两口经常在村里或者村外演出，每月收入1000元左右。老两口每年得到的货币性收入（不算种田、养猪收入）约有21800元。

吴庭学说家中一年的支出不好估计，支出主要有两个方面，一部分是农业生产支出，另一部分是红白喜事的支出。在掌坳村大部分农民种田都是供自己家食用，不再额外购买食物，因此吴庭学家几乎不需要食物支出。在农业生产中，4亩田需要种子4千克约100元，肥料以农家肥居多，但仍需要100千克约合300元的化肥，农药共需200多元。掌坳村虽然建有引水沟，把山上的河水引到山坡上的田地中灌溉，但位于大片田地中央位置的稻田引水沟中的水不能流入，就造成了稻田的干旱和减产。吴庭学家的4亩田中有2亩就属于这样的旱地，家里在2006年时购买了抽水机，把河水抽入稻田中，但抽水机工作一小时就要用1千克柴油，抽水机每天工作几小时就要花20元钱。抽水机的柴油成本不是固定的，当抽水成本过高时，就只能看着旱地里的稻谷减产。红白喜事同样是家中一项重要的经济支出。2008年，儿媳妇的弟弟盖了新房，吴庭学送了2000元的礼金，老伴送了两头猪（当地一头猪折算为1000元）。

“国际行动援助组织”是一个以消除贫困为宗旨的公益性国际联盟。从1972年成立至今通过与2000多家当地扶贫和民间组织合作，帮助了上千万最贫困的人口和弱势群体。在掌坳村，“国际行动援助组织”主要致力于改善当地的基础设施、提升妇女地位、改善医疗和卫生条件。吴庭学的老伴参加了“国际行动援助组织”的养猪项目，2008年9月吴庭学的老伴获得了“国际行动援助组织”1000元的无抵押贷款，用于发展养猪项目，条件是2009年9月偿还1050元。吴庭学2008年用这笔钱买了两头猪崽，再过1个月这两头猪崽就可以出栏偿还贷款。在“国际行动援助组织”和当地卫生局的资助下，吴庭学家2008年盖起了室内“三隔室”厕所，“三隔室”厕所由粪坑、化粪池、取粪池三个部分组成，有效提高了妇女的卫生条件和健康水平。

吴庭学身体不是很好，1974年、1994年两次因胆结石做手术。1974年花医药费5000元，1994年花医药费8000元，好在医药费由单位报销了80%。2007年吴庭学住院手术又花2000元，由于投保了新型农村合作医疗可以报销70%，减轻了家里大部分医疗负担。

吴庭学的老伴农闲时，最喜欢苗族传统的手工刺绣，经常为孙子、孙女绣衣服。她最得意的作品是为大孙女绣的盛装，做工非常精美，上面绣的龙、凤栩栩如生。但如此精美的刺绣服装和饰品她却从来没有卖给游客的意识。

吴庭学家的收入在掌坳村中处于中等水平，由于家里医疗、卫生等问题得到了较好的解决，因此生活相对宽裕。同时农业灌溉基础设施的不足和商品经济意识的薄弱制约了吴庭学家庭收入的增长。当地应加大旅游业的发展，增加农民在旅游业中的参与程度，使农民不仅通过做演员增加收入，更能够通过旅游业促进掌坳村商品经济的流通，改变这种自给自足的小农型生产模式，从根本上增加农民收入、促进农民生活水平的提高。

十二、打工家庭

（一）打工致富户吴胜忠家

吴胜忠家是掌坳村典型的打工家庭，巧的是，他正是我们上午采访的吴德岳寨老的大儿子。通过与老人的交谈，我们大致了解了吴胜忠家的基本情况，大家都非常想见见老人口中孝顺的好儿媳。吴胜忠家住在坡顶，地势较高，我们着实费了一番力气才走到。男主人吴胜忠出去打工了，只有他的妻子在家。女主人皮肤黝黑，衣着朴素，头发梳成苗族人传统的发型；圆圆的脸庞上挂着美丽的微笑，看上去特别和蔼可亲。她热情地招呼我们进屋，我们随她穿过有些黑暗的厨房，进入客厅，顿时有一种别有洞天的感觉。房子整体是木质结构，冬暖夏凉通风好，客厅很宽敞也很整洁，可能是由于她家所处的位置高，所以屋子里光线非常充足，窗外一片蓝天白云绿树的景色也非常漂亮。随行的翻译杨健老师说，这座房子是1999年建的，2008年年底开始翻修，现在我们看到的其实还是半成品。就拿我们待的这个客厅来说，天花板还没有装，也就是说这里应该是两层的空间，所以会觉得特别敞亮。女主人听了我们的话，爽朗地笑着说她和我们有同感，也觉得这样更明亮，还打趣地说没准就不装天花板了。由于这是我们入户调查的第一家，也是第一次看到苗家吊脚楼，所以对此产生了很大的兴趣。我们发现除了能看见的厨房、客厅和二楼的储藏间外，找不到卧室，后来经女主人提示，才在客厅南、北两面墙上找到了4个小小的门把手。推开一看才明白房屋建构的特色，原来为了整洁和干净，门都是隐蔽式的，和客厅的木板融为一体，如果不仔细找，还真看不出其中的奥秘，而吴胜忠家的三间主卧和一间客卧就是这样隐藏在客厅之中的。房子还有一层是地下室，面积只有客厅的一半大，用来养猪、牛等牲口，厕所也建在那里，而另一半的空间就是吊脚楼的“吊脚”，也就是说楼上客厅的这一部分是悬空的，这样可以有效地防潮。参观完毕，我们开始切入正题，女主人看我们汗流浃背，贴心地拿来了电风扇，在丝丝凉意中，我们的谈话开始了。

女主人名叫张芸，大塘乡万村人，今年40岁。她小时候家里人口多，父亲在外地打工，母亲独自种田负担重，为了照顾年幼的弟弟妹妹，张芸只读到一年级就辍学回家种地了。她的丈夫吴胜忠今年45岁，初中毕业，现在打石场当炮工。我们问她和丈夫是怎样结识的，她不好意思地笑了，很羞涩地说，在她们村，女孩子吃完晚饭后都会在一个固定的地方聊天，那时候外村的很多男孩子为了交朋友经常去她们聚会的地方玩儿。可张芸唯独对其中的吴胜忠情有独钟，经过对歌和交谈，俩人迅速确立了恋爱关系，并于1988年喜结良缘。他们有两个儿子，老大今年17岁，读高一，小的今年15岁，读初一。张芸大部分时间在家种地，农闲时也会在县城打工，主要是做一些修路、修河堤、砌房子等短期零工，工钱是一天40元。她的丈夫在采石场一个月挣1000多元，一个季度回家一次，通常回来一次会带回三四千元钱。张芸说虽然丈夫挣得比较多，但采石这项工作非常危险，石场随时都有塌方的可能，所以她也无时无刻不为丈夫的安全担心。

张芸一家4口人，但只有1亩田地。原来是由于丈夫吴胜忠家人口多，当时分家时每个人只能分到这么多，而这些年即使家里又新添了人口，也没有重新分过地。但张芸并不计较这些，她说只要够吃就好，家里地少可以一人种地一人打工，收入还多些，如果家里地多，那两个人只好都留下来种地了。家里的水稻一年收获1000斤左右，坡地种的玉米收获300斤左右，还有少量的黄瓜、南瓜、地瓜、西红柿和辣椒，这些都是自产自销，刚刚够吃，没有拿出去卖。由于土地面积小，所以种水稻的成本并不高，2008年她买了1千克种子，花了30元，买农药花了70元；肥料方面张芸说以前用化肥觉得效果并不好，于是从2008年开始使用农家肥，这个成本可以忽略不计；人工方面除了请公公帮她犁地外，从种到收都是由她一人完成，没有雇人。家里还曾养过4头猪，自从猪肉价格下降就卖了，2008年两头共卖了1800元，今年另两头共卖了1400元。这样看来，张芸家的生活应该过得不错，但我们发现她家的电器非常少，只有电视、电饭锅、电磁炉这些最基本的东西，家具也不多，客厅空荡荡的只放着几张小板凳，卧室也只有一张床，代步工具也只是一辆自行车，这似乎又表明她家的生活并不是那么宽裕。通过与张芸的交谈我们找到了答案，她家2008年的支出主要用在了3个方面：一是装修房子。张芸说，她当初嫁过来时吴胜忠家特别穷，她跟公婆在一起住了13年才搬进了现在住的房子。1998年盖房时，除了小叔给了1000元钱外，其余的花费都是她和丈夫打工赚的钱，而公婆没有赞助他们一分钱，那时盖房花了七八万，这差不多是吴胜忠夫妻俩这么多年的全部积蓄。10年后，两人决定重新翻修房子，首期投入就是15000元，但这远远不够，就如我们所看到的一样，房子的装修至今也没有完成，后续的投入也将会更多。就像普天下所有的母亲一样，张芸还要为两个儿子考虑，她说儿子们越来越大了，她要为儿子结婚盖房攒钱，现在盖这样一栋房可能十三四万都不止。由此可见，“住”作为人类生存的最基本需求之一，制约着人能否去追求个人更高的精神需求。在这种盖房置业和倾向储蓄的传统观念作用下，人们当前的消费就会受到影响，就会产生少消费甚至不消费的心理，但有很多时候这种想法是不成立的，人们必须为一些行为花钱，即使收入并没有显著增加，所以这就产生了矛盾，人们就会感觉被这种无形的压力所累，生活质量也会日益下降。也许这就是张芸家家当少的原因，因为她要竭力减少不必要的开支，以维持家中的收支平衡。另一方面是供孩子上学，张芸说这两个孩子尤其是老大的教育支出给家庭带来不小的经济负担，老大上高中一个学期的学费就要1000多元，加上住宿费、伙食费等要2000元左右。上初中的老二要好一些，但一学期也要花两三百元。现在丈夫打工挣的钱除了拿出一部分装修房子外，其余的都给两个孩子交了学费，所以基本存不下多少钱。第三笔主要开支是张芸2008年得了胆囊炎，虽然没有住院只是在门诊输液，也花了三四百元。说到这里张芸感叹道，还好她们全家都参加了新型农村合作医疗，一人一年10元钱并不多，等到生大病时还是有保障的，就像她这次得病，新农合就报销了将近一半的钱，给她减轻了不少负担。除了这三方面比较大的开支外，还有就是买食品、衣服等，另外就是红白喜事的随礼，张芸说她家送礼的标准就是自家亲戚送的多些，基本是几千元，若是其他人就会少些，一般是几十元或一升谷子。令我们意外的是，张芸说随礼不仅不是她家经济的负担，即使一年中有几份这样的随礼也不觉得怎样，这可能是因为当地的风俗习惯是还礼要比送出的多，张芸认为现在给出去，将来不但能收回来，还会获得更多。我们又问她近些年觉得家里的收入支出有什么变化，张芸想了一下说道丈夫2007年挣得比较多，但自从金融危机以来，她家的收入骤减了一半，而且她2008年生病没有出去打工，再加上物价上涨带来的影响，使她家的生活更加紧张，存款越来越少；今年虽然物价有所下降，但因为这段时间天气热雨水多，她还要养病，所以也没有去打工，收入也就一直没有增加，一家人仍然过得比较艰苦，和2008年相比没有多大起色。

张芸家住得比较高，我们担心她家的用水问题，她说这点不用担心，村里建了一个蓄水池，家里平时喝的水是自己接管子从水池引过来的。家里一年水费是15元，而用电也不过一度4毛5分钱，算是非常便宜的了。冬天取暖主要使用炭火，农闲时她会上山砍柴烧成木炭，用水熄灭后抬回家储藏起来，等到寒冷时再拿出来烧。说到农闲，我们又问她休息的时候喜欢干些什么，张芸笑着说她喜欢刺绣，说着还拿出了她刚刚完成的作品。一件黑色的天鹅绒上衣，虽然衣服整体非常朴素，但领口和袖口上鲜艳的花朵却使它生动起来，不再那么单调。我们仔细看了一下，发现针脚非常细密，花形也非常复杂，花朵的排列错落有致，像是一件艺术品，可见张芸就是用她的这双巧手来给平淡的生活增添了无穷的乐趣。张芸说自己还喜欢跳铜鼓舞、跳芦笙，但只限于逢年过节，大部分时间她还是会选择看电视来丰富自己的闲暇时光。从一进门我们就发现张芸的发型很特别，虽然知道这是苗族的特色，但还是想了解其中的奥妙，张芸为我们解释道，苗族女孩子头发都比较长，这样盘起来一是凉快，二是方便干活；发髻上插把梳子不仅是为了固定头发，还方便随时拿梳子整理头发；而插朵花就更好理解了，女孩子都爱漂亮，希望自己像花儿一样美。看来，苗族人不但勤劳而且聪明，通过一个简单的发型，苗族姑娘就把自己的诸多优点表现得淋漓尽致。

当我们说到上午采访的吴德岳老人对她大加赞赏、非常满意时，张芸谦虚地说自己做得还不够，她觉得对老人孝顺是每个儿女都必须做到的，所以不管是对自己的父母还是对公婆都要尽心尽力，尤其是公婆，要把他们当成自己的亲生父母一样去关爱，不管他们怎么责备自己，也不能计较抱怨；谁家有了困难，都不能袖手旁观，要尽自己最大的努力去帮助。俗话说“家和万事兴”，这句话在这个大家庭得到了完美呈现，我们也不由对张芸心生敬意和佩服。张芸与邻里之间的关系也非常融洽，她从未与邻居发生过争吵。她认为远亲不如近邻，谁家有了红白喜事忙不过来她都会主动去帮忙，总之就是有福同享、有难同当。我们又问她对村子和个人现在及未来的发展有什么看法，张芸沉思了一会儿说，她觉得当地的治安非常好，家里从未丢过东西；村里修通了公路使得大家的出行和运输更为方便，尤其是买了煤、水泥、砖头等不用再靠人力搬抬了，用车就能直接运到家门口，非常省力。她希望村"两委"能够动员村民改造厨房的灶台，并修建公共厕所，因为她发现外地人来到村里根本找不到厕所，这是难以发展旅游的一个原因。至于自己，虽然有勤劳致富、改善生活条件的想法，但是劳动力不足、经济头脑差、文化程度不高、信息相对闭塞等现实问题一直困扰着她，使得她不知道该怎样做，所以她希望大城市能派更多科技人员来村里指导培训，给大家带来更多最新的资讯。现在村里夜校教授的一些农业生产、玉米栽培、养殖技术、果树栽培等内容对她的帮助就很大。张芸非常重视对孩子的教育，她希望孩子都能考上大学，她盼着有那么一天，即使为此倾家荡产她也心甘情愿。

张芸为了照顾孩子，选择在家种地，她的丈夫吴胜忠就成了家中唯一的劳动力。吴胜忠和大多数掌坳村外出打工者一样，在工作环境恶劣、工作强度大、工作风险高的石场当炮工。我们了解到虽然他们与用人单位签订了劳动合同，但一旦发生意外，这个唯一的顶梁柱一倒，家庭的生活就会完全陷入困境。据介绍，掌坳村在 1997 年就被县政府命名为"民族风情旅游村"，可现实是掌坳村大量的旅游资源没有被开发利用，依然还是那个名不见经传的小山村，所以继续发展旅游是非常紧迫的。对于村民来说，通过旅游热带动起来的农家乐是他们致富的最好方式，像张芸家，她种地的压力不大，孩子们又都已长大不用她时时刻刻照看，所以她家就非常适合开展农家乐。家里有了比较稳定的收入，也能为丈夫减轻养家糊口的负担。我们希望掌坳村的旅游能够早日发展起来，也希望张芸家的生活能够早日富裕起来。

（二）留守家庭吴廷镇家

我们是在村委会见到的吴廷镇，他典型的南方身材，矮小瘦弱，由于年龄偏大，背已经驼了，他是带着刚一岁半的孙子一起过来的，孩子不停地哭泣，使我们的采访时断时续。

吴廷镇，男，73 岁，苗族，小时候由于家境贫寒没有接受过系统教育，祖辈都生活在掌坳村，据老人介绍儿时听父辈们说掌坳村是从掌雷村迁移过来的，原本姓王，迁移后改姓为吴。但老人自己并不是一直生活在村里，12 岁的时候，国民党抓壮丁，拥有男丁的农户都要按照二抽一、三抽二的比例抽调青壮劳动力，每家最多只允许留一个男丁看守门户，为了逃避这场灾难，只好远走他乡，一直到解放后才返乡。

解放后老人开始是以给别人放牛为生，后来村里成立了互助组，集体分配粮食，于是就跟其他人一样参加集体劳动，按工分分配口粮。人民公社成立后，他曾在农民夜校学习，结业后任小组会计、广播员，后来在村委当会计一直到改革开放。

1. 家庭生产状况

全家总共有 8 口人，除去老两口外，还有大儿子夫妇、二儿子夫妇。大儿子夫妇育有一子，二儿子夫妇育有一女。大儿子是初中学历，懂一些电脑方面的知识，夫妇二人在华南师范大学附近从事与电脑相关的工作；二儿子夫妇在家务农为生，两个儿子已经分家，两位老人跟大儿子一起生活。

全家总共有 5.1 亩水田，0.7 亩旱地，2009 年开始修建的县级公路占用了老人家里的耕地 1.8 亩，赔偿标准是 2 万/亩，一次性支付，林地已分，但是具体面积自己也不清楚。据老人说村里农户不了解自己家有几亩林地的情况是普遍存在的，而这就涉及了林权制度改革的问题。据了解，我国在 2008 年推出了林权制度改革的新政策。在新中国成立后，特别是改革开放以来，我国集体林业建设取得了较大成效，对经济社会发展和生态建设作出了重要贡献。集体林权制度虽经数次变革，但产权不明晰、经营主体不落实、经营机制不灵活、利益分配不合理等问题仍普遍存在，制约了林业的发展。为进一步解放和发展林业生产力、发展现代林业、增加农民收入、建设生态文明，国家推出了很多关于林权方面的具体措施，首先在产权问题上国家明确指出将用 5 年左右时间基本完成明晰产权、承包到户的改革任务。在此基础上，通过深化改革、完善政策，形成集体林业的良性发展机制，实现资源增长、农民增收、生态良好、林区和谐的目标。在坚持集体林地所有权不变的前提下，依法将林地承包经营权和林木所有权，通过家庭承包方式落实到本集体经济组织的农户，确立农民作为林地承包经营权人的主体地位。林地的承包期为 70 年，承包期满，可以按照国家有关规定继续承包。掌坳村的林权制度改革已经完成，相信改革可以改善掌坳村林权不明晰的情况，从而实现制定该政策的最终目标。

由于家里人口比较多，所产粮食全部用来食用，并无出售；同时由于自家的旱地数量少，种植的土豆和红薯除去日常作为蔬菜食用部分，剩不了多少做饲料，所以吴廷镇只饲养了两头猪，逢年过节还要用来改善伙食，可以说基本上农业和畜牧业都是为了满足自己的需要。

吴廷镇老人说，在生产劳动中遇到的最大的困难就是家人生病。自家的田地全是高坡田，所谓的高坡田就是地势较高，分布在山坡上面无法灌溉的耕地。由于无法人工灌溉，所以完全要靠天吃饭，而且地势高只能使用人力来耕种。老大夫妇在外打工，老二还有自己的家庭要照顾，如果生病的话就只能把土地荒废，一年的收成也就没有了。

虽然村里仍然有村民小组，但是性质和作用已经跟原来完全不同。据老人讲现在全村各家各户都是各种各的，邻里亲戚之间的帮忙也只是偶尔和暂时的，协作很少。同时国家在耕作、养殖上没有任何技术支持和辅导，这也很不利于协调生产。就拿打杀虫剂来说，各家各户都是根据自己的时间来选择打农药的时间，但是如果自家的地里打了药，而邻近的地没有打药，病虫害就会从未喷洒农药的地里传播到已经打过农药的地里，这样病虫害不能被彻底消灭，农户为了保障粮食产量还要重复多次喷洒农药。我们知道，从1981年开始，我国开始实行家庭联产承包责任制，而家庭联产承包责任制是指农户以家庭为单位向集体组织承包土地等生产资料和生产任务的农业生产责任制形式。其基本特点是在保留集体经济必要的统一经营的同时，集体将土地和其他生产资料承包给农户，承包户根据承包合同规定的权限，独立作出经营决策，并在完成国家和集体任务的前提下分享经营成果，一般做法是将土地等按人口或劳动力比例根据责、权、利相结合的原则分给农户经营。承包户和集体经济组织签订承包合同。具体形式有：①包干到户。各承包户向国家缴纳农业税，交售合同定购产品以及向集体上交公积金、公益金等公共提留。其余产品全部归农民自己所有；②包产到户。实行定产量、定投资、定工分，超产归自己，减产赔偿。目前，绝大部分地区采用的是包干到户的形式。家庭联产承包责任制是我国农村集体经济的主要实现形式，主要生产资料仍归集体所有；在分配方面仍实行按劳分配原则；在生产经营活动中，集体和家庭有分有合。家庭联产承包责任制是中国农民的伟大创造，是农村经济体制改革的产物。党的十一届三中全会以后，在党中央的积极支持和大力倡导下，家庭联产承包责任制逐步在全国推开，到1983年年初，全国农村已有93%的生产队实行了这种责任制。

通过吴廷镇老人上面的介绍我们可以看出在家庭联产承包责任制的实际实施过程中，我们更多地关注了分而忽视了适度地合；把中心点放在了提高农民生产积极性上，却没有给予集体生产方式足够的关注，这在政策实施的初期、劳动生产率低以人力为主的阶段可能看不出有什么弊端，但是随着生产率的提高、劳动力的转移，缺乏协作的弊端逐渐显现。到现在我们还在坚持实行家庭联产承包责任制，而这种制度是否在使用了将近30年后仍然能适应我国现在的农业现状呢？能否跟上我们的发展结构呢？这是一个值得我们深思的问题。

2. 家庭生活状况

吴廷镇老人说自己家现在有一幢房子居住，但是这个房子只有3间，面积大约是50平方米，这在村里来说算是很小了。农村的房子很讲究宽敞，因为还要储存粮食，家里的孩子也比城市里多，但是现在林业局严格限制上山砍树，没有木材无法建造新房，现在居住的房子是以前人民公社时期的公共碾坊。

老人的父亲曾经是木房设计师，这是一门很受欢迎的技艺，但是却从未传授手艺给他，老人自己只是跟父亲学了木工。老人说在村子里建房，必须要先看自己的生辰八字是否与木匠师傅相符，这倒是我们第一次听说。老人做了40年的木工师傅，曾经完整装修过两套房子，老人还给我们描述了建房的基本过程，一听就是专业人士。能亲手给孩子建一座房子，这是老人现在最大的心愿。

红白事都是在叔伯兄弟间进行商量，老人的大儿子结婚的时候总共收到礼钱4000元，稻谷1200斤，小儿子结婚的时候收到礼钱8000元，稻谷1200斤，不过老人说这些基本上都是收支相抵，结婚总要体面些。

3. 社会活动状况

老人说自己平时很少看电视，也没有其他获取信息的途径，照顾土地和孙子消耗了自己所有的时间。

对村委工作也不是很满意，老人认为村委办事不够及时。听完老人的介绍我们才知道原因是这样的，老人是村里的管水员，负责在干旱时期大约是

7、8、9三个月份看闸限水，以调节用水量。随着年龄的增大，老人感觉力不从心，就跟村里反映要求村委重新选派管水员，但是一直到现在这个问题都没有得到解决。老人很生气才会有这种反应。其实办事拖沓的问题，在中国农村是比较普遍的问题，一方面由于村里的工作比较琐碎，当然另一方面也是基层组织办事缺乏效率所致。

4. 现在面临的主要问题

老人说现在最大的问题就是保持现有生活水平，老人整个家庭一年的支出情况为：农业生产支出500元，生活支出5000~6000元，土地被征用后，影响了全家的生活。因为大儿子每月800~1000元工资，只能满足他们夫妇二人的生活，只是在农忙时寄300~500元补贴家用，所以耕地是全家最重要的收入来源。虽然耕地征用有2万元的补贴，但没有投资的渠道，钱总有花完的一天，后续的生活怎么解决呢?

采访的过程中，老人的小孙子一直在哭闹，这使我们发现一个老人并没有注意到的问题——孙子的教育问题。

这个孩子的父母一直在外面打工，把孩子留给老人照顾。对于这么小的一个孩子，这么早就没有了父母的照看，跟着年迈且没有接受过系统教育的爷爷生活，很难保证孩子在成长过程中得到足够的教导。这就使我们不得不关注到留守儿童问题。我们知道，在我国社会快速转型和城市化过程中，人口迁移流动日益频繁，越来越多的农民工背井离乡外出务工，其中很大部分农民工把子女扔给了老人监护或寄养他人，于是在农村出现了一个特有的群落——乡村留守子女。我们把这些孩子称为农村留守儿童。这些孩子的父母双方或一方流动到其他地区，自己留在户籍所在地，因此不能和父母共同生活在一起，得不到足够的照顾，这产生了很多问题：

（1）留守儿童的学习普遍较差

父母外出，缺乏有效的家庭教育这个重要环节，留守儿童对学习缺乏热情，进取性、自觉性不强，作业不能按时完成，应付了事，学习成绩普遍较差。调查显示，留守儿童中学习成绩优秀的不到20%，80%以上学习成绩中等或偏下，有的主课只有30~40分，有的逃学、厌学，上课纪律性差，学习成绩较差比例之大令人担忧。

（2）留守儿童的行为习惯较差

大多数留守儿童自我控制能力不强，生活习惯不良，表现在不讲卫生、不换衣服、挑食挑穿、乱花钱；有的留守儿童行为习惯较差，在家里不听代养人教导，顶撞祖辈、我行我素，在学校不遵守规章制度，不服管理，说谎骗人，小偷小摸，成为了“问题儿童”。

(3) 留守儿童心理出现偏差

留守儿童大多年龄在1~15岁之间，正是情感、品德、性格形成和发展的关键时期。有的出生几个月或一周岁后，父母就外出务工，长期与父母分离，使他们生理和心理上的需要得不到满足，缺乏父母的关爱，亲情失落，产生孤独感，心理失衡。

(4) 监护管理不够强

留守儿童的监护人不管是祖辈还是亲朋好友，他们认为孩子的父母不在身边，不能对他们要求太严格。只要孩子能有饭吃，身体健康不生病，安全不出事就尽到了责任，隔代的祖辈对孩子过于溺爱，物质上尽量满足孩子的需求。

(5) 监护人自身素质偏低

由于监护人大多数是老年人，年纪较大，文化层次不高，有的是文盲或半文盲，他们不知道从心理上关心孩子、照顾孩子，不能在学习上给予帮助和指导，在教育态度、教育方法上还是老一套，与孩子交流沟通上存在困难。

在我们的采访过程中老人应付孩子哭泣的唯一办法就是买东西给孩子吃，而孩子吃完东西后仍然不停哭泣，老人也无计可施。这种有缺陷的幼年生活，对孩子的价值观和感情发展，一定会产生我们以上所说的不良影响。如果放任这个群体以这样的一种生存状态长大，将会增加社会潜在的不稳定因素。所以我们要尽快解决这个问题，尽量减少这个问题对社会发展造成的不良影响。

采访就在孩子的哭声中结束了，我们不禁有些沉重。虽然我国农村的状况一直在改善，但在这过程中出现了各种各样的问题，我们必须在发展的同时解决这些问题，以免滋生更大的问题，从而阻碍“三农问题”的最终解决。

（三）奏响外出务工主题曲的吴志刚家

我们要访谈的这个农户的户主叫吴志刚，他家离村委会很近，翻过一个土坡就到了。这个村很难找到平整的开阔地，一般的住家都是依山而建，这也是苗族杆栏建筑的特点。吴志刚的家门是下一个坡才见到的，极陡峭的坡上可以看到他家的小前院，坡上小道和他家的房檐几乎在一条水平线上。他家的厕所建在另一条下坡小道的路边，依傍着住家的主建筑，但门向外开着，路人可以随便使用，等于是公共厕所。由此可见主人的厚道、民风之淳朴。

由于常年在外打工，吴志刚的收入和开支、屋里的家具与家庭生活，甚至于子女的教育问题，都围绕着打工这条主线、随着访谈的逐渐深入，我们感受到了这一点。

1. 打工对求学、婚恋观念和家庭建设的影响

吴志刚生于1973年11月11日，是苗族，祖辈都生活在掌坳村。他在大塘乡的莲花小学读到小学毕业，虽然能上初中，家里也供得起，因为那时学费并不贵，但受大哥吴志彪和众乡邻外出打工的影响，1990年，17岁的吴志刚也外出打工了。他不愿继续读书，也不甘心在家务农，而是羡慕在外挣工资的哥哥和乡亲们，渴望到外面精彩的世界闯一闯。他说如果生活重来一遍，他会选择读初中，因为小学文化的农民在外打工太艰难了；他还说，再苦再累也要供儿子、女儿读到高中。

吴志刚的妻子李春，是大塘乡平寨村的苗族，比吴志刚小两岁，她只读到小学二年级。李春说这种情况很普遍，在20世纪80年代，女孩子能读完小学的并不多见。1997年，在外打工7年的吴志刚怀揣辛苦积攒的钱，回乡和李春结婚，1998年生了儿子吴光才，现在莲花小学读小学四年级；2003年生了女儿吴光英，现在读小学二年级。吴志刚和李春是自由恋爱结合的。每年春节，外出打工的农民都要回乡过年，吴志刚也不例外，他们就是在春节的热闹气氛中认识的。说到苗族的传统恋爱方式——对歌，吴志刚面露羞赧之色。他说，随着外出打工人数的增多，山乡并不封闭，很多年轻人深受汉族的婚恋方式的影响。那时男女之间谈恋爱已经不兴对歌了，就是在一起聊天，聊够了，时机成熟了就谈婚论嫁。最后还是得请媒人提亲，提亲成功就给媒人100元，结婚的花费是3000元左右。

可以说，外出打工的吴志刚长了见识，谈吐不凡的他深深吸引着李春，这是他们婚恋的精神基础；打工7年，攒够了娶媳妇的钱，才能办成婚事，这是他们婚恋的物质基础。

吴志刚的家是典型的苗族杆栏建筑，地基是砖石水泥结构。他的房子挺宽敞的。地面的是6米宽，20米长，第一层是圈养牲畜之处，有两米高；第二层以上是全木结构，有4米高，做居家之用。居家的这一层因为房顶高，还在屋内建了小阁楼，也能住人。吴志刚说，这个房子是父亲在世时盖的，那时他才5岁，亦即1978年，当时花费一万多元。盖房的程序是这样的：首先，向乡里申请盖房，待批准后即砍伐林木，也买一部分木材；其次，花钱请村里的木工来盖，整个房子基本都是木质结构，不用钉铆扣连，全靠木尖锁眼架牢。我们感觉整个房子宽敞透亮，只是略显陈旧和杂乱。吴志刚说，因为他们夫妻常年在外打工，没有时间收拾房子，今年打算整理修葺一下。

吴志刚家有一个21寸的创维牌彩色电视，有三个电风扇，一部摩托车。他说曾有过照相机，最后弄丢了，还有一部1200元买的波导手机。这些都是靠打工挣钱购置的。我们很好奇：一家四口人为什么买了三个电风扇？原来这都是外出打工时买的。因为打工时住的环境很差，大多是临时搭建的民工棚，冬冷夏热，通风极差，而电风扇又不太贵，所以每到一地打工，电风扇就成了生活的必备物品。吴志刚还告诉我们，他现在骑的摩托车是花3000元买的二手车。2008年买了一部7000多元的好摩托车，还办了驾驶证，花费近万元。像这么贵的摩托车，村里屈指可数，这也有赖于外出打工挣了钱，才舍得出手。但这部新摩托车2009年4月20日被偷了。小偷正是利用苗家建筑的特点作案的。因为房屋建在山坡上，吴志刚家的前院墙壁就是一个陡坡，陡坡上是公共道路。半夜小偷沿着三米高的陡坡下到他家前院，从里面撬开院门把摩托车悄悄抬走了。第二天他就到雷山县公安局报了案，但至今没有结果。

2. 三次外出和打工家族

说到外出打工的事，吴志刚心情有点复杂。开始的时候说自己外出打工十几年，干活很辛苦，也很危险；钱挣得很少，孩子的教育也耽误了；因为不种田，乡里发的各种惠农补贴一个都没拿到。我们很纳闷，既如此辛苦，又没钱赚，还耽误孩子的学习，为何还年年出去呢？第一次的调查只是对一些基本问题作了问答的笔录。第二次作补充调查时，我们把整理出来的一些问题与吴志刚沟通，他才逐渐地给我们讲述其打工的详细情况。

第一次外出打工是1990年，吴志刚到广东增城市的畔塘镇投靠同村的老乡吴道林，他与吴志刚同辈，说到这里，旁边的村长吴道安给我们介绍了掌坳村的姓氏族谱：这个村有两个大姓，一为吴姓，聚居于大寨；二为杨姓，聚居于小寨。吴姓的家族，按年龄长幼，依次为正、德、庭、道字辈。健在的正字辈很少了，几乎都是耄耋老人；在庭字辈以前，大家都严格按祖制辈分起名；到了庭字辈，也就是解放后，开始有分歧，与庭字辈同辈的有绍、胜、往等字辈，与道字辈同辈的有志字辈等。在增城打工主要是采石，老板管吃住，月工资700元，干了7年，攒了一些辛苦钱。1997年就回家结婚了，次年生了儿子吴光才。

2004年，吴志刚第二次外出打工，去的是广东省龙门县龙江镇，与老乡合伙承包采石场，自己的月收入在2000元左右。妻子给工人们做饭，还带着6岁的儿子，一岁的女儿放在村里由岳父带。吴志刚说虽然当了包工头，但生意不好做，除了要交纳各种费用，还要管工人们的吃住，所以没挣多少钱。最后因为挖山采石污染了水质，影响当地的农田，农民们告状，使得他们承包的采石场干了两年多就倒闭了。2006年他们返回村里。

第三次外出打工是2007年，吴志刚听说湖南郴州的马田镇要开发采石场，他和妻子又带着以前攒的钱去承包了一个工地。上小学的9岁的儿子和4岁的女儿都由岳父带着。这次承包规模扩大了，有9个工人。妻子还是买菜做饭，做一些杂事。当时月收入有3000～4000元。因为孩子上学没人管教，老人年纪大了管不过来，所以他们干了一年半就回家了。

这样，吴志刚三次外出打工到了三个不同的地方，分别带回了三个电风扇。最后一次因为利润尚可，他还买了1000元的电视，回村里又买了近万元的摩托车。

在补充调查中我们还了解到，吴志刚兄弟4个，他排行老二。四兄弟都是打工一族。比吴志刚大7岁的大哥吴志彪也常年在外打工，他有两个孩子，18岁的儿子现在雷山县城打工，16岁的女儿在读初中。比吴志刚小1岁的三弟吴志东，夫妻都在深圳的五金工厂打工，夫妻月收入3000元左右，他们12岁的儿子在莲花小学读四年级。比吴志刚小3岁的四弟吴志强，在广东东莞的五金工厂打工，还带着4岁的女儿，夫妻月收入3000～4000元。

3. 农民工的艰难处境

吴志刚的三次外出打工都是进的露天采石场，其实干这个活是很辛苦的，也很危险。辛苦是因为在露天作业，高温、高寒、强风暴雨无法避免。吴志刚说，为了赶工期，再苦再累也得咬着牙干。危险是因为和炸药打交道，吴志刚说，由于炸药本身的易爆性、炸药在爆炸过程中的不确定性，还有对炸药的管理不善等原因，还由于导火索、火雷管起爆及爆破后可能处理不当，或者警戒不严、信号不明等原因，会使安全距离不够，造成飞石伤人。还可能因为违章作业或人为失误等原因，经常有人受伤。严重的还会危及生命。

他说，采石对人的身体有很大危害。例如粉尘，露天采石场在凿岩、爆破、装卸、破碎、筛分等作业过程中，产生了大量的粉尘，会对作业人员造成矽肺等职业伤害；又如噪声，露天采石场的噪声主要产生于凿岩作业、空压机、破碎及爆破瞬间。凿岩作业产生的噪声强度很大，而且时间长、距人近，对人的危害较大；空压机在运转过程中，也产生很强的噪声，但距人较远，危害性不太大；爆破产生噪声虽然强度大，但具有瞬时性，一般距人远，有害性较弱。当我们问及是否有工伤保险等问题时，吴志刚苦笑着摇摇头。另外，采石工人的居住环境很差，都是临时搭建的工棚，潮湿闷热不通风，很难入睡。包工头为了省钱，给工人们吃的也很差。最令人烦恼的是，工钱很难及时拿到，拖欠几个月是常有的事，春节回家前能拿到就算幸运了。

吴志刚是一个典型的农民工，农民的户籍，工人的身份；家在农村，在城里工作。吴志刚只不过是2.1亿农民工中的普通一员。农民工对中国的经济有着特殊的贡献，正如刘永佶教授指出的："农民工，这个特殊的阶级，支撑着现代中国的经济和社会，每年国内生产总值所增长的百分之八或九，其中四或五都是他们以辛勤劳作贡献的。"农民工在外出打工时，改变了自己的命运和家庭生活，也影响了中国的国情和发展方向。对此，刘永佶教授有精辟的论述："农民工关乎着中国1/3人口的生计，更重要的是，他们作为自觉的农业生产方式向工业生产方式转变的人群，是中国经济现代化的主力军之一。"①

在中国，农民工问题是一个复杂的沉重的问题。吴志刚这个苗族农民工面临的种种困境值得我们深思，虽在苗乡，却也是中国之一部分。从苗乡偏僻、工种选择面窄的角度看，虽有少数民族的特殊性，但从农民工的角度来看，却具有普遍性。吴志刚的工作环境与待遇问题、他的子女教育问题、他的返乡就业问题，这些不都是全国农民工正在面对、急需解决的问题吗？

4. 返乡种田与家庭收支

因为担心孩子的教育，吴志刚夫妻才决定回乡务农。正上四年级的儿子学习较差，因为基础没打好；女儿学习很好，成绩在班里名列前茅。他说只

① 杨思远．中国农民工的政治经济学考察．北京：中国经济出版社，2005.

要儿女争气，自己再辛苦也要支持他们上 15 里外的县城中学。

吴志刚四兄弟 10 年前才分的家，当时他已结婚生子。吴志刚分到 1 亩 3 分水田，种的是杂交水稻，到万水公司买种子，15 元一斤，买两斤即可。虽然黔东南与广西北部，湖南南部乃至东部地区的江西和福建在同一纬度上，但由于地处山区，日照时间和平均气温都不如那几个省份。这里的水稻是一年一熟，亩产收 700～1200 斤谷子，年景好的时候就多打点粮食。现在的谷子收购价是 0.9 元一斤，他家能打 1000 斤谷子，即 700 斤大米，就基本够吃了，没有余粮可卖。李春说有 5 年不用给国家交粮食（农业税）了。旱地有 1 亩，主要种包谷（玉米）、红薯和洋芋（土豆）。也是一年一季，玉米的亩产量才有 200 斤，跟后面我们采访的农户相比，有点偏低。这是因为吴志刚夫妻常年在外地打工，不太会拾掇庄稼，所以水田和旱田的产量都比传统农业户要略低一些。吴志刚几兄弟的田地都交给两个堂叔种。他们每年春节回家过年时，堂叔给 500 斤谷子，算是 1.3 亩田和 1 亩旱地的地租了。

2008 年回家后，吴志刚夫妻除了拾掇庄稼，今年 3 月还养了 4 头肉猪，成本是 2100 元，猪仔的价格以前是每斤 9.5 元，因为今年猪流感盛行，猪仔价格大跌至 5 元一斤，买时猪仔是每头 105 斤，养了 4 个月，现在有 150 多斤。他打算养到 200 斤出栏，收购价是 6 元一斤。出栏时正值冬季，春节猪肉的需求增大，那时能卖个好价。猪怕热，容易得猪瘟，所以夏季养猪要多费工夫。猪食主要是米糠，一部分是自家的谷糠，不够就买同村的谷糠，每月买 200 斤左右，0.5 元一斤。还喂红薯藤和叶、洋芋叶，还有一部分玉米。家里还养了 13 只小鸡，只供自家吃和下蛋，鸡的收购价是 16 元一斤。因为羊会吃庄稼，所以不养羊。今年，他试着在水田里养鲤鱼，在新开垦的山地种了杨梅和梨树，他笑着说只是一种尝试，希望没人来偷果实。问及生产工具，吴志刚说有一个半自动收割机，没有一般农户必备的抽水机，有一个打谷机，有一个农药喷雾机。没有耕牛，他说兄弟之间借牛耕地，把牛喂饱就行，不用给钱。

关于家庭的开销，吴志刚说 2008 年总支出是 2 万元。节日开销是一个大项，大约 3000 元。开销较大的还有买粮食，2008 年买了 1000 斤谷子（一元一斤）供一家人吃饭。遇上村里办红白喜事花费也不少，近亲的多给些，基本都是上千元，一般关系的给 30～80 元即可，关系好的乡亲给 100～200 元。红喜事比白喜事的份子钱要多，但是办红喜事的开销也大，一般都要 2 万元以上。吴志刚说，村里人家一般是9月办婚事，即收谷子以后。一年大概有五六次，10次就算多了。日常开支方面，水费是按年交，每户30元。电费是0.45元一度，月花费50元。过年买衣服花费800元左右。买农药和化肥要花600元。2008年承包采石场的净收入是26000元，减去支出的2万元，2008年吴志刚一家的盈余是6000元。吴志刚说，村里没有任何收费和向农民摊派的费用。村里有两户有面包车，算是最富裕的人家。拥有好摩托车的有两户，吴志刚是其中之一，而且这两户的摩托车都被盗了。平时生点小病，头疼脑热的他都去防疫站找吴庭良医生诊治，打针是免费的，因为国家给补贴。他们一家四口都上了新农村合作医疗保险，每人每年10元，全家40元。他们一年都很少生病，亲戚也很少生病，这时吴道安村长插话说，村里的老人都挺长寿的，75岁以上的老人就不少，其中年纪最大的吴你同老人已有90高龄。吴志刚对县里配合国际卫生组织搞的“三修”活动表示支持。“三修”指的是修厕所、修冲凉房（洗澡间）、修灶台。费用是“三三制”，国际援助行动组织、县卫生局、农户各出350元。这三样吴志刚都修好了，参观之后，我们感觉挺宽敞，也挺干净。

5. 业余生活及几个建议

休闲时候，吴志刚一家大多是看电视。以新闻为主，也看一些电视剧，由于白天干活很累，一般看半小时就睡着了。平时不看报纸和书，但他说知道2009年7月5日新疆发生的乌鲁木齐打砸抢烧事件。农闲时节，吴志刚偶尔去小学打篮球。村委会在农闲时也会搞点活动，比如三八妇女节，有拔河比赛等活动，参加的都有礼品。

说到节日的话题，吴志刚显得很兴奋。他说每年的10月过苗年，欢庆活动持续一个礼拜，他家要花费500元左右。妻子李春会刺绣，过苗年时要穿自己刺绣的衣服，头上还要戴花。春节对他们来说也是挺隆重的节日，除了购置新衣服和置办年夜饭，吴志刚说，光是买鞭炮就要花掉300元。比较重要的还有吃新节，虽开销不大，但很热闹。吃新节在每年的9月，所谓的“吃新”，就是稻谷刚刚收割完毕，人们可以尝尝新鲜的大米了。这个活动会有几个村联合起来举行，即掌坳村和附近的小河村、平寨村及鸡鸠村。因为参加的人数多，所以吃新节很热闹，有苗族传统的斗牛、芦笙舞等节目。吴志刚本人不会吹芦笙，但喜欢看。李春会跳铜鼓舞，有时也参加在村里平坝举行的铜鼓舞表演。此外，每年4月的清明节和5月的爬坡节，也是较重要的节日。吴志刚说，每逢清明节，他们要到一公里外的祖坟去扫墓，烧一些纸钱，放点鞭炮，以示对祖宗的祭奠。

对于村寨建设，吴志刚也提出自己的建议。他认为外村搞的“农家乐”很好，掌坳村的房子不差，值得做。他说要搞旅游，先得修路（以前修路不成功的原因是大家不团结，意见不一致），目前这条进村的土路又窄又陡，不利于大车进来。另外，他建议村里多修水利设施，因为山地多，水利是粮食增产的重要前提。他还希望村里能有一个独立的卫生所，要改变目前卫生室和村委会挤在一起的状况。

采访的最后，我们由衷地祝愿吴志刚一家能告别四处漂泊的打工生涯，返乡种田后越种越好，儿女的学习天天向上！

十三、贫困家庭

（一）养猪专业户吴耐英家

吴耐英，女，40 岁，她家是寨里唯一的养殖户。家里以前也养猪，只不过规模比较小，每年只养 4 ~ 5 头。2008 年县扶贫办带领掌坳村村民出外参观，她很受启发，虽然自己文化水平不高，立志要干出一番事业。说干就干，当年 8 月份就建起了猪圈。在半山腰建造猪圈并不是一件容易的事，建筑材料要经过狭窄的山路来搬运，所以虽然猪圈的建筑面积不大，但建设的成本却不低，共花了 2 万多元。建起了猪圈，养猪规模迅速扩大，算上猪仔，最多的时候有 33 头，2009 年 6 月份以每斤 7 元钱的价格卖掉了 24 头猪仔，现在猪圈里还剩下 9 头猪。据她说，现在养猪基本上不赚钱，一则卖猪的价格相对便宜，二则玉米的价格越来越贵，养猪的成本越来越高。

以前，养猪是不用买饲料的，家里的玉米、糠等足够几头猪吃的。现在养猪规模扩大了，喂猪要配点饲料，将买来的饲料混合在玉米、糠、菜叶中。一般每 4 个月要卖出一批猪，同时进一批小猪。从 2008 年 8 月份以来一共卖了 2 次，剩余的 9 头大猪作为种猪，有 5 头母猪、1 头公猪和 3 头猪仔。公猪和母猪都是 2008 年以 17 元一斤的价格买的，当时一共买了 11 头猪仔，花了 8000 多元。现在每天要给猪喂 3 次，早上 7 点左右喂一次，下午 4 点左右喂一次，晚上再喂一次。问起乡政府对喂母猪有没有补贴，她丈夫李正华愤愤不平，虽然语言不通，但还是能感受到他对当地政府很有意见，后来经过翻译我们了解到乡政府对他家从来没有过补贴。其实，养猪是一件很不容易的事，有时候风险还比较大，2008 年因为猪瘟就损失了一头大猪，当初猪的病情并不严重，为了给猪看病，他买了两三斤肉送给本寨的兽医，还请他到家吃了一顿饭，但当猪的病情恶化时，跟兽医打电话，他却老推说太忙不来，而周围邻村寨又没有兽医可请，最后这头猪只能是病死。提起这件事李正华情绪比较激动，他最后还不停地说："见死不救，他就是见死不救。"

吴耐英家里有两个孩子。大女儿今年 17 岁，名叫李玉梅，初中毕业后进入县城的职业技术学校培训 1 年，现在在深圳做电器装配工作；儿子叫李小顺，今年 8 岁，由于登记人员的失误，户口上登记的却是李小胜，今年刚读一年级，学习成绩不错，也不调皮。虽然家里经济条件不好，但夫妻俩都十分支持儿女们读书。他们认为知识可以改变命运，这在掌坳是一个十分优秀的传统，村民对教育普遍比较重视。

1991 年，吴耐英和李正华喜结连理。1997 年从信用社贷款 6000 元，5500 元用来建造房子，只是搭了一个框架，上面瓦片、玻璃都还没装，直到 2003 年房子才全部建成现在这个样子。她说自己的命苦，老公以前是孤儿，靠大嫂大哥养大，结婚后仍住在老房子里，女儿 4 岁时才从老房子里搬出来。女儿 10 岁那年，儿子李小胜出生，他的降生给整个家庭注入了新的活力和希望，有了儿子，他们夫妻俩才开始有心情挣钱，房子才会这么快装修好。

之前我们了解的情况南亮村只有杨姓，突然有李姓，这引起了我们的兴趣。至于李姓从什么地方迁来的，她想了好大一会儿也只是说寨里的老人可能会知道。后来我们从现任村支书那里得到了答案，李姓在南亮村共有五六家，1959 年从乌独村迁过来的。李姓在乌独村阶级成分高，由于阶级斗争，没法在本地生活下去，最后是掌坳村收留了他们。

至今仍清楚地记得李正华见到我们的第一句话"老百姓的日子就是忙"，他憨憨的笑容，立刻会让人感觉他是一个正直而淳朴的农民。他经营建造房子用的板材，先从别的地方把原材料买回来，然后加工后卖出，赚取差价。这个生意已经做了 5 年，平均每年有 1 万 ~2 万元的收入，这和寨里出外打工的年轻人相比还是比较低的。每次购买木料需要的现金要七八万，不好凑齐，只好当有人需要木板时，他就卖猪，用卖猪的钱来买木材，当养猪需要饲料的时候，就卖木板，用卖木板的钱来买饲料，有时候资金周转不开就去信用社贷款，目前他还欠着 5.6 万元的债务，每季度要向信用社还款 900 元，这批债务一共分三次来借的，1997 年盖房子贷款 6000 元，第二、三次分别贷款 3 万和 2 万用来进木材原料。木材原料一般是在本地购买，本地种山林的农户在林业站办理砍伐证，李正华就是到这些村民家里购买木材。买来的木材放在路边，因为没经加工的原材料价格很低，即使费力偷去也卖不了多少钱，况且寨里的民风淳朴，很少发生盗窃的事情。他加工好的木板放在离村委会不远的路边。一般加工后的板材 1 平方尺可以卖到 35 元钱。木材质地好的价格就相对较高，反之亦然。本地的杉木质地比较好，木料比较硬，受热胀冷缩影响比较小，在这里一般要种 20 多年后才可以采伐，雷山县城家庭装修用的板材很多是从他这里购买的。这段时间，乡里修二级公路，很多农户拆迁，再修房子一般也来他这儿进料，周围丹江镇、平江乡等周围的老百姓有时也来找他。按照他说的情况，我们判断，他所经营的板材是很受欢迎的，需求量也比较大，但他出售的板材价格却不高，问其原因，他说怕价格提高就没人买了。事实上，这种情况多半是不会发生的。

一般只有在重要节日比如吃新节时亲戚之间才相互走动，互相赠送苹果、烟、酒之类的礼物，联络感情。村里的人结婚也都请他们，根据自身的经济状况及血缘关系的远近来确定礼金的多少，少的就送二三十元钱，如果是自己亲戚就抬一头猪，另送七八百元钱。不论是在内蒙古巴音图嘎、河北唐山市夏庄还是在这里，老百姓都普遍重视亲戚邻里关系，不论家庭贫富，在维护社会关系上都舍得花钱。这种风气最盛的当属河北唐山市夏庄回族村，有着 1000 多户、4000 多人的大村每家有红白喜事都会请到几乎全村的人，对于不少村民来说，这种风气已经成为一种沉重的经济负担。

在掌坳，同其他少数民族村寨一样，喝酒是一种风俗。李正华正是因为喝酒过多而患有肾结石、胃病，胃病严重时会有出血，由于家庭经济困难，承担不起住院的费用，只好先去县医院检查病因，然后咨询水溪村（邻村）的草药医生并请他帮助来找相应的草药，其实草药也不便宜，要五六十元钱一服，但草药效果很好，李正华的胃病现在已经好多了。

采访的最后吴耐英说希望以后家里人都健康，她想多喂点猪，多挣点钱支持儿子读书，将来有出息。我们相信一个不向命运低头的人一定能够实现心中的梦想。

（二）村子里的五保户吴正兴家

吴正兴，73岁，苗名吴布杀，妻子已经过世，育有三子，老大已经离世，老二分家离户，老人现与老三夫妇居住在一起。老三吴继荣，43岁，其妻江友梅，36岁，夫妇二人育有二子，长子吴廷武，10岁，次子吴廷山，5岁，都已经上小学，祖孙三代居住在吴正兴老人曾祖父建造的祖屋里。

据老人介绍这座老房子已经有100多年的历史，最外面木头的颜色已经变成了深褐色，总共是三间，刚开始是其与其弟共同所有，后来侄子搬离祖屋，就只剩下他们一家人居住。由于年代久远，房子曾经作过一次大的整修，大约1/2的面积重新装修更换了木板，所以重装过的那部分比原来的颜色要浅得多。由于是老房子，楼层的高度很低，采光差，采访也不得不在屋外进行。

到了屋外光线充足的地方，我们才发现，正值三伏，老人竟然穿着秋装，袖口已经破损，脚上穿着一双露趾的棉鞋，陪同我们一起来的杨支书解释说吴正兴老人家境贫困，是村里的五保户，平时都需要依靠政府补助来维持生活。

五保户是指《农村五保供养工作条例》中的五保供养对象，主要包括村民中符合下列条件的老年人、残疾人和未成年人：

（1）无法定扶养义务人，或者虽有法定扶养义务人，但是扶养义务人无扶养能力的，法定扶养义务人，是指依照婚姻法规定负有扶养、抚养和赡养义务的人。

（2）无劳动能力的。

（3）无生活来源的。

所谓五保，主要包括以下几项：保吃、保穿、保医、保住、保葬（孤儿为保教），“五保户”常见于我国的农村地区，这种制度的设立体现了我国法律保护老人和儿童的一贯原则，是人道主义的具体体现。吴正兴老人当然就属于第一种情况，现在让我们具体了解一下这个家庭的经济状况。

家里总共有水田2.3亩，旱地0.5亩，山林1.5亩，都是从1982年开始承包。每年水田产水稻1000斤/亩，旱地产土豆和红薯250斤/亩，所产的水稻全部用来供自己食用，勉强能够满足全家的基本需求；土豆和红薯一部分食用，一部分作为饲料喂养牲畜，所有在农业生产上基本不形成货币收入，都作为实物消耗了。

最重要的两项货币收入其中之一就是养殖牲畜，现在家里饲养了一头牛、两头猪，往年也都是维持这种规模。牛是当地的主要畜力，不能作为商品，能够出售的只剩下所养的两头猪，按照生猪市场2008年的市价700元/头，养殖牲畜的总收入是1400元。

另一项就是我们前面提到过的，吴正兴是掌坳村的五保户，每年可以领取低保金1500元。这1500元的纯货币收入至关重要，因为它负担了农业和养殖业的货币成本支出。

另外按照国家政策，还有一些小额收入，如国家种粮补贴80元/亩，总不到300元，偶尔会有县、乡扶贫项目发放到村里的补助金或者实物。

对应于收入主要支出也包括三项：

第一，农业支出：种子100元，化肥300元，农药150元，这三项是最主要的农业支出，总共是550元。

第二，两头猪仔700元，牛是从农村信用社贷款购得，属于一次性支出，不计算在日常支出内。

第三，生活支出：全家五口人只有2000元，平时都是尽量地节衣缩食，用老人的话讲就是有的时候就多吃点，没有就不吃。亲戚邻里之间遇到红白喜事的时候，一般都是提供劳务，去给人家帮忙，大家都知道老人家的情况，也就不计较这些，所以礼钱就省了。

这样算起来总收入3200元，总支出3250元，差不多收支相抵，遇到特别情况的时候还要借债周转，根本不可能有任何结余。

老人家之所以一直维持这种经济状况，生活得不到改善，通过访谈我们总结出原因有如下几点：

1. 耕地少，男孩多

掌坳村原本就是一个人多地少的村落，全村共有耕地400多亩，但人口却有685人，178户，全村的人均耕地面积只有0.59亩。当然目前我国整体的状况就是人多地少，全国现有耕地19.5亿亩（用占世界7%的耕地养活着占世界22%的人口），人均1.59亩，不及世界平均水平（3.75亩）的43%，但是本村以农业为生，人均耕地低于全国平均水平，达到了联合国粮农组织所确定的人均0.8亩的警戒线以下。

对于吴正兴老人家来说，更为雪上加霜的是，从老人这一辈开始男孩就比较多，使耕地缺乏的状况更加严重。具体情况是这样的，掌坳从 1983 年开始施行家庭联产承包责任制，包产到户，一直到今天，人口繁衍了 26 年，却从未重新分配过土地，当地有一个惯例，女孩子出嫁后，自己户口下的耕地留在娘家，分家后归娘家兄弟所有，而男孩在成家立业之后，兄弟之间要平分家庭所有的耕地并承担赡养父母的主要责任，所以就导致男孩多的家庭耕地越分越少，而女孩多的家庭耕地越分越多。吴正兴老人家的状况就是很典型的例子，吴正兴老人这一辈兄弟很多，到了儿子一辈又是兄弟两个，家族所有的耕地分散在各个小家庭中。耕地作为最重要的生产资源，它的短缺直接影响了家庭收入的增加，贫穷也就是必然的了。

2. 土地的利用率低

家庭所有的土地主要分为三种：水田、旱地、山林。

水田主要用来种植水稻，当地由于气候原因，每年只能种一季，所有受先天条件局限无法通过增加耕种频率来提高土地的利用率，只能在现有使用频率下提高土地的单位收入。据其他村民介绍在水量比较充足的田里，曾经有人尝试撒一些鱼苗，但大多只是为了改善伙食，而且两地相连，鱼的所有权难以保证，所以并没有形成规模。其实这是一个很好的尝试，利用秋冬水田闲置期来养鱼不仅可以增加农民经济收入，而且还可提高农作物田块综合利用率改善土壤结构，为促进来年农作物优质高产打下基础。吴正兴老人说他也见过村里有人家在稻田里养鱼，但是由于购买鱼苗还要开支，所以自家从未尝试过在水田里养鱼，仅仅只是栽种水稻。

而旱地像村里其他人一样以耕种玉米和土豆为主，玉米和土豆都是附加值很低的经济作物，根本无须精耕细作。老人讲因为家里没有其他的经济活动，在农闲时只是在村里逛逛，无事可做，这本身就是劳动力资源的浪费。我们并不是说要增加劳动强度来增加收入，但是应该增加劳动的单位收益和调节生产活动频率。

在我们从掌坳出发前往西江千户苗寨参观的路途中发现临近村落有在山上种植茶叶的，这证明当地的土壤条件是适宜茶叶种植的。现代社会，人们越来越注重健康，三大无酒精饮料（茶、咖啡、可可）的饮用量已经大大超过其他饮料，特别是茶的饮用量又超出另外两种无酒精饮料的总和。全球约 60 个国家种植茶叶，160 多个国家和地区有茶叶消费习惯。20 世纪 90 年代以来（维持250万吨以上），全世界大约有超过20亿人在喝茶并持续增加（例如法国悄然兴起茶文化热连续40年茶叶销量持续增长），全世界人均年饮茶0.5千克。世界饮料专家已经断言：“21世纪将是茶的世纪。”联合国粮农组织预测：全世界将会广泛地开展茶叶治病的宣传，口号是“茶叶是保健医生”。听起来像是很遥远的事情，但是市场经济的迅速发展要求我们必须在村落经济规划中考虑到选择的经济作物符合长期消费导向，才能够保证生产后的销售环节顺利完成。

除茶叶外当然也可以种植其他如姜、葡萄等经济价值较高的农作物，在我们的采访中很多村民都有未来种植这些经济作物的规划，只是缺乏必要的市场渠道和技术支持。

至于山林，几乎全村所有的山林都是天然林，无论是村委会或者村民自己从未对山林进行过规划或者改造，掌坳村的山林主要树种为松树和杉树，杉树的质地比较细密，多作为建筑材料使用，在市场上的价格也比松树更高。而松树一部分作为辅助建筑材料，一部分被村民砍伐烧炭供日常生活使用，政府加强管理后乱砍滥伐的现象得到制止，但是对于林地的管理依然处于真空状态。既然耕地不足，就应该充分利用现有山林，根据经济环境调节树种结构，配合家庭经济的发展。

我们可以看到无论是水田、旱地还是山林都未得到充分利用，当然这不仅仅是农户自己的问题，农户作为单独的个体，再加上受本身文化素质的制约，自己掌握新的农业科技知识的困难很大。吴正兴的儿子和儿媳都是小学文化水平，家里只有一台电视机来获取外面的信息，而老人自己连字都不识，在这种情况下政府应该通过制度的设立来弥补个体的不足。

吴正兴老人说从未接受过政府组织的农业科技知识普及活动，在扫盲班的时候曾经观看过一些农业科技的宣传光盘，觉得太复杂无法理解。其实在村落里宣传农业科技，最好的方法就是进行实地宣传，因为虽然农户没有理论基础，但是却有着多年的农业实践，实地演示使其更易于理解和接受，也有利于科学技术的实际推广。

另外科技推广需要选择当地适宜的项目，这种选择需要以前期的调查和实验为基础，政府作为整体进行农业调查和实验的成本要比单个农户低得多。在调查与实验后在全乡、县整体推广更能够保障后期销售，因为有规划地进行生产既有利于规模效益又可以避免恶性竞争。

3. **务工收入低**

吴正兴的儿子和儿媳一直到2008年都在浙江打工，今年由于受金融危机的影响，工作机会减少只能回家务农。在打工期间，二人并无收入寄回。主要原因是夫妇二人的文化水平比较低，找到的工作都是低收入型的，挣到的钱也只能解决二人在南方的生活，很难留下节余。

不但掌坳村，整个雷山县的外出务工人员在本地劳动力中的比例都很高，但是作为如此大的一个群体，却并没有相关的组织、协调部门。外出务工人员的组织化既有利于保证自身的利益，也有利于降低劳资协调的成本，增加本地劳动力的信用度。

当然解决务工收入低这一问题最根本的方法就是提高劳动力的素质，这才是水之源树之根。

4. **经营理念落后**

吴正兴老人家由于缺乏资金，没有任何农用器具，都是依赖人工进行劳作；也没有任何其他的经济投资，全家依靠农业维生。我们问老人为什么不通过农村信用社贷款进行一些小额投资，因为村中有很多农户在生产季节多少都会通过农村信用社来融通资金。老人解释说因为没有钱还债，所以家里人借钱很谨慎，到目前为止只在信用社借钱250元购买过一头牛，并在很短的时间内还清了贷款。平时家里急用时主要是靠家族帮忙，尽量避免从信用社借钱，因为缺钱所以不借钱，这是我国农村长期以来的投资逻辑。但是按照市场经济的逻辑，只有先有了资本，才能进行投资，也才有可能赢利归还借款并取得收入，所以我们不但要给予五保户物质上的支持，更重要的是改变他们的经营理念，使他们能够真正摆脱救济、摆脱贫困。

老人年事已高，我们并不要求他解决我们所发现的所有问题，但是他就像一面镜子，使我们发现了在村庄经济发展中存在的问题，解决这些问题不是一家一户的责任，而是需要农户、政府、市场方方面面的共同协作。

老人说现在自己平时时间全部用来照顾孙子，希望孙子能够吸取他们父母的教训，好好读书，孩子不但是老人的希望，也是农村未来的希望！

十四、其他家庭

（一）个体工商户吴仕贵家

吴仕贵家属于掌坳村中比较富裕的农户，家中经营着一个小卖部和一个猪肉摊。2009 年 7 月 14 日我们来到了吴仕贵家进行访谈，不巧吴仕贵有事外出了，只有女主人莫艳一人在家照看生意。

吴仕贵有一个和谐美满的家庭。他今年 36 岁，小学文化，妻子莫艳今年 33 岁，小学四年级文化，是一个精明能干的女人。夫妻俩有一子一女，女儿今年 13 岁，即将升入六年级，儿子今年 7 岁，在上学前班，即将读一年级。

吴仕贵家的居住条件在掌坳村是比较好的。吴家住在距掌坳村大桥 200 余米的公路边上，一座二层的砖瓦房，是村里为数不多的砖瓦结构的房子。房子的二楼是卧室，一楼有两间房，其中一间做小卖部，有 20 平方米左右，货架上摆放着烟、酒、糖、油、盐、酱、醋、茶等日用百货，经营的品种比较齐全，里面还有两个冰柜，用来存放雪糕冷饮和部分生鲜食品；临街摆着一个可移动的玻璃柜台，主要用来出售香烟。路坎下还有一层，有厕所和猪圈，每天早上吴家就在这个地方屠宰生猪。在房子的旁边，有一个木制的棚子，吴家每天在这里卖猪肉。

吴仕贵家是掌坳村唯一的猪肉经营户。吴仕贵共有兄弟 4 人，他排行老三，家里人多田少，1995 年吴仕贵和莫艳结婚后一直和父母兄弟住在一起。1997 年莫艳生下大女儿之后，他们既要在家照顾小孩，又要从事农业生产，根本没有多余的时间从事副业，家庭生活过得异常拮据。吴仕贵实在不堪忍受这样贫困的生活，开始学杀猪并在掌坳村大桥前面公路旁摆摊卖肉，他说："只要有机会，我就是吃再多的苦也要让这个家的生活好起来。"莫艳就在家里照顾孩子，料理家务。由于天天到村里摆摊卖肉很不方便，到了 2000 年，夫妻俩开始在村里租房卖肉。他们先从附近的村子收购生猪，然后自己再屠宰卖肉。每天早上 6 点左右，夫妻二人起来杀猪，7 点半左右把猪杀好（据莫艳介绍，他们杀猪快的时候半小时就能全部做好）便开始卖肉。夫妻俩每天都是这样忙忙碌碌，非常辛苦。掌坳村只有吴仕贵一家卖猪肉，因为只有在逢年过节时人们才会杀猪，所以除了掌坳村外，附近的平寨村、鸡鸠村、排先村、水清村的村民平时都来他家买肉。正常情况下，每年卖猪肉的纯收入也有 2 万多元。由于今年的猪肉市场不大景气，目前的猪肉只卖到 6 ~ 7 元 1 斤，远远低于 2008 年最高时的 12 元 1 斤，预计今年的卖猪肉收入比往年要差得多。

夫妻俩起早贪黑、辛辛苦苦地经营着猪肉摊子，积累了一些钱，生活也开始好转。2002 年他们买了一块地基，盖起了一座二层的砖瓦房，并办理了经营百货的营业执照，同时继续卖猪肉。当时村里只有两个小卖部，他们是第二家（第一家比他们家早两年开业），在刚开始经营小卖部那两年，收入比现在还要好些，每年纯收入能有 3 万元左右。现在全村有 4 家小卖部，竞争比较激烈。吴仕贵一般从雷山县城进货，以前主要是自己开着小货车去县城拉货，现在基本上不用自己去进货了，缺什么东西打个电话，就有人送货上门，现在小卖部平均一个星期需要送一次货。

吴仕贵家属于掌坳村中比较富裕的农户。2006 年吴仕贵兄弟与父母分家，分得水田 8 分，旱地 1 亩，由于经营小卖部和卖猪肉比较忙碌，只有水田自己种，旱地则由父母帮助耕种照看。水田的稻谷产量每年有 1200 斤左右，但不够全家四口人吃，还需买一部分口粮。全家每年的支出在 1 万元左右，主要用于吃、穿、用及红白喜事送礼等。现在扣除生活开支和其他费用后，经营小卖部加上卖猪肉，全家每年的纯收入能达到 5 万元左右，他们还买了一辆摩托车、一辆小货车，这在当地算是比较富裕的家庭了。我们在吴家看到，就连上小学的女儿都用上了手机，这也充分说明了吴家生活的富足。

经营小卖部加上卖猪肉，夫妻俩可谓是熬更守夜，辛苦不已。据莫艳介绍，经营小卖部以前要缴纳国税和地税，自 2007 年起不再缴纳国税，2008 年起地税也免除了，现在主要缴纳工商管理费和“验照贴花”（营业执照年审）费。“验照贴花”费为一次性费用，每年 60 元；工商管理费每月 120 元，两项合计每年要缴纳 1500 元。提到工商管理费用，莫艳觉得工商管理收费不公平，同村还有另外三家小卖部，别人家每月收费 80 元，而她家则收 120 元。问到收费不同的原因时，莫艳说工商所的工作人员认为她家的门面比别人家大营业额要多些，所以要多收一点，而她认为几家小卖部的门面都差不多，向她家收取的明显高于其他家，为此她还和工商所的人吵过架。经营中还有太多酸甜苦辣，莫艳不愿一一提起。

虽然现在的日子过得不错，但新的问题又来了。原来吴家门前通往黔东南州州府所在地凯里市的二级公路要拓宽，她家的房子属于拆迁的范围。据莫艳说，村里要另划一块地基给她家，并补偿5.8万元。但她认为补偿太低，如果用补偿款来建新房，还有很大的缺口。她说2002年建这栋房子时，工人的工钱一天是20元，而现在是一天70元，同时各种建筑材料也都纷纷涨价了。当时不算买地基，光建房子他们就花费了5万元，现在要建同样的新房子，补偿款是绝对不够的。而且另划的地基位置虽然还没有确定，但肯定没有现在的位置好，这也会影响到今后的生意（吴家现在处于二级公路与进村路的交叉口，位置确实很优越）。在我们谈话期间，不时地有各种车辆经过，不断地有人来买东西，为此我们的谈话也不得不多次中断。夫妻俩一直在考虑今后的房子和生意问题，他们计划利用这次拆迁重建的机会，尽量选个好一点的位置，建一个比现在大的新房子，除了继续开小卖部和卖猪肉外，在原有的基础上扩大经营范围，他们准备开个米粉店，再开一个服装店，搞多种经营，使自己的日子越过越好。

因为男主人吴仕贵不在家，我们从女主人莫艳那里所能了解的情况就这么多。我们衷心祝愿他们能早日实现梦想，生意越做越兴隆，日子越过越红火！

（二）乡村医生任明秀家

杨剑老师是莲花小学的高级教师，妻子任明秀是村里唯一的医生。有个5岁的儿子，长得活泼可爱，目前正在莲花小学上学前班。夫妻俩很温和，一家人非常和睦。由于两人受教育程度相对较高，言谈举止就与一般的村民不太一样，透露着较高的文化素养。

任明秀医生今年38岁，长得很瘦但很精神，同一般的苗家妇女一样，盘着头发，穿着便装，看上去就是个做事很利索能干的人，自己在家排行老四。她告诉我们，从小就爱学医、想学医。当问她为什么爱学医时，她朴素的回答让人敬佩："当医生可以方便大家，也方便自己。"1989年，任明秀进入县卫校学习，专业是临床医学。3年的学习时间有2年是学习临床专业方面的知识，剩下1年去医院实习。在这3年中，任明秀刻苦努力，仔细钻研医学知识，最终以优异的成绩毕业。1992年毕业后分配到新塘村的卫生室上班。由于当时掌坳村没有一个卫生室，村里的人看病很不方便，一直抱有方便大家这种想法的任明秀在得到家人的支持后，就回村里开了个小诊所。由于当时资金很紧张，小诊所设备也比较简陋，只有两张病床。常用的药品都是自己亲自去药业公司采购，防止买到假药害了病人。村民平时来看的也都是些小病，比如感冒、拉肚子之类，大病只能去县城就诊。这个小诊所的建立也给掌坳村的人带来了很多方便。小诊所除了看病之外，还帮着国家作一些宣传，比如打预防针、注意分娩事项等，每年国家会给相应的一些补贴。谈到自己开的诊所，任明秀医生看上去很幸福，感觉自己确确实实在做一些事情。当我们问起收入如何时，她告诉我们，那几年开诊所基本上没赚什么钱，她开诊所的目的也不是为了挣钱。病人看病费用很低，老人或者家庭条件不好的病人基本不收钱。主要目的就是为了方便大家，让大家的身体都健健康康。当时听了我们心里都挺感动，在这个物欲横流的社会，还是有像任明秀医生这样不计报酬在奉献自己一点光和热的人。她不是不懂市场经济，而是更看重了金钱背后的人与人之间的温情和作为一名医生神圣的责任感。

2008 年国家要规范乡镇卫生所，同时取消了个体诊所。任明秀无奈关闭了自己的诊所，11 月份开始在大塘乡莲花片区卫生室上班，每个月工资五六百元。这个卫生室从外表看也非常简陋，门口挂了几个牌子，其中一个就写了“大塘乡莲花卫生室”。卫生室有两层楼，楼上是医生休息室和值班室，一层一共有 6 间房屋。一进门的房间里靠左边有一张较旧的长沙发，正对着是一张桌子，这里主要是门诊，碰上病床不够用时也会在这里给病人输液。这个房间靠左边是治疗室，仅有一些简单的医疗设备，房间看起来空荡荡的。靠右边是药房，有几排架子，摆放了一些常规药。再往里并排着 3 个房间，每个房间有两张病床，床上垫了薄薄的小褥子。屋子看起来比较阴暗，光线不好。卫生室一共有 6 位工作人员，3 位医生和 3 位护士。每天有两位工作人员（一位医生和一位护士）上班。上班采用轮休制，上 2 天班休息 1 天。据卫生室的任明秀医生介绍，每天看病的人平均有 10 个左右，都是感冒、拉肚子之类的小病。这里设备简陋，大病还是只能去县里或条件好点的地方治疗。可能是长期运动（爬山）和饮食的原因，掌坳村的村民一般比较长寿，生大病的较少。近十年来得皮肤癌的仅有 1 例，因高血压死亡 2 例。由于是集体诊所，任明秀医生告诉我们现在想免费给困难户看病也不行，得按国家规定来收费。自己能做的就是多提供一些信息给病人，让他们以后多加注意身体。

为了提高医疗技术，卫生室还组织医生每个月去县里培训，培训结束要参加考核。从我们调查的情况来看，基层卫生室最大的问题主要就是医疗设备简陋和医务人员业务水平欠缺。医疗器械短缺，设备简陋、老化问题相当普遍。由于缺乏必需的诊断检查设备和必要的办公条件，致使卫生室难以为人民群众扩大服务范围，提高诊疗质量。另外，卫生室人员业务水平不高，据任医生介绍，这个卫生室的 3 位医生都只是中专文凭，人才缺乏，技术力量相对薄弱。求其根本对策，还需要国家和当地政府加大对医疗卫生事业投资，更新医疗设备，改进医疗器械短缺状况，引进专业技术人员，提高医疗队伍人员水平。

关于新型农村合作医疗制度在该村的普及情况，任医生告诉我们，基本上村里的人都参加了“新农合”。村民享受的补偿比例是：乡级住院费用补助 80%，县级住院费用补助 70%，转诊到州级医院的补助 50%，转诊到省级或省外医院就医的补助 40%。卫生室严格按照县里的规定来执行，如果是村民住院，在出院第二天后就可以报销。新农合确确实实给农民带来了很多实惠。以前很多村民有病都尽量扛着，现在有了新农合制度，他们也不拒绝来医院看病了。

任明秀的丈夫杨剑可以说是莲花小学资格最老的教师，已经从教 24 年，高级教师。1985 年毕业于凯里师范学校，专业是小学教育，毕业后分配到高岩小学教学 1 年，先后又调到新塘小学教书、莲花小学任教。目前杨老师的工资是 2300 元，扣除税和保险，每个月到手 1800 元左右，而比较年轻些的老师平均工资在 1300 元左右。杨老师告诉我们，掌坳村只有一个小学——莲花小学，没有初中和高中。莲花小学就坐落在掌坳村脚下，学校始建于 1943 年，原为丹江永定堡小学，经历数次搬迁到现校址，至今办学已有 66 年历史，从创建至今已为大塘民族地区培养了大批优秀人才，素有“老文化区”之美称。目前学校主要服务于莲花片区的掌坳、鸡鸠、平寨、小河 4 个行政村，所辖片区共 543 户，总人口 2226 人（女 990 人），少数民族人口 2191 人。莲花小学校园依山傍水，环境宜人。学校占地面积为 3925 平方米，建筑面积 780 平方米，有一幢三层的教学楼，水泥建筑。学校一共有 6 个教学班和 1 个学前班，正式学生共 215 人，女生 79 人，学前班有 64 人。教师 12 人，其中有 7 位女老师，平均年龄在 35 岁左右。教师队伍中小教高级 8 人，小教一级 4 人，大专及以上学历占 91.66%。莲花小学是县里卫星教学收视点之一，配备有卫星接收系统、计算机、电视机、DVD 播放机和一年级到六年级所需的教学光盘。通过中国教育卫星宽带传输网，可以快速大量接收优质教育资源。一个卫星教学收视点国家投资大概 1.6 万元。整个小学有两台电脑，一般老师开研讨课或上公开课时会使用多媒体教学。莲花小学开设了语文、数学、音乐、美术、自然、品德等课程。从 2009 年 1 月起，自三年级开始还开设了英语课。老师从一年级到六年级一直跟班上。一般一位老师身兼数职，比如杨老师自己，教授语文、品德、音乐等课程。问起音乐课上的教学设备，杨老师摇摇头，说什么乐器也没有，就靠老师自己带着学生唱。总体来说，学校的设备还是很简陋的，不过这几年政府还是投资了不少，三层的水泥教学楼就是个例子。我们提到村里还有没有孩子辍学的情况，杨老师介绍说，从 2005 年起，国家提出了农村义务教育阶段（小学和初中）“两免一补”政策，“两免”，即免除学杂费，免除课本费；“一补”，即对住宿学生补助住宿生活费。莲花小学没有住宿的学生，主要都是掌坳村的孩子，家离得最远的学生走路也不过 20 分钟。由于学生不用交任何费用就可以上学，所以全村适龄儿童都已上学，不存在辍学情况。在以前，总会有孩子因为学费交不上而辍学，一到开学就是老师们最忙碌的时候，挨家挨户叫上学生上学，争取不让一个孩子辍学。莲花小学教学质量不错，多次受到上级好评。2006 年、2008 年被雷山县政府授予“两基”先进集体，2008 年 12 月被省人民政府督导室评为省级农村小学示范实验学校，学校教师班主任也多人次被评为县乡优秀教师、优秀辅导员。听村民们说，杨老师非常认真负责，常常是放了学还在辅导学生。通过他朴实的话语我们也能感受到他对学生的爱护和对工作的一丝不苟。他说自己就是掌坳村的人，为了家乡，为了家乡的孩子也要把他们教好。一番话让我们的敬佩之情油然而生。其实在我们的生活中有很多平平凡凡的人，他们每天都在做着平凡的事情，然而他们却有着很高的思想境界。

当我们问起掌坳村的村民对教育的重视情况，杨老师告诉我们，相比以前信息闭塞，现在村民们跟外界的接触越来越多，对教育的重视程度大大提高。尤其是那些出门在外打工的人感触最深，由于缺乏教育，没有技能只能从事一些最辛苦的体力劳动，比如在石场当搬运工。村民们逐渐意识到受教育对家庭经济发展的重要性。不论是外出就业还是搞家庭经营，受教育都能使人眼光长远，思路开阔，一方面可以改善生产经营，另一方面可以走出农业生产的局限，在其他行业就业。受教育程度高的家庭往往生活相对富裕。比如81岁的吴正芳老师家，有2个儿子3个女儿，都是高中毕业，其中小儿子还是本科毕业。大儿子去湖南打工，3个女儿分别在凯里农行、区妇联和雷山三中工作，小儿子在州委办公室当秘书科科长。相对来说他们家条件在村里算是比较好的。因此受教育程度高低对于一个家庭经济的发展有着至关重要的作用，村民们也日益重视教育。为了孩子读书，村里有些贫困的家庭节衣缩食甚至借款也要给孩子创造读书条件。2008年考上大学的杨慧琳家庭条件就很不好，父亲过世之后仅仅靠着母亲外出打工挣钱。

杨老师多才多艺，能歌善舞，尤其是唱歌。他说就是通过游方的方式和妻子相识相恋最后结婚的。游方，旧称“摇马郎”，是黔东南、黔南苗族青年男女公开的社交和娱乐活动。苗族青年男女往往通过游方对歌这种方式，交结朋友，选择伴侣。任明秀医生虽比杨老师要小10岁左右，但从他们脸上满意的笑容看得出，他们在一起生活很幸福。他们都是很平凡的人，都在自己的工作岗位上踏踏实实做一些事情。也正是这些许许多多平凡的人，在不断促进中国社会主义新农村建设。

（三）儿孙满堂的李文英老人家

在村里走了几十分钟山路后，我们来到掌坳村标志性的跳铜鼓舞的水泥平台，李文英家的房子就位于平台旁边。看到我们走过来，李文英老人远远地就迎了出来，热情地招呼我们进屋。

李文英今年66岁，是家中的户主，虽然历经岁月的洗礼但身体却依然硬朗，是家中田土主要的劳动力。老人盘上头顶的发髻被一块毛巾包裹着（这是苗族妇女的传统，年轻的妇女发髻上要戴花，而年老的妇女发髻上要缠绕毛巾），最引人注意的是老人耳朵上的银环，它已经在老人耳朵上留下了直径一厘米左右的耳洞。据李文英老人介绍，耳朵上的银环要从6~7岁起开始佩戴，银环是财富的象征，戴的银环越大形成的耳洞越大，表明财富越多。在传统的苗寨里，不管家里有多贫穷，女孩也一定要戴上银环，但现在的年轻人大多已经被汉族同化，不再愿意佩戴银耳环了。李文英的丈夫吴田贵73岁，是当地莲花小学的退休教师，多年来心脏和肺一直患有疾病，生活要靠李文英照顾。老两口有5个儿女，现在儿女们都已成家各立门户，目前家中只有老两口两个人。

李文英家的房子是苗族传统的木质吊脚楼，木头的颜色已经暗黄，很多露在外面的木头已经腐烂，看上去饱经岁月沧桑。据老人介绍，这间吊脚楼是祖上传下来的，至少有100年的历史了。吊脚楼一共有三层，每一层都有90平方米，房子虽然陈旧但很宽敞。像传统的吊脚楼一样，这间吊脚楼二层以上房体悬空，仅靠柱子支撑。一楼是猪牛栏圈、堆放重物杂物的仓库和厨房，猪牛栏圈要从吊脚楼背面的小门进入，厨房从吊脚楼的正面进入，直接和二楼三楼相连。厨房内的锅台上有一口直径近一米的黑铁锅，锅台旁边的地上摆着电饭锅和电磁炉，给这座古老的房子平添了一丝现代气息。从厨房爬上一个摇晃的梯子，我们到了二楼。二楼供人居住，房间里很是空旷，只有一个木质已经发黑的柜子和一台前年购买的25寸彩色电视机。屋内并没有安装窗户，和外面直接相连，客厅内的“美人靠”木质已经发黑，但透出的是苗寨千年的文化底蕴，仿佛可以看到李文英老人年轻时身着苗族盛装倚伏在“美人靠”上向吊脚楼外张望的动人模样，而眼前留下的只有一座饱经岁月洗礼的吊脚楼和一位历经人间沧桑的苗族老人。吊脚楼的三楼主要存放粮食和其他杂物。

李文英家的收入在掌坳村处于中等水平。家中的收入分为两部分：一部分来自吴田贵每月1900元的退休工资，这是家中一笔稳定的收入来源。另一部分来自家中的田土收入和养猪。家中现有四亩田、两亩土。四亩田中的水稻一年一熟，平均每年可以产3000斤生谷。两亩土每年平均可以产700斤玉米、1000斤薯类和少量仅够老两口吃的蔬菜。当地农民家中种植的粮食等极少出卖，全部供自己家吃或者使用，如果有当年吃不完的余粮则储存起来或者用作猪、鸡等家禽的饲料。李文英老人告诉我们家中吃不完的水稻会打成米，然后分别送给5个儿女吃，土豆等除自己吃一部分外其余全部做猪饲料。由于掌坳村基本处于自给自足的自然经济状态，因此来自田土方面的收入较难统计，如果按2008年当地的市价（水稻0.9元/斤、玉米0.9元/斤、土豆0.7元/斤）折算李文英家来自田土的收入，2008年为4030元。猪一年出栏，每头市价约合1000元，两头猪共2000元；再加上吴田贵的工资收入22800元，2008年收入总共28830元。

在支出方面，李文英一家的支出可以分为生产性支出和生活性支出。生产性支出共计2230元，其中种植水稻的成本占据了生产性支出的绝大部分，化肥 350 元、种子 100 元、农药 180 元、人工费 1200 元（包括请人犁地、点秧、摘秧、收割的费用）总计 1830 元；种植土豆和玉米成本很少，主要有种子 100 元、化肥 300 元，共计 400 元。在生活性支出方面主要有红白喜事和吴田贵的医药费两方面。由于 2008 年亲戚结婚，全家共为这项喜事支出 1 万多。在医疗费用方面，李文英身体很好，从 2006 年起就参加了新型农村合作医疗（以下简称“新农合”），每年只需交 10 元钱就可以报销 80% 的医药费，因此老人几乎不需要医药费。但她对于“新农合”还是存有疑虑，认为“新农合”治疗用药效果不佳，这还需要当地相关部门加强对于新型农村合作医疗的宣传力度。李文英的丈夫吴田贵患有心脏病和肺病已经有 40 多年了，每年都要住院，每次住院都要花 1 万元左右，靠药物和不间断的治疗才勉强维持生命。由于吴田贵在退休前一直在乡里的莲花小学教书，按乡里的规定只能落为非农业户口，户口所在地不在掌坳村，因此不能享受“新农合”的待遇，但可以享受职工医疗保险（可以报销医疗费用的 70%）。可是不知什么原因，吴田贵并没有享受到职工医疗保险，因此李文英一家承担了医疗支出的全部费用。2008 年李文英一家生活性支出花费了 3 万元，总支出共花费了 31830 元，而光吴田贵的医疗费用共花费了近 15000 元。由于儿女都很孝顺，主动承担了部分吴田贵的医药费，老人的生活才得以维持。

我们到李文英老人家时，老人家里正在翻修房子。她说如果房子的木板旧了，很容易漏电发生火灾，1989 年时掌坳村就因漏电发生了一场范围很大的火灾，由于苗寨中的木屋都是彼此相邻着建造的，大火烧光了寨子里 20 多户的木屋。因此这次翻修房子是从安全的角度考虑的，主要是换掉腐烂、发霉的木板，家里这次翻修房子木材从山里砍伐不需花钱，只需花费 1500 元的人工费。

当和李文英老人谈到儿女时，老人脸上马上洋溢出幸福的笑容和自豪的神情。李文英老人有 3 个儿子、2 个女儿，3 个儿子全都是大学生。李文英老人的大儿子叫吴胜超 42 岁，有一儿一女，原来在雷山县的农业局工作，现在调转到科技局；二儿子吴胜和 36 岁，有一个儿子，现在西江中学教书；三儿子吴胜荣 30 岁，还没结婚，在永乐长坡小学教书。三儿子的婚事让老两口很着急，但由于儿子自己没有选到合心意的女孩，老人也没办法。大女儿吴贵英 40 岁，全家都在上海打工生活；二女儿吴水英 29 岁，嫁到了外乡。女儿很孝顺，经常寄钱给父母，每年都回来看父母。老人十分重视孩子们的教育，从孩子们很小的时候就教育他们要好好读书。由于家里当时人口多，有5个孩子和2个老人，因此生活非常艰难，但他们从未想过让孩子辍学回家务农，只想着不管有多苦，也一定要让孩子读书。老人动情地说自己在农村辛苦劳作了一辈子还是很贫穷，因此一定要让孩子们接受教育以后过上好生活，不甘心让孩子们也和自己一样受一辈子的苦！正是这种摆脱贫穷和落后坚定的信念支撑着老人从困境中一直走到今天。老人说原来由于要供孩子们读书家中一直都没添置东西，这两年生活好了，孩子们都独立了，前年家里添置了一台25寸的彩电，近百年的老房子今年也终于可以翻修了。每次提到儿女时老人都很自豪，因为儿女是老人奋斗一辈子精神上最大的支撑，也是老人一辈子最大的财富。

在农闲休息的时候，李文英老人和老伴喜欢看电视，最喜欢的节目就是中央台的《夕阳红》，他们通过这个节目了解到了大山外同龄人的生活状态。李文英老人还会苗族传统的刺绣，经常为儿女和孙子孙女绣苗族传统的服装。李文英老人和邻里间关系很和睦，邻里之间谁家有红白喜事都会互相帮忙、送礼金。休息时大家常聚在一起喝米酒，聊家常，是一个充满和谐氛围的苗寨。

李文英老人虽然物质生活并不富裕，但精神生活却十分富足，她对生活没有一丝一毫的抱怨，有的只是对于生活不断好转的感恩和对于中国共产党、对于国家的感激之情，这样平和的心态是值得所有人去学习的。同时我们意识到沉重的教育负担和医疗费用始终是李文英老人一家贫困的主要原因，对于李文英老人来说教育问题已经结束，但医疗费用仍是家里一笔沉重的经济负担，我们建议李文英一家尽快将吴田贵的职工医疗保险问题解决，减轻医疗负担、提高生活水平。祝李文英老人和老伴生活幸福、健康长寿！

注：1. 田：在当地田为平地、水田，种植水稻。

土：土为旱地、山坡地，主要种植玉米、薯类、蔬菜等作物。

2. 美人靠：有的苗家中堂的前檐下，都装有靠背栏杆，称“美人靠”。

（四）富裕的小康之户吴德珍家

吴德珍，76岁，老伴，69岁，夫妇二人育有一子四女，都已独立门户，孙辈有两个孙子、一个孙女，其中长孙已经成家并已产下这个大家庭的第一个曾孙辈，四世同堂，这是我们采访过的最大的一个家庭。

吴德珍老人是一位退休干部，虽然年事已高，但是长期的职业生涯使其具有清晰的思路和良好的表达能力，所以我们就直接按照老人的描述过程来整理我们的采访资料，纪要如下：

1. 家庭经济状况

在农村判断一个家庭是否殷实，首要的标准就是房屋的数量和质量，吴德珍老人的子女都已经成家立业，不与父母同住，我们采访所在的房子只有他们老两口在此居住。

这幢房子的结构是五排柱，四大间，这里的间跟我们所说的间并不是一个概念，在苗寨，他们是先立排柱，然后再在排柱上砌木板，由排柱和木板共同隔开的叫一间，除去客厅是整个一大间外，其他的间都被分割成小间作为卧室、厨房来使用，这种隔开的小间才是我们通常所说的间。房屋的总面积大约120平方米，房内的装修也很现代，各种家用电器一应俱全：

2009年家庭耐用消费品情况

项目	数量	项目	数量
电视机	1	小轿车	0
电冰箱	1	电话	1
洗衣机	1	手机	1
音响	1	电扇	1
饮水机	1	切菜机	1
摩托车	1		

而且据老人讲在村子别处还另有一幢新屋尚未入住，由此可见老人家的家底相当殷实，是名副其实的小康之家。

以上是从硬件设施上来反映吴德珍老人的家庭经济状况，现在让我们根据老人的描述来具体看一下这个小康之家的收支状况。

主要收入来源：

①农业收入：全家总共有7.9亩水田，其中2亩分给了老二吴耐英，3亩旱地，全部是20世纪80年代承包到户的。水田每年能产水稻5500斤左右，

折合人民币 4500 元；旱地一般年产玉米 600 斤，红薯 1500 斤，折合人民币 800 元，有时候旱地也种植其他作物如土豆，但是货币价值差不多，所有的农业收入折合人民币 5300 元。

老人说自家的水稻亩产量在村里来说属于比较高的，这主要是因为：

首先，2008 年没有受自然灾害的影响，水稻的生产状况良好。虽然贵州当地的气候潮湿，很适宜种植水稻，但是村子里大部分水田都在山坡上，灌溉困难，即便可以灌溉成本也太高，所以完全要靠天吃饭。2008 年并未有大的旱情出现，水稻的产量得到了很好的保证。

其次，自家耕地的土质较好，家里的田地都是土肥加化肥混合使用，土肥比化肥更有利于保持土壤的肥力，而化肥能够迅速提高当季的粮食产量，两种肥料的混合使用既保证了土地的长期生产力，又提高了本季粮食产出。同时因为土肥的造价便宜，这种方法也降低了农业生产成本。

最后，农机具的使用，老人家家里的农机具有打米机、小型收割机等，这些农机具都是在家电下乡之前购买的，所以没有得到国家补贴，但老人认为提前购买仍然是值得的，因为有了这些农机具不但节约了劳动力，还保证了农时，对提高粮食亩产量有很重要的作用。

②养殖业收入：掌坳村除去老人的二女儿吴耐英家是专门的养殖户外，各家都有饲养牲畜，但是数量不多，所以老人说算不上什么养殖业，家里只饲养了 4 头猪和一头牛，像村子里其他家庭一样牛用来协助耕种，猪除去逢年过节食用外用来出售，因为二女儿家是养猪专业户，所以不需要拿到市场上去出售，直接由女儿家接收，这项收入在 2000 元左右。

③退休金：除去以上两项收入，与其他农户不同的是，老人家还有一项重要收入来源，就是老人的退休金。

吴德珍老人小学毕业后，参加了组织上进行的干部培训，所以虽然只是小学毕业，却相当于初中文化水平。培训结束后被分配到县公安局，中间曾先后在乡政府、区政府工作过，最后任大溏乡纪委书记直到退休。因为是乡里的退休老干部，所以有健全的养老、医疗保障，看病就医都是公费报销，每月有固定的退休金，至于是多少，老人没有具体说，根据我国公务员的工资水平我们判断应该在 3000 元左右。

老人说这三项收入汇总在一起每年的收入大约有 5 万元。

支出主要有两项：

一项是生活支出，吃穿住行都要花钱，有账单的像电费每月要 100 元，因为家用电器比较多，跟一般只是生活用电的家庭相比要高得多；礼钱每年在 1000 元左右，因为亲戚比较多，年年都有很多红白事的支出；其他吃穿之类的支出常项的具体数字就无法统计了。

另一项是教育支出，前面我们提到过老人有两个孙子辈正在念大学，为了表示支持子孙的教育，所以虽然他们的父母有经济能力支付，作为嘉奖他们的学费仍然由老人出钱支付。

这两项支出加在一起约 2 万元，这是我们调查中遇到的最高支出，老人解释说现在子女都独立了，不需要他们老两口操心，除去孙子的学费，在子女身上已经不需要花费什么钱；因为老两口的身体不太好，老伴有风湿，自己的耳朵不太好，还有头疼的毛病，所以经常需要看病就医，比如 1997 年就曾在雷山县医院住院过两次，但是因为是退休干部，每次的医药费都可以报销，老伴现在也参加了新农村合作医疗，2008 年还报销过 130 元医药费，这样既无儿女之忧，又有医疗保障，消费的时候没有顾虑，支出额自然就高些。

从这里我们可以明显地感到农民并不是不想消费，相比于城市里丰富的物质生活，农民站在较低的物质水平起点上，所以为了提高自己的生活水平，他们相对于城市居民有着更大的消费需求，但是受教育、医疗两项重大消费所束缚，他们必须减少当期的消费，以应对未来的医疗支出和为孩子准备足够的教育基金，所以我们要想打开农村这一广阔的消费市场，教育、医疗改革必须要坚定不移地坚持减轻农民负担的原则。

2. 家族经济状况

以上所说的只是吴德珍老两口现在的经济状况，但是这个家族的第二代已经取代了父亲成为了家族建设的主力军。在我国村庄经济中存在着这样一种现象：富裕户集中在一个家族中，而贫困户集中在另一个家族中，其实这种现象的出现很容易解释，因为农业社会以家为主要生产单位，兄弟姐妹之间对血缘关系的认同感很强，在经济交流中更容易建立起合作关系，促进资源在家族内部的流通，使家族成员能够共同致富。

吴德珍老人有 5 个子女，都已事业有成。老大吴廷建，是村里唯一的乡镇企业——采石场的老板，我们曾在杨支书那里听说过这位致富的带头人，因为业务繁忙的缘故我们一直没有能够见到本人。

乡镇企业是指农村集体经济组织或者农民投资为主，在乡镇（包括所辖村）举办的承担支援农业义务的各类企业，是中国乡镇地区多形式、多层次、多门类、多渠道的合作企业和个体企业的统称。包括乡镇办企业、村办企业、农民联营的合作企业、其他形式的合作企业和个体企业五级。乡镇企业行业门类很多，包括农业、工业、交通运输业、建筑业以及商业、饮食、服务、修理等各类企业。乡镇的企业迅速发展，对充分利用乡村地区的自然及社会经济资源、向生产的深度和广度进军，对促进乡村经济繁荣和人们物质文化生活水平的提高，改变单一的产业结构，吸收数量众多的乡村剩余劳动力，以及改善工业布局、逐步缩小城乡差别和工农差别，建立新型的城乡关系均具有重要意义。

作为全村唯一的乡镇企业，我们可以判断它的经营者一定是一位非常有经济头脑的人，因为当地人的市场意识还没有建立，更没有企业的概念，在这种环境中成长起来的企业，它的主人一定具有非常的影响力和个人特色，这样一个乡镇企业家往往不但拥有足够的物质财富，还在当地拥有丰富的人际关系网络，而这是一个家族成长最重要的资源。

老二吴耐英，是村里的养猪专业户，在前面我们也提到过全村所有家庭都有饲养牲畜，但是只是作为家庭副业存在，只有吴耐英家以养殖为主要产业。我们知道养殖业比农业的前期投入要大得多，因为在农业中我们是不计算土地成本的，而她的家族承担了前期资本积累的过程，使其直接进入了生产阶段，创业过程缩短。

老三吴跃英，在州府凯里工作；老四吴桂英，是村里小学的老师；老五吴美英，在雷山县城工作。由于长兄的关系都得以在县、乡里立足。

家族经济是非常值得我们关注的一种经济形式，也是现在存在颇多争议的家族企业的前期模式，引导家族经济适度发展或许可以避免我们在家族企业里遇到的矛盾。

3. 子女教育问题

从上面的介绍中我们可以看出吴德珍老人的子女都很优秀，这当然得益于父亲的教导。老人很注重对子女的教育，现在自己的子女都已经长大成人，他又负担起了教育孙辈的职责，我们请教他教育子孙的秘诀，他总结出两点：第一，保持良好的习惯，不能乱跟人，孩子小的时候不能分辨是非，跟什么人学什么样，一定要让孩子从小保持良好的生活习惯，少跟社会上的人接触，以免沾染不良习惯；第二，家庭保持和睦，家庭的氛围对孩子的成长有很直接的影响，父母必须做好表率作用，才能使孩子在健康的家庭环境下成长。

4. **社会文化生活**

多年的党政工作经历使老人养成了关注国家政策和重大社会事件的习惯，经常收看新闻联播。在采访中我们发现了一个很奇怪的现象，相对于本地新闻人们更关注于国家、国际新闻。掌坳村已经普及了卫星信号，但是这种卫星天线是收不到地方台的，只能收到各省卫视频道，没有任何人反映这是不合理的，因为他们平时就不收看本地新闻，这首先不利于地方政府通过通信手段来进行政策宣传，但更为重要的是这是否是一种社会心理暗示，人们对周围所处的社会环境存在不满或者矛盾，就直接规避去关注这些与自己利益切实相关的信息？

除去看新闻的习惯，老人还有一项业余爱好——遛鸟。鸟对于苗族有着特别的意义，在苗族所用的器皿上、苗族姑娘的服装上都可以看到鸟的图案，苗族的祖先一直把鸟作为图腾来崇拜，所以在苗族地区很多地方的老人都有养鸟的爱好。老人说从很早以前村里的老人就开始养鸟，现在主要是为了锻炼身体，丰富业余生活。

在村子里养鸟的人还是少数，因为成本比较高，但是铜鼓舞就不一样了，既可以锻炼身体，成本又低，老人全家都会跳铜鼓舞，逢年过节都要参加村里举办的铜鼓舞会，这是老人除去养鸟外最大的业余活动。

除去以上业余的文化活动，老人是个老党员，还要定期参加组织生活，老人说很支持党的政策，农业政策中老人对家庭联产承包责任制的评价最高，认为它改变了我国农村旧的经营管理体制，解放了农村生产力，调动了广大农民的生产经营积极性，是我国农业生产力在改革开放后得到巨大发展的原因。

在访谈的最后老人总结说自己对现在的生活状态很满意，物质生活提高了，精神文明的建设也要维持现状，无论是城乡之间还是民族之间大矛盾是没有的，只是年轻人对传统文化的传承问题让他有些担忧，希望政府能够注意到这一情况，使本民族文化能够长久地流传下去。

第三部分　村民

十五、村干部代表访谈

（一）年轻的治保主任吴呈岑

吴呈岑，38岁，苗族，高中文化水平，现任掌坳村治保主任，同时也是掌坳村旅游项目的负责人，可以说是身兼数职，是我们这次重点采访人物之一。我们到吴呈岑家里的时候他正好去田里收拾庄稼了，回来后一直跟我们说抱歉，坦言说因为庄稼活耽误了很多公家的事情，应该抽出更多的时间来处理村务。

从整个访谈过程中我们发现吴呈岑是一个我们采访中难得遇到的明白人。在任何一个村里，总有几个明白人，在他们的头脑中，似乎存储着调查者所需的绝大部分信息，但对多数糊涂人来说，访谈的话题一旦越出他的家庭便无法表述清楚了。历时两小时的访谈要点整理如下：

1. 吴说，自己最主要的职务就是治保主任

掌坳村是20世纪80年代后期成立的村治保组织，吴从2007年开始继任，在他之前有三任治保主任，他是第四任。治保主任的职责主要是负责村里日常的治安、巡逻和民兵训练。整个丹江镇有60多个民兵，其中有10个女兵，各村每年选派一到两个人到县里接受民兵培训，培训的项目主要是打靶和队列，训练一般持续1~2个月，培训结束后，受训人负责村里其余人的训练，但往往训练结束后回到村里只是口头传达一下精神，实际集队训练的很少，青壮劳动力不是外出打工就是要下地耕作，对集体事务的热情很低。除了巡逻和民兵训练，日常也要定期向上级派出所通报村里的情况，遇到突发事件还要配合公安机关抓捕犯人。

由于民风淳朴，掌坳村当地的治安状况一直很好，除去解放初期有些动荡之外，一直都很稳定。在我们的调查中村民们普遍反映对当地的治安状况很满意。在我们刚到雷山县的时候，当地的宣传部长称这里为“人类心灵的栖息地”，说这里的人们都很安于现在的生活，对于物质生活没有过高的要求，不像大城市里生活的人们浮躁而压抑，所以治安特别好，确实如此。

2. 林权制度改革

掌坳村的林权制度改革开始于2007年11月，现在已经基本结束。由乡里同样绘制山林分配图，所有山林分为自留山和管理山两种。自留山就是一直归村民个人所有的山林；管理山是承包制实行前归生产大队所有和管理，承包制实行后，树归管理者，土地所有权依然归生产大队所有的山林。

分配时按照乡里的分配图统一进行，总的状况是自留山比管理山的状况好一点，主要原因是自留山离村比较近，所有权明确，村民的管理积极性比较高；管理山离村距离比较远，树木的收获周期较长，加之所有权归集体所有，所以一直疏于管理。掌坳村的自留山比管理山大一点，分配也是在原来归属上的调整。

这次林权制度改革不包括退耕还林的土地。掌坳村从20世纪80年代末期开始退耕还林，国家给予补偿，所以也有部分村民只领取补偿，却依然保持耕地。为了鼓励退耕还林，这部分土地仍归原来的所有者支配。

吴说村民都同意林权改革，但在我们的实际调查中发现，村民对林权改革的内容并不是很了解，但却都签了同意书，由于对于政策的理解能力不同，村委会与村民在沟通过程中存在很多误区，村民出于对村委会的信任或者是觉得不危及家庭的利益，就盲目地签署一些自己并不了解的文件，这虽然加速了政策的实施过程，但是由于对政策没有完全的理解和认识，村民仍然是按照原来的格局对山林进行管理，这使我们虽然已经完成了林权制度改革，却仍然需要在后续过程中继续进行宣传和推动，这无疑是走了弯路。

3. 关于掌坳村的旅游项目规划

雷山县一直以旅游产业为主导产业，作为雷山一个普通的村寨，当然要与全县的整体发展战略相一致，掌坳村有一个长期的发展规划，吴是主要的负责人，但是这个规划的实施速度一直很缓慢，主要原因是：

第一，以铜鼓舞作为主要卖点，也成为了最大的约束条件。在前面的采访中我们已经对铜鼓舞进行过了解，铜鼓舞可以说是掌坳村最大的旅游卖点，乡、县政府一直比较重视，经常有机会到县、市里去汇报演出。从祖上传下来的铜鼓舞比较简单，现在跳的舞已经是经过改良的了，他们根据一些其他的舞蹈动作增加了步伐的种类，提高了可看性。为了把这种民族传统传承下去，现在村小学里一年级到四年级的小学生都以铜鼓舞为课间操。在采访期间我们也有幸观看了村里铜鼓舞队的表演，非常令人震撼，把力与美的结合表现得淋漓尽致。

我们刚到时县里曾组织到西江“千户苗寨”参观，在那里我们也看到了铜鼓舞的表演，却完全是商业性质的，失去了应有的生机与活力。一个身着来自工业制造的服装与配饰，脸上是由现代化妆品打造出的精致妆容，连解说词都是千篇一律的精致，却不能带给我们心灵的震撼、艺术的冲击；一个是身着自己亲手缝制的民族盛装，农忙之余的舞蹈，处处显露出苗族人民对生活、土地的热情歌颂，确实足够成为本村的最大卖点。

在我国很多少数民族地区都把旅游作为重点发展产业，因为少数民族地区独特的生活方式、艺术形式本身就是丰富的旅游资源，但是在这些资源的开发过程中，我们往往错置了手段与目的的关系。纯真的民族风情的保留才是这些资源真正的价值所在，一味商业化的处理虽然在短期内能够带来一定的经济利益，却降低了这些资源的含金量，最终不但使民族传统遭到破坏，旅游业也得不到持续发展的动力，就像一件仿品永远不能拥有真迹的灵魂，艺术品失去了灵魂也就变成了仿品，只是工业流程制造的产品，带给人们的是瞬间的新鲜感，而不是创造力的冲击。

但是这个主角主要是外出演出，原因是村里没有足够大的场地。本地的土地本身就很匮乏，居住地又过于集中，如果要想搞旅游业首先要解决的问题就是土地问题，必须重新规划居住格局，为铜鼓舞留出足够的展示空间。由于村委会没有什么土地，搬迁的成本又很大，虽然乡、县政府很支持掌坳村发展旅游业，但也是困难重重。

第二，没有配套的基础设施，村里的路都是土路，只有村口有一条在建的公路；村民的房子建时都是供自家使用，如果不翻新，根本没有用来接待游客的地方，而且在大部分村民的家庭规划里并没有与之匹配的项目。

第三，除去铜鼓舞外没有其他旅游资源，掌坳村在雷山县是一个很普通的行政村，虽然村子里的自然风光很美，但是距离这里大约 3 个小时车程的西江苗寨，已经是一个很成熟的旅游基地，对于外省游客来说，掌坳村可以说没有任何的竞争力；即使是铜鼓舞也没有得到有效的保护，到处都是模仿的人，在采访中很多村民都认为应该通过某种途径来保护掌坳村对于铜鼓舞的专属权。

由于这些问题的存在，导致了掌坳村虽然有旅游项目规划，却迟迟没有实施。吴说他们现在想先做一些农家乐来试一试，因为农家乐主要是针对附近的城镇居民。雷山县距掌坳村只有半小时的车程，在近郊旅游上要比西江有优势得多。现在的问题是，农家乐是需要特色农业支撑的，从前面的调整过程中，我们可以知道掌坳村的水田以种植水稻为主，旱地则是以种植土豆和玉米为主，连高附加值的经济作物都没有，更何况是特色农业。

掌坳村在上级的号召下曾经尝试种植过杨梅和梨，但是结果却很不理想。在种植以前杨梅十几元一斤，现在 2 元一斤，但是就是这样也好过梨的行情，现在一斤梨的售价只有 0.2～0.5 元，村民无法从中获得可观的经济收入，很多家庭已经取消了这项投入。政府只负责提供树苗，但却不负责收购果实，农户自己也不了解市场行情，只是一味地种植梨树，结果导致本地市场上供大于求，销不出去；外地市场运输成本太大，而且也缺乏安全稳定的销售渠道。

种植其他的经济作物又没有技术，村里的地大多数在坡上，受干旱、病虫害的影响比较大，没有人敢贸然尝试种植昂贵的经济作物。由此可知即便是单发展农家乐，也缺乏相应的发展基础。

4. 社会团体活动

吴是老党员，所以对党务活动很了解。党务主要由支书来处理，村里总共有党员 20 名，其中年轻党员只有 3 名，党支部每月 15 号学习一次，学习内容主要是党章和教授科技知识的光盘，现有两名预备党员：吴道雄和吴永超。党费由各家收入自主决定交纳数量，但必须在固定日期交纳。

掌坳村村民没有固定的宗教信仰，团员和党员的数量很少，所以基本上很少有社会团体活动。

以上就是这个明白人给我们提供的信息汇总，作为一个年轻而且文化程度较高的村委成员，我们相信他不会仅仅只是一个村治保主任。

（二）老实本分的村长吴道安

吴道安是我们采访的第一个人，因为他是掌坳村的村长，首先采访他有利于我们对全村的状况有一个整体的认识。

我们是在结束早晨与村委会的座谈会后见到了他，座谈会一直都是由村支部书记杨昌彪来主导，所以我们一开始并没有看出来这个老实本分的庄稼人就是村长。

中国的基层组织到村一级是实行村民自治制度，原则上讲是由村民自己从本群体内选拔出自己的代言人，来管理村子的集体事务。但是在任职村委的同时，这些村庄管理者也是自己家庭的建设者，要进行农业劳作，甚至有些也是乡镇企业的当家人，承担着多重的角色和身份。吴道安村长就是这样一个村庄管理者，他首先是一个勤劳的庄稼人，然后才是村里的管理者。

1. 勤劳的庄稼人

吴道安，1951 年生，现年 58 岁，育有二子一女，都已成家，大儿子在县文化局工作，二儿子夫妇南下广州打工，家里只剩他们夫妻二人和小孙子。

大儿子夫妇由于工作原因，已经在县城里购房定居，只有逢年过节才回家看望两位老人，所以吴道安与妻子跟二儿子一起生活。

本村外出务工人员很多，基本每家每户都有外出务工人员，目前留在村里的青壮年劳力也都有过外出务工的经历，今年受金融危机的影响，外出务工的机会减少，所以村里还有一部分的青壮年劳动力在家，但是吴的二儿子夫妻依然在外面打工未归，据吴介绍他们夫妻二人打工每年基本上都有 5000 ~6000 元的纯收入，比单纯在村里务农的收入要合算得多。

这样家里只剩下了他们夫妻和年幼的孙子，妻子整日忙于照顾孙子、处理家务，家里所有的田只能由他一个人耕种。家里总共有 4 亩水田，1 亩旱地，地里的活消耗了他大部分的时间。

吴道安村长说他并不是一直以务农为生，因为是初中毕业，所以曾经做过老师。当时 20 世纪六七十年代村里受过教育的人很少，初中毕业的更是凤毛麟角，他初中毕业后就直接在村里的小学任教，当了 7 年的民办老师。我们很惊喜发现了一个古董级的教师，因为我们一直想要对改革开放前那段时间村里的教育状况进行一下了解，于是就询问了一些关于当年本村教育状况的问题，遗憾的是，吴道安对自己那段 7 年的教师生涯已无任何印象，只记得当时的工资水平是 15 元/月。这种状态在我们后续的采访中经常遇到，村民对自己个人经历的记忆往往只局限于对自己本人或者最大扩展到个人家庭的范围，对本村整体的状况就算是自己熟悉的领域也知之甚少，小农经济的个体意识根深蒂固，他们并不会意识到集体的状况会直接对个人或者家庭状况产生影响，更多的只是从自身来寻找问题的原因和改善的途径。

除做过老师外，吴道安还是一个很优秀的木工。据吴介绍，他们祖辈都是村里的木工，但是技艺并没有遗传下来，他是自学的木工。在中国农村存在着很多这样心灵手巧的人，他们没有接受过专门的职业培训，却通过实践的磨炼熟练掌握一门技术，有很多甚至成为了某方面的专家。

我们这里所说的木工，主要是从事房屋建筑工作，并不是制作家具或者木艺品。由于我们长期生活在城市，最熟悉的就是城市里随处可见的钢筋水泥材质的楼房，即便是在北方农村，见到的房子也是砖、石材质，而这里的房屋都是木制的。一般为三层楼房也就是我们所谓的苗族的吊脚楼。一楼用来饲养牲畜和储存粮食，二楼用来居住，三楼放置一些闲散的东西，整个房子都是木制的，完全看不到任何金属建材，连一颗钉子都没有。每幢房子都必须由专门的房屋设计师来设计并画出图纸，房屋设计是建造房屋最重要也最复杂的一道工序，据吴道安介绍全村只有一个房屋设计师，而木工的工作只是在房屋的设计完成后按照图纸来处理木料，把木料打制成木板而后组装起来。以前村里每户都有自己的林地，房屋建筑使用的木材都是自家山林所产，现在县里对山林管理加强，建房所使用的木材大多数都是从市场购买，所以造价也比以前要高得多。建房使用的木材主要是杉木和松木两种，杉木的质地密实，品质优于松木，这种木制的房子很耐用，我们在村里还见到了一幢拥有近百年历史仍在使用的老房子。

吴道安说现在自己已经很少干木工活了，几乎所有时间都消耗在了家里和村里的事务上。

2. 村里的管理者

从上面的采访记录中我们可以看到吴道安是一个勤劳朴实，掌握多门生存技能的农民，家庭的生活水平在村里也是中上等。但是一个合格的持家人，并不一定就是一个合格的管理者，甚至两个角色本身就存在着替代性。

我国村民自治制度是在人民公社制度废除及家庭联产承包责任制实施后

逐步建立起来的。党的十一届三中全会以后，“政企合一”的人民公社制度解体，使得我国农村基层社会管理出现了暂时的“真空”。这时，特别需要一种新型的社会基层组织来填补制度空白。村民自治组织应运而生，这些村民组织建立之初的功能，是维护集体水利设施及社会治安等，后来逐步扩大为对农村基层政治、经济、文化、社会生活中诸多事务的自我管理，村民委员会的性质也向群众自治组织演变。经过近30年的建设，村民自治制度已经成为我国社会主义民主政治的重要组成部分。

在村民自治制度基础上建立的村民委员会，以村长为首，通过分工合作对村寨的经济、生活各方面进行管理。但是在我们采访吴道安村长的过程中发现：制度的运行并不是与制度的安排完全契合。

掌坳村是由南北两个自然寨组成的行政村，大寨姓吴，小寨姓杨，所以正如中国的大多数村庄一样，宗族的构成影响甚至决定了行政机构的构成，村支书姓杨，村长姓吴。吴道安村长已经任职9年，马上就要届满，在我国村级行政级别上的基层机构的寿命似乎总是特别长，除非有重大的执政污点，否则连任是必然结果，这一方面是因为惯性使然，更换的成本太高所致，另一方面就是我们基层选举制度的问题了。

当我们问及村委的选举问题时，吴道安村长说村委都是经过村民选举出来的，但是在接下来对其他人的采访中我们发现很多人外出打工归来，未曾参加过村委举，究竟选举时村民的参与比例为多少，乡政府又在其中起了多大的作用我们就不得而知了。

村委会选举出来以后，村委会干部的主要工作是村务管理。村务管理就是对村级事务的管辖和治理，从大的方面来讲，主要包括村民自治的事务和政府交办的事务。这些事务又可以具体细化为四项：经济事务管理、自治事务管理、社会行政事务管理和村级资源管理。

当然在基层的实际操作过程中并没有如此明确的分工，从吴道安村长的介绍中我们发现他们基本上都是采取“兵来将挡，水来土掩”的应对措施，对上是根据上级政府的要求来安排村委会的具体工作，对下是发生一项问题解决一项问题。所有一般积极主动的村级规划都是上级政府的要求，很少根据本村的特殊需要制定规划，一方面是由于村级财政的限制，另一方面就是多年行政积习所致。这既不利于村委会地缘优势的发挥，更不利于村庄特色经济的发展。

到了基层我们还发现了一个很有意思的现象，计划生育工作似乎已经成为村委会最重要的工作，在村委办公处到处张贴着计生的宣传材料，我们在村委的档案柜里找到的所有书面资料都是关于计生工作的，这完全出乎了我们的预料。

近年来很多学者和媒体都质疑中国统计部门发布的宏观统计资料，原因之一就在于这些统计资料没有一个完备的基层统计制度作支撑。人口普查可以算是我国要求最严格的一项调查，所有村庄都有关于计生人口的统计资料，但是却没有相关的经济统计资料，如果在基层组织没有统计资料储备，各省市的经济资料又是如何汇总出来的呢？

在村委会成员分工的问题探讨中我们发现了另一个问题，就是一个村寨的两个中心人物村支书与村长的职务分工问题。吴道安村长说他平时都在家里从事农业劳动，只有村委会开会的时候才过来，我们去的时候掌坳村的林权制度改革已接近尾声，我们就询问掌坳村林权制度改革的状况如何，得到的回答竟然是对这个事情并不清楚。然后我们转移话题询问农村合作医疗的事情，吴村长的回答是村里没有农村合作医疗，这时与我们同来的县里的司机李师傅插话说怎么没有，你们没有每个人每年交10元钱吗？他这时才回答说全村都参与了合作医疗，有50%～70%的报销比例。按照制度安排村长是村委会的领头人，应该参与到村务的各个方面，不至于有管理上的“真空”，但实际上这些工作都是由村支书来主管处理，所以才会出现这种对村务不太了解的状态。村长管理村务，村支书管理党务，合理分工，这只是理想的状况，实际上，村长和村支书的职务划分是由他们的个人权威决定的，掌坳村的杨支书是一个退伍军人，给我们的第一印象就是村里当然的掌权者，而且从头到尾我们的访谈工作都是在他的安排下进行的，吴道安村长只是作为一个受访者而已。

3. 铜鼓舞队负责人

吴道安村长在村里最重要的职责就是铜鼓舞队的队长，负责带领铜鼓舞队出去进行政治汇报演出或者商业演出。因为铜鼓舞对于掌坳村有着特别的意义，所以我们就把吴道安村长的这一职务从管理者的角色中独立出来陈述。

掌坳村是铜鼓舞的发源地，我一直对“铜鼓舞的发源地”这句话持着一种保留态度。为什么说是“铜鼓舞的发源地”？按我现在的看法，它应该是“铜鼓舞的传承地”而非“铜鼓舞的发源地”。铜鼓舞，苗族称之为“究略高”，是用一头有面、中空无底、呈平面曲腰状称为铜鼓的打击乐器伴奏的舞蹈，是我国南方少数民族一种有代表性的、源远流长的舞蹈文化。据考古学方面的发现，早在春秋末期，铜鼓就出现在乐舞场面之中了。而苗族是在进入封建社会的初期才开始接触铜鼓这一礼器的，相对而言，苗族只是在继承和发扬铜鼓文化方面有着重要的贡献而已。至今，苗族，特别是掌坳村还保存着较完整的演奏形式和舞蹈形式。20世纪50年代，该村曾到省城贵阳等地演出，20世纪70年代被《人民日报》载文誉为“铜鼓舞发源地”，于是，“发源地”一词，也就成了掌坳村的品牌了。但我倒是认可有人把其称为“铜鼓舞的传承地”的说法。再则，按村上人们的说法，原本村里先祖最初用的是木鼓，到后来才改进为铜鼓的。

吴道安村长是村铜鼓舞队的主要负责人，同时也是一个优秀的铜鼓舞者。2000年他们的铜鼓舞曾在贵州省的比赛中获得了三等奖，本村的旅游业刚刚开始规划，所有铜鼓舞队主要是外出演出，县里也帮他们联系到外地表演的机会，曾到过广州、北京、上海、重庆、西安等城市进行过表演，基本走遍了大半个中国。

表演收入是40元/人/天，但是铜鼓舞队所使用的铜鼓本地并不能制作，现在使用的4个铜鼓都是从广西定做的，好在铜鼓的使用周期很长。吴道安村长说平时他的主要职责就是组织训练和带队出去表演，具体演出内容由其他人负责。

（三）经历丰富的老村干吴道雄

吴道雄，出生于1955年，现任村内的会计、文书。初见吴道雄，给人的感觉他是一个和蔼可亲、憨厚而精明的人。

他一家四口，老伴、女儿、儿子和他。老伴叫陈正英，1955年生；女儿出生于1981年，名叫吴小叶，现已嫁到乌秀村，她初中毕业。在掌坳村，重男轻女的观念仍然很重，不少家庭因为经济原因不让家里的女孩上学，但吴小叶很幸运，父母都很开明，一直支持她读书，由于自身学习一直不太好，就只好读到初中了；儿子叫吴飞，出生于1982年，现在在永乐中学任教化学，本科毕业于贵州师范大学凯里学院，目前已经工作了4年。提起儿子，吴道雄明显的比较兴奋，眼神中流露出一种自豪的神情，他说儿子从小记忆力就比较好，学习也一直不错，一直读到大学，在大学二年级时入了党，还当上了学生会主席，从他的言谈中我们能强烈地感觉到，儿子是他的骄傲。

吴道雄1974年高中毕业后，回家务农，后来莲花小学的一位老师因病卧床不起，不能再为学生们上课，学校就请他代课，因为在当时的村里，高中生并不多见，他的文化水平在寨里算是最高的。当时他体谅父母辛苦，自己兄弟姐妹多，家庭生活相当困难，教书所挣的钱也全部用来补贴家用。每当回忆起过去清贫而艰苦的生活，他经常教育两个孩子："你们要好好读书，将来不要再像父母一样辛苦。"在儿子读初中的时候，他就常对儿子说："你要想少干农活，在学校要严格要求自己，要按最高的组织要求自己。"具体来说在初中的时候要求他入团，在大学时要求他加入党组织，后来儿子很争气，不仅学习好，而且团结同学，深得班主任和同学们的信赖，很快就成长为一名合格的中共党员，在大二的时候还以高票被选为学生会主席。吴飞毕业那年是毕业生包分配的最后一年，他顺利分配到永乐中学任教。

吴道雄在家排行老大，下有两个弟弟和两个妹妹。家里人口比较多，虽然当时他教书的工资并不算低，加上父母务农的一些收入，整个家庭的收入状况在寨里算是中等以上的，但弟弟和妹妹们都在上学，处在长身体的时期，特别是他1977年结婚以后家里的经济状况更显拮据。"穷则思变"，为生计所迫，他不得不在1979年辞去学校的工作，出外打工。说是出外，并不是背井离乡，而是在本地打工，主要做些建筑活。自打工以后，收入明显得比在学校的收入高，家庭的经济状况也逐渐好转。

1985年他当上了村长，用他的话说"没到两年，就跑了"。那是1986年，他和村里的其他3个人在信用社贷款10万元，合伙去凯里开煤矿，当时年轻气盛，也没想那么多，就觉得开煤矿应该能赚钱，说干就干，可后来才发现，他们买的矿地，煤层比较薄，出煤自然就少，很快就无煤可挖了；他们是外地人，各种税收、费用比较多，在疏通与当地管理部门关系方面花了不少钱，最后没钱投资，只好把煤矿折价卖了，卖的钱全部还给了信用社，最后每人还背负信用社1.4万元的债务。后来信用社经常来家里要账，为了尽快把账还上，他决定南下广州。他找到的工作是在广州采石场采石头，刚开始每月300多元，收入也不算低；后来他当过3年工头（1997—1999年），在此期间，收入有了大幅提高，平均每月挣到1000多元，手下有七八十人，他们大多来自云南、四川等地。打工的日子过得很辛苦，但这辛苦换来了家庭经济的改善，家里的电视、摩托车，都是在广州打工后买的。电视机是1991年买的，摩托车是1998年在广州购买，然后回掌坳时装在大巴车的货架上运回来的。吴道雄在广州打工的同时并没有忘记子女的教育，经常给儿女写信沟通，暑假有时也带孩子出去看看，长长见识。

结婚前他一直和父母、兄弟姐妹一起住，家里的支出主要是维持生计，买衣服给几个弟妹穿，购买些柴米油盐等基本的生活资料。结婚后，他开始有意识地攒钱，1982年开始着手建房子，花了1万多元，仅仅盖了一个框架，现在居住的房子直到2001年才全部完工。这种情况在寨里很常见，经济上的原因，他们的房子往往要几年甚至10多年才能完全建好，在我们访谈的养猪专业户吴耐英家也是这种情况，现在她所居住的家整整花了12年时间建造。有了两个孩子之后，教育方面的支出比较大，但夫妻俩都很支持孩子读书，这也是掌坳村的一个优秀传统，历来对孩子的教育很重视。亲戚朋友有红白喜事，他们支出也不少，通常由他们3个弟兄一起承担，长兄要多送一点点，这也是寨内的一个传统。家里人最近几年都比较健康，只是老伴有时胃痛花点钱。

他闲暇时看看电视，比较喜欢看文艺类的节目，虽然自己不会唱歌跳舞。他是个鼓手，小时候跟寨里的老人学的。在他家的墙壁上我们发现很多他和村里的铜鼓队出外演出的照片。他家里共有3个大相框，里面有许许多多的照片，每张照片都是一段美好的回忆，有些照片虽然已经发黄，当我们问起他在什么情况下拍摄这张照片的时候，他会立刻告诉你，这是西安演出时和内蒙古演员的合影，这是儿子在读高中时的照片等。他以前也听广播，自从有了电视，他就很少再听广播了，电视可以接收到40多个台，选择的余地比较大，此外，在掌坳村，广播收到的电台数量是很有限的。除了喜欢看文艺类的节目外，他还看一些本地的新闻，看看凯里、雷山有什么发展，有什么新政策、新变化，再次选为村干部后，家里农活忙、村里的事比较多，也就很少有时间看电视了。

通常他急需钱时，数目小的，一般从亲戚朋友那里借；数目大的，从信用社借。据他介绍，信用社放款主要是看你家里的信用，以前信用社派专人到家里调查，符合条件的就可以向信用社贷款，现在每个村里都有一个信用联络员，当有村民申请贷款时，信用社一般会找联络员了解申请人的家庭收入及信用情况。他家的门头上挂了一个信用联社颁发的“信用户”的牌子，起初我们以为只有很少的几家才有这样的牌子，后来才知道这块牌子并没有实质性意义，并不反映贷款人的信用状况，只要村民在信用社贷过款或存过款都会发这样的牌子。虽然只是象征意义，但还是很有必要，掌坳村这个地方，与外界的信息沟通还是相对比较少，民风比较淳朴，几乎每个人都把信用看得很重，至于偷盗的事情更是无从谈起，一个很好的例子就是李正华进的木料以及加工成型的材料一般都放在宅内的路边，从来就没有丢失过。信用联社把“信用户”的牌子发给与它发生业务往来的村民，有助于强化村民的信用。

回顾过去的生意经历，吴道雄总结说开煤矿的时候合伙人比较多，每个人的想法都不太一样，意见不同，行动相左，生意就很难做好。自从那次失败之后他再没有和别人合伙做过生意。

他们夫妻俩，像大多数家庭一样，有时为了一些小事也斗嘴。“一个家，一个碗，放在一起肯定会碰碰了，但不是碰碎那种，吵架也不记仇的，谁也不计较。”他说的话很朴实，在这朴实之中蕴涵着他对老伴深深的爱意。出去打工期间，老伴当过3年妇女主任（1990—1993年），主要负责村里计划生育和人口统计工作，由于不会写字，只是口头记着，他还告诉我们，老伴通过上村里的夜校班最近才刚刚脱盲。

最近几年，寨里每年农闲时期都会举办农民素质培训，主要培训对象是村里不识字的妇女，有专门老师给她们上课，学习的内容很杂，有关农业生产技术的、家庭养殖的、出外打工的要学习写自己的名字、写家里的通信地址等。村委会在这方面做的工作很多，干部每年都要去各家各户动员参加培训。在我们采访过的民族村寨中，掌坳村两委所做的工作是相当不错的，特别是在农民素质技能的培训方面，我们认为这项工作将对掌坳村村民起着深远的影响。当我们问起他对村两委有什么想法时，他说村内的工作要搞得更好就必须实行干部专业化，村干部不能一方面拿着工资，一方面还忙着自己家里的事情，这样村里的事情就很可能做不好。

吴道雄非常善解人意，看到我们的调查人员被蚊虫叮咬难受的情形，他立即打断我们：“稍微等一下，我点个蚊香来。”这让我们调研人员非常感动。在跟我们谈完土豆的生产情况之后，他突然问我们喜不喜欢吃土豆，本以为他在问我们的饮食习惯，就顺口说了声喜欢，没想到他站起身来走到厨房，拿出刚煮好的土豆分给我们吃，这让我们心中涌动着一种温暖。在这里，我们切身感受到了发自内心的真诚，这种真诚、这种善意，很纯净，没有一丝伪装。

（四）务农致富的老支书吴往山

吴往山，苗族，生于1948年6月28日。他身材中等，面色黝黑，略微消瘦的脸庞显得很精干。妻子莫玉珍，生于1949年，是丹江镇龙头乡中寨人。我们去的时候她没在家，60岁的老人仍去地里干农活。

吴往山经历丰富，可能是曾任村支书的缘故，他的普通话说得相当流利，虽夹着贵州方言的口音，但比起其他苗族群众，我们的沟通和访谈还是比较顺利的。他给我们讲了几个小故事。

1. 关于鬼师和改名字

吴往山祖辈都居住在掌坳村，1975年从上面的坝子搬到现在的地方盖房。1958年，吴往山在莲花小学只读到一年级，因为家庭困难辍学了。全家只有母亲在干活，父亲得了很严重的哮喘病卧病在床，因为附近没医院甚至连卫生所都没有，所以只能吃些草药。父亲是1968年病逝的，享年仅56岁。从10岁起，吴往山就跟着母亲起早贪黑地干农活，那时年纪太小，用耕牛犁地时都拿不动犁架子，但每天也能挣3个工分，母亲得10个工分。

吴往山排行老二，有一个姐姐，两个妹妹。姐姐高中毕业后曾去丹寨师范学校读了一年书，因家境贫寒没念完，想当民办教师的愿望也落空了，最后回乡务农。也许是父亲早年病痛的经历再加上只有小学一年级的文化，吴往山不信西医，也不信任何宗教，但相信鬼神和鬼师（即巫师）。他说鬼师治病很灵验的，有时小孩生病了请鬼师来拜祭一下，再开点草药，孩子的病就好了。儿子吴贵在读初一那年得了一种怪病，耳朵上长了一个大脓包，一直在流脓，3年也没好。吴往山不相信西医能治好就一直没去县城医院，后来是听亲戚的主意，请了鬼师用草药治好的。这个鬼师是一个65岁的老太太，她作法的时候，通常是“乱念一下”（吴往山语）也就好了。至于给鬼师的报酬，20世纪七八十年代的时候给0.12元，前几年给1.2元，现在得给12元了。因为苗族认为12是一个吉利的数字。其实，这个鬼师就是民间的巫医，在村寨里就有“巫医一家，神药两解”的说法，巫医会用自制的土方法治疗轻微的骨折和脱臼复位；还会运用“催生诀”念念有词，减轻产妇痛苦，使其顺利分娩；还有，小孩因突然受到刺激惊吓晚上惊梦和长时间夜哭等，巫医都有办法治疗。

在村里，吴往山属庭字辈。其实，往山是其乳名，读书时学名叫吴庭昌，与同村的一个大哥同名。这位大哥早年在外乡当长工，就是干一些割草喂牛、扛犁耕田的杂活，后来参了军。大哥复员回到村里后，吴往山就不用吴庭昌的学名了，仍叫回乳名，因为苗族忌讳与长辈同名，如果出现同名晚辈的要改。

2. 20 世纪 60 年代的储备粮与闹饥荒

吴往山依稀记得 1959 年的“大跃进”，那时老挨饿，因为年纪小，没去参加大炼钢铁（有些成年人去凯里修炉子炼钢铁，说是要“超英赶美”）。由于壮劳力都被抽调去大炼钢铁，村里的庄稼缺少人手，再加上自然灾害，村里开始闹起粮荒。

少年吴往山和母亲、姐姐一起干活，父亲卧病在床，奶奶年迈不能劳动，两个妹妹年纪尚幼，到了秋后，全家分到的粮食不够吃，还得分小队的储备粮。这个储备粮有点来历，为了应对美国和苏联的原子弹威胁，毛主席提出“三线”问题，即在原子弹时期要搞三线建设，要准备打仗，地处山区的贵州是当然的大后方，和四川、云南都处于大三线范围。当年毛主席有一个著名的号召“备战备荒为人民”，吴往山印象很深，这个储备粮就是为了应付打仗和饥荒而由大队贮藏起来的，不到万不得已是不能动用储备粮的。当时整个掌坳村分成 5 个生产队，吴往山在第一生产队，整个生产队年产 8 万斤粮食，其中 3 万斤做储备粮，剩下的 5 万斤分给大家。吴往山一家 7 口人分到的 2000 斤谷子能打 1400 斤大米，显然不够吃，村里很多家庭也出现挨饿的现象，所以大队拿出一小部分储备粮救急，是不得已而为之。当时也没有红薯、玉米等杂粮，因为不允许开荒搞自留地。

到 1961 年饥荒闹得更大，因为中国要还苏联的账，国家很困难，农民更困难了。本来粮食就歉收，还债又拉走很多粮食，所以饿死了不少人。村里有一家叫吴德中的，父母和两个妹妹四口人饿死了，他本人因为在贵阳工业大学当教师，幸免于难，最后还把一个弟弟和一个妹妹接了出去。吴往山记得最艰难的是青黄不接的时候，自己 40 多天粒米未进，只能吃野菜树皮，凡是猪能吃的人都吃。例如把做香的香叶晒干碾碎，一和水就成了糊糊的团面状，可以煮着吃；还有把枇杷树的树皮剥下来，捣碎和成面也能吃。后来，眼见饿死的人与日俱增，莲花人民公社根据中央的指示进行干部整顿，这些下队干部督促村民们种水田，开荒种红薯、种玉米自救，还允许烧山砍树种小米。就这样，全村度过了这场大饥荒。

3. 从自留地到“四清”运动

吴往山说，1962 年实行过一段时间的分田到户，源自刘少奇搞的“三自一包、四大自由”。他得到三分旱地，一分地种菜和辣椒，两分地种红薯和玉米。有了这两分地，又可以养两头母猪，一胎能下七八个小猪仔，那时一只猪仔能卖 13 ~ 20 元，拿去卖还挣了不少钱；卖猪肉也有不少收入，一斤猪肉 0.7 元，一年下来有几百元收入。

1964 年搞“四清”，“四清”是指是河北省保定地委在整风整社运动中为解决年终分配问题而创造的经验。其主要做法就是根据中央调整农村经济的政策和“六十条”精神，贯彻执行勤俭办社和民主办社方针，普遍进行清账目、清仓库、清工分、清财物（简称“四清”）。“四清”有一项重要的工作，就是重新划分每个人的成分，并收回一部分自留地归生产队。吴往山记得县里派来的“四清”工作队的队长叫龙腾元，当初分到的三分旱地和自己开荒的两分旱地都交公了，成分划的是贫农。

1966 年文化大革命，村里也要批判刘少奇和邓小平。吴往山记得有很多“过路的”红卫兵下乡来串联，不清楚是哪儿来的。他们组织批斗公社书记余忠溪，还把大队支书吴尖南（德字辈）、大队长吴尖沙拉出来一起批斗，但那时都是文斗，不绑人，还有凳子坐；不打不骂，就是对着他们数落“工作搞不好，生产上不来”等。围观的群众有 200 多名，敢于上台数落得少，看热闹得多，主要是红卫兵在批斗。之所以对批斗场面的记忆如此清晰，是因为吴往山当时是村里的红卫兵队长，带领着二三十个小伙子，还兼着文艺宣传队的任务。

4. 见证文艺宣传队和知青的上山下乡

1968 年，20 岁的吴往山参加了公社组织的毛泽东思想宣传队，白天下地干活，一天还能挣 5 个工分；晚上义务排练文艺节目，不给工分。宣传队的主要任务是宣传毛泽东思想，歌唱社会主义。宣传队里人才济济，有独唱也有合唱，都是用苗话唱的，吴往山负责打快板，快板是自学的，歌词也是用苗语自编自演的，所以吴往山至今仍记得其中的某些片段。应我们的要求，他把当时的快板书翻译成汉语，仍然朗朗上口：“旧社会，真正苦，受尽剥削和压迫；新社会，变了样，农民翻身做主人。”

1969—1972 年，吴往山参加了湘黔铁路大会战。他仍然负责宣传队的工作，是文艺骨干，主要给 1000 多人的雷山县民兵团作慰问演出。

还有一件事情让吴往山记忆犹新，就是知识青年的上山下乡活动。公社安排县领导的子女——几个高中生到村里插队。吴往山负责具体的任务分派，还手把手地教他们做农活。那些知青都很年轻，身体也单薄，吴往山就把他们分到各个生产队，安排他们做较轻的农活，大队还专门搞一个 30 多亩的茶场，让他们学着种茶叶。但是知青走了以后，这个茶场就荒废了。其实掌坳村的地势很适合种茶，因为这里是海拔不太高的山区，雨量充沛，云雾多，空气湿度大，漫射光较强，对茶树的生长十分有利。吴往山告诉我们，地势也不是愈高愈好，在 1000 米以上会有冻害，一般选择偏南坡为好；坡度不宜太大，一般要求 30 度以下。后来我们调研小组在雷山县城的商店看到了雷山银球茶，号称贵州十大名茶之一（都匀毛尖排在首位），可见苗岭是适合种茶的，如果村民们继续知青的事业，也许种茶业现在会成为掌坳村的一个新的经济亮点。

5. 村支书的顾虑

由于吴往山爱学习，宣传队的工作也做得红红火火，作为社会主义建设的积极分子，他光荣地加入了共青团，后来还被选为区团委委员、县团委委员。吴往山记得当时的雷山县县委书记杨敬兼任县团委书记，县团委副书记李地芳主持团的工作。1973 年，雷山县大塘区委（莲花公社党委的上级）任命吴往山为掌坳村党支部书记，吴往山的村支书只干了 3 年就辞职了，1976 年由吴德英继任。

按理说，吴往山能力不差，当过文艺宣传队长，号召力不可谓不强；年纪 28 岁，正值年富力强之时，为何放下村支书不干了呢？原来他有思想顾虑。吴往山 1968 年结婚，前后生了 3 个女儿。大女儿芬往山（按习俗，苗族女孩的名字尊用父亲的名字），1970 年出生；二女儿木往山，1972 年出生；三女儿怎往山，1975 年出生。虽说三个女儿都很懂事，逐渐地，也能帮着父亲干些农活，但吴往山总觉得不是长久之计，他还想要一个儿子。但在 20 世纪 70 年代末国家开始实行计划生育政策，吴往山作为支书担心自己超生会被村民们说闲话：“以后自己讲话就不灵了。”所以，思前想后，他决定辞去支书一职。1979 年，生下儿子吴贵。

吴贵在莲花小学毕业后，上了大塘乡中学。初一时，吴贵生病在家3年，就再没上学，帮助父亲务农至今。2003年，吴贵和大塘乡西塘村的任丽花结婚。他俩是自由恋爱，一同到雷山玩认识的，最后由亲戚牵线，促成了婚事。婚礼请了35桌酒席，包括聘礼一共花费2万元。婚礼不请娘家人，这是掌坳村苗族的习俗，婚礼后第三天新婚夫妻带着一头猪回娘家认亲，给岳父母8000元的聘礼。2004年吴贵生了女儿吴春菊，2005年生了大儿子吴金发，2007年生了二儿子吴金州。就这样，61岁的吴往山虽然嫁出去了3个女儿，但守着同样精明强干的儿子吴贵，盖了高大阔亮的砖瓦房，给他娶了贤惠端庄的媳妇，养育着3个孙女、孙子。屋内瓷砖铺地，儿孙绕膝，尽享天伦之乐。我们访谈的时候，吴往山的小孙子——两岁的吴金州在一旁向爷爷撒娇要糖吃，吴往山微笑着耐心地哄着孙子，不时剥糖给他吃，其乐融融。

6. 种养结合，发家致富

1979年，村里开始搞联产承包责任制。当时的分田到户没有任何纠纷，至今大家都认为生产责任制好。因为有母亲和3个姐妹的份额，吴往山当时分了4.7亩水田。虽然母亲已过世，但她的那份田继承下来了。虽然3个姐妹都出嫁了，但她们的户口没迁走，所以那3份田也没被收走。她们仨的户口至今还在这个家。但是，新添的人丁是没有田地的，吴往山概括为“增也不加，死也不减”，这就是掌坳村目前的土地分配制度。

在人民公社时代，不懂得科学种田，那时的亩产仅400斤谷子。现在可以利用农业科研的成果，使产量翻番。开春时节，吴往山到雷山县的种子公司买杂交稻的优良种子，一亩地买2斤种子只花30元。育秧播种，再施以化肥农药，亩产可达千斤以上。年景好的时候，吴往山的4.7亩水田能收获6000斤谷子，打4200斤大米，足够现在的一家7口人的口粮。还可以把余粮卖给国家。种田盈余3000元左右。吴往山有2亩旱地，种玉米和红薯。由于吴往山用心施肥整理，玉米亩产能到800斤，比我们前面采访的吴志刚收获多1倍。可见吴往山是拾掇庄稼的好把势。因为退耕还林政策，吴往山分到1亩山林种杉树和杨梅树。他种了50棵杨梅树，每棵年收入400元，但今年只有两棵有收成。其余的48棵树因为年初下雨把花蕊砸坏了，颗粒无收。200棵杉树已种了5年，还需10年方能成材，按照现在每方500元的收购价格，预计收入2万元。吴往山今年2月养了4头猪，成本是2000元。年初的猪价是15元一斤，2008年是18元一斤，现在是6元一斤（因为甲型H1N1流感，猪肉价格大跌)。夏天时刚瘟死2头，埋掉了。存活的2头中有一头100斤的母猪，再过3个月就可以产仔了。因为耕地离不开水牛，吴往山与小河村的姑爷合养了一头水牛。从2006年开始，吴贵连续两年在外打工，去的是广东东莞的采石场，除去吃住用以外，每年能挣4000元。2008年因为金融危机，很多工厂都倒闭，吴贵也回家务农了。吴往山也时常劝儿子回家种田，不要去打工，他认为在外漂泊没有根基，不如靠农业发家致富来得踏实。

其实，吴往山说得很有道理。现在国家鼓励农民种田，自从中央强调要重视“三农”问题后，连续出台许多惠农政策，吴往山记得已有五六年没交农业税了。因为家庭不困难，所以也没得到任何补助。2007年家里盖了漂亮的水泥房，花费14000元，这个房子的规模和质量在村里也是名列前茅的。盖房也是请几个堂哥帮的忙，没请其他工匠。

谈到2008年的支出，吴往山说，除了平时的衣食之用，开支较大的就是村里红白喜事的份子钱了。亲戚得给1000～2000元；一般的乡亲，给50～100元就行。吴往山全家都上了新农村医疗合作保险，一人10元，共交70元，这样全家的看病治疗有了保障。

环顾吴往山的家里，有两个彩色电视，大的21寸，买得较早，当时花2500元；小的电视只花300元，是吴贵从广东带回来的。大彩电旁有一个DVD机，还有一对有源音箱。让我们有点惊讶的是，吴往山花了500元安装了一个卫星电视接收器（俗称“大锅”），机顶盒放在大电视上面，他说现在能看40多个频道，这在山区实属不易。家里还有三个电风扇，每个120元左右，其中两个是吴贵打工带回来的。墙角装着一个80元的饮水机，院里还停着一辆6000元的摩托车，2008年还花180元安装了电话。

不知不觉中，访谈进行了两个小时。因为要赶着看村里的铜鼓舞演出，我们匆匆告别了吴往山一家，临行留了他的家庭电话号码和吴贵的手机号码。走出这个钢筋水泥的大房子，我们心里默默祝愿他们的生活越来越红火！

十六、寨老访谈

（一）德高望重的吴德岳

在掌坳村，寨老是一个受人尊敬的特殊群体，这个群体由6~8个在村里有威望、有地位、见识广、有一定影响力的六七十岁的老人组成，他们可以称得上是掌坳村的灵魂人物，不管是村里内外的各项活动还是村民之间的大事小情，都倚赖他们出主意、作决定。我们采访的吴德岳老人就是这样一位德高望重的寨老，他的人生经历虽不曲折离奇，但却丰富真实，通过与他的谈话，我们基本上了解了掌坳村近60年来发展变化的大致脉络。

与吴德岳老人的访谈是在村委会进行的，初见老人，我们着实吃了一惊，他精神矍铄、面容年轻，丝毫看不出已年近古稀。老人1942年出生，今年虚岁68，苗族，和65岁的老伴儿杨光菲居住在掌坳村，他与老伴儿在一起种地时相互结识并于1964年结婚，属于自由恋爱。他们有三个儿子和一个女儿，大儿子吴胜忠，今年43岁；二儿子吴胜华，今年42岁；小儿子吴胜东，今年37岁。这三个儿子均在外地打工，儿媳留在家中种田，谈及他的三个儿媳，老人颇为满意，他说媳妇都是莲花片区附近村的，嫁过来时自己家里条件不好，不能给她们很好的生活，但她们没有怨言。老人的女儿远嫁外地，这三个媳妇就像亲生女儿一样，对他和老伴儿非常孝顺，照顾得也相当周到。吴德岳老人拥有一个幸福的大家庭，他的大儿子和二儿子各有两个儿子，小儿子有一儿一女，他现在子孙满堂，尽享天伦之乐。说到这里老人的自豪溢于言表。

但是，吴德岳老人的童年却并不幸福，年仅5岁时，疼爱他的母亲就病逝了，父亲一个人辛苦地把他养大。那时候家里很穷，但父亲仍坚持把7岁的他送入莲花小学读书。小时候的他很调皮，最喜欢用自制的小工具捉黄鹂鸟，还特别热爱体育运动，尤其是篮球和乒乓球。学校的学习生活是无忧无虑的，可现实是残酷的，在他三年级时，家里不堪重负，父亲为了维持生计迫不得已到雷山县城打工。那时是1954年，掌坳村开始成立初级社，所有村民都要依靠挣工分换粮食，年幼的他既无人照顾，也无力挣工分养活自己，只好休学投奔丹江镇阳苟村的婶婶。3 年后，已经 13 岁的吴德岳随父亲回到了掌坳村，继续读四年级。父亲靠给本村和外村装修房子维持生活，干一天活只能挣 5 毛钱，最多也就 1.5 元，而当时买一个馒头都要 5 分钱，艰苦可想而知。当我们问他为什么休学那么久而且年龄也比应届的孩子大很多却还要继续读书时，老人说完全是因为当年入学时老师教导他们的一句话，就是“一定要好好学习，长大成为社会主义接班人”。老人笑着说虽然自己一辈子种地，没为祖国作过贡献，但这句话对他产生了很大的影响，也成为现在他教育孙子孙女努力学习的座右铭。1958 年，吴德岳小学毕业，他被招收到师范学校读初中，但好景不长，学校受“大跃进”的影响被迫解散，一心想要读书的他只上了一年半就无奈地回到了家中种田。从此，他便与学校再无缘分，这也是他一直觉得非常遗憾的事情。

而此时全国上下正在大搞严重脱离实际的“大跃进”，瞎指挥、虚报风、浮夸风、“共产风”大肆盛行，在农业上，提出“以粮为纲”，不断宣传“高产卫星”、“人有多大胆，地有多大产”，粮食亩产量层层拔高。这一政策具体表现在掌坳村就是要求他们“深耕两米种小麦”，以求亩产上万斤甚至几十万斤。为了达到目标，当时全村人不管白天黑夜都在耕作，如果偷懒不干活就没有饭吃，但是因为这种既不考虑地理气候因素又高估土地产力的不切合实际的盲目耕种，致使土地一点儿收成也没有，有很多人要么累死在田间，要么活活饿死，造成了非常严重的后果。1958 年，国家又提出进行“一大二公”的农村人民合作公社化运动，使得国家对农民的财产权利和人身权利的限制达到了登峰造极的地步。在人民公社化运动高潮时期，集体所有、统一经营、统一核算的范围达到了公社一级（相当于乡级），有的地方甚至达到了联社一级（相当于县级）。当时雷山县、丹寨县、麻江县和凯里县 4 个小县合并为一个大县，叫做凯里县，县政府在麻江，并成立了大塘、西江、丹江、永乐 4 个人民公社。这一时期，按劳分配制度也受到冲击，不少地方实行了不同程度的按需分配，掌坳村当时就建立了公共食堂，村民都吃“大锅饭”，农民的“生活资料”所有权和消费自由也都受到了限制和剥夺。

由于人民公社体制的失误，使农民生产积极性严重下降，导致主要农产品产量连续 3 年大幅下降，加之“大跃进”的影响和以保证城市需要为前提的高征购，多面夹击引起了空前规模的全国性大饥荒，国家与农民在这场负和博弈[①]中都付出了惨重的代价。据吴德岳老人回忆，自己当时有一个多月颗米未进，只能吃些野菜和树皮充饥，还有一家饿死了 4 个人！老人边说边无奈地摇头，可见这段历史给他的身心留下了严重的创伤。在严酷的事实面前，国家与农民都开始对人民公社制度进行反思，并进行了相应的调整和改革。1961 年 3 月，中央工作会议制定了《人民公社工作条例》，对“一大二公”的人民公社制度进行了调整，确立了“三级所有、队为基础”的体制，取消了按需分配，解散了公共食堂。同年，雷山县重新独立出来，大塘人民公社变更为大塘乡人民政府，并成立了莲花公社。同时为了方便生产生活，对当地的土地又进行了一次划分，只要是本村管辖范围内的土地不管以前属于哪个村现在都统一划分给这个村，这使得村民不用再跑到离家很远的地方耕田了，农民的生产积极性大大提升。为了更有效地解决饥荒问题，莲花公社派干部来到掌坳村，一方面帮助村民开荒种田种薯，烧山砍树种小米，另一方面督促他们打起精神劳作耕田，并规定村民要把收获的粮食上交到公社大粮仓，由村支书把每家每户的人口上报后，村民再去大队领粮，配额基本上是小孩一餐一两，大人一餐半斤，经过这样一番努力掌坳村村民才走出了困境。1962 年，在刘少奇的号召下，掌坳村进行了一次分田到户，这个时期粮食的产量有了较大的提高。但是 1964 年的“四清”运动称包产到户是“单干”，是“走资本主义道路”，于是强制收回了自留地，回复到了集体主义，刚刚有所起色的生活又陷入了困境。所幸 1965 年毛主席提出“备战备荒为人民”，每一年生产队都会把收获的粮食拿出一部分储存在仓库，当做储备粮，当队员没有吃的时经过小队讨论和批准，便可以一人一天分到一斤谷子，不过这并不是无偿的，而是等到下一年打了谷子后要还给生产队所借数量。这种做法虽然不能从根本上解决村民粮食不够吃的问题，但基本上还是可以保证自家生活的。

1966 年，吴德岳老人的父亲去世了，此时吴德岳已经成家并有了第一个孩子，工分也能挣到最高的 12 分了，可以说生活逐渐好了起来，但文化大革命却无情地把这一切付之一炬。老人笑着说道，要说生活有了翻天覆地的变化还是改革开放之后，县里派人给他们带来了先进的技术和杂交水稻品种，

---

① 所谓负和博弈，是指双方冲突和斗争的结果，是所得小于所失，就是我们通常所说的其结果的总和为负数，也是一种两败俱伤的博弈，结果双方都有不同程度的损失。

产量比过去翻了一番，特别是1980年实行家庭联产承包责任制之后，充分发挥了集体的优越性和个人的积极性，解放了生产力，促进了劳动生产率的提高以及农村经济的全面发展，提高了广大农民的生活水平。

现在老人仍在下地干活，他说每天干活虽然很累，但他把这看成是一种运动，经常运动才能吃得多，身体才会健康。因为三个儿子都外出打工，所以他还会帮着儿媳犁田，用他自己的话说就是天生的劳累命，一刻也闲不住，可这在我们看来却是老人“老有所为、老有所乐”的一种方式。加上儿子们的田地，老人一共要耕种5亩水稻，这5亩水稻一年能收6000斤生谷，也就是4000斤左右的大米，他对于市场经济不太了解，打的粮食即使自家人吃不完也从没想过拿出去卖。除了5亩水稻，老人还种了20多棵梨树和杨梅树，同样也是供自己家吃，他还养了两头猪是过年时家人用来改善生活的，平时给猪喂食的是剩菜剩饭和一些吃不了的果子，基本上没有成本，还养了一头水牛，是花2000多元买的，用来犁地。由此可见，生活在大山之中的农民仍然保持着自给自足的小农意识，受交通、观念、信息、政策等因素的影响，当地还是比较闭塞的，人们买卖意识并不强烈，对自己目前生活的满意度高，对未来并没有什么太大的期望，这也是制约当地经济发展的重要原因。当问到老人他们家一年的开销有多少时，老人说现在种水稻的成本很高，大部分的钱都用来种地了，说着就给我们算了一笔账，种子是15元/斤，1亩地要用2斤，他家有5亩地，买种子就要花150元，肥料大多是农家肥和化肥混用，买化肥要花400多元，买六六粉、敌敌畏等农药要花200元，儿子们不在家，这么多地靠他一人耕种是不可能的，所以犁地、点秧、摘秧、收割都要雇人帮忙完成，人工费一天50元，一年下来要1500元；其他大的开销就是孙子上高中的学杂费，一年要2000元左右。老人说自从“两免一补”[①] 实施以来，供孩子们上学的负担减轻不少，这对农村地区的教育非常有利。老人还谈到了当地比较有特点的红白喜事送礼的风俗，红喜女性通常送衣服、棉被等日常用品，男性则根据自身经济能力送钱，可以是几十元，也可以是几百上千元；白喜则送米、送谷子。一般情况下，房族内有人结婚会通知族里的每一个人，这时大家就会送礼吃喜酒，若不是族内人的喜事，只要自己愿意也可

① “两免一补”是指在农村九年义务教育阶段，中央财政要免除教科书费，地方财政要免除学杂费并补助寄宿生生活费。

以参加并送一定的礼金。老人认为类似这种随礼的支出对他来说并不是负担，因为当地有一个风俗就是讲究礼尚往来，而且还的礼要比当初送的礼多一点，所以当自家有事的时候，别人会给他们更多的礼钱，而且当地出钱的多与少是量力而为的，即使家里条件不好出十几元礼金也不会被别人笑话。但在有些地方送礼会约定俗成一定的金额，达不到就会被人看不起，所以砸锅卖铁也要送，这就成为了一种负担，因而在一些农村地区，这种为求得内心平衡的盲目的心理消费也会成为制约农民个人发展的一大障碍。

吴德岳老人是种地的一把好手，当我们问到他如何耕种时，他饶有兴趣地给我们讲了起来。他说种之前要先拔杂草，然后翻地，把土翻松软之后撒种，灌溉用水是自己从山上用塑料管引来的，施肥要有规划，要仔细观察秧苗的长势，长得不好再施肥也不迟，如果肥施多了苗也活不成，等秧苗长大了就可以进行移摘，打了谷子就算收获了。老人说他家除了基本的犁、耙、锄头等农用工具外，没有抽水机、打谷机等机器。由于大部分田在坡地，农药、化肥都要靠人力抬上去，种地也都是凭借双手完成，所以机械化程度非常低。老人坦言，虽然现在有种子补贴、农业直补，也免除了农业税，但是补贴的数额太少。老人希望有农业保险，这样才能更有效地保障他们的生产生活。

老人现在居住的房子是1960年自己建造装修的，有180多平方米，家中的饮用水是山泉水，做饭用电磁炉和电饭锅，电视、电话、摩托车也一应俱全。老人说现在的生活和以前相比简直是天上地下，不仅能吃得饱穿得暖，还可以看电视了解国家大事，平常还能养画眉鸟打发农闲时光，更能随时随地跳铜鼓、跳芦笙，而这在文化大革命时期是根本不可能的事情。老人身体非常健康，基本没去过医院也没打过针，但是他和老伴儿都参加了新型农村合作医疗，他们认为这项制度对农民的帮助很大，一人一年交10元钱非常值。问到老人对未来有什么希望时，他笑呵呵地说，自己岁数大了，没什么要求，只希望孩子们多读书，上大学，自己能长寿，多享几年福。同时身为村民们推举的寨老，要尽可能地多帮他们办事，与村干部一起为他们解决问题，并与其他寨老多商量，举办更丰富多彩、更有民族特色的苗年节和吃新节。老人非常感激国家对少数民族的重视，他说国家不仅帮助他们保留了民族习俗，建立了铜鼓村，还使他们的“铜鼓发源地”的美名享誉世界，有很多外国人都慕名前来。当地人也经常会到上海、浙江等地表演民族节目，在奥运会期间，他们还去了北京进行演出。老人特别希望村子能大力开发旅游，这样不仅能促进当地经济发展，还能把铜鼓舞这种独特的民族艺术介绍给更多人，使它一代一代地流传下去。

吴德岳老人是一位普通的农民，他朴实、善良、乐观，种了一辈子的田依然愿意继续扎根土地；他更是一位不普通的寨老，要决定村子的大事情还要解决村民的小问题。他的生活忙碌而又快乐，历史在他脸上留下的痕迹也并不明显，或许是因为老人有一颗年轻的心。老人对自己的村庄和本民族的热爱无时无刻不感动着我们，对村子未来的发展和对铜鼓舞传承的热切期盼更使我们感叹。

掌坳村风景秀美，民族特色浓郁，发展旅游并不是天方夜谭，只是目前缺乏资金、宣传、项目和统一的规划，村民的开放意识也应该进一步加强，希望各方领导多方面考察，分析掌坳村的优势，加大宣传力度，制订计划，大力开发有特色的旅游资源，希望老人的愿望能够早日实现。

（二）令人敬仰的吴廷邦

在进入苗寨调研之前，为了能够真正了解苗族人民的生活、生产方式，我们曾经阅读了一些关于这个神秘民族的资料，在这些关于苗族生活的描述中发现了很多非常独特的制度设置和行为模式，寨老制度就是其中之一。

初识寨老一词可能会理解为是寨子中长寿的老人，确实担任寨老角色的都是村子里年长的老人，但他们并不是一个个体，而是一种制度的象征，一种权威的代表。寨老制度利用村寨中德高望重的老年人的威望来教化村民，是一种古老的村民自治制度。这种制度的产生，从起源上来说，和当地苗族村寨的环境有密切关系：苗族在历史上长期属于“化外”之地，中央王朝对其很少过问，因而要求在其内部产生一种能协调村寨事务的民间组织，保证村寨的生产生活有序进行。寨老组织的头人是寨老，必须熟悉本地古理古规；办事公道、认真；能言善辩；在排解纠纷困难的过程中得到群众的信任，树立威信，才能成为“寨老”。而这种人往往都有着丰富的个人经历，我们采访的吴廷邦老人就是一个典型的例子，老人经历了新中国成立后所有重大时期，听老人记述自己的经历，也为我们展开了一幅关于掌坳村甚至是雷山县的历史画卷。

吴廷邦，1942 年生，67 岁，小学文化程度，与妻子共育有四子，都已经成家立业生儿育女，现在孙子辈有 9 个，4 个孙子，5 个孙女，都尚未成家。老大、老三分家后搬出祖屋自己居住，老人与老二、老四夫妇居住在一起，我们采访所在的房子里住着包括老人在内 10 口人，好在儿子夫妇常年在外务工，只是逢年过节的时候回来，所以并不是十分拥挤。

1958—1962 年，吴廷邦老人小学毕业正赶上学生下放，所有的学生都要停课下放农村，便失去了继续读书的机会。回到村子里，村里的生产劳动也是时断时续，田地荒芜，人均粮食不到 8 钱，根本无法维持生存，饥饿成为了当时人们的最大敌人。为了缓解饥饿，村民都到山上挖野菜来充饥，这期间全村实现了从初级社到人民公社的过渡。

具体时间表是：

1955—1958 年实现初级社，初级农业生产合作社是在互助组的基础上，以个体农民自愿组织起来的半社会主义性质的集体经济组织。它的特点是土地入股，耕畜、农具作价入社，由社实行统一经营；社员参加集体劳动，劳动产品在扣除农业税、生产费、公积金、公益金和管理费用之后，按照社员的劳动数量和质量及入社的土地等生产资料的多少进行分配。当时村民还是自愿联合，农业生产拥有一定的自主性，生活状况有所改善。

1959—1960 年进入中级社阶段，这期间公社取消了私人粮仓，只保留了集体粮仓，各家各户生产的粮食都要交到集体粮仓，私藏粮食要受到很严厉的惩罚。粮食上交入库前要接受粮食验收员的检验，吴廷邦老人当时的职务就是公社粮食验收员，据他介绍公社粮仓验收员每村一个，为了防止以权谋私，所有的验收员都不能在本村验收，各村要交换验收，不过当时人们的积极性还很高，弄虚作假的情况很少。

1962 年成立人民公社，步入高级社阶段，由于在职期间表现优越，吴廷邦老人升任生产小队队长，这期间人民公社制度的弊端逐渐暴露出来：劳动成果不能直接落实到农户手中，严重影响了劳动者的劳动积极性，劳动产出降低，阻碍了人们生活水平的提高。当时他们在报纸上看到了关于刘邓陶的报道，找到了分田到户的政策根据，经过小组会议全体通过，私分了田地，但是不到一年时间就被大队发现，1963 年分的田又被收回公社，虽然这次小范围的尝试没有冲破社会大格局的局限取得成功，但是它却告诉我们农民在自身利益的诱导下具有改革的自发性，这种自发性反映了农民真正的诉求，是弥足珍贵的。生活在中国广大农村的农民虽然没有深厚的文化积淀，但是他们却有着对土地深切的情感与对幸福生活最真切的向往，等到这种情感与向往成长为一种社会思潮，就成为了基层改革的最原始动力和指南针，使改革有利于发展广大农村的生产力，改善农民的生产、生活状态。所以作为基层政府应该及时地发现这种改革动向并引导其向更积极的方向发展，使其取得更大的改革成果。

1966 年“文革”蔓延到雷山县，大队长、大队书记、会计被批斗，人们的视线从生产劳动转移到革命批斗上，社会非常动荡，农村生产力遭到巨大的破坏。

1967 年，社会形势平息一点，尽管全国的“文革”运动持续了很长时间，但是在基层中人们面临着最基本的生存问题，生产必须继续。这年吴廷邦老人也从村里调到生产队做保管员。生产队，是指中国社会主义农业经济中的一种组织形式。在农村，它是劳动群众集体所有制的合作经济，实行独立核算、自负盈亏。生产队的土地等生产资料，归生产队集体所有。生产队在国家计划指导下，有权根据本队的实际情况因地制宜地编制生产计划，制订增产措施，指定经营管理方法；有权分配自己的产品和现金；在完成向国家交售任务的条件下，有权按国家的政策规定，处理多余的农副产品。生产队作为一种组织，具体存在的时间为 1958—1984 年。实行家庭联产承包责任制以后随着人民公社解体，绝大多数地区按照生产队辖域直接过渡到村民小组。

由于社会形势趋稳，生产队开始生产，土地仍归属于生产队集体所有，公社安排生产，通过计工分来统计村民的劳动成果，当时的劳动标准是一早晨计 5 个工分，一天计 10 个工分。到了收获季节，粮食按三七比例分配，三成按照累计工分分配给参加劳动的人，剩下的七成粮食按人口数量平均分配，当时吴廷邦老人只是负责管库验收，乡里的革委会负责粮食分配和村务工作安排，由各村的革命知青来最后实施革委会的命令。

“大锅饭”的状态无法调动农户的积极性，粮食产量很低，各个家庭都处于半饥荒状态，为了改变这种状况，老人所在生产小组的 8 户人家再次尝试私分了田地，被人检举后，被大队抓去劳改，后来全国大形势发生了变化，他们的分田举动终于取得了合法地位，得到承认。

1982 年，家庭联产承包责任制正式开始实行，生产队过渡到村民小组。

重新分配土地，离乡的人也开始陆续返乡分田，分田到户后人均耕地在0.8亩左右，落实了土地的所有权，老百姓的生产积极性明显提高，生活状况逐渐得到改善。

1987年村民开始尝试种植杂交水稻，科学技术的应用，更大地提高了水稻产量，粮食基本自足。杂交水稻的种植使中国农民第一次真正感受到现代农业科技的力量，中国农民一直致力于农业的精耕细作，在个人种植技巧上可谓是登峰造极，但是现代农业科技的标准化生产从杂交水稻种植开始才刚刚起步。

1987—1996年吴廷邦一直担任掌坳村的村长，连任三届，老人说这10年时间是村子的发展黄金期，农业生产稳定，温饱问题得到解决，村民手中开始有了余钱来建房、送孩子上学。农业劳动生产率的提高也使村里的劳动力从农业中解放出来，20世纪90年代后，村里就陆续有年轻人到沿海经济发达地区打工，现在外出务工已经成为了村里青壮劳动力的主要选择方向，老人的子女也加入了这一潮流。

吴廷邦1996年从村长的岗位上退休至今依然担任着第二村民小组的组长和村民调节委员会的副主任。村民调节委员会其实就是雷山县在改造传统寨老制度的基础上建立的新制度。

在传统社会向现代转型的过程中，我们对于乡土社会中的自治形式，不能盲目认同，一味吹捧，也不能因为它们与现行的法律制度的某些方面存在不同之处而全盘否定它们，这些传统的民间制度在一定范围内还存在积极作用，如全盘否定它们，可能会导致社会不适应，反而给政府部门增加管理成本。正确的做法应该是循序渐进引进现代法治的同时，继续让传统在其作用范围内发挥作用。雷山县的这种做法就很值得提倡。

通过村委会和政府部门主管村寨事务，寨老制度继续在当地民俗风情、民间事务的协调处理方面发挥作用，如一些民间事务如果能让寨老们出面协调取得更好的效果，就让寨老们出面处理。这样一方面可以节约政府的管理成本，另一方面也调动了寨老们的积极性。

吴廷邦老人说寨老的作用涉及生产生活的方方面面，维持村寨秩序、村寨治安是寨老制度最重要的职能。寨老制度是在自然村寨内生出的超越家族、宗族的管理制度，其目的是使当地村寨治安秩序有序化，为了使村民自觉遵守村寨规约，维护村寨秩序，寨老们非常重视对村民的道德教育，通过道德的潜移默化等影响村民的行为。

寨老们的日常工作就是调节村子里的家庭、邻里纠纷。现在村里的主要纠纷集中在宅基地、分家、耕地界限、林地所有权划分四个方面，由此可见土地作为农村最重要的生产资源，依然是产生矛盾的中心点，理顺土地所有权关系应该时刻贯穿在农村的政策实施中。

维护婚姻家庭秩序是寨老制度的另一重要功能，寨老制度在当地的恋爱婚姻过程中始终扮演着重要的角色。从恋爱、婚姻对象选择，到婚后家庭生活以及离婚事项，寨老制度都要进行协调处理。具体的规定主要有：①同宗族、同姓氏不婚，村里的媳妇一般都是外村人；②外民族不婚、异支不婚；③舅姑优先婚和姨表不婚；④可以改嫁和转房；⑤离婚时请寨老作证等。这些规定一直受到当地村民的主动服从，不需要强制实行。

经历了如此多的大事件，承担着道德教化和维护秩序的重大职责，老人说他深切地感受到生活的变化和土地改革带来的好处，自己岁数大了不再热衷于政治，却依然惦记着村里的发展，依然有三件事放心不下：

第一，村里人口越来越多，男孩长大了成家立业要占用耕地做宅基地，耕地只会越来越少。人均耕地减少，水稻亩产量在种植杂交水稻后却没有大幅度的提高，以后的子孙要以什么为生呢?

第二，村里要搞旅游业，铜鼓舞必须抓根在村里面，才能把游客吸引到本村来，促进本村经济发展，铜鼓舞队应该减少外出经济演出。

第三，关于民族传统传承的问题，以前村里几乎所有人都会跳铜鼓舞、唱苗歌，当时村里都有会制作芦笙的工匠，而现在年轻人为了生存外出打工，对于民族特色技艺不感兴趣，随着村里制作芦笙老师傅的过世，这门技术已经在村里失传了，吹芦笙的人也越来越少，这些民族特色的传承就成了问题，老人还给我们现场演示了芦笙的吹法，充满了浓郁的民族特色。

从这些担忧中我们可以看出老人对这片土地有着多么深厚的感情，这些老人祖辈生活在这里，把自己的青春奉献给了掌坳村的昨天，才成就了掌坳村的今天，他们才是苗族活生生的历史教科书，深植于苗寨中的根基!

十七、文化工作者访谈

（一）小学退休老教师吴正芳

初见吴正芳老师时，我们怎么也不会想到他是个81岁的老人。身体看起来非常好，腰板很直，穿戴整洁，头上戴了顶深蓝色的帽子，白衬衣，黑裤子，脚上还穿了双皮鞋，擦得很亮，整个看起来就是个20世纪80年代干部的形象。由于当过老师，会讲普通话，所以我们之间的沟通交流一点问题都没有。让我们更惊奇的是，80多岁的人耳朵一点都不背。在我们的调研过程中，明显发现掌坳村的村民都很长寿，我们认为有三个原因：一是这里的自然环境好，基本没受到污染，山清水秀，生活在这里的人呼吸新鲜空气，享受大自然最原生态的食物；二是村民的家几乎都建在山上，山上只有山路，村民们每天爬上爬下，天天都在锻炼身体；三是这里的人们饮食偏素，也是受到经济条件的限制很少吃肉，黄瓜和酸菜汤是常菜，因此在村里，70多岁还耕作的老年人比比皆是。吴正芳老师家住的是典型的苗族建筑——吊脚楼，基本的家用电器电视、电话等都齐全，最惹人注目的是客厅有一面墙上挂了好多照片，很多都是吴正芳老师和学生的合影；客厅还摆放着一个新饮水机，上面有学生的赠言。

吴老师有5个子女，2个儿子3个女儿，都是高中毕业，其中小儿子还是本科毕业。吴老师告诉我们，他对孩子的教育非常重视，对他们要求也很严格，孩子们小的时候家庭条件比较困难，尽管如此，吴老师还是尽量让孩子们读书。目前5个子女生活都还不错，大儿子去湖南打工，3个女儿分别在凯里农行、区妇联和雷山三中工作，小儿子在州委办公室当秘书科科长。可以说，现在他们家的条件在村里是比较好的，从这里也能看出，受教育程度高的家庭经济水平往往较高。目前吴老师每个月的退休金有1800元，这对于他和老伴的生活绰绰有余。由于小儿子工作比较忙，吴老师平时就和老伴在家里抚养1岁的小孙子（小儿子的孩子）。

吴正芳的个人经历让我们强烈感受到了这位普通的乡村教师对教育的执著和热爱。吴老师有一个哥哥和一个姐姐，从小经历坎坷，当他6个月时母亲就因病去世，11 岁时父亲也过世了，幼小的心灵承受了丧失双亲的痛苦。都说穷人的孩子早当家，幼年时家庭的波折磨炼了吴老师日后坚强的性格，在困难面前不低头。9 岁时他在民众学校读了一年，又上了短期小学，后来因为家庭变故跟哥哥一起生活，由于家庭经济困难和嫂子的反对，不得不辍学。这对于从小爱读书的吴正芳来说是个很大的打击，每次看见别的孩子读书时总是暗自流泪。在自己的极力要求下，哥哥终于答应让他重返课堂。好不容易有了读书的机会，吴正芳抓紧时间，刻苦努力，五年级结束后就考上了雷山县城的初中，在那里读了三年。1949 年以优异的成绩初中毕业后去大塘小学当语文教师，教授一、二年级和五、六年级。终于可以用自己的知识来回报社会，吴正芳非常高兴，虽然当时年纪比较小，但很快进入了工作状态。在大塘小学教了 4 年后，1953 年调到桃江初小（只有一年级到三年级）教学，另外还做一些乡里的宣传工作。尽管桃江初小只有三个年级，教学条件简陋，吴正芳仍然尽心尽职教学。整个学校只有三四十个学生，都住宿，吴老师常常在下课后还给学生们进行课外辅导，和学生关系很好，受到学生们的一致好评。1955 年后吴老师又调到了新塘小学。对于频繁的工作变动，吴老师没有任何怨言，他说他很爱自己的学生，到哪里都跟学生相处得非常好，这一点让他很安心。学生家长也形容他“像一只老母鸡，走到哪里学生就跟到哪里”。在新塘小学，吴老师一如既往认真负责地工作，和学生们建立了深厚的友谊。后来文化大革命爆发，在那个是非不分的年代里，吴老师也受到牵连，因考虑到情节较轻他仅仅被撤职。但这对于吴老师的打击却是很大的，本想着一直好好教下去，然而教书育人的道路就此中断，那期间吴老师一直在家务农。值得庆幸的是，1978 年吴老师得到平反，再次回到大塘小学当教导主任。重新回到教育岗位，吴老师非常珍惜，工作不辞劳苦。1981 年退休后，由于他在当地比较有名气，被雷山二中返聘为班主任，同样也受到学生们的好评。当我们问他为什么会对教育事业如此热爱时，他笑了笑说：“这里经济落后，生活条件差，孩子们只有通过读书才能改变贫穷的命运，所以我就想把我自己所学的知识都传授给他们，希望他们都能出人头地，将来好为家乡作贡献。”朴实的话语感动了我们在场的所有人。吴老师还指着墙上的照片一一给我们介绍他的学生，其中有相当一部分学生现在小有成就。谈起他的学生，吴老师那种自豪感全写在脸上。对于客厅里摆放的那个写有学生姓名的饮水机，吴老师解释说：“我坚持要学生把名字写在饮水机上，希望自己每天看到这些名字就能想起他们，学生忘不了我，我也不能忘了他们啊！”看见自己桃李满天下，这可能就是老师最大的幸福吧。教师是一个神圣的职业。法国著名作家雨果曾说过：“花的事业是尊贵的，果实的事业是甜美的，让我们做叶的事业吧，因为叶的事业是平凡而谦逊的。”教师就像那默默奉献的绿叶，时时刻刻衬托着鲜花的娇艳，吴正芳老师就是这样的一片绿叶，很平凡但值得人尊敬。

从吴正芳老师的采访中，我们发现家长的文化水平高低对孩子的家庭教育有着重要影响，对孩子健康成长起到了重要作用。吴老师本人文化程度相对较高，从小爱读书的他深刻体会到读书的重要性，于是非常重视子女的教育。5个子女都是高中毕业，在当时家庭条件不好的情况下能让子女有这样的文化水平确实不容易，可见吴老师为孩子们读书倾注了相当多的心血。在采访过程中我们也了解到，子女们都很怕吴老师，因为他很严厉，这样也使得子女们认真读书规矩做事。正是有了吴老师良好的家庭教育，子女们个个都比较有出息，家里目前的生活水平在村里算是比较好的。

然而，我们发现现在掌坳村很多青壮年都外出打工（平均每家有一个），家里就剩下老人、小孩和少量妇女。由于父母外出打工，农村中留守儿童的照顾、教育主要有以下几种形式：一是父亲或母亲一方照顾、教育，二是爷爷、奶奶等祖辈进行隔代照顾、教育，三是其他亲戚照顾、教育，四是同辈或孩子自己照顾自己，这几种情况在掌坳村都有所存在，这是当前农村教育很大的一个问题。父母中一方进行监护的大多是母亲，由于文化水平偏低，加上劳累心烦，管教上缺乏耐心，经常打骂，对孩子的成长会造成诸多不利影响。隔代教育有很多弊端，祖父母过分溺爱第三代，对孩子百依百顺，他们所具有的是一种非常原始的养育观；祖父母的文化程度普遍较低，在农村很少接触新事物，也会影响到孩子的教育。寄住亲戚家的孩子，因亲戚不便对孩子进行管束，家庭教育更为淡薄，孩子也难以体会到亲情，很难产生归属感。哥哥姐姐充当看护人或自己照看自己，这样的留守儿童压力更大、更孤单，经受着生活和心理压力的双重考验。一些外出务工的父母采用金钱弥补愧疚，但大量零花钱只能助长孩子的不良习气，这种监护权的缺失和畸形补偿对孩子的人格发展、社会化和道德发展都会带来负面影响。

其实在儿童成长过程中，家庭始终发挥着举足轻重的作用，是他们平稳顺利地过渡到成长的不同阶段的重要保障。然而对于留守儿童来说，在他们早期社会化过程中，由于家庭成员的缺失而导致的家庭教育功能不健全，将对他们的成长造成难以估计的影响，例如良好学习习惯就很难养成。据专家的调查研究，只有大约1/3的留守儿童能自觉学习。一个完整而良好的家庭环境是儿童健康成长的必要条件，对于留守儿童来说，父母的决定只能被动接受，默默承受。以上种种使留守儿童的心理产生三种表现：一是自制力很好，可以管理好自己，希望以优异成绩回报父母；二是自制力很差，离开了父母就随心所欲，自由自在，逃学、上网；三是害羞、胆怯，害怕别人欺负，在校不积极参加任何活动，也不和别的同学玩耍。对于留守儿童来说，父母外出打工不仅让他们缺少了关爱和照顾，也同样影响了他们的安全感和自信心。

因此要重视留守儿童的教育问题，在完善法律政策、保障权益上做大量工作，要把农村留守儿童等特殊青少年群体的权益保护纳入相关的法律法规。要加快户籍制度改革，取消对进城农民工子女的入学限制；要加快寄宿制学校的建设，使留守儿童能寄住学校，并且配备专门的生活老师和心理辅导老师；要加大对接收流动儿童学校的督导，从根本上杜绝城市学校对流动儿童的歧视性待遇和收费，确保流动儿童教育政策实施；要加大对民工子弟学校的扶持力度，加大对农村中小学的投入和建设力度，改善农村教育环境。同时，教育部门及教育工作者应对留守儿童的学习、生活、思想以及心理健康等给予更多关注，用强化学校教育弥补他们弱化的家庭教育。农村中小学校要建立留守儿童档案，加强对留守孩子的特殊关心和监护；定期与留守儿童的父母联系和沟通，通报留守学生的学习生活情况，督促家长关注孩子成长；加强对农村教师的培训；学校还可发动全校学生积极团结帮助留守儿童，为他们的健康成长营造良好的校园氛围。另外，要建立长效的工作、服务机制，构建农村中小学生健康发展的教育和监护体系，营造一个关爱留守儿童的社会环境，使留守儿童受到正常、健全、完善的教育，与同龄人一样健康、快乐地成长。

（二）民族文化的传承者吴廷和

吴廷和，男，今年66岁，小学文化，是掌坳村的三位歌师之一，另外两个是吴廷邦和吴德培。

吴廷和家住在村委会旁，村支书将我们带到了他家。我们到来时他正坐在沙发上，右腿上缠着厚厚的绷带。听他说了之后才知道，原来前几天他到其他村看斗牛唱歌，在回来的路上摩托车不慎翻下路坎而致右小腿摔伤骨折，这几天他一直躺在床上静养。当听说我们要来对他进行访谈，就坚持要人把他从床上抬到沙发上和我们说话，我们请他躺下说话他不肯，他说："你们几千公里来到我们村子，为我们宣传做好事，我的腿虽然受伤但坚持一下是应该的。"短短的话语让我们十分感动，多么朴实的老人！

我们很快切入主题，话题就从老人的歌师身份谈起。据老歌师介绍，苗族喜欢唱歌，苗歌讲求音韵，语言简练、和谐、匀称，通俗易懂，能表达丰富的思想感情，具有很强的艺术感染力，使用范围极广。如至亲好友迎来送往，男女间谈情说爱，甚至做媒说亲、调解纠纷、制订乡规民约、教育子女、叙述家谱家规等，有时也用苗歌表达；劳动时也用苗歌来助兴，劳动之余又借苗歌来消除疲劳。在各种典礼活动中唱歌的调子是各不相同的，譬如情歌对唱、比赛对唱、婚礼、建房、丧礼等不同的场合要用不同的调子演唱。何为歌师？因为有了苗歌，村里就有了这样一种人被称为歌师，按照当地的说法，歌师就是有一定影响力并被大家认可的擅长唱苗歌同时也能即兴编歌的人，是一种民间流传下来的称呼。在当地要成为公认的歌师，需要具备如下基本条件：一是上有父母健在，下有儿女双全；二是所唱的调子与祖辈们流传下来的要一致，歌词内容与当时的情景要吻合；三是要唱得非常熟练，在唱歌时中途不能出现停顿（忘记歌词），更不能唱错。歌师的主要作用是在各种典礼活动中被邀请去唱歌，以表达一种良好的祝愿或体现一种吉利，譬如建房、结婚时、小孩子出生（一般是由女歌师去唱）等。在丧事活动中也有请歌师去唱歌的，但在掌坳村，办丧事时一般不请歌师唱歌。

老歌师专门给我们介绍了建房时歌师是如何唱歌的。他介绍，有些人家在开始建房时，主人就要请歌师去唱歌，一般唱半小时左右。具体仪式是：主人先在桌上摆两杯酒，一碗饭，一副熟猪肝来敬祖先，然后用红帕子（红色的毛巾或红布）围住歌师的脖子，歌师就开始唱歌，歌师在唱歌中途不能因为忘记歌词而出现停顿，更不能唱错，如果那样主人会不高兴，会认为那是很不吉利的事情。唱完之后歌师要敬主人两杯酒，主人再回敬两杯，歌师就将那副熟猪肝交给主人分给在座的人吃，之后其他人才可以唱歌划拳。按照当地风俗，如果歌师没有唱完歌，其他人可以吃饭但是不准唱歌划拳，当歌师唱完歌后，在座的人想唱歌的可以唱歌，想划拳的可以划拳，也就是可以自由活动了。通过这个仪式预祝这家人建房子顺利进行、吉祥如意。

当我们问起老人是怎么成为歌师的，他说：作为一个生在苗乡长在苗乡的苗族青年，受当地民风的熏陶，谁都会唱几首苗歌，但要学精，成为歌师，却不是一件容易的事。那个时候没有人专门教唱歌，都是自学，他从小就喜欢听别人唱歌。在十四五岁时他开始跟着村里的一些大哥们去游方（当地将找女孩子玩叫游方）。游方时男生要和女孩们对唱情歌，这里的情歌是青年男女谈情说爱时所唱的歌，旋律柔和优美，调意富于抒情，有表白式、问答式等，多是托物言情。男生首先要用歌问女孩从什么地方来，结婚了没有，女孩们则用歌来试探男生是否头脑灵活、情深意长，在对歌中谁的歌唱得好并且唱赢了，女孩才会理他，否则他连和女孩说话的机会都没有。一般对歌有两种固定的调子，一种音调较高、歌词较长，另一种音调低、歌词较短，在对歌时如果用长的歌问就要用长的歌回答，用短的歌问就要用短的歌回答。当时老歌师就在一边听大家唱歌，听男生怎么唱，女生怎么问答，一些比较短的歌他很快就能记住了，一些比较长的歌如有记不住的地方他再向大哥们学唱，这样一点一点地积累下来。凭着自己的毅力和聪慧自学，利用各种不同的场合学唱苗歌，这样过了五六年，老歌师在20岁时就能熟练地唱苗歌了。

在访谈中老歌师给我们说起了一件让他引以自豪、印象最为深刻的往事：30年前新塘村有个老人过世了，村里的人来请他去唱歌。在那种场合，主问客答或男唱女和，不能对应者就要被罚酒，几个回合下来，新塘村会唱歌的人被劝（罚）喝了一碗又一碗，很快被灌醉了，而他越唱越精神，眼看这个村没有一个人能唱得过他，他们就到外村请了一个叫唐公的年纪很大的老歌师来与他对唱。他和唐公两人一唱一答，你来我往，持续了很长时间，可谓是旗鼓相当，难分高下，满场的人都静悄悄地听两人对唱，最后他唱赢了。后来唐公对他说："你这么年轻，整个村子的人都唱不赢你，还要请我来与你对唱，你真是不简单啊！"一想起这一次唱歌，老歌师就觉得特别自豪，自己不仅一个人能把一个村子的人都唱赢，而且还与他们外请的歌师一比高下，是一件很光彩的事情。

听着老歌师的介绍，我们对苗歌产生了浓厚的兴趣，真想亲耳听到这美妙的歌声。我们邀请他唱一段地道的苗歌，老歌师不顾身体不适愉快地答应下来，即兴为我们演唱了一段游方时的情歌。他深情地吟唱着，脸上放着光彩，也许他的思绪又回到了年轻时的记忆。听着他柔和优美、富有情调的悠扬的歌声，我们仿佛置身其中，深刻地感受到了苗乡古朴悠远的民风习俗。

老歌师有个和睦安康的家庭，老伴李启芬，今年 64 岁。他们有两个儿子一个女儿，大儿子初中毕业后在家务农，利用农闲时去广东一带打工，大儿子有一个女儿，今年 10 岁，即将升入小学三年级；二女儿小学未毕业就辍学了，早已出嫁。老歌师说以前有种思想认为女儿是别人的，读再多书也没有什么用，所以不重视女孩的教育。相比较而言，小儿子算是家中最有文化的人了，他从黔东南州民族师范学校毕业后做了一名小学教师，通过进修获得了大专文凭，后调到了乡教育指导站工作，现在又调到了乡政府。小儿子也已结婚，在雷山县城居住，有一个 4 岁的儿子，在上幼儿园。老歌师家里共有 4 亩田，2 亩土（旱地），约 8 亩林地，几年前已和两个儿子分家，家中的田和土按父子分成了 3 份，现在老歌师和老伴与大儿子一起生活，由于小儿子在城里工作，他的田由老歌师和大儿子帮他耕种，家里的田则自己种。每年 1 亩田能收 1000 余斤稻谷，再利用旱地种玉米、土豆等，这样家里的粮食基本够吃，不用买。老歌师家中每年收入 1 万元左右，来源主要是养猪和大儿子外出打工，他自己有时也去做零工，譬如修路、砌堡坎。每年家里的支出主要用于吃、穿、用及红白喜事送礼方面，要 3000 ~ 4000 元，除去开支，每年还能有 6000 元左右的结余。现在他家里用上了电视机、录音机，还安了一个打米机。2005 年家里装上了电话，大儿子也用上了手机。老歌师说现在家里的生活不用他操心，家里大事小事由大儿子负责，平时如果需要用钱就直接找大儿子拿。老歌师的家庭非常和睦，儿女也很孝顺，老两口的身体也比较硬朗，正是儿孙绕膝、颐养天年的好时候。离开老歌师家时，我们祝愿他早日康复，安享晚年。

（三）乡村小学青年女教师吴桂英

我们在雷山县掌坳村的调研工作得到了当地政府部门的大力支持，为了能让我们更好地了解当地情况做了大量的工作，特别是在调研之初，县委领导特意安排我们观看了一部纪录片《远山的呼唤》，这部片子拍摄于 2005 年，真实地记录了雷山县偏远山区的乡村小学教育状况，它从一个回乡支教的大学生志愿者的独特视角，生动地刻画了当年苗寨里的贫困生活和山村小学教育的艰辛。简陋的校舍、拥挤和漏雨的学生宿舍，因父母外出打工而无人照看的小学生自带米柴上学。即使这样，贫困家庭的学生还是不断流失，每到假期开学之时，是老师们最忙的时候，他们白天上课，晚上还要翻山越岭地到学生家里去做工作，一个一个地找回失学的孩子，无比辛劳。这个片子表现了山区孩子们带着强烈的求知欲望与窘迫生活的抗争，一幕幕感人镜头触动了我们的心弦，让我们无不为之动容。教育乃立人之本，要想改变生活的贫困现状只有依靠人才的力量。我们不禁想到，掌坳村的教育现状是怎么样的呢？带着无比强烈的兴趣和万分期待，在调研期间我们特别关注了该村教育方面的问题。为此，我们特地采访了包括70岁高龄的退休老教师吴正方在内的三位小学教师，而现任小学女教师吴桂英正是代表着青年一代乡村小学教师精神风貌的一个典型。

吴桂英，出生于1973年，今年35岁，正值风华正茂之年，精力充沛。她是掌坳村人，苗族，是本村里的莲花小学的一名语文教师。最初她本人并未列入我们的采访对象之列，见到她的时候，是被村里的领导请来陪同我们，在入户调研工作中担当翻译。由于掌坳村人日常生活中一般都只用苗族语言，不讲普通话，很难和我们沟通。既能听懂当地苗语土话，又能讲普通话的人才适合作翻译，这样吴桂英和本村另外一位小学语文教师就是最合适的人选，她们非常热情，不辞辛苦地陪我们走家串户，给我们提供了很大的帮助。吴桂英老师和当地苗族女子一样，个头不高，不同的是，可能经受风吹日晒不多，她皮肤不像别人那样黝黑，显得更加白皙一些。她性格开朗，思维活跃，很健谈也很爱笑，说话声音响亮，交谈中总能听到她爽朗的笑声，笑声中又无不透露着当地苗家人的质朴和热情。在轻松愉快的交谈中，她给我们讲述了关于学校的一些情况和关于她个人的人生经历。

吴桂英的父亲吴德珍是一个退休老干部，也是我们的采访对象之一。他共有一儿四女，吴桂英在家排行老四。据她介绍，由于父亲有公职，每月有稳定收入，家里还有田地，可以自给自足，家里经济条件在村里还算是中等以上。那时候很多家庭因为家里穷，孩子读完小学就到田里劳动，挑起了家庭重任，从此就注定了一辈子的命运。当时父亲很重视对他们的教育，非常支持他们上学。这样在当时，他们家兄妹的受教育程度在村子里还算是比较高的。兄妹中她的哥哥和姐姐都读完了初中，她自己考上了黔东南州的镇远师范学校，妹妹考上了农校。

1997年师范毕业后，她被分配到了师资力量相对薄弱的新塘小学。那是大塘乡里一个比较偏远的村子里的小学，离家比较远，有一个多小时的车程。那时候，新塘小学共有6个年级，每个年级一个班，每个老师负责一个班的课程和学生的生活。据她描述，学校的环境跟我们看的纪录片中的情况差不多，设施比较简陋。在当时，她是那里年纪最小、学历最高的老师。每天课程很多，备课、上课、批改作业、照顾学生，每月的工资只有130元，生活十分清苦和单调，这对于刚刚参加工作的她来说，是一种挑战和磨炼，这种状况直到3年之后才有了改善。生活是多彩的，并不只有阴天，在这艰难的岁月，她最大的幸福是收获了爱情并很快有了自己的家庭。讲到这里，她极其不好意思地笑起来，说自己上学时都没有谈过恋爱，也从来没有过这方面的心思，可是参加工作后不到一年她就结婚了。用她自己的话讲就是由于当时离家太远、工作劳累，倍感孤寂，当有一个志同道合的人来照顾和慰藉她时，不禁深陷其中，甜蜜的爱情成为她生活中最亮的风景，也是陪伴她走过那几年艰辛岁月的强大的精神支柱。

2003年，她和丈夫被调到家乡掌坳村的莲花小学，这所小学并不属于掌坳村，而是莲花片区唯一的一所小学，这所学校的基础设施、师资力量和教学质量比较完善。我们发现这里的很多小学都被冠之以“完全”二字，令我们迷惑，吴老师解释说，完全小学是沿用民国时期学制。以前小学教育分为：①初等小学校4年，收7~10岁儿童；②高等小学校3年，收初小毕业生。现在“完全小学”就指包括了一年级到六年级的完整的小学教育，这是区别于有的村寨小学只有一年级到四年级，高年级还要到别处去上，看来这是本地教育的一个特点。莲花小学还有一个学前班，招收5岁以上的孩子，作为小学教育的“预备役”，这也为当地外出打工家庭的留守儿童提供了方便。全校共有7个班，班容量大概是30~40人，共有12名教师，其中7个女教师，5个男教师，基本上都是雷山地区人，大专学历，平均年龄跟吴老师一样30多岁，正是精力旺盛、干劲十足的年纪。他们都吃苦耐劳、对工作认真负责，大多数老师都身兼数职，同一个老师可能教授好几门课程，吴老师除了教授课程担任班主任同时还兼任学校的出纳员。即使责任这样重，他们还都毫无怨言、兢兢业业，努力做好本职工作。学校的教学质量非常高，近些年，在全县期末统测成绩评比中，总是名列前茅。当被问到为什么不多招聘一些老师来任教的时候，吴老师笑着说，根据规定，学校的师资是按照学生的人数配备的，现在学生不是很多，因为随着计划生育工作的推进，每户最多生两胎，不像以前四五个孩子的家庭很多，这使得村里的孩子数量大大减少，因此教师数量也有限。特别是现在的聘任制度很严格、很规范，对于学历要求比较高，每年师范类的大专以上的毕业生都要参加全县统一考试，通过后才能参加分配。吴老师还告诉我们，学校是三层教学楼，基本设施齐全，还有远程教育设备，虽然老师不多，但课程设置丰富全面。2009 年 1 月份还从凯里分来一个英语专业的大学生，从此学校里也正式开设了英语课。学校里作息正常，由于路途不便，上学的孩子最远的要走 20 多分钟的山路，因此夏季上午 8:00 钟上课，冬季改为 8:30。学校从来不给学生补课，为了保证教学质量，认真负责的老师们给学生多留一些家庭作业，严格监督和检查。为了不增加学生经济负担，按照规定，学校也不给学生统一购买辅导材料，学生们都是自己到县城去买，特别是高年级的学生大部分的复习资料都是自己主动购买。想起纪录片中的镜头，我们不禁问到现在学校里还有没有失学的孩子。吴老师说，基本上没有了，随着计划生育工作的开展，生活水平的进一步提高，家长的教育观念增强了，也没有了重男轻女的落后思想，本村适龄儿童入学率达 100%。特别是 2006 年以来，全国实行义务教育改革，学费、书本费全免，减少了家庭负担。如果有逃学的孩子，家长会很积极地配合老师把他送回学校。也没有以前一到开学时，老师们就翻山越岭地到家里动员家长支持孩子上学的情况发生。现在小学升初中的升学率也是 100%。根据教委划区分片教育规划、就近上学的原则，本村的学生都升入县城的雷山二中，学生一般在那里住宿，除学费、书本费全免外，还有住宿生活费补贴。由此可见，本地的义务教育普及率是很高的，并且成效显著。据调查，目前本村村民的普遍教育水平都是初中以上，据说近些年本村的大学生也越来越多了。

吴老师对于自己的工作和生活现状很满意。2003 年她和丈夫一起调回来的时候，就在雷山县城买了房子，地处公路边，交通很方便。2005 年，又买了摩托车，夫妻二人每天骑车上下班，大概十几分钟的路程。家里有个儿子 11 岁，在县城丹江一小上学，也不用接送，自己徒步走 20 分钟就到学校了。虽然吴老师的父母家就在莲花小学的后面，但是他们中午一般都是和学校的其他老师合伙做饭，不去打扰两位老人，有时间的时候也经常回家看看。吴老师慨叹说，跟她刚毕业的时候比，现在的生活好多了，工作和生活都步入了正轨，虽然他们的工资待遇不是很高，每月的基本工资只有1300元，也没有任何的补贴，奖励也很少，但是她觉得能够维持比较宽裕的生活，没有什么太大的压力和不满，现在只有工作是生活的重心。谈及对于未来的希望，她的想法简单而又崇高：以后要继续学习，努力提高自身的素质，把工作搞好。这是一句非常朴实的话，吴老师不讲享受，没有过高的物质追求，但是她们精神世界却是无比崇高，做好本职工作就是她做人的原则，这在现今这个人人都在追逐利益的世界多么难能可贵啊！

通过采访我们很欣喜地看到这里的乡村小学教育已经步入正轨，纪录片中的故事已成为了历史，或许还在少数偏远的山区重现着，但是在这里已经焕然一新，唯一没有改变的是这些乡村教师的质朴和强烈的责任感。这些甘于奉献的、默默无闻的教育工作者们，出于对家乡的热爱，他们依旧带着认真负责的态度在辛勤地耕耘着。我们完全有理由相信，有了他们，我们的民族地区、边远山区的教育定会日新月异，未来的人才、家园的建设者正一批批地从这里走出来，这正是民族和国家的希望。

十八、普通农民

（一）朴实辛劳的农民吴胜华

2009年7月15日我们来到了吴胜华家进行访谈，见到了身体瘦弱的吴胜华和他的妻子。吴胜华，男，今年42岁，初中文化。妻子赵云珍，贤惠、勤快，话不多，今年39岁，只读了小学一年级（以前家里有五姐妹，生活困难，故小学一年级未读完就辍学了），后来又上扫盲班，文化程度有所提高。吴胜华有两个儿子，大儿子今年15岁，即将升入初三，小儿子今年10岁，即将升入五年级。吴胜华的父母年近70岁，身体比较健康，他兄妹4人：一个哥哥、一个弟弟和一个妹妹。

由于本地经济落后工作机会少，可从事的工种也非常有限，再加上工资水平太低，干上一个月也挣不到多少钱，工作也不固定，经常是做几天停几天。比较起来，还是在外打工收入更多一些，因而吴胜华1989年初中毕业之后就开始外出打工，至今已有20年，可谓是“资深打工者”了。妻子则留在家里种田，操持家务，照顾孩子。这些年吴胜华主要是在广东打工，基本上跑遍了广东各地。他每年回家一次，一般是在春节放假时回来，在家停留十多天，过完春节再出去；若家中有事就多停留一段时间，可能住上两三个月。但今年，6 月份他就从广东回来了，主要是受全球金融危机的影响，许多工厂开工不足甚至停产倒闭，加之工厂机械化程度不断提高，雇工人数大幅减少，一时又找不到合适工作，所以他就提前返乡了。

困难重重的打工经历让吴胜华记忆犹新。吴胜华在广东主要是在采石场打工，采石场主要为水泥厂提供一种原材料——石灰石。吴胜华具体的工作是打风钻放炮，也就是用风钻在石头上打眼，然后放入炸药将石头爆破。刚去时他什么也不会，就先看别人操作，自己在旁边悄悄地学，然后自己摸索，慢慢地就学会了。以前放炮有一定的危险性，因为是由工人手工操作将导火索引燃，点着之后马上就跑；现在放炮改成了电子打火，由工人直接操纵起爆器，比过去安全多了。外出打工多年，吴胜华碰到过许多困难和危险，让他印象最深的有两次：一次是在采石场打风钻时，因石头周围泥土过多引起塌方，他被埋在泥石堆里面，工友们发现后奋力营救，及时将他救出，不然后果不堪设想，这次可谓是九死一生。还有一次是他出去到好几个地方都找不到工作，身上的钱也花光了，既没有住的地方也没有吃的，几乎被饿死，当时觉得非常绝望。吴胜华说这些事情他从未和家里人说起过，因为他觉得虽然出门在外充满艰辛，但怕家人担心所以从不提起。现在回想起来，他又觉得这些苦也没什么大不了的，过去的都过去了，大可一笑了之。

吴胜华家的收支情况：他家中现有水田 8 分，旱地 8 分，是三兄弟分家后分到的。水田种植水稻，旱地主要种植果树——从江椪柑，已经种了十多年；同时季节性地间种玉米、红薯等。家里的收入来源包括三个方面：一是吴胜华的打工收入（这也是最主要的来源）：在外打工年收入不太稳定，在 6000～1 万元不等，活多时就挣得多些，活少时就挣得少些；二是种植椪柑的收入：但椪柑价格受市场供求变动的影响较大，所以收入也很不稳定；三是卖生猪的收入：每年他妻子在家中都要养两三头猪，今年养了三头，其中一头已有 200 斤可以出栏，但由于现在天气热猪肉销售量低，生猪很难卖个好价钱。家庭的开支项目主要有：购买生活必需品；电费、通信费；红白喜事送礼；两个儿子的上学费用；等等。家里的电器主要有电视机、电风扇、电磁炉、电饭锅。电视机是 2007 年才买的，原来没有钱，后来怕影响孩子学习没买，但不买孩子就要去别人家里看电视，所以还是买了一台。为了外出打工时和家里联系方便，3 年前装了一部固定电话。现在全家都参加了新型农村合作医疗，每人每年缴费 10 元，吴胜华认为这对广大农民来说是一件好事情。

沉重的经济负担让吴胜华颇感吃力，每年的家庭收入勉强维持日常开支，日子过得紧巴巴的，家里平时很少吃肉，只有来客人时才买一点。看到别人家过得比自家好，他心里总觉得不是滋味。孩子读书的费用尤其让他和妻子感到负担沉重：现在基本实现了九年制义务教育，小儿子除了买文具和一点零花钱外，没有什么别的费用，花费比较少。大儿子在雷山县二中读书，9 月份就要升入初三，虽然不用交学费，但每周的生活费为 60 元左右，每月要 200 多元，每年光生活费一项就需要 2000 多元。一开始吴胜华以为儿子乱花钱，后来得知情况确实如此。他觉得学校食堂太贵，比广东那边的学校还贵，记得有一年他在广州华南师范大学搞校园绿化时就在学校食堂吃饭，饭菜既好吃又不贵，比儿子的学校还便宜。但这也没办法，因为儿子学校食堂都是教工家属承包的，向学校反映也解决不了饭菜贵的问题。此外，每学期还要交住宿费 50 元，马上升初三了，学校组织补课又要交 180 元，大儿子每年的费用就要 2000 多元。读书期间大儿子每周回家拿一次生活费，记得有一次家里没油了，妻子准备去买油，正赶上儿子回来拿钱，给完儿子生活费后就没钱去买油了，为此，妻子难过地哭了。这让他们深深地感受到生活的艰辛。

尽心培养儿子是吴胜华最大的心愿，他笑着说自己是初中毕业，可以辅导孩子小学到初一的功课，以后的就辅导不了。现在小儿子即将升入五年级，学习还不错，不用他太操心。最让他挂心的还是大儿子，大儿子从小喜欢唱歌跳舞，铜鼓舞跳得很好，每当有上级部门或领导来雷山县或学校检查指导工作时，儿子经常被选去参加铜鼓舞演出。因为演出活动较多，所以他担心演出占用了学习时间而影响到孩子的成绩。他认为孩子应当以学习为重，不该为此耽误过多时间，而且马上上初三了，要尽量少去跳舞。他希望儿子能够好好读书，拿到一个较高的学历，做一个有知识的人，因为这一点自己在 20 年的打工生涯中深有体会——没有学历即使外出打工也是困难重重。虽然供孩子读书很吃力，但他说情愿自己过得苦，哪怕是不吃不喝，就是去借钱贷款也愿意一直供下去。现在自己外出打工的主要目的就是为了供两个儿子上学，只要他们能认真读书，将来出人头地，自己付出再多也值得。

吴胜华现在住的是一个苗族传统的木结构房子，已有十几年了，当年建房花了几万元。为节省开支，他请村里人帮忙搭起房屋的主体框架，剩下的事情则是自己慢慢做，既做木匠又做瓦工，今年挣了钱做一部分，明年有了钱再做一部分，房子完全建成到能够住人用了两三年的时间，到现在只有一楼有三个房间和一个厨房。由于家里经济状况不好，还要供两个儿子读书，楼上一直没安楼板，整个房子显得空荡荡的。他想趁这段时间在家把房子再整修一下，上面再加一层，让人看着舒服一些，这样逢年过节大儿子就愿意带同学朋友们来家里玩（因为家里房子太简陋，儿子一直不好意思带同学朋友来玩）。

吴胜华是一个乐观向上、头脑灵活的新时代农民，谈话中虽然谈及了辛酸的经历，但他还不时发出阵阵爽朗的笑声，看得出他是一个性格开朗、坚强乐观的人。他给我们谈起了下一步的打算，他还是准备去打工，具体的去向要根据其他在外打工的同乡提供的信息再确定。据吴胜华介绍，一般外出打工都是从先出去的同乡那里获得相关信息后，才跟同乡一起出去打工的，自己很少去主动联系用工企业。这次他可能要到湖南或江西等内陆省份，因为广东大多数企业属于外向型企业，受金融危机冲击最大，这就直接影响到他们这些外来打工人员的就业。谈到村里准备搞旅游开发时，我们问吴胜华是否想过办农家乐。他说本村已有几家搞起来了，他也想过这个事情，但搞农家乐需要具备一定的条件，如住宿、餐饮、停车、环境卫生等方面，如果要达到所要求的基本条件就必须进行很大的投入，就目前家里的情况而言拿不出什么钱来进行投资，在短期内对他来说搞农家乐是不现实的。看得出来，经过多年打工的磨炼，吴胜华对一些问题有着清醒的认识，不会盲目跟从别人。

生活的艰辛虽然压弯了吴胜华瘦弱的身躯，但磨炼了他坚强的意志，他努力通过自己的劳动来改变家庭的贫困。同时他是一个很有眼光的父亲，重视孩子的教育，愿意不惜代价供孩子读书，希望将来孩子们能过上安稳的日子，不再重复他们这一代人四处奔波的生活。

（二）务实进取的农民吴兆锋

在掌坳村160多户家庭中，几乎家家都有人在外打工。外出打工既是村里的一个普遍现象，也是许多家庭的重要收入来源。2009 年 7 月 15 日上午，我们前往外出打工多年刚刚返乡的吴兆锋家进行访谈。

来到吴兆锋家中，他正在一个人和泥砌石头，看到我们来了，连忙放下手中的活计，热情地招呼我们到屋里坐。进屋后，我们看到一位面容慈祥的老太太正在做针线活。她是吴兆锋的老母亲，今年 75 岁，耳不聋，眼不花，身体硬朗。见我们进来了，老太太向我们微笑点头示意。吴兆锋是个性格外向的人，待我们说明来意后，他很快就打开了话匣子。

吴兆锋，男，今年 42 岁，初中文化，妻子 38 岁，有两个女儿，老母亲现在和他们一起生活，全家现有 5 口人。两个女儿，一个叫兰兰，12 岁，即将升入小学五年级；一个叫娇娇，7 岁，即将上小学一年级。

吴家现有水田 1 亩 5 分，旱地 4 分，林地 10 余亩。现在的田地、林地是父亲去世后和大哥分家后得到的。水田种植杂交水稻，一年一季，亩产约 1400 斤，旱地主要种植玉米、洋芋、冬瓜、南瓜、甘薯等作物。房子是苗家典型的吊脚楼，共三层，一层做客厅、厨房、猪舍；二层是卧室；三层放粮食等杂物。

1992 年，吴兆锋与妻子结婚，两年后，就到广东一带开始外出打工，算起来已经有 15 个年头了，一般在春节放假时回到家中。平时农忙时节回不来，自己的那份田就委托大哥耕种，老母亲也跟着大哥一起生活。这些年他在采石场操作柴油机、压缩机、风车，打炮眼等几乎各种工种都干过，正常情况下，月收入能达到 2000 元左右，有时遇到老板拖欠工资等情况甚至一分钱也拿不到。

由于今年经济形势不景气，吴兆锋 3 月份刚刚携妻子女儿从广东增城返乡，谈到今后的打算，吴兆锋说，这次回来后不准备出去了，一是自己外出这么多年房子年久失修，需要好好修葺一下；二是这么多年不怎么在家没有尽到孝敬母亲的义务，心里很愧疚，想好好地在家照顾老母亲，尽尽做儿子的义务。由于一直携妻带子在外打工，小女儿到了读书年龄，由于是外来人员，在打工地上小学几乎是不可能的。大女儿一个人留在家里，得不到父母的关爱，感受不到家庭的温暖。一想起这些，他就觉得特别惭愧，总想尽量在各方面对孩子进行补偿。因此，这次回来自己有一个大致的规划：首先把家中的房子好好修葺一下，为家人创造一个舒服一点的居住环境；其次就要考虑搞点种植或养殖来增加收入，希望通过自己的努力改善家庭的生活条件，让老母亲能在家安享晚年。

是搞种植还是搞养殖，抑或两者兼做，吴兆锋还没有完全想好。如果搞种植，他考虑种生姜的效益比较好一些。他为我们算了一笔账，把种水稻和种生姜的收益作了一个比较。种水稻亩产量大约1400斤，稻谷的市场价格为0.8元/斤，毛收入也就1000元多一点，而购买化肥农药种子的投入就需要500元左右，再加上请人犁田的支出及自家的人工投入，这样算下来，种水稻的投入和产出几乎相当，基本上没什么收益。而如果种生姜则不然，一是生姜的产量远高于稻谷，一亩地的生姜产量能达到3000斤，是稻谷产量的两倍；二是生姜的价格也高于稻谷，每斤能卖到一元多，这样算下来种生姜的收入是种水稻的2~3倍，而种生姜的投入比种水稻多不了多少。所以种生姜的投入产出比明显高于种水稻，收益非常可观。搞种植主要面临的问题是没有土地。家中的水田只能种植水稻，旱地种植面积小，而且现在的稻谷产量和蔬菜也只能满足自家的日常生活需要。林地不适合种植经济作物，所以土地问题是搞种植需要解决的主要问题。关于土地问题，我们向吴兆锋提起《中共中央关于推进农村改革发展若干重大问题的决定》中关于土地承包经营权流转的政策。他说看到了有关文件，对中央的政策有一定的了解，也正在筹划中：准备找一些外出打工人家闲置的土地，租种过来，解决种植用地问题。

如果搞养殖，除了面临土地问题，还有更为重要的就是资金问题。相对于种植来说，搞养殖需要进行较大的资金投入，以养猪为例，要建猪舍，买猪仔、饲料，定期进行免疫注射等，这是一笔很大的开支。虽然自己这些年外出打工有一些积蓄，但相对于养殖投入而言还是远远不够的。我们问吴兆锋是否考虑过利用农村信用社开办的农村小额贷款业务来弥补资金的不足。他说的这一点他也想到了，而且周围已有多家利用农村小额贷款致富的先例。

鉴于目前家中的实际状况，吴兆锋的大体构想是：无论是种植还是养殖，先尝试少投入，积累经验，能步入正轨后再逐渐扩大规模，这样在借钱或贷款方面才不会造成很大损失。由于不再外出打工，所以家中的收入来源暂时中断了，目前主要靠以前打工的积蓄生活。谈到村里准备搞旅游开发，吴兆锋表示非常赞同，认为这会给村里人带来挣钱的机会，并表示如果为此要修路或进行村庄改造他愿意出义务工，为村里的建设和发展尽自己的一份力。一位普通的农民能有这样的境界值得赞赏。

吴兆锋平时喜欢看看新闻节目，关注国家大事，尤其是事关“三农”问题的各种方针政策。这些年的打工经历让他认识到国家的大政方针和我们每个人的生活密切相关，只有及时掌握各种信息才能做一个明白人。提起看病问题，他说，由于长年在外打工，全家都未参加新型农村合作医疗，今年回来后准备全家都参加合作医疗。

访谈结束时，我们在吴兆锋家四处看了一下，没有见到太多的家用电器，除了电饭锅和电磁炉这两样现在几乎家家必备的电器外，只看到一台电视机和 DVD 机。这两样电器也是吴兆锋刚从广东带回来的，为放置它们不久前才买了一个电视柜。等天气冷了，他还准备在家中装一台空调，这样能把屋子搞暖和一点，让老母亲不受冻。

从与吴兆锋的谈话中可以看出，他是一个非常有责任感的人，为外出打工而不能好好孝敬母亲而感到愧疚，为把孩子放在家中上学而无法给予父母的关爱而感到惭愧；他是一个积极进取的人，想通过自己的辛勤劳动增加收入，改善家庭条件，为老人和孩子创造一个好的生活环境；他也是一个很有想法的人，对自己要做什么既有明确的目标，也有周到的考虑。在吴兆锋的身上，新时代的新农民奋发向上的精神面貌得到了充分体现。我们由衷地祝愿他能一步步实现自己的理想，全家的日子越过越好！

十九、打工者

（一）农民工典型吴启州

站在山顶，望着山坡上起伏如海的一片葱绿，山谷中一条蜿蜒如带的碧水，远处是或明或暗的黛色群山，心旷神怡的我不能不惊叹，这里真是一道如诗如画的风景。在贵州，天无三日晴，地无三尺平。掌坳村如同山里大多数苗家村寨一样，走家串户总需要沿着已经被踏得结实的泥土路爬上爬下。在村支书的带领下，我们左转右拐，来到了一幢显然是新盖不久的吊脚楼前，这就是我们这次的访谈对象——吴启州的家。

带我们来的村支书说，我们很幸运，因为平时吴启州全家在外打工，家里总是铁将军把门，恰巧头几天村里下大雨山体滑坡，吴启州要看看房子和田地的情况，才刚刚回来的。入了屋门，一位个子不高，肤色黝黑的中年男子招呼了过来，将我们让进一楼的堂屋。嗬，吴启州家的房子真是很大，一层5间屋子，上下两层共有226平方米。宽敞明亮，地上一半铺设着木地板，一半铺设着地板革，吴启州说，这是当地流行的装修法，叫做“半边楼”。

吴启州，男，1963年生，今年45岁，有3个孩子：1个女儿（23岁），2个儿子（分别是21岁、16岁），全家人都在外地打工，除女儿在浙江外，夫妻俩和两个儿子都在广东。

访谈中，吴启州总带着一副腼腆而拘谨的笑容，诚恳而真挚。轻声慢语，言辞闪烁，让我们直觉面前的苗族汉子带有大山里淳朴的气息。

吴启州告诉我们，现在，自己、妻子和大儿子都在广东的一家鞋厂打工做鞋底。在外边打工很辛苦，一周要工作6天，每天工作12~14个小时，没有加班费，虽是计件工资，但常被克扣，平均一个月一人只能赚到1200~1400元。对于现在的打工状态，吴启州并不满意，他说现在在外面找工作比较难，鞋厂虽然待遇并不很好，但实力很强，产品主要销往日本和美国，受金融危机的影响不大，因此先在那儿干着，等以后工作好找了再换个地方干。

我们问吴启州之前在广州的其他企业干过吗？吴启州回答说没有，他出外打工的时间比较晚，直到2008年1月才在妻子娘家朋友的介绍下来到这个鞋厂，一直干到现在。我们问他村里1988年就有人出去打工了，为什么他直到2008年才出去呢？吴启州说头几年经常听到有村民出去打工被骗去搞传销（传销就是利用打工者互相介绍工作，拉新人骗钱的），掌坳村2003—2006年就先后有10多位村民被骗，不但没有挣到钱，反而搭进去4000~6000元钱，这些人都是在朋友的介绍下出去打工的，可去了没几天就让交钱，否则就不让回来。所以如果没有可靠的村民介绍，村里的人是不敢随便跟人出去打工的。2008年，由于打听到妻子娘家有人嫁给了广东这家鞋厂的一个科长，知道是可靠的才来的，即使这样也叫妻子先去看了看，他认为现在外面骗人得多，出门打工也要小心些。

据吴启州介绍，现在鞋厂总共有近3000人，其中苗族同胞有30多人，虽然这三十几个人并不都在一个车间工作，但都认识，谁有了困难都会互相帮助，赶上苗族节日，还会聚在一起共同过节。我们问他在外面还过苗族的节日，其他风俗还保持吗？吴启州笑着说，节日嘛，如果赶上工休就过，风俗则很难保持。现在，不要说在外地，就是在本村，能够保持传统风俗的人都很少了。比如说老一辈的人基本上都会对歌、打铜鼓，女的还会绣花，可现在的年轻人，唱的都是流行歌曲，对于对歌、打铜鼓、绣花这些事情，几乎都不会，除了还会说苗话、过苗族节日外，基本上跟汉族的年轻人没什么区别。对此，吴启州表示，这种情况对苗族传统的传承是相当不利的。

吴启州的话，引起了我们的深入思考。现代化是一场深刻的社会革命，其发展势必影响、冲击、改变某些传统文化，引起传统文化的变迁。20 世纪 90 年代之前，苗族聚居地的自然生态环境和长期自给自足的自然经济所造成的封闭性文化生活方式，导致了其社会历史发展的步伐稍慢，在重重大山的阻隔下，他们保留的文化传统较多，民族文化的变迁较慢，传统文化受到冲击的程度较小。但是，这一切随着当地村民出外打工步伐的加快和当地市场化的发展，以及政府对当地开发力度的加大，发生了很大变化。现代化的新生活、新意识对传统观念、审美情趣、伦理道德的影响，使文化传统中的某些东西失去了群众基础，难以传承下来。吴启州提出的年轻人对于部分传统的遗忘，在苗家就已经成为了一种普遍现象，形成了对传统文化的某种否定。如何处理传统与现代、文化继承与扬弃的关系，是需要学者和每一位苗家人都仔细思考的问题。

我们又问吴启州在 2008 年出外打工前是否一直都在家务农。吴启州的回答还是否定的。他说，自己其实很早就开始打工了，只是 2008 年前都在家乡打工没有出来而已。吴启州回忆，自己 1980 年初中毕业后便开始在家跟着父母做农活；1982 年村里开始搞联产承包责任制，日子虽比之前好过了一些，但却是终日劳作，风来雨去，早出晚归，一年到头仅仅依靠那点田土也挣不来几个钱，因此，吴启州早早地就下决心，要找一些别的营生。1982 年，原在广东当特警的大哥复原回家，两年之后去了县里的武装部，通过大哥介绍，吴启州在县里当起了建筑工人，人工搅拌混凝土。那时，一天能挣 1.45 元，一月下来，能挣 40~50 元，这比单纯在家务农要好多了。从 1984 年到 2001 年，吴启州一直从事建筑业，做泥水工。2001 年后，活做得熟了，关系也积攒了一些，就开始做包工头，揽到生意时就从村里找几个人一起干，通常手下能有 6~7 个人。吴启州说做包工头并不容易，自己除了要做泥水活外，还要找活、管人，特别是碰到房地产商拖欠工资、手下的人又急着要钱时，自己总是非常焦急。到了 2005 年，包工头这活越来越不好干了，一天只比普通泥水工多挣 20 元左右，一个月也就挣 1000 多元，但担的风险、责任却很大，而且随着越来越多的外地人到县城搞建筑业，找活越来越难了，这也是吴启州最后放弃在县里做建筑、转而外出打工的原因。

我们问他家这吊脚楼是自己盖的吗？吴启州说自己在县里盖的都是砖房，像吊脚楼这种木头房是请人盖的。吴启州 1983 年结婚，1985 年跟老人分家过时，住进了公公（即爷爷）给的老房子，自己这间新房，就是 2007 年在老房的地基上盖起来的。由于木板需要晾干，前后用了一年时间，期间全家就住在哥哥家。2007 年时，人工费用还比较低，这么大的房子只花了 8 万，到今年再盖这样一幢吊脚楼，肯定得上 10 万了。为了盖房子，吴启州从信用合作社借了 2.5 万元，当时利息 6 厘，到今年本金还了 7000 元，余下的本金由于过了借期利息涨到了 1 分。吴启州说，现在在外面辛苦打工，就希望尽快把贷款还完。

我们感叹说，这么大的房子，平时没有人住，真是可惜呀！吴启州无奈地说，也没办法呀，一家人在外面打工挤在一间 10～20 平方米、月租 110 元的小屋里，条件当然是没法跟家里比。可是现在在家赚不到钱，虽然有 1 亩 6 分田、1 亩土，但仅靠这些是难以维持生活的。外出打工后田土都交给了母亲料理，没有什么事情，基本上很少回家。自己 2008 年出去打工后只回来过两次，妻子则一次都没回过，虽然外面生活很辛苦，可是跟在家比起来，毕竟收入还是多一些呀！

贵州的农村由于山地多、耕地少，且耕种条件不好，仅仅依靠务农恐怕很难致富。现在的村民，已经不愿意继续祖祖辈辈的命运，穷苦一生、老死故乡了，哪怕跋山涉水、辛苦艰难，也一定要奔出个好日子来。访谈结束后，我们走在结实的泥土路上，还在思考着：像掌坳村这样一个自然资源贫瘠、人多地少的农村，有没有依靠当地资源脱贫致富的出路呢？出外打工是村民们走向现代化的唯一途径吗？现在出外打工基本上是村民的自发行为，政府很少参与，那么对于外出打工者，能不能或者说应不应该由政府加以有组织地管理和服务，以降低村民在外的风险并提高他们的生活质量呢？回望着掌坳村秀美的风景，我们久久未言。

（二）待业的返乡者吴鑫

我们在上午 10 点钟左右到达了受访者吴鑫家中，在一楼见到了他正在收拾仓库的母亲，得知我们是来采访的，其母放下了手中的活计带我们来到二楼，我们在楼上见到了吴鑫和他的妻子金凤花，夫妇二人正在看电视，其母这时又下楼去继续自己的活计，我们也开始了我们的工作。

吴鑫，男，1983 年生，27 岁，是家里的小儿子，上面还有两个早已出嫁的姐姐，2007 年结婚，妻子金凤花，22 岁，初中毕业，夫妇二人已育有一子，刚满 4 个月。因为吴鑫是家里的独子，所以结婚后依然与父母一起生活，父亲吴知荣，69 岁，母亲李进芬，65 岁，全家都是苗族。

全家总共有 4 亩耕地，其中 1.9 亩水田，2.1 亩旱地，主要由老父亲负责耕种，而母亲主要是留在家中料理家务：做饭、饲养牲畜等，还要负责与儿媳共同照顾孙子。而我们的主人公吴鑫，2007 年返乡结婚后一直没有正式工作，在访谈中我们发现吴鑫的经历分为很明显的两个阶段，我们就以这两个阶段为线索来整理我们的访谈资料，纪要如下：

第一阶段：城市生活：求学、务工。

由于是家里唯一的儿子，父母对吴鑫的重视程度要远大于两个姐姐，据其母介绍当时二姐的学习成绩很好，考上了省里师范幼师专业，一直读到大专二年级。由于家里负担太大，父母就选择让二姐辍学外出打工补贴家用，只留他一个人继续读书。从这里我们可以看出虽然这些年随着城乡交流的增加，农村人开始接受现代生活意识，重男轻女的观念已经有了很大改善，但是在短期内我们不可能改变这个已经在中国漫长的农业社会中成为教条的观念，在这种情况下从制度上保证女性接受教育和成年后自由选择人生道路的权利非常必要。

吴鑫初中毕业后，中考成绩不理想，父亲为了让儿子能够继续读书，就把他送到了远在湖北黄冈的一所中专读书，当时为了以后的就业考虑选择了机电专业，令其父万万没有想到的是中专毕业后面临的竟然是找不到稳定的正式工作，这一纸毕业证书并没有增加儿子就业的砝码。

吴鑫并没有给我们详细介绍这段求学经历，但是我们从我国现在职业教育整体没落的状况中也可窥一二。

中专是职业教育的一种模式，报考中专的学生一般出于两种考虑，一是成绩比较差，考不上高中；二是上完初中后，由于家庭或者个人原因，没有继续读书的意愿，为了有一技之长能够找到工作而选择中专。中专顾名思义就是中级专业类学校，学历较低，学制一般为两年，在我国最多的中专类型就是以师范为主打的职业教育，当然中专与一般技术学校不同的是除去职业技术学习还要像高中生一样修文化课，只是要求比高中要低很多，我国教育部有专门的中专教材。近几年我国南方工业比较发达的城市都爆出技工短缺的信息，按道理讲这应该为中专等职业培训学校提供了很大的发展空间，但事实却正好相反，这些职业培训学校在技术工人短缺的情况下坐上了冷板凳。

原因其实很简单，办校者的短期行为直接导致了这一反常现象的出现。由于我国的职业培训学校多是私立的，缺乏政府的管制与监督，办校者为了自己的利益最大化，不顾教学质量盲目地减少教学投入和师资力量，甚至教学设施只是为了应付检查，教员都是临时聘请的，这使从中专毕业的学生在就业市场上根本经不起就业单位的考验，长期持续这种状态使就业单位逐渐对这类学校的毕业生失去了信任度，学校当然也只能受到考生和家长的冷落。

一位读过中专的毕业生在网上留帖说："我觉得如果放弃高中而去上中专的话，那是绝对不可取的，因为在中专里并不能学到你想象中的所谓的技能（能学到真正技能的学校少得可怜），而且由于对文化课难度的降低使你上了中专以后很难继续学习（比如自学考试，因为在中专里学的东西实在太浅了），如果你要通过中专就业那么我可以告诉你，也许你的工作跟你所学的专业根本就毫不相干！"我们的受访者吴鑫接下来的经历恰好佐证了这一点。

2002 年中专毕业后吴鑫在南京待了 3 年，像所有进城务工的青年人一样，这 3 年间不停地更换工作，一开始打算找一份与所学专业相关的工作，本身所修的机电专业包含了机械和电气两个专业，确实是就业市场上受欢迎的专业，因为搞电气的人经常要用到机械制造，而做机械的也常遇到电气问题，两个专业的结合减少了操作中的沟通成本，但是短短两年的中专教育学到的只是理论知识，根本没有机会到车间里实地操作，招聘者一问就能看出实际技术深浅，只能被淘汰，最后只能放弃了最初的想法，只要能挣钱就可以，专业也就慢慢荒废了。这期间工作过的地方包括服装厂、采石场、模具厂等，却一直没有找到合适的发展道路，技术活学不会，体力活太累，城市里的消费水平又很高，挣的钱还不够自己的花销，更别提帮衬一下家里了。

这时随着年龄的增长，家里催促着他回来结婚，便于 2007 年离开南京返乡完婚，彻底结束了自己在城市中的漂泊生活。

由这段经历我们可以得知吴鑫受过两年的职业教育，但是他却并未真正在城市中立足，职业教育并没有实现这个农村青年城市化的目标。当然我们不可否认职业教育是一种很好的教育模式，因为接受职业教育的成本要远低于高中大学这种高等教育模式，减少教育投入使收获期提前，所以很多农村家庭都会为孩子选择这种成长模式，使他们的孩子在外出务工的过程中有更大的就业资本。但是我国目前职业培训的现状，严重阻碍了这一过程，降低了职业培训的含金量，使很多农村家庭干脆放弃了在教育上的投资，这样既加大了家庭成员未来就业的难度，也加大了企业员工培训的压力，不利于城市化的良性发展。

第二阶段：返乡结婚后依靠父母生活。

2007年返乡结婚后就一直没有再出去过，问及原因说是孩子太小，父母年龄大了不愿意把孩子留给父母照顾。我们就继续问他如果孩子大一点是否有外出打工的打算。回答是再说吧。我们询问其中的原因，他也只是支吾以对，只说是城市里的工作也不好找。陪同我们一起来采访的乡政府办公室的龙主任结束采访后跟我们说像吴鑫这种情况在乡里很多，主要原因是懒惰，吃不了苦，在城市里待不下去，回来后就不愿意再出去。

吴鑫说他打算在本地做点生意，现在面临的主要问题就是缺乏资金，家里除了种地外没有任何其他的经济收入，而且自己结婚的时候几乎花光了父母所有的积蓄，所以依靠家庭储备资金是没有什么希望了；也考虑过从农村信用社贷款，但是现在农信社的贷款项目分小额贷款和大额贷款，小额贷款比较容易，但是只适用于家庭应急使用，大额贷款需要50%的抵押款，家里没有东西能够用于抵押，也就只得放弃这条道路。言语中透露出对村、乡政府工作的不满，他认为政府应该提供更多的资金支持，但当我们问及他筹集资金打算从事什么行业时，他又说不出有什么具体的打算，似乎从未考虑过这一问题。

曾记得在《青年文摘》上读到过这样一篇文章，是有关于农村与城市孩子交换角色的报道，说的是一个叫董建设的8岁的小男孩，通过电视台的交换节目与一个城市小男孩交换在彼此的家庭中生活一周，一周后交换结束返回农村的家中，却再也找不到自己原来生活的感觉，总会把自己的生活与城市的生活进行比较，不再安于农村清贫的生活，最终实在无法忍受这种煎熬，离家出走回到城市。但是他在城市中没有任何的亲人，又没有劳动能力，等到人们找到他的时候，那个孩子已经成了乞丐，孩子的眼睛里充满了愤怒与委屈。文章的最后写道：我们不质疑电视台的出发点是想给他的人生增加一抹色彩和动力，但是所有人都忽视了城市生活带给一个8岁孩子的震撼，他也许还不懂得如何去努力、去变形，变成一个自己羡慕的城里人，他只会浮躁、只会抱怨。

我们所见到的吴鑫就跟那个逃跑的小男孩一样，在城市里求学和打工的生活，使他沾染了城市的生活习惯，他渴望做一番大事业，但是却不能脚踏实地地从头开始积累，城市的喧哗没有给他一个更真实的梦想，却使他丢失了农村人最重要的朴实与勤劳的品质。

在我们访谈结束要离开的时候，遇到了他刚从地里耕作回来的父亲，一个老实本分的庄稼人，一个洋里洋气的年轻人，两代人选择了截然不同的生活方式。这两种人究竟谁成为了农村的主人，将决定中国农村明天的境况，或许我们还有更好的选择。

（三）经历外出打工历练的吴廷俊

因为安排好的采访对象有事不在村里，杨支书就临时给我们安排了这一户，户主吴廷俊，1965年生，现年44岁，妻子王遇莲，23岁，因为年龄的差距我们还差一点闹了一个笑话。我们进门后看见有一个年轻的女孩子，还以为是吴廷俊的大女儿，经过介绍我们才知道这是他的妻子，这种老夫少妻的现象在村里很普遍，不过这一对的年龄差距确实有点大，造成这种情况的原因应该是因为吴廷俊常年在外工作，耽误了自己的婚姻大事。现在，夫妇二人育有一儿一女，双亲只有母亲还健在，已经70岁高龄，是一个很和蔼的老人家。

吴廷俊没有兄弟姐妹，父母只生育了他一个孩子，这种情况在村中是很少见的。因为当时我们国家还没有计划生育的政策，农村养儿防老的观念又很盛行，所以在他这个年纪的人一般兄弟姐妹都很多，这应该是和其父的经历有关。

吴廷俊的父亲是军人出身，参加过抗美援朝战争，立过一、二、三等功各一次（南京战场一次、朝鲜战场两次），转业回家后任党校校长，因为母亲是地主女儿，文化大革命的时候由于母亲成分问题，父亲由党校校长转到粮食局做保管员，家道中落。提到文化大革命时期的事情，吴廷俊表示不愿意再继续谈这个话题，只说是历史问题，现在也不好说什么，可以看出当时家庭的变化使他对历史问题很敏感。尽管那个岁月已经远离我们而去，但是它对那些当事人的影响却是根深蒂固的，只能让历史来慢慢消磨掉这些记忆了。在进行人物描写的时候我们往往容易忽略时代对一个人或者一个家庭的影响，个体人看似过着相对独立的生活，但在生活的方方面面都打上了时代的烙印，我们必须正视曾经有过的历史，才能够理解今天我们所处的生活与心理状态。

后来吴廷俊的父亲回到村里做了十几年的村支书，在吴廷俊初中时过世，以后他就和母亲相依为命。虽然父亲过早离世，但是深厚的家学渊源还是对吴廷俊产生了很大的影响，勤劳好学使他成为了村里外出务工人员中的佼佼者。

1992 年吴廷俊开始到江苏打工，前两个月都是做体力活，在一个私营车床企业里打扫卫生。不安于简单的重复劳动，利用工作之余的时间自学了车床技术（车床是指以工件旋转为主运动，车刀移动为进给运动加工回转表面的机床。它可用于加工各种回转成型面，例如：内外圆柱面、内外圆锥面、内外螺纹以及端面、沟槽、滚花等）。掌握了车床技术后，吴廷俊就在原来工作的工厂里当了一年多的车工，在此期间刻苦钻研了车床技术，使自己的技术更上一层楼，成了熟练工。当时能够熟练掌握车床技术的人很少，吴廷俊由于技术过硬被老板看中，提拔做了管理人员，主要负责改进厂子的车床技术、培养熟练工。

在江苏打工 3 年后返乡，在雷山县的农机厂生产汽车配件，在这期间由简单的车工开始向更为专业的模具设计人员转变。模具：是以特定的结构形式通过一定方式使材料成型的一种工业产品，同时也是能成批生产出具有一定形状和尺寸要求的工业产品零部件的一种生产工具。大到飞机、汽车，小到茶杯、钉子，几乎所有的工业产品都必须依靠模具成型。用模具生产制件所具备的高精度、高一致性、高生产率是任何其他加工方法所不能比拟的。模具在很大程度上决定着产品的质量、效益和新产品开发能力。所以模具又有“工业之母”的荣誉称号。在一个机械工业企业里掌握了模具设计就等于是掌握了核心技术，在家乡小城的这段时间虽然没有在南方工作时收入多，但是却更给了他更多的机会来锤炼自己的技术。吴廷俊自己总结说这就是在大公司和小公司的区别，大公司的福利和待遇更加稳定，但却缺乏磨炼的机会，因为它有严格的升迁制度，不是所有人都有机会尝试所有的工种，但是在小公司里人才缺乏，公司不得不把一个人当两个人用，虽然很辛苦，但是却有更多学习的机会，小公司是进入大公司很好的跳板。

在家乡工作3年以后，觉得现有工作对于自己来说已经没有任何进步的空间，于1997年7月1日再次离开家乡，到广州寻求新的机会。吴廷俊说对那次离家的日期记忆如此清楚是因为当时正好是香港回归的日子，笑称自己跟香港从同一天开始了新生活。

到广州后，先是在一个大学里从事水电安装工作，服务的对象大多是大学教授。这段经历虽然短暂，但是使其有更多的机会与服务对象直接接触，锻炼了与客户沟通的能力，并且在与文化层次比较高的客户沟通过程中，使他真正开始体会城市的含义，并不仅仅只是高楼大厦和霓虹灯，加速了对自身的素质培养和思想解放的进程。

在我国的大中城市中有很多农民工，他们中的大多数终其一生也难以摆脱为别人打工的命运，但也有一小部分打工者由于自身的努力成为了管理者甚至是企业的所有者，而这一部分佼佼者有一个共同的特点就是有着良好的沟通能力和清晰的思维能力。我们知道，掌握一门技术只是寻找适合自己的工作的一个敲门砖，要想由体力劳动者转变为脑力劳动者，仅仅勤奋是不够的，自身的沟通技巧和思维方式的成熟更为重要。

在广州工作期间，吴廷俊又从水电安装公司转到矿山配件厂工作。我们在采访中发现这些在外务工人员的工作很不稳定，经常需要更换工作，这种流动性使对他们的权益保护更加困难，也使很多信誉不良的企业利用这点漏洞来欺骗农民工的劳动力，造成了很多农民工干活多，拿钱少却无处求助的状况。在我国，农民工是一个庞大的、不能被忽视的群体，只有保障了他们的权益社会才能更稳定、更和谐地发展。

2003年7月，吴廷俊离开广州到深圳，从事的行业依然是熟悉的家电和机械维修，维修使吴廷俊对机械的结构更加了解，加之以前从事过农机具生产和模具设计，使其获得了成为一个模具设计师所需要的所有知识储备；2005年4月跳槽到西安一家公司负责机械管理，独立负责工装和模具这一块业务；2005年调到广州总公司的技术开发部做部长，吴廷俊说他是该企业唯一一个从基层做到部长职位的员工，当时的月薪是4500元，每年年底还有3万元奖金。从家乡到广州再到深圳，重回广州时吴廷俊已经完成了从一个打工者成长为一名中层管理人员的道路。由于收入稳定，有了一定的积蓄，就把母亲和妻子接到了广州一起生活。

2007年因为对技术的熟练掌握和管理的出色表现，得到了一个私企老板的赏识被聘到佛山做厂长。当时去的时候老板许诺了很高的工资和福利待遇，承诺提供一套楼房供他们一家人居住。而到了佛山后很多承诺都没有实现，还要自己寻找住处，更为糟糕的是在技术改革完成后老板就用亲戚取代了吴廷俊的位置。据吴廷俊介绍一般工作时只是签订短期的合同，很多东西都是约定俗成，不会记入合同的，而且他当时所在的那家企业是一个家族企业，管理体制不完善，没有任何保护管理人员劳动成果的制度条例。

吴廷俊说当时夫妻两人已经有了大女儿，还要照顾母亲，全家在佛山的开销很大，就暂时离开了佛山回到了掌坳村，没想到这一回就是两年。

在这两年中主要就是从事农业生产，家里有水田3亩，旱地3亩，水田种植水稻，亩产1300斤左右，几乎全部用来食用；旱地种植玉米和蔬菜，玉米主要是作为饲料使用，蔬菜自己食用，饲养出来的牲畜也都是自己食用，所以等于是没有任何货币收入，农业支出和生活费用都是通过以前的积蓄来支付。家里的房子也是父亲在世时修建的，需要翻新，在山上居住火灾多，打算在山下马路边建一座新房，但是一座新房如果从市场购买木头的话需要十几万。到处都是用钱的地方，自己的积蓄也快见底了，所以这两年吴廷俊一直在寻找其他经营门路。

我们很好奇既然他有那么多年在机械制造行业的从业经验，为什么不在家乡自己创业呢？他的回答依然是大多数返乡农民创业所遇到的最大障碍——资金问题，他说机械制造业不像农业，前期投入特别大，首期就要支付设备、材料费用大约十几万，而现在自己的储蓄只剩下了5万左右，到信用社也需要抵押才能贷款，自有的5万只能贷出10万左右，根本不够支付前期投入，更不要说这中间还需要保留一定的流动资本。

掌坳村由于土地数量有限，很多青壮年劳动力都选择出门打工，在更加广阔、竞争更加激烈的空间内有利于这些劳动力的成长，但是本地经济的发展同样需要人才，在现在经济危机的情况下，外出务工人员的工作机会减少，回来后如果能够在当地创业，既可以使他们把自己的储备资本和技术留在当地，也可以解决当地的就业问题，政府应该积极地解决他们在创业过程中遇到的问题，对于这种有着丰富从业经验的创业者，给予适当的政策优惠；或者如果乡镇政府财政存在困难，可以在制度上给予一定的优惠，比如使用集体所有土地作为集体股份，等到赢利后作为村集体财产提取用于村建设。

从父亲去世到现在吴廷俊一直是全家唯一的收入来源，他的个人成长周期与家庭的成长周期是同步的。我们在调查的过程中发现受访者往往没有经济概念，很难汇总本家庭的收支状况，但是在村中都有那么一两个明白人，他们有着清晰的经营理念和经济概念，吴廷俊就是这种明白人，虽然存在各种各样的困难，我们却可以预知这个小家庭正要进入下一个高速发展期。

二十、其他典型人物访谈

（一）退休职工吴庭发

在掌坳村一百多户人家，绝大部分人的教育水平是初中学历，大学毕业生是凤毛麟角。据说，从建国以来到现在，全村的大学生加起来只有十来个，以前的时候，寨子里的人由于经济窘迫，根本无力承担家里众多子女的教育负担，一般都是小学或初中毕业就辍学在家干活，如果能有几个考上中专就是很不错的了。我们发现，采访对象中那些早先的中专毕业生相对来说都有比较稳定的收入，家庭经济条件和生活状况还是比较不错的，因为早些时候，中专毕业就能分配工作了，也就意味着脱离了农民身份。退休老职工吴庭发就是其中一个比较有代表性的老中专生。

吴庭发，今年 65 岁，中专文化，1967 年凯里农校毕业，一直在雷山县农业局工作，1997 年退休。第一眼看到他，就感觉到他身上透着一种不同于其他村寨老人的特别的气质。他身材要比同龄的寨子里的老者壮实一些，皮肤也要白皙很多，一头花白头发，讲普通话，虽然说得不是很标准，但是我们也能够听懂他的意思。他非常热情，带着苗族人的质朴。我们遇到他非常偶然，起初他并不是我们要采访的对象。他在大街上见到我们，知道我们是来村中采访的，就很主动地大声和我们打招呼，还邀请我们去他家里，参观他家收藏的牛角，这是用来祭祀用的圣物，代表苗寨里的传统习俗，我们在其他家庭很少见到。当我们第二天再次去他家时，采访对象本来是他的搞建筑的儿子。不凑巧的是，他的儿子不在，我们就和老人家攀谈起来。他非常健谈，跟我们整整聊了一上午，让我们慢慢了解到他原来有着无比丰富的人生经历。

吴庭发出生于建国前1945年，经历了土地改革、人民公社、大跃进和阶级斗争那个充满腥风血雨的年代。到现在，他仍旧对于那时的生活记忆犹新。他小的时候，那时正是土地改革时期，家里的田地比较多。他只有一个哥哥，由于孩子少，负担较轻，他家里的经济条件在村子里还算是比较好的。父母对孩子的教育督促得很严格。特别是母亲，每到吃完晚饭，就喊他去背书，不准出去玩。他很听话，虽然母亲从没念过书，根本不知道他在背什么，背得怎么样，他还是很认真地读。他非常喜欢读书，最喜欢读古典文学，四大名著都通读过多遍。哥哥读完小学就不想再念了，但是他对于读书有着无比的热爱，从来没有放弃过，因为他一直相信知识可以改变命运。

吴庭发虽然喜欢读书，但是对于劳动也丝毫不犯懒，他总是一边上学一边帮助家里干活。据他说，在十一二岁时，就开始跟着大人到农田里帮助犁地、插秧等。1958年集体化时期，赶上生产大跃进，为克服本地土地资源的限制，大搞生产，上级要求将山上的田地都深耕，深度竟达1.5米、2米，最深的还有3米，而且全部是人工翻耕，劳动量和劳动强度很大。当时每年要种两茬农作物，夏天种水稻，冬天种小麦。即便这样，粮食产量也很低，根本不够大家分，吃不饱是常有的事。其实，据吴老讲，贵州的光照条件不能达到小麦生长的光照要求，所以产量极低，到现在都很少有人种了，基本都是以杂交水稻为主，一年一茬，产量翻了好几倍。当时他跟着大人在队里干活，挣的工分很少，是大人的一半。父亲在队里喂水牛，这个差事很能挣工分，包括喂水、喂草，还有肥料产出每项都要计两分，一个工分2~3毛钱，全家人的收入每年能到五六百元，是全村收入比较高的了。1962年的困难时期，由于集体制大家根本吃不饱，于是村里又向上级请示，要求将田地分包到户，但是只是持续了一年，在上级政府的强烈要求下，又在1963年恢复了集体制，直到20世纪80年代初才又实现家庭联产承包制。这说明掌坳村人敢于尝试，也说明集体制更加不适合于土地资源极为有限的山区，农业劳动生产的规模效应根本无法实现。

1962年的最困难时期，他正读初二，人人为能吃饱饭发愁，学校里也无法继续上课，全校停课一个学期，学生都放假回家务农。即便如此，他也没有忘记学习，也从来没有放弃过考学的理想，他一边劳动，一边坚持读书看报。这种超出常人的毅力与他的家庭环境有些关系。由于父亲在村里表现很突出，是个很有影响力的人物，后来被评为人大代表。这样每次上级派来的工作组都是住在他家开展工作，他家逐渐变成了一个联络站。在这样的环境下，他接触到的新事物很多，对于时事政局的关注度也要比旁人敏感。1964年，他凭借两年的自学还有以前扎实的基本功终于考上了中专——凯里农校。他还记得当年政治考了满分，就连当时的考题他还记得清清楚楚，我们非常佩服老人家的记忆力。他说，这与他平时的积累密不可分。

可是天不遂人愿，1964 年他考上中专后，阶级斗争又开始了。父亲由于曾经做过巫师，被视为牛鬼蛇神进行批斗，他在学校里作为“坏分子子弟”差一点被开除，多亏当时的校长是从北京来的，比较明事理，才没有受到牵连，到现在提起来，他言辞间还流露着对校长无比的感激。有一次，父亲被抓到县里，他在学校闻讯后，跑去跟工作组解释，说父亲是好人，解放军来了，父亲都好好接待，还是人大代表，只是因为做过巫师就被列为是坏分子是不对的。经过一番调查，实在是找不到什么坏分子的证据，工作组只好承认是抓错人，就将父亲放回家了，直到 1977 年才被正式平反。

上到中专二年级的时候，阶级斗争进一步升级，学校里基本上教学处于停滞状态，一夜之间，大字报满天飞，学生们作为红卫兵都去全国各地串联。一开始，只有那些贫下中农子弟才有被选派去北京的资格，他们回来后，全校学生全部参加“革命运动”，吴庭发并不想参加这种斗争，但是迫于形势，他也到过北京，那是他时至今日唯一一次到北京。那时候每人发一个小红本，盖上学校和教育局的印章，就好像一面旗帜，走到哪里都有人接待，随便吃住。从北京回来后，吴庭发就再也没兴趣参加任何组织了。那时候，本地有很多战斗队，凯里地区最出名的是“红总”（红色总指挥派）和“3・19 战斗队”（因 3 月 19 日抢砸广播站而得名），学生们都要参加某个派别，吴庭发还有另外 5 个人是全校不参加任何组织的人，深受鄙视，被讥笑为“逍遥派”。那个时候的学生运动非常激烈，现在想起来都不堪回首，直到 1980 年拨乱反正时，州里不得不让各学校全部销毁学生档案，将那段灰色的记忆抹去。吴庭发说，在那个颠倒黑白的年代，村子里勤劳的、会搞生产的、善于经营的人都被认定为走资本主义道路，还有那些被划分为地主、富农、坏分子的人都被挂牌批斗，平时还参加劳改，光做苦工，受尽屈辱。但是跟别的地区不同的是，这里并没有暴力惩罚或酷刑逼供的现象发生，这是因为整个村寨里的都是房族，大家都是兄弟，村子里根本没有什么派别之间的争斗。阶级斗争的形式只是上级强压下来，不批斗就会被认为是与坏分子同流合污，等工作组走了，一切照常，所以村子里没有什么人因阶级斗争而致死或伤残的，这也不能不归因于民族内部的团结和极强的凝聚力。

经历了那种风雨飘摇的岁月，1967 年 9 月 15 日，中专毕业的他被分配到雷山县农业局工作，一直到 1997 年退休。30 年里，他很少在局里坐办公室办公，土肥专业毕业的他对于土壤有很深的研究，由于工作需要，他都是被派往基层第一线，跟土地打交道。光是 1980 年全国土壤普查这个项目，就让他光靠两个脚板走遍了全县各个村寨，后来又下到乡里工作了十来年，主要负责农业技术推广工作。他参加工作后，最有成就感的事情是 1978 全国推行杂交水稻品种的培育和推广，他们被派到海南岛育种培植，半年之后，回来就在家乡广泛推广大面积种植杂交水稻。据他讲，当时的杂交水稻产量是以往普通水稻的产量的三四倍，可以说，这从根本上解决了人们的温饱问题，也算是他为家乡作出的最大的贡献。随后，为引导人们发家致富，他在农业技术推广方面下了不少工夫。第一年在西江地区试种棉花，因为他在学校里学过相关课程，就想尝试一下，但是效果不好。1982 年的时候，乡里大面积推广种植天麻，经济效益很好，一百多元钱一斤，土壤质量也适合，只是温度很难控制，尤其怕下雨的天气。3～5 年之后，产量大增，市场供过于求，收入逐渐萎缩。1986 年又开始搞山梨种植，那个时候县里有专用的扶贫资金下发给农业部门，国家投入其实也不多，整个县城也最多只有 5 万元，资金非常紧张。他还很清晰地记得，当时乡里给掌坳村免费提供了 1108 棵果苗。到现在村子里的果树都是那个时候研究出来的品种，只是种植规模不如以前了。果树要等过五六年才能有经济效益，当时村子里也富裕了几年，但是随着果农增多，交通不便，没有广阔的市场和销路，越来越多的梨子都烂在家里，浪费掉了。他介绍说，由于本地的土壤 pH 值在 5.5～6.5，偏酸性，使得成熟的梨子不像北方比如天津的梨子，容易存放，这里的山梨最多放半个月就坏掉了，这使得种梨子的农户越来越少。从吴庭发的叙述中，我们发现他们为家乡的农业做了很多的工作，科技指导和田间劳作，哪一样都少不了，而且无比认真、无比负责地做好本职工作。据他说，后来县里又让种植大蒜，他当时就跟乡里领导提出会失败，因为这里的土壤的酸碱度不适合大蒜生长，而且季节也比较晚。对于他的谏言乡里书记开始还很不满意，后来事实证明他说的是对的，又对他刮目相看。他后来从这件事上觉得政府的有些工作作风还和 1958 年一样，上级让干什么就得执行，不考虑实际情况，这是一个很严重的官僚体制问题。他虽然做了这么多工作，但一直到退休都是初级职称，所以退休工资并不是很高。他说现在很多干部都喜欢坐办公室，很少到田间去，实际工作干不了。一有下到基层的劳动任务，都是派他们这一批老技术员去，而干部提拔和职称评定名额就没有他们，因为他们实在是没有时间去讨上级领导的欢心，也没有时间为应付资格考试去学习外语。但是他丝毫不后悔，也没有计较这些，因为他看得明白，他觉得能为家乡做些实事才是最重要的，何必要那些虚名。

吴庭发退休后，并没有休身养息、颐养天年，他又恢复了农民身份，继续到田间劳作。他说现在农业收入是一个难题，以目前的状况而言，农业实际上是入不敷出。他给我们估算了一下，以他家 5 亩田地算，由于自家没有水牛，请人犁田就要 1000 多元，插秧和收割也要请人来做，也要千元，还要买化肥，要花几百元。全家一年总共产出 5000 斤粮食，按 1 斤 0.7 元计算，总共价值 3500 元，扣除支出，利润只有 500 元，还不包括自己的劳动力支出。子女觉得太辛苦，不让他种田了，他又觉得跟田地打了一辈子交道，丢掉实在是可惜，一分地都不舍得放弃。家里种了些山梨，还能卖几百元钱，就这样维持着现状。吴庭发觉得现在就是养猪还能有些大的收入，所以就喂养了 2 头母猪、6 头肥猪，虽然养母猪国家有补贴，但是他并没有拿，觉得自己的经济条件尚可，不值得占那么一点小利。前几天，他刚刚卖掉一头二三百斤的肥猪，卖了近 2000 多元，他非常高兴，因为他刚卖完，价格就下跌了，觉得自己对行情把握得很准。猪圈就在楼下，交谈中，总是听到猪叫声，他也时不时地去看一下。

谈到现在的兴趣爱好，他说依旧喜欢读书看报，喜欢看历史剧，爱听收音机里的评书。他还特别关注新闻、村里的大事还有国家刚出台的政策方针。有时候，在电视节目上看不全的新闻事件，他就趁着赶集的时间到县城里买份《贵州都市报》回来仔细阅读相关新闻。比如针对目前最突出的公务员的工资和当地农村教师工资问题，他十分关注。他对当前中央政府对于农业的各种补贴政策十分欢迎，觉得政策出台得十分到位，但是对比日本、美国等发达国家做得还是不够，政府承担得还是不全面，同时他对于日本和美国的农业技术也大加评论一番，觉得我们还相差甚远。但是他又补充说，中国有自己特殊的情况，人多地少，无论在哪个年代，农民和农村问题都是一个十分艰巨的任务和难题。从他的言谈中，让我们感觉到，他知古论今，思想开放，有强烈的经济意识，能够公正客观地评价事物，是村寨里少有的智者，让我们由衷地敬佩。

知识能改变一切，从吴庭发的身上，让我们看到，只有掌握了科学技术，才能真正改变人们的生活和命运。我们也注意到，由于他们的质朴，这一代老中专生们作为人才为家乡事业默默无闻地奉献，但不求索取。他们不管经历过怎样的人生，他们身上还有农民的本色，依旧无比热爱着这块土地，永远舍不得离开它、舍弃它。勤劳、乐观、豁达就是这块土地赋予他们的精神。这使我们有理由相信，将有越来越多的新一代的精英从这里走出来，为了改变这块土地作出更多更有成效的贡献。

（二）坚忍负重的金琴

金琴，1979年10月出生，丈夫吴清玉，今年32岁，比金琴大两岁。两人都上到初中，但金琴初中没有毕业。金琴家的房子是依坡而建，在房子的正面看不到房子的模样，只能看到房门。我们随着村长走进了客厅，房间倒是宽敞明亮，窗户是朝着坡的另一侧。房间里的摆设显得有些陈旧，除了靠着窗户摆放着人造革的沙发和一个碗柜，没有什么别的家具，电视机也是旧式的，电饭锅、电磁炉、电扇看样子是近两年购置的。

金琴中等身材，皮肤黑黑的，虽然年龄不大，但是给人些许沧桑的感觉。金琴有两个儿子，大的7岁，小的1岁半。谈起家庭金琴少许显得有些无奈，家里经济条件不好，负担又重。公公、婆婆两位老人将近70岁了，年龄大，身体又不好，加上两个孩子年龄又小，生活的压力非常明显。丈夫是兄弟两个，哥哥已经分家出去。大概是两三年前，哥哥打工回家，在县城转车的时候，被一辆汽车拖拽倒地，造成右半身失去知觉，肇事车辆趁机逃逸。照顾公婆的重任也落到了金琴和丈夫身上。自从哥哥失去劳动能力以后，家里经济和生活压力越来越重，金琴还要帮助哥哥家里做些农活和照顾两个侄儿。

虽然有压力，但是家里基本生活或者说吃饭问题还是能保证的，家里有田2亩、土7分、山林2亩多，这样每年可以有2000斤水稻、400斤红薯、200斤玉米、300斤土豆的收获，另外还养了4头猪，每年卖猪有2000元的收入，家里生活还算过得去。丈夫每天都要去山上打猪草，家里照顾老人和孩子就基本上交给了金琴。

虽然吃饭问题靠着几亩地的收成和金琴的勤劳基本能够解决，但是，家里其他的支出就显得捉襟见肘。两个老人身体不太好，公公长期患有胃病，婆婆患有风湿关节炎，虽然家里人都参加了农村合作医保，但是看病是需要自己先垫付的，所以就一直拖着报不了。另外，人情来往也是一项比较大的开支，2008 年亲戚家里新房建成，按照村里规矩要随礼庆贺的，一般的亲戚除了要抬头猪，还要拿上礼金，可是金琴家里生活相对困难，只是抬了一头猪，买了点鞭炮而已，这让金琴觉得有点失面子，但是也是没有办法，这样也花费了将近 1000 元。金琴的娘家在临近的大塘乡，自己有一个妹妹和一个弟弟，父亲是乡里的干部，家里的生活要比丈夫这边强了很多。所以，娘家不时有些资助。不管是缺钱还是缺粮，娘家的父母都是无条件支援，金琴拿出手机让我们看，这部手机也是父亲送给她的，这让金琴非常感动，又有些惭愧，家里经济感觉到紧张也是近几年的事情。从 2002 年到 2006 年，金琴夫妻两个，带着大儿子出外打工，挣到一些钱，家里生活还是挺好的。那时候一些较轻的农活公婆自己就一点一点干了，遇到耕地等重活主要是由姑姑一家来帮忙，姑姑家里有一头牛是两家共用的。金琴说，当时他们还买了一辆摩托车，现在已经报废了。由于公婆年龄越来越大，不但现在不能干农活了，而且生活上还需要照顾，加上哥哥又出车祸造成残疾，小儿子年龄小，另外，姑爹去世了，姑姑家里失去了一个重要的劳动力，帮助金琴家干农活也就顾不上了，为了避免土地撂荒，金琴夫妇只能放弃外出打工，回到家里，家庭主要收入来源大大减少。金琴从外地回来以后，牛的饲养就由自己承担了。在掌坳村，直到现在牛仍然是非常重要的生产工具，因为是山区，现代化的农业机械没有用武之地，小型生产机械研制生产仍然是空白，这让牛这个中华民族几千年来的农耕文明的代表仍然神圣。金琴家的主要的生产工具除了和姑姑共用的一头牛以外也就是锄头、犁和喷药壶了。最现代化的工具是一台电动切草机，那是丈夫几年前花 300 元在县城买的。

金琴夫妇打工主要是在浙江萧山一个苗圃里面。老板是浙江人，很精明，对待工人还不错。老板给他们提供了一间房子，丈夫每天的工资是 25 元，金琴每天 18 元，工作倒是不太累，主要是栽树和修剪。因为住房是老板免费提供的，除去吃饭以外的费用后，每个月有 1200 元左右的结余，这样一直干到 2005 年。最近两年，金琴再也没有出去打工了，为了减轻家里的经济压力，丈夫不时到江西的打石厂做些零活，每年只能有几个月的时间的活计。丈夫在江西主要是操作风枪，开山打石，虽然辛苦而且危险，但每天有90元的报酬，是目前唯一的挣钱来源。谈起打工，金琴现在还是充满希望的，小儿子现在才1岁多，等小儿子长大了，金琴还要出去打工挣钱。金琴说，她还是很有经验的。1999年，金琴就和村里的年轻人一起到了广州，在一家餐馆工作，虽然那时的工资很低，每个月300元左右，但是对于金琴来说已经相当可观了。2001年和丈夫结婚以后，两个人就一起带着1岁多的大儿子，到浙江萧山打工，断断续续一直到2004年回来。

由于金琴长期在外面打工，人又勤劳能干，2008年7月被推选为村里的计划生育小组长，负责计划生育的摸底调查工作。现在，金琴每个月都要去村委会开一次讨论会，向村干部汇报情况。谈起自己负责的工作，金琴很有信心，脸上的笑容和头上的插花一样灿烂。

（三）精明能干的吴秀才

初到吴秀才家，给人的印象是干净、整洁，家境较为富裕。吴秀才家的房子也和其他苗族村民一样是典型的木结构，但是所有的木柱、木墙、门窗都用上了清漆，显示出一种典雅和富裕，这在我们访问的掌坳村还不多见。

走过用白色瓷砖镶贴的楼梯进入客厅，客厅里摆放着29寸的彩色电视机和一台DVD，虽然在家用电器上吴秀才家与其他村民并没有什么特别突出的地方，但是，客厅里的褐色的地板砖与清漆漆过的木墙浑然一色，加上窗户一侧摆放的木质沙发，整个房间色调典雅，干净整洁。吴秀才和妻子热情地招呼我们坐在木质的沙发上，妻子忙着烧水并取出上好的茶叶，吴秀才拿出瓜子摆放在茶几上，不断地招呼我们喝茶。

吴秀才今年40岁，中等身材，眼睛炯炯有神。爱人李碧芬，小吴秀才两岁，两人1994年结婚。说起爱人，吴秀才并没有掩饰自己的爱慕之情。吴秀才说，自己经常出去打工、做活，家里农活和家务全靠妻子。回忆起当年谈恋爱的情形，吴秀才不觉露出些许甜蜜。当时，吴秀才是靠苗家传统的情歌打动了李碧芬的心，后来，吴秀才每星期都带着李碧芬去逛县城，惹得村里的姑娘都很羡慕，于是精明的吴秀才得到了爱人的芳心。

吴秀才有两个儿子和一个女儿，女儿14岁，在雷山县上初中一年级，大儿子12岁，上小学三年级，小儿子4岁。谈起孩子，吴秀才心情焦虑。大儿子2岁那年，吴秀才在做木工活的时候，由于疏忽，儿子的手被电锯割伤，右手失去了3个手指，这使吴秀才非常痛心和愧疚。由于大儿子伤残，吴秀才申请要了第三胎。小儿子的降生使吴秀才燃起了新的希望，但是祸不单行，吴秀才慢慢发现儿子似乎听不到声音，后来经诊断儿子是先天性功能性的耳疾，当地没有办法治愈，只有到北京、上海等大医院才有可能，而且医疗费用昂贵，需要一二十万。两个儿子的残疾给吴秀才带来了心理和经济上的巨大压力。

吴秀才对孩子不只是充满爱心，更是寄予很大的希望，他想让孩子们有一个好的前途。目前，孩子们上学花费并不大，学费基本上是全免的，即使是没有国家九年义务教育的好政策，吴秀才也愿意供养孩子们上学。吴秀才说，不管花费多大，只要孩子们自己有能力，上大学他也愿意全力供养。大女儿在县城上初中，成绩还不错，这使吴秀才很欣慰，由于两个儿子身体残疾，吴秀才对女儿报有较大的希望。

吴秀才算得上村里的能工巧匠之一。房子是父亲留下的，吴秀才两兄弟各分一半，每人两间房子，中间的堂屋为两家共用。两年前，吴秀才把属于自己的房间重新装修了，拆掉了原有的木板墙，进行翻新油漆，室内铺上了地板砖，彻底改造了厨房和厕所，使整个家里焕然一新，使人无法想象房子是父亲30年前建造的老屋。谈起装修，吴秀才甚是自豪。他说，不光是会装修房屋，做家具也是行家里手，家里的家具都是自己亲手制作的，吴秀才带着我们参观他亲手制作的木沙发和大木柜，仔细看去真是做工相当精细，和城里家具店的没有什么差别。吴秀才还兴奋地告诉我们，家里的电路、自来水管道都是自己设计、采购配件，并且是自己安装的，为此省了很大一笔钱。

有了装修房子和制作家具的技术，吴秀才经常在外打工挣钱。吴秀才说，家里的主要经济来源是靠他在外打工，种地只能满足自用少有结余。家里现在有3亩田、3亩土和20亩山林，每年也就是产3000斤水稻、八九百斤玉米，1000多斤土豆，自己也没有喂养水牛和猪，光是每年施肥和请人耕地就得花费2000元左右。吴秀才算得很精明，他对家里的农业生产没有过多期望，保住全家的口粮就行了。现在，吴秀才每年有半年时间出去打工，靠着自己的木工技术，每年都有2万元的收入。2006年，夫妻二人一同去了广州打工，从事的是打石头的活计，当时条件很艰苦，也很危险，一年下来收入也就2万元左右。有了第三个孩子以后，吴秀才回到了老家，现在吴秀才不愿意出远门打工了，一是孩子得有人照顾，另外出去打工从事的是体力活，除去日常生活费用也挣不到几个钱。

吴秀才说，从结婚到现在，靠着夫妻俩的勤劳和精明，家里的生活很快得到了改善。手里有了点钱，吴秀才就想改善一下生活条件，两年前花1万元钱对房子进行了装修和改造，现在家里干净舒适。虽然经济条件还算不错，但是，吴秀才还是不敢多花钱，家里的电器和家具都是前几年置办的。他要攒钱给小儿子治疗耳疾，还有大儿子的右手残疾也是吴秀才的一块心病。现在的房子是父亲留下的，和弟弟共用，自己也想再建一栋新房子，但是想到两个儿子以后需要花钱的地方还很多，两口子最终打消了这个念头。吴秀才说，如果儿子的病治不好，就没有能力维持生活，即便建了房子也保不住。

虽然吴秀才家里生活在掌坳村算得上富裕，但是他还是挺关心村里的工作的，很想为村民做点事。吴秀才开玩笑地说，凭自己的精明能干一定能胜任做村干部，来带领大家共同致富。吴秀才说，自己是本届村长候选人之一，但是最终落选了。看样，吴秀才当村干部的想法，并不是开玩笑。问其落选的原因，吴秀才也很爽快，并没有什么抱怨。他说，现在县里又想发展民族乡村旅游，现任村长跳铜鼓舞比他跳得好，而且文化程度也比自己高，所以得的票数比较多。吴秀才郑重地说，自己虽然没有当上村长，但是村里的事物他也很关注，有什么觉得做得不好的地方他就会去村委反映。他认为现在村务公开做得很好，但是还不够透明，比如，村里电网改造，县里补助每家300元，按照他的经验判断基本上就够了，但是村里还要再交200元，也不说明具体使用情况，所以就有意见，觉得能透明化村务就能对村干部进行监督。

吴秀才对于村里发展旅游业挺赞同。现在县里已经把公路修到了村口，交通问题解决了，外部环境得到了改善，现在就要靠村里自己的发展。县里的西江千寨苗户的苗家特色旅游已经发展得很好，每年都有大量的游客，他认为掌坳村应该加快发展，一来可以弘扬苗家特色文化，另外靠旅游给村民带来可观的收入。吴秀才说，掌坳村要搞苗家农户旅游，自己就想着先开始试点。掌坳村的铜鼓舞跳芦笙表演得非常出名，而且都是真正的苗家人在表演，体现原汁原味的苗家生活。现在他们都是到西江去表演，如果自己的村子的农家乐搞起来，就不用跑这么远了，村民的经济收入肯定大幅提高。

吴秀才说，没有过多的期望，但他想让家里的生活更好一些，让孩子们有一个好的前景，也想让村里的人都过上幸福生活。由于有人找吴秀才有事，我们只好结束了今天的采访。我们觉得吴秀才还有好多关于自己、家庭、村里的发展的想法没有来得及讲完，于是第二天，我专程又去了吴秀才家，遗憾的是没有见到他。但是，吴秀才的精明能干代表着淳朴的苗家人的质朴坚忍和聪明才智，相信掌坳村的村民们生活会更加幸福和谐。

（四）教育的受益者吴青艳

雷山县近几年以旅游产业为主导产业，所以商业和物流的发展很快，习惯北京这种大都市生活的我们在县城中丝毫没有感到任何不适，但是当我进入我们的采访空间——掌坳村时，感觉发生了变化，从物到人都是另一种存在模式。我从小在北方农村长大，自认熟悉农村的生活方式，但是在这里我发现在城市里漫长的求学道路已经使我从头到尾城市化，农村使我感到亲切却并不舒适，这里缺少城市的四通发达的交通、灯红酒绿的娱乐消遣、无所不在的消费渠道。中国教育发展到今天已经成为了农民个体城市化最重要、最体面的方式。

今天是我们入户调查的最后一天，本来村支书安排我们采访的是吴青艳的父亲，但是当我们来到他的家中，得知他有一个正在读大学的女儿时，临时调整了采访对象，因为我们这些天在掌坳村的采访中，遇到的最高学历也只有高中毕业，正缺乏这样一个受过高等教育的典型例子来了解一下掌坳村的教育状况。当然对全村教育状况的宏观了解并不是我们改变采访对象最重要的原因，我们采访的主题是农民，作为一个大三在读生，吴青艳已经或者说暂时脱离了农民基层，在我们后续的访谈中也发现她也没有再回归农民阶层的可能性，但是她依然入选我们的访谈正是由于她身份的特殊性。在中国广大的农村，一个家庭养一个大学生，本身就是一种家庭经济模式，这种家庭结构直接决定了教育支出成为本户最主要的经济支出，影响所有家庭成员的决策和本家庭甚至家族未来的发展，在我国改革开放初期农村首先发家致富的那群人中，很多人都是由于在城市中有亲戚网络，有经营渠道才挖到了自己的第一桶金，这些在城市中接受过高等教育的家庭成员未来就将充当这种网络渠道的角色。

首先让我们简单了解一下我们的受访者吴青艳的基本情况及其成长过程。吴青艳，女，1985 年生，25 岁，苗族，以下是我们根据她的口述整理的她的成长经历：

1992—1998 年就读于莲花小学，莲花小学的基本情况是：属于莲花片区，是由掌坳村和临近 3 个村共同所有的小学；由于当时人口数量少，一个年级只有一个班，每个班 30～40 个学生；任教老师都是本地人，只有五六年级有过支教老师，但都只是暂时或者短期的；没有开设英语课；学费 20 元/学期；由于掌坳村位于 4 个村子的中心，所以这个小学就建在掌坳村，所有的学生都是徒步上学，最远的大概要半小时的脚程。小学时家境贫困成了她学习最大的动力，由于学习刻苦一直都是班里的前三名、三好学生。

1998 年考入雷山县中学，雷山县中学与莲花小学一样归属于莲花片区，一般从莲花小学毕业后通过小升初考试合格者可以直接升入雷山县中学。雷山县中学共有 5 个毕业班，40～50 人/班，村里与县城的生源各占一半，学费 40 元/学期（包括住宿费用在内）。

2001 年以优异成绩考入雷山民族中学，这是雷山县唯一的高中，而县里除了雷山县中学之外另外还有三个初中，规模与雷山县中学差不多，按照雷山县中学的规模来统计，有将近 1000 人参加中考，而雷山民族中学总招生额才有 200 人左右，所以竞争的激烈程度可想而知，能够被雷山民族中学录取可以说是毕业生中的佼佼者。雷山民族中学毕业班有 7 个（包括两个复读班），每个班有 50～60 人，学费 700 元/学期；生活费方面，学生每月需要自带 10 多斤米来换取饭票，菜是用现金换取菜票，每月大约需要 10 元。据吴介绍毕业后全年级考上大专以上 100 人左右，剩下的就不再继续接受教育转而进入就业大军。

2004 年吴第一次参加高考，发挥失常成绩很不理想，虽然父亲很想让她放弃升学回家帮忙，但是在母亲和哥哥的支持下，她选择了复读，于 2006 年考入南昌航空工业学院。

2006 年至今就读于南昌航空工业学院（二本），学费 5250 元/学期，生活费 300～400 元/月，共 8000～9000 元/年，这对于仅仅依靠农业为生的吴家来说无疑是无法承受的，幸好国家政策规定贫困生可以申请助学贷款，于是在入学前申请了助学无息贷款 6000 元/年，合同规定毕业后开始还款，6 年内必须还清，超过 6 年期限以商业贷款利息计息。解决了学费这个主要矛盾，学校每年有贫困补助 1000 元用来补助生活费，加上自己平时做一些勤工俭学、二哥的资助生活费也就不成问题了。现在她所学的专业是无损测控，已经通过了英语四级考试，所以等于已经完成了大学最重要的指标。无损测控归属于测控仪器与技术学院，毕业生的主要就业方向为航空航天、民航、机械、电力、石化、汽车、锅炉压力容器等行业，全年级有 2 个班总共 100 多人，由于是理科专业所以只有 26 个女生，而吴是唯一的少数民族。

以上的经历是根据吴青艳的口述整理的，既然是口述所以难免有不准确的地方，但是 1992—2009 年这 17 年的岁月却实实在在地见证了一个个体的成长，更为重要的是它使我们开始思考教育与家庭、地方、民族这些宏观主体的关系：

1. 教育与家庭

吴青艳读中学之前虽然学费和生活费用比较低，但是当时二哥和她都在读书，家里除了种地和饲养牲畜之外没有任何经济来源，种地收的粮食大部分都用来食用，只有遇到年景比较好的时候，才能够出售一部分；牲畜除去红白喜事食用外都用来补贴了兄妹二人的学费，所以多年来家里没有任何余钱用来添置家用电器，直到今天家里除去做饭用的电饭煲之外，只有一台 24 寸的电视机，还是二哥工作以后 2000 年购置的，一台落地扇，仅此而已。

家里总共有土地 4.8 亩，其中水田 4.5 亩，旱地 0.3 亩，水田用来种植水稻，旱地主要是用来种植土豆、红薯，水田每年只能种一季，产量在 4000 斤左右，其中只有 1000 斤用来出售，其他都是供自家食用；旱地所产的土豆和红薯除去日常食用外（当地人日常以土豆和豆角作为主要蔬菜食用），都用来喂养牲畜，因为饲料的价格太高，如果购买饲料的话饲养牲畜基本就没有什么收入，饲养的牲畜有两头猪、一头牛，牛是当地主要的生产畜力，只有猪才能够用来出售补贴家用。这样算来，每年粮食的收入在 900 元左右（米价 1.3/斤，70% 的出米率）；两头猪每头 700 元，总收入 1400 元，全家每年的总收入为 3300 元，除去种植水稻期间农药、化肥等支出，购买猪仔的费用，每年的纯收入也只有 1000 元左右，除去家里生活必要支出外几乎全部用来支付二哥和自己的学费和生活费。

在这种情况，二哥中专毕业以后就开始工作，家里只剩下她自己一个人读书，负担减轻不少。二哥在乡政府工作每月的收入为 1700～1800 元，二嫂只是临时工，还有两个孩子要养育，能够支援家里的也就每年 2000 元左右，而这笔钱全部用来补贴了吴的生活费用。

吴父吴母都已经 50 多岁，年事已高，母亲身体不好，主要在家里照看大哥夫妇留在家里的两个孩子，父亲下地干活，两个儿子都已经成家，女儿再有一年也就毕业，两位老人都觉得已经完成了自己最主要的使命，看着孩子们都有了着落，也就没有什么牵挂了。在吴青艳读书的这些年里家里的生活都是紧巴巴的，没有余钱，也就不可能有本钱做点生意，教育成了这个家庭最大的投资，也正因此受教育者往往只能根据家庭的状况来选择教育的道路，改善家庭状况成为接受教育的最大目标。

吴高中文理分班时选择了理科，原因就是文科的高考录取分数太高，不被大学录取这些年父母的辛苦就白费啦；高考结束填报志愿时选择了无损测控专业，也是因为南昌航大是国内唯一一所拥有系统规范的无损检测本科及研究生教育的高等院校，毕业后就业比较容易，收入稳定。

个人与家庭的血肉联系，使家庭在发展上升期受教育成本所累，无法进行其他投资；子女又因为家庭在自己成长中的巨大支出，受限于物质条件进行选择，使个人后期的职业生涯成本加大。

2. 教育与地方经济的发展

雷山县因为经济不发达，县政府财力不足限制了教育的发展，每年县里考上大学的也就 200 人左右，这还是现在的数据，3 年前应该还不到这个数字。毕业后回到县里就业的更少，所以我们到了当地发现本地县政府的科室领导都很年轻，往往都是刚从大学毕业的学生就直接走上了领导的岗位，在中国这样一个一直以官为尚的价值观为就业指导原则的国家里，政府部门的状况都如此，由此可见其他行业人才匮乏到什么程度。

在前面的采访中我们得知吴的专业是无损测控，这个专业的主要就业方向是建筑材料、军工厂、飞机公司等，而雷山县的经济支柱是农业与旅游业，这样就算吴毕业后有回来的打算，也没有可以发挥本专业的空间，只能是到贵阳或者是工业比较发达的省市就业，这种毕业生与当地经济发展规划脱钩的现象大大制约了本地人才的回归。一个小型的地级市从外引进人才的困难很大，就算引进成功也会因为成本问题而难以持续，就像国家西部大开发时虽然对于引进人才有很多优惠政策，可是往往到了规定期满，大多数人仍然选择离开西部回到原来的城市发展，对于目前的雷山县来说人才引进是一个不可持续的发展战略，而促进人才返乡则要容易得多。在中国人的观念里古时就有安土重迁的观念，中国的孝道里也有“父母在，不远足”的祖训；同时由于从小到大都在家乡长大，家族的人际关系网络多分布在本地，从交往成本上也大大低于在外地谋生，所以如果条件适合的话，这些在外地接受高等教育的人才是可以回归家乡为本地服务，这比在本地建立高等学府的成本低得多，效果也快得多，一个高等学府的建立毕竟不是短期的事情。

所以我们是否可以考虑在政府和家庭共同承担教育成本的情况下，对于满足一定条件的家庭与人才，给予经济上的支持，同时根据本地经济的发展确定他们的发展方向，使本地经济的发展与人才的供给处于相适应的状态。就像现在企业所作的定向委培一样，先签订工作意向，再进行教育投入。这样既可以减轻家庭的负担，使家庭在发展期内有足够的发展资金，同时使当地的发展有足够的人才储备。

3. 教育与本民族的发展

我们这次采访选取的村庄都是少数民族地区，这些地区与我们平时所见的村庄有一个很大的不同就是他们还存在着民族传统的保留与继承问题。吴作为一个走出村庄通过教育途径步入城市的代表，她的身上已经没有任何本地和本民族的特征，一身休闲的打扮，流利的普通话，看不出与我们有任何的不同。被问及婚姻问题时，吴告诉我们她并不在意自己未来的丈夫是否是苗族，也不会教自己的孩子学苗语，我们问及原因，她认为没有这个必要，将来自己不会回村里生活，所以孩子不会经常使用苗语，也就自然没有学习的必要。苗语是通过口口相传来继承的，因为苗语只有语言没有文字，每个苗族人就是一部活词典，随着学习者的减少，这种语言的传承将会面临巨大的危机，这是我们所必须要注意和解决的。教育的深入并没有给民族文化的发展带来新的生机，却因为外来文明的冲击使它的传承受到了限制。

在访谈中我们问吴觉得家乡有什么地方急需改善的吗？她回答说觉得本村的基础设施太差，急需改造升级，这样村民的生活才能更加舒适方便。与我们的感觉如出一辙，正如开篇所说，我们这些从农村走出的孩子无论是从外表还是内在的生活习惯、思维方式已经被彻底地城市化，再也无法回到祖辈生活的地方，但是农村为城市供养了这些后备人才，城市要如何回报这种出于自利的投资，才能使这种循环继续下去呢？

（五）老当益壮的商人吴庭章

吴庭章出生于1931年6月，苗族，今年已经79岁高龄。老人鹤发童颜，身体硬朗，精神状态非常好，我们还在感叹掌坳村山清水美，人人都健康高寿时，老人已经麻利地给我们拿来了小板凳，热情地招呼我们坐下，还打开了电扇给我们驱暑。

刚一落座，老人就给我们讲起了他不同寻常的人生：他7岁上学，就读于当地莲花小学。当时抗日战争正在轰轰烈烈地进行，日本人已经打到了丹寨、独山地区，掌坳村为了抗击日军也组织了一批年轻人进行军事化训练，只是那时候老人年纪还小不能参加，虽说有些遗憾，但他觉得那种全中国人民团结一致对抗外敌的精神给幼小的他留下了非常深刻的印象，直到今天他说起这段往事时仍然流露出自豪的神情。老人书读得多，字写得好，学习更是棒，刚上六年级就被雷山中学破格录取了，他擅长写文章，喜欢打篮球，学余还主动帮家里砍柴干活，可以说是个德智体全面发展的好学生。初中毕业后，他又被国民党军事干校选中学习4个月，主要学习文化知识和训练枪法，老人说当时他与另外一个人因成绩突出被推荐继续深造，可因为他是独子，母亲舍不得他离开家，所以只好作罢，如果去的话他应该能当个国民党副官或文书了。吴庭章家有5口人，父亲是国民党区长，母亲是农民，两个姐姐一个嫁给了大地主，一个嫁给了国民党县长，因为父亲是国民党官员，所以小时候家里的生活条件是相当不错的。父亲在他六七岁时就去世了，他对父亲并没有多少印象，只记得父亲很慈祥，工作也总是很忙碌。

虽然在解放前吴庭章家地位显赫，生活优越，可到了解放后，境况就发生了翻天覆地的变化。两个姐姐家遭到批斗，仅在丹寨县师范学校读了一个学期的吴庭章老人被调到了大塘区政府工作，因为父亲的成分和家庭的历史，与其说是上班，其实就是对他的软禁。老人在区政府主要负责土改和进行社会调查，也就是根据上级指示，下乡登记各生产队有多少人口，然后重新分配土地，家里有添丁的情况就在自家原有土地基础上多分得一些，有外嫁或死亡的情况就减少一些。这项工作看似简单实际上比较繁复，老人坦言自己的一举一动虽然被监视，但由于土地对农民来说至关重要，马虎不得，所以他对工作的认真态度丝毫没有被这些影响，而是倾注了大量的心血，力求做到最好。当时老人一个月的工资是七八十元钱，除了自己的日常花销，每个月要固定寄给母亲三四十元，还要时不时地补贴一下姐姐，所以生活与以前相比要差很多。老人在区政府工作到第三个年头，也就是1955年，中共中央发出《关于开展斗争肃清暗藏的反革命分子的指示》，于是全国各地先后开展了一场肃反运动，在这场运动中，吴庭章老人也被扣上了反革命的帽子，并被下放到凯里东坡农场进行了长达 7 年的劳动改造。实际上，老人是被错批错判的，当时乡长因为他的父亲和姐夫的成分问题便诬陷他是反动党团骨干分子，不仅在他家翻箱倒柜寻找“罪证”，还把他捆绑了一天一夜，见他交代不出，便对他实施肉刑，更以此大做文章，伪造证据，最终逮捕了吴庭章老人，并给他判了刑，罪名就是乱征粮和破坏互助组。事实上成立互助组时期，老人还在学校读书，从未参加过任何互助组；至于征粮的事，他也只是按照上级领导的指示办事，具体数据也有表单为证，可当时没有人相信他。在这期间，老人从未间断过申诉，但都没有结果，直到 1978 年，老人给中央领导写信，经过上级认真细致的调查，终于沉冤得雪！而为了这一刻，老人等了 23 年。

我们问老人从农场被释放之后如何生活，老人说当时乡里把他家的自留地强制收回了，他从农场出来后，连饭都吃不上，还好农场给了他 300 元钱，算是这么多年的劳动报酬。老人是个思路敏捷、头脑灵活的人，他发现村里的人经常要走很远的路去外地买牛，便想到可以通过倒手卖牛挣差价，于是他用这 300 元钱当本金做起了牛、马生意。老人说他们这里是山地，没有人愿意喂马，所以马的生意不好做，只赔不赚的时候很多，但牛就不一样了，他从万县把牛买来，一般是一次十多头，经常是走到半路就卖掉了大半，剩下的就拉到当地的市场上卖掉，卖一头牛能赚三四十，一次生意能赚两百多，一年下来能赚两千多。虽然生意很好做，赚得也很多，但只有他一个人打理还是相当辛苦的，除了路途遥远，要赶着牛走一整天的山路，危险也无处不在，很有可能碰到谋财害命的土匪，所幸老人没有遇到过。后来，村里的其他人看到干这行很赚钱，便纷纷加入，竞争者多了，但老人的买卖仍然红火如初。我们问他是不是有独特的生意经时，老人笑着说也没有什么特殊的，就是在买牛前首先了解牛的市场价值，做到心中有数，其次在买牛时还要观察卖牛人来自何处，如果是当地人卖牛的价格就高，如果是外地人卖，到傍晚时为了把牛卖出去便会降低价格，这时再买就减少了成本。老人卖牛时尤其注重诚信，卖出的都是健康又好斗的优良品种，而且价格也不虚高，正是这质优价廉的好口碑吸引了不少回头客，更有不少人慕名上门来找他买牛。我们又问老人为什么牛的销路这么好？他说牛在苗族人心中有着很重要的地位，他们信奉牛，并欣赏其默默无闻、辛勤耕种的品质，牛是他们犁田、运输的好帮手。斗牛更是苗族人人喜爱的一项民族活动，在掌坳村，一年中就有两次大规模的斗牛活动，分别在9月份的吃新节和12月份新年到来之际。说到这儿，经验丰富的老人又教给我们挑选斗牛的方法，他说主要是观察牛的犄角、蹄子、毛发及牙齿，能斗的牛犄角又宽又大，四个大蹄儿越大越好，两个小蹄儿要与大蹄儿并拢，毛要细长且黑，甚至发红，最前面的两颗牙也要比较长。老人坦言斗牛至今还是一项贵族活动，只有有钱人家才能供养得起斗牛参加比赛，大多数人也只能当观众。

到了2005年，吴庭章老人已经74岁，由于年事已高，体力大不如前，只好放弃做了30来年的牛马生意。老人说自己是个商人，除了做买卖，其他的都不拿手，闲在家中也无事可做，于是儿子给他投资了600元钱，一个便民小卖部就红红火火地开张了。小卖部主要经营啤酒、白酒、烟、糖等副食品，一天的毛利有三四十元，再加上儿子每个月都会给他400多元生活费，日子过得还比较宽裕。老人家里有3亩田，5亩土，现在他只耕种了2亩田，其他的都荒废了，原因之一是劳动力不够，老人除了种地还喂了两头猪，忙不过来；另一方面是由于现在种田成本高，用这些钱来买粮食吃更合算，即使把地送人也没人愿意要。老人的支出主要用于开店进货，其余的就是吃穿，由于店面不大，所以进货卖货都是老人一个人完成。老人身体非常健康，从未生过大病，他说自己知道新型农村合作医疗制度但觉得自己用不到就没有参加。虽然我们对此表示担忧，但从老人敏捷的思维、充沛的体力以及凡事必亲自上阵的精神头儿来看，似乎我们的担心是多余的，不过我们还是给他介绍了"新农合"的诸多好处，老人也欣然接受并说自己岁数越来越大，确实要为以后作足打算。老人和其他村民一样，认为红白喜事的随礼不是家庭的负担，对他家而言，遇到喜事，他的老伴儿会送一些衣服和一升米，而他会送几十元钱，遇到丧事不用给钱送一升米就可以了。

听老人谈了自己的经历，我们又问到了他的家庭。令我们感到意外的是，老人经历了三段婚姻。第一次结婚是在1951年，那时候他还在读师范学校，他的妻子刚刚二十三四岁，他担心妻子一个人在家中很危险，便让她回到娘家等他毕业，可没想到的是妻子却一走了之，从此就没了音讯。第二次结婚是在1954年，妻子温柔贤淑、大方得体，老人和她感情非常好，但是命运弄人，她没能陪老人走到最后，于1998年因病去世。老人说他当时悲痛万分，但这却仍敌不过老年丧子之痛，1991年在凯里师范学校读书的大儿子因为打针过敏而不幸离世，正值青春的儿子突然夭折，这给了老人很沉重的打击，也就是这件事使妻子悲伤过度而一病不起。说到这里，老人的眼中闪出了泪花，也许直到今天，老人对这段伤心的往事仍然无法释怀。不过幸运的是，老人的小儿子非常有出息也非常孝顺，小儿子今年 34 岁，和媳妇在凯里歌舞厅表演，一个月两人能挣三四千，逢年过节和农忙时候，儿子都会回来帮忙，平时周末也会回来看他，每次来都给他留下钱，他的儿媳也同样出色，2007 年还被选为村民委员会副主任。由于儿子和媳妇工作忙，现在两个孙子都由老人照看，老人说两个孙子特别淘气，养着他们很累人，不过再怎么累，他都很高兴。也许是因为老人曾经失去太多的缘故，他把所有的期盼都寄托在了两个孙子身上。2005 年 10 月，已经 74 岁的老人第三次走进了婚姻的殿堂，他非常风趣地形容这次结合属于典型的女追男，老伴儿本来是想让老人搬到她们村生活，可老人不愿意，就没同意这门婚事，没想到女方二话没说卷着铺盖就上门来找他，这才成就了这段姻缘。老人的儿子和儿媳非常支持他再婚，对他的老伴儿也很孝顺，而老伴儿带来的孩子对他也非常体贴，经常送他衣服和日用品。老人感叹自己年轻时经历了太多痛苦，晚年获得了幸福是多么不容易，一定要好好珍惜。

老人家的生活条件虽然不错，但我们发现他家的房子并不气派，甚至有些简陋，住房是 1953 年建的，有两层，总共 180 多平方米，只在 2008 年翻修过一次，屋子里除了电视机、电冰箱、电风扇、电饭锅、电磁炉等基本家用电器外，并无其他；家具也很少，而且都是使用了十几年的老物件儿。而对于这些，老人却丝毫不在意，他说自己老了，过得紧巴点儿没关系，现在攒钱都是为了以后供孙子上学。老人家里光线不是很好，整个屋子都比较昏暗，但有两样被老人称之为宝贝的东西却异常显眼，一个是《头发乱了》节目获得 2007 年多彩贵州舞蹈大赛雷山县决赛现当代时尚舞蹈组铜奖的奖状，老人说这是儿子和儿媳跳舞时获的奖，他为儿子感到骄傲和自豪，所以要把奖状挂在家里最明显的地方；另外一样是一把“镇宅宝剑”。老人平时喜欢看电视，尤其是新闻和《人与自然》节目，偶尔也会赶赶时髦看看电视剧。他虽然年岁已高腿脚不再灵便，但仍然喜欢跳铜鼓舞，他说这是他保持身体健康的小秘诀。当我们问到老人对今后的生活有什么期望时，老人哈哈地笑着说，希望生活越来越好，自己的小生意越来越火，希望孙子们上大学完成他想读书的愿望，希望自己能长寿可以等到那一天。

吴庭章老人的一生曲折坎坷，遭受过诬陷与排挤的磨难，体会过妻离子散的苦涩，经历过摸爬滚打的商场生活，现在更享受到了天伦之乐的幸福，这80年的风霜雨雪，其中的酸、甜、苦、辣只有老人自己知道。通过老人的讲述，我们发现掌坳村并不缺少商机和市场，就拿贩牛来说，现在仍有人在做，但如果能够规模化、专业化，那么效益将会更高；至于斗牛则可以专门饲养，再卖到其他地区，以求形成品牌效应。我们衷心地希望吴庭章老人健康长寿，也期望更多像老人一样精明能干的生意人的出现，希望他们用自己的聪明智慧带领掌坳村走上致富之路。

（六）苗寨里的汉族姑娘谭碧艳

在村支书杨昌彪的带领下，我们走过了掌坳村的主要居住区，来到地势较高的也较偏远的一幢苗家木屋，这就是汉族姑娘谭碧艳的家。谭碧艳是个健康开朗的农村妇女，身高在1.65米左右，这个头在当地算较高的了。身边带着3岁的小女儿，她热情地招呼我们坐下，用沏好的苗家茶水招待我们。

也许因为是汉族的缘故，谭碧艳的普通话相当流利，她全面介绍了自家的情况，我们把它归纳为种养收支、打工与借贷、子女教育、民族风俗、家庭规划与建议5个部分。

1. 关于种养收支情况

谭碧艳生于1974年9月15日，娘家是雷山县永乐镇排告村。父亲是汉族，母亲是苗族。谭碧艳有3个弟弟，户口上写的都是苗族。她在排告村小学上到四年级就辍学了。

谭碧艳是1996年嫁到掌坳村的。她的丈夫吴庭科生于1972年，文化程度较高，是大塘初中毕业。吴庭科有3个姐姐，她们都是农民，也都出嫁了。因为拥有姐姐留下的水田份额，谭碧艳和丈夫的水田共有2.9亩，再加上邻居租借给的两亩水田（邻居去浙江打工了），她要种近5亩水田，他们因此得到乡政府发的农业补贴。有的年头丈夫去四川打工，她就请人犁田，每年支出约1000元；杂交稻的种子要花150元；一年打农药3次，每次100元，全年300元；买化肥要花500元。水田的亩产1200~1400斤稻谷，总收入约7000元。因此，种水稻的赢利是一年5050元。减掉两亩水田的租金1400元，自己净得3650元。她家的农业补贴是每年200元，乡政府发给一本农村信用社的存折，发钱的时候通知一次，直接打到存折里。在谭碧艳的记忆里，已去取款3次。

谭碧艳家有6亩旱地，种玉米、红薯、辣椒和蔬菜。其中3亩种玉米，收了玉米接着种红薯。玉米亩产800斤，现在市场价0.8元一斤，3亩收入1920元；两亩种辣椒，年收600斤，生辣椒收购价是每斤1.5~2元，干辣椒收购价是每斤4~5元。生辣椒晒干后重量减掉一半，那辣椒总收入是1500元。谭碧艳说年景好时，种辣椒能收入2000元。红薯的产量是500斤左右，收购价是每斤0.3~0.5元。但红薯一般不卖，而用来喂猪，红薯叶和红薯藤也是喂猪的好饲料。三分地用来种菜，一般种白菜、芹菜、萝卜、豆角、西红柿和大蒜。主要是自己消费。谭碧艳认为蔬菜挣不了几个钱，挑到15里外的县城又太远，所以不多种。有的季节雨水好，蔬菜丰收了，多余的蔬菜就拿来喂猪。还有几分地用来种土豆，多用于喂猪。有时也拿去卖，因为4月底新鲜的土豆刚出土，能卖好价钱，每斤1.5元，现在市场上土豆多了，价格就掉到每斤0.5元。她家还有林地，具体的亩数不清楚，丈夫知道。现在种杉树、杨梅和梨树。丈夫上街过苗族传统的节日六月六，喝酒去了。谭碧艳养了两头肉猪，今年5月买的猪仔，6元一斤，两头50斤，花了300元。现在已养到每头100斤。准备冬天养到200斤左右再卖，那时能卖个好价钱。还养6只鸭子，只留着自己吃，如果拿到市场卖，能卖8元一斤。有意思的是，她在水田里养鲤鱼。每年3月，一亩水田放200只鱼苗。谭碧艳认为这比四周封闭的水塘养的鱼好吃，因为水田的鱼吃稻秆掉下的粮食和田里的虫子，所以肉质比喂饲料的塘鱼鲜美。9月收稻谷时能捕捞约800条鱼。每条大约半斤重，因为不易生长，而且肉质鲜美，每斤收购价13元。收完稻谷，把5亩水田的鲤鱼都赶到一亩水田中养着，冬天仍能吃到鲜美的鲤鱼。2008年，她花2000元买了一头水牛用于耕田，打算养大了卖掉，赚钱了再养一头小牛。春节是最重要的节日，开销也最大，大概要花2000元。此外，每月有一个节气，她家都要庆祝，花费一二百元来买鸡鸭、猪肉和酒。红白喜事的随礼钱一年要花5000元左右。主要是给亲戚，一般的乡邻给一二百元即可。最后，谭碧艳说统计起来，吃穿用的费用1万多元。因为家庭的开销，夫妻经常有分歧，谭碧艳说吵架是正常的事。丈夫花钱没计划，抽烟喝酒花了不少钱，谭碧艳不同意但又没办法。农用器械方面，有一台打米机（即脱谷机），有一台抽水机，还有一个喷农药用的喷雾器。

2. 外出打工和借贷

夫妻俩经常去凯里走亲戚。农闲时谭碧艳夫妻也外出打工。他们有四次外出打工的经历。第一次是1999年，大女儿两岁时，夫妻到浙江温州生产眼镜的大工厂打工，这是年产20万副眼镜的出口企业。夫妻配合着做，丈夫抛光，谭碧艳上镜片，上一副镜片5分钱，一天能上1000副，谭碧艳个人能挣50元。这是典型的手工计件工资，夫妻每月能挣约3000元。第二次是2003年，谭碧艳自己去福州市的制鞋厂打工，专做鞋底，月工资约2000元，只做两个多月就回家了，因为大女儿要上小学；同年，丈夫去四川采石场打工，月收入2000多元。第三次是2007年，小女儿才两个月，夫妻同去江西景德镇的采石场打工，丈夫采石，谭碧艳做饭，月收入2000多元。2008年夫妻二人又到湖南衡阳的采石场打工，丈夫做包工头，谭碧艳负责后勤采买、饮食，月挣三四千元。前两次大女儿还小，都带在身边。2003年后，大女儿上小学，夫妻也在家踏实务农，从2005年元旦开始，国家免除农业税，夫妻俩种田更有干劲了。后两次外出打工，带小女儿在身边，大女儿在莲花小学读书，日常生活由婆婆照顾。打工时买了一些家电，有一台21寸的小精灵牌彩电，2001年在温州买的，当时花1000元；三个电风扇都是从外地打工时带回来的；有一个900元的洗衣机，一个电饭锅，一个电磁炉，还有一辆5000元的摩托车。谈到开摩托车，谭碧艳指着刚回家的大女儿说："都是她老爸开的，她不会开。"夫妻俩经常去凯里走亲戚，有时也找些临时工做。

谭碧艳的丈夫农闲时就外出打工，现在是因为天气太热才回家的。她感觉这几年温度高了。以前夏季的晚上挺凉爽，现在不用风扇都睡不好觉。

虽说打工挣钱买了不少电器，但是最大件的摩托车却是贷款买的。以前他们在农村信用社有1000元的存款，丈夫又跟信用社贷了4000元，买了一辆5000元的摩托车。每个月的油费是200元，到县城加的汽油。贷款已近两年，一直没还，每年付利息600元。其实，对他们来说，这4000元是笔小钱，在春节打工回家或者秋收时节，咬咬牙也能一次还请了。但丈夫说不着急还，不想让日子过得太紧，要充分利用农村信用社的钱。为此夫妻也产生一点分歧。谭碧艳认为摩托车是消费品，而且不能给生产带来什么直接的好处，所以不该贷款买，即使贷了也应该尽早还。这个小分歧体现了现代农民不同的信贷观和消费观。

3. **关于子女教育**

谭碧艳有两个女儿。1997 年生了大女儿吴春丽，户籍上的是苗族；2006 年生了二女儿吴引弟，也上苗族。谭碧艳说不能再生了，否则罚款 5000 元。为何户籍上不写汉族？她说一是子女的民族一般随父亲；二是上苗族以后能得到政策的优惠。

大女儿吴春丽今年 12 岁，长得眉清目秀，个头和妈妈差不多。以前，每当平坝上表演铜鼓舞，她就喜欢去看热闹，时间长了也敢上去表演，一次报酬 50 元，有时也结伴去西江苗族大寨表演，收入也差不多，但这种表演不常有。谭碧艳认为表演和训练影响女儿的学习，语文数学经常是六七十分，觉得不管不行了，便每天晚上督促女儿做作业，规定时间不能提前结束。她还认为参加训练的有些人说话不文明，会影响孩子。抓了一段时间后，吴春丽的成绩上来了，经常考 90 多分，上学期班里第一名，这学期第二名，今年 9 月能上大塘乡中学。谭碧艳说，上了中学更要努力学习，争取考上大学，只要能上大学，就是卖房子也要供她读书，不愿女儿再当农民了。

为什么谭碧艳这样毅然决然地支持女儿读大学呢？原来，对于子女教育的支持，她家是有传统的。当年，谭碧艳在排告村小学只上到四年级就辍学了，一是因为家里农活多，父母忙不过来；二是两个弟弟也在上学，每人每学期得花 200 元，同时负担三个孩子的学费使得父母压力太大；三是小弟弟没人带，需要她帮忙。这样，本来学习挺好的谭碧艳为了减轻父母的负担，为了弟弟还能上学牺牲了自己的求学机会。那时因为要供养三个弟弟读书，家里逢年过节都不杀猪不杀牛，全部卖掉。幸亏三个弟弟都挺争气，学习很好，尤其是二弟成绩最好，考上了贵州民族学院，大学毕业后分配到雷山县二中教物理，因为工作努力，2008 年调动到黔东南州委宣传部工作。这几个弟弟也是受堂哥影响才立志求学的，这个堂哥是谭碧艳大伯的长子，比她大 5 岁，当年也是努力读书考上大学才离开农村的，现在雷山县政府司法局工作。谭碧艳嫁给吴庭科也是因为他家是文化家庭，公公曾经是大塘乡中心小学的教师，老人 2003 年去世了。所以，作为农村妇女的谭碧艳不短视，不羡慕别家孩子去表演赚钱，而是狠抓女儿学习，定下考大学的远大目标，就不足为奇了。

4. **民族风俗**

谭碧艳说，嫁到掌坳村后与乡邻的关系都很好，苗族村民们也很尊重她。

偶尔也有苗族青年用苗语跟她开玩笑，但都是善意的玩笑。她笑着说：“挺讨厌的，不理他们。”谭碧艳说外村也有几个汉族姑娘嫁到掌坳村，虽说为了柴米油盐会吵吵架，但至今没有离婚的。她还告诉我们，村里有几对离婚的夫妻，他们认为不合适就离了，离婚在农村不算稀奇事。

谈到村里的铜鼓舞表演，谭碧艳说自己没有手艺，不去表演。谭碧艳自己从不戴花，她认为各有各的好看。因为是在汉族村庄长大的，以前不会刺绣，嫁过来后才学会的。结婚时只会说几句苗语，现在都会了。虽然谭碧艳已嫁到苗寨13年，言谈之间，我们仍感觉到她明显的汉语特征，例如她说的“马铃薯”一词，在之前采访的苗族家庭他们都说成“洋芋”或“土豆”；又如“统计”、“老爸”等词汇，都是汉族的语言特征。当我们问到中国有哪些少数民族时，谭碧艳和大女儿掐着指头数出几个，有瑶族、布依族、侗族、水族、壮族、傣族，这些都是贵州或毗邻省份的少数民族。

谭碧艳不信汉族的佛教道教之类，而信苗族的鬼医。每当做事不顺，或小孩生病时，就请鬼医来念经，一次给50元。她说这些鬼医老太太、老爷爷很会要钱的，他们会想出各种名堂跟你要钱，为了图心里踏实，谭碧艳也舍得给。谭碧艳跟村里的苗族一样过各种节日，而且是主动参与，不用别人招呼。她认为有几个节日很好玩，比如9月的吃新节，10月的苗年，还有冬月（11月）的过大年。每年5月的爬坡节也很热闹，这天有唱歌、拔河等节目，还有的带着大锅上山煮野味、吃烧烤；这个节日也是男女青年谈恋爱的好机会；老人也喜欢参加爬坡节，能看热闹还能锻炼身体。

5. 家庭规划与建议

谭碧艳白天做农活，晚上看电视，以新闻、电视剧为主，没订过报纸，不看书。曾去过村委会办的农业技校培训班，只学了几个晚上，因为忙着带小女儿就没去了。她说等女儿大一点还要去学的。因为全都是妇女在学习，所以丈夫不去这个夜校培训班，傍晚时节他大多去割草喂牛。

谭碧艳全家5口人都参加了新农村合作医疗保险，共50元。2008年，婆婆患重感冒，在村委会输液3天，即一个疗程，全部费用花500元，报销70%，她感到很满意。

关于家庭规划，谭碧艳最大的愿望是盖个大房子。老房子1999年在平坝被烧毁（当时被烧毁的有20多户人家），火灾后才搬到这儿建的新房。现在的房子不大，宽7米，长15米，大门朝西，所以谭碧艳不满意。她说如果打工挣钱了，先花5000元买一块好地基，盖更高、更亮堂的房子。由于近两年都去打工没种田，吃的是2006年的存粮。2008年的金融危机使许多农民工返乡，所以他们今年种了水稻和玉米，9月就能有收成。他们计划等秋收后有了富余，再养一头牛和几头猪，又能多赚点钱，这是她的第二个规划。至于第三个规划，她说如果还有钱想做餐馆，她知道农家乐这种旅游形式，像西江苗寨的阿浓苗家酒楼那样，就是餐饮和旅馆两个部分有收入。自己会烧菜，能把餐馆的生意搞好，肯定能赚钱。谭碧艳没参加县里搞的“三修”，因为灶台平时都不用，煮饭用电饭锅，炒菜用电磁炉，灶台只用于煮喂猪的潲水，不用修得太好，她要把钱用在更关键的地方。

因为经常外出打工谭碧艳没参加过村委会的选举，她认为村干部的成绩一般。我们请她给村委会提点建议，她说希望发展掌坳村的旅游业：一是本村能歌善舞的演员不要外出表演，要团结起来守住自己的舞台，时间长了自然会有客人来，村干部要利用一切机会把客人往村里拉；二是把进村的土路修得宽一点，更加安全，最好修成石路或水泥路，这样才能有更多的客人进来；三是建议从演出的收入里提一部分钱来把舞台搞大一点、搞好一点，不要每次都把钱分光了；四是村里的治安不太好，有小偷，她曾发现有本村的青年偷偷砍远离村寨的山上的杉树拿去卖，希望有人来管这些事情；五是平坝周围的房子太集中，不安全，一旦着火不好疏散。作为一个农村妇女，谭碧艳的见识还是有一定水平的，她的几个建议也是值得村委会参考的。

走出谭碧艳家不太宽敞的苗家木楼，告别这个颇有见识，会理财、有规划、有想法的汉族妇女，我们有理由相信她的日子一定会越过越好。

（七）身残志坚的苗家汉子吴道伟

云淡风轻，蓝天下，起伏连绵的群山郁郁葱葱，一条清澈透底的小河从山谷中蜿蜒而来，又在眼前闪耀着，逶迤远去。岸边的山腰上，掌坳村的吊脚楼飞檐重脊，依山而立，仿佛一幅笔意悠远却又鲜活灵动的古画，横亘在我们的面前。

掌坳村，宁静祥和，夏虫的鸣叫声更为这里增添了一份静谧的气息。我们在村里文书的带领下，找到了吴道伟，他正坐在同村杨金珍家尚未完工的吊脚楼里拿着木匠工具打磨着一块木料。我们来到一楼临时搭建的灶屋旁等着吴道伟，一会儿，一位拄着双拐的清瘦男子蹒跚而来，这时，我们才意识到，我们的访谈对象是一位残疾人。在我国农村，特别是少数民族地区农村，因病返贫、因残致贫的农户是很多的，像吴道伟这样一个需要拄着双拐在大山中攀爬的普通农民，生活情况能好吗？带着这样的疑问，我们开始了访谈。

吴道伟，男，1961 年生人，今年 48 岁。家里共有 5 口人：自己、妻子、女儿、儿子、儿媳，由于孩子们都在外地打工，所以平时家里只有老两口。首先谈到的，自然是吴道伟的腿。吴道伟说，自己从 1992 年起出外打工。2004 年在广州打工期间，骑摩托车外出，被斜冲过来的小汽车撞成了左胯骨骨折。虽然对方违反了交通法规，但是由于自己是无证驾驶，并没有获得赔偿。由于广州的医疗费用太高，在支出了约 4000 元后，为节省治疗费用，吴道伟回到家乡雷山县就医。在雷山县，前后治疗了两次，第一次病情有所好转，骨头虽然没有接好，但还能自己走；第二次则由于医院技术水平低，不但没有接好断骨，反而导致了腿部感染，病情进一步恶化，虽然最后脱离了危险，但是留下了后遗症，左腿一点也使不上劲，只能拄双拐行走。我们问，为什么不到大城市的医院再去看看呢？吴道伟无奈地一笑，告诉我们说，为了治腿，前后已经花了将近两万元，到大城市治腿少说还得花五六万元，虽然从 2006 年起参加了新型合作医疗制度，医药费可以报销 70%，但通常只有在凯里市及以下的医疗机构治疗才能报销，到外地治病医药费是不给报销的；而且他对自己的腿能否治好没有信心，加之觉得出门一次极不方便，就一直下不了决心从大山中走出去治病。

吴道伟的情况让我们不禁感慨万千。胯骨骨折在大城市实在算不上什么难以治愈的大病，但在这样一个山高路远、医疗设施条件差、医治水平低、合作医疗制度的涵盖范围有待提高的少数民族地区，却使一位家境并不宽裕的苗家汉子不得不拖着残疾的伤腿，艰难地行走于山地之间。我们又问：“腿伤之后，您家的经济水平是不是有所下降呀？”本以为答案是毫无悬念的肯定，但出乎意料的是，吴道伟却摇着头说：“倒也没有。”这个回答，让我们吃惊不已，访谈马上进入了对吴道伟生产生活经历的探问上。

通过访谈，我们了解到，吴道伟是小学文化程度。小时候由于家里生活困难，初中只上了一个学期，就辍学在家帮助父母做活了。当时家中人口较多（除父母外，还有 5 个兄弟、1 个妹妹），仅仅靠田里的劳作，很难使几个孩子吃饱肚子。穷困的生活，使吴道伟小小年纪就懂得了生活的艰辛，并立志要靠自己的双手摆脱贫困，过上幸福生活。

1982 年吴道伟娶妻。1986 年在有了孩子后跟父母分家，自立门户。从 1986 年至今，吴道伟的生产生活轨迹按照他的从业内容划分，大致可以划分为三个阶段：

第一阶段，1986—1992 年。这个时期，吴道伟一边在家务农，一边利用农闲时间在乡里放电影。苗族地区的农村，大都山高耕地少，土地零星破碎，掌坳村的田地基本不适应机耕，有的地方甚至不能牛耕，只能用锄挖，耕作条件极差，同样的生产面积，劳动强度要高于平坦地方的若干倍，加上土地的肥力低下，生产投资方面严重不足，高强度的劳动，换不到等价的收入。所以，勤劳的群众虽然付出了年复一年的劳动，却总是不能致富。吴道伟明白，仅仅依靠务农，是改善不了家里的贫困面貌的。为此，从 1985 年开始，吴道伟开始在农闲时间到各乡各村放电影，通常放一场电影收入 10 多元，一个月放下来，扣除租片子的成本 3.5 元/片，以及需要交给乡里的 200 元，平均每月能挣上 500 多元。500 元，这在 20 世纪 80 年代的中国，绝对算得上是不少的收入。对此，吴道伟也笑着承认说，那时生活还是可以的，虽然家里盖房，没有攒下什么钱，但是收入水平在全村还能算得上是中等。对于中等收入水平这样一个界定，我们想，应该是吴道伟的谦虚之谈吧。吴道伟接着说，靠放电影赚钱也没维持几年。我们问为什么，这么好的一个收入来源怎么就放弃了呢？吴道伟解释说，在 1989 年之前，出去放电影总是有很多村民来看，收入还不错，但是从 1989 年开始，就明显地感觉到看电影的人少了，那时很多人家开始有了电视，放电影的生意越来越差，到 1990 年基本上就维持不下去了。我国，正是在 20 世纪 80 年代后期开始在居民家庭普及电视的。在雷山县掌坳村这样一个偏远山区，普通民众的生产生活也没能脱离这一大的时代背景。看似相对封闭的掌坳村，却也一直与中国整体经济的脉动息息相连。时代的前进，最终使吴道伟放弃了放电影的创收之路，也使他的生产生活轨迹转入了下一个阶段。

第二阶段，1992—2004 年。这一时期，是吴道伟靠出外打工谋生计的时期。从 1990 年开始，吴道伟基本上不放电影了，仅仅依靠微薄的田地收入维持生计。但是，两个孩子正是能吃、花销大的时候，仅靠田地里打下的粮食根本吃不饱肚子，更不要说攒钱改善生活、供孩子读书了。1992 年，吴道伟把孩子和田地交给老人照看，带上妻子加入了打工者的行列，像村里其他人一样，走出世居的大山，踏上了去广州的火车。在广州，吴道伟在采石场里做炮工，妻子则帮人做饭，两人一干就是12年，直到吴道伟出车祸回到雷山县。采石场的工作虽然辛苦，而且炮工这个工种存在一定的危险性，但相比在家乡务农，收入还是有保证的。吴道伟给我们算了一笔账：如果不出外打工，仅仅在家种田、养猪，全家一年只能收入2000元左右；出外打工，虽然艰辛，但刨去夫妻两人的吃喝、春节往返的路费等，一年还能剩下4000～5000元。吴道伟回忆说，那时养活儿女、供儿女上学的开支比较大，每年家里攒下的钱都不多，生活十分清苦。家里的经济水平也有所下降，跟同村其他家庭相比仅能达到下等收入水平。

第三阶段：2004年至今。2004年，由于出车祸，吴道伟不得不携妻子回家重新务农并寻找新的生计来源。为了治病，几年积攒下来的积蓄所剩无几，经济状况一度恶化。由于腿不好使，侍弄1亩田和1.5亩土的农活只能交给妻子，每年收获的1000斤（毛斤数）左右的水稻以及1000斤玉米和红薯基本上够老两口一年食用及喂猪等牲畜了，孩子们在2005年先后去了浙江打工，全家生活总体来说尚可维持，虽然完全谈不上致富。但是，吴道伟并不是一个认命的人，骨子里不服输的他坚定地认为，只要不甘心贫困，勤劳肯干，即使拄着双拐生活也能越过越好。慢慢地，吴道伟开始寻找一些自己力所能及的活计。而随着村民打工收入的增加，越来越多的家庭开始翻修或新建自家吊脚楼的现象引起了吴道伟的注意。很快，吴道伟做起了木匠，由于为人认真负责、手艺又好，加上村中的青壮年大部分都出去打工，这一行当的竞争力很小，吴道伟的木匠活倒是越干越有声色。据吴道伟说："装房子，基本上每天都有活，一个月下来，也能挣上1200元左右。"我们问起木匠活的工钱怎么计算，吴道伟说，村中建吊脚楼都是按天计酬，每天的收入按照工种大致可以分为四个标准（见下表），自己是帮助别人建房子的，属于第三类，日收入60元，一般每个月要休息几天，基本上每月收入都能上千。对这个收入水平，吴道伟是比较满意的，因为出外打工辛辛苦苦，收入也不过是1000多元。吴道伟又说，这两年，随着苗族地区旅游经济的发展，本村的铜鼓舞表演越来越受到重视，从2007年、2008年开始，村里就不断组队去县里或外边的村寨进行表演，自己也会参加，每次去，组织者除了管吃、住、交通外，还发给每人40元/天，2008年，自己靠打铜鼓一项就挣了约2400元。此外，自己申请到的低保补贴，也能在一定程度上贴补家用。几项综合下来，自家收入在村里也能排上中等了。说到这儿，吴道伟的脸上露出了喜悦的笑容，他说，现在在村里干，收入并不比在外地打工收入少，等儿子出去受受苦、见见世面，也把儿子叫回来，子承父业。

表 1　　掌坳村 2009 年修建吊脚楼各工种的日薪表

收入排序（从高到低）	工种	日收入（元）
第一	打家具	80 ~ 90
第二	工程师	70 ~ 80
第三	搭建房屋	60
第四	学徒	40

我们望着吴道伟脸上纯粹、充满希望的笑容，心中也替他欣喜不已。天道酬勤，只要心中充满坚强，满怀乐观，生活路上的艰辛不也就是幸福旁的一剂调味品嘛！将近两个小时的访谈，使我们在了解苗家人生活的同时，也多了一层对生活的品察和体悟。我们祝愿吴道伟，愿他在致富路上越走越好，也祝愿他早日治好腿伤，迎接更丰美的幸福生活！

8. 独自承担家庭重担的妇女杨金珍

我们在杨金珍家在建的新房里见到了她，她很热情地接待了我们，当时我们还觉得很诧异，一般的农户家，都是由户主——丈夫来接受采访，倒是第一次碰到主事的女性，采访开始后我们才知道她的丈夫已经过世了。

从 1998 年开始，杨金珍的丈夫就一直在广州一家采石场工作，每年基本上都有 1000 ~ 2000 元收入寄回家里。不幸的是 2006 年杨金珍的丈夫在工地遇到事故，经抢救无效死亡。杨金珍说到这儿的时候有点哽咽，只是轻描淡写的一语带过，似乎不想再触碰伤心的往事。

杨金珍说当时丈夫出事后，工厂里一次性赔付了 22 万元，处理完丈夫后事后剩了 15 万左右，这笔钱就成了他们一家人今后生活的保障。因为杨金珍的情绪比较低落，所以我们不便再继续追问关于其丈夫丧葬的问题，但是一次性将近 7 万元的丧葬费支出对于一个普通的农户来说确实是一笔不菲的支出，这千万元具体花费在哪里我们不得而知，但是从这笔占全部赔偿金将近

1/3 的比例我们可以看出在我国农村尤其是边远地区依然存在着大操大办红白喜事的风俗。

在杨金珍的丈夫过世后，家里只剩下她与孩子们相依为命。她与丈夫共育有一女二子。两个儿子是双胞胎，现年 25 岁，大儿子在广州打工，有一份相对比较稳定的工作，基本上不用家里操心，可以自己照顾自己；二儿子却一直在家里游荡，没有固定的工作，整天见不到人，杨金珍说现在村里除了外出打工的青少年外，都是这种状况，本村没有什么企业，外面的工作现在也不好找，只能留在家里靠父母养活。

以前我们一直以为只有在城市中，啃老这种现象才比较多，而在这次的贵州之行中我们了解到，原来在农村这种状况也开始逐渐显现。啃老族又称尼特族，尼特族是 NEET 在台湾的译音，NEET 的全称是 Not currently engaged in Employment, Education or Training，最早使用于英国，之后渐渐地使用在其他国家；它是指一些不升学、不就业、不进修或参加就业辅导，终日无所事事的族群。在英国，尼特族指的是 16～34 岁年轻族群；在日本，则指的是 15～34 岁年轻族群。在城市中主要是由于高等教育的普及化，大学毕业人数逐渐增加，因为高学历的心态，使他们不愿意从事较低的薪资工作，感觉心理上不平衡；而在农村主要的表现形式是青少年吃不了苦，太辛劳的工作不愿去从事，要求工作轻松钱又多，就呈现空等状态，没工作也不读书。

我们分析造成这种状况的原因有以下几点：首先，大量农村剩余劳动力的出现。随着农村人口的增加，现有耕地无法承担如此多的劳动力，所以只能把这些农村的剩余劳动力向城镇转移，而这种转移过程由于城镇劳动力承载能力的局限只有一部分能够实现，剩余的部分就只能留在家中由父母供养。掌坳村自身除农业外没有其他经济产业支撑就业，耕地面积又很短缺，留在村里的年轻人只能面临着待业的困境。其次，农村青年择业观念的改变，这主要发生于城市与农村价值观的冲击过程中。便利的信息传播手段使城市的价值观和生活方式对农村传统的价值观和生活方式产生巨大的震动，年轻人开始接受商品经济的某些元素，无法像祖辈一样安守土地，这使他们的择业观变得相对浮躁和好高骛远，无法实事求是地选择职业，在这段期间只能把生存问题转嫁给父母。

女儿今年 20 岁，刚刚高中毕业，打算要继续自己的学业，完成父亲的遗愿，所以女儿的教育支出就成为了家庭今后的主要支出之一。

杨金珍说丈夫在世时，家里主要是靠他的打工收入来维持生活生产的货币支出，自己在家里耕种土地，满足日常的食用需求，总体来说日子过得还算可以。现在丈夫过世了，耕地也被征用了，虽然有赔偿金，可生活远远不如原来轻松。经过询问我们才知道事情的始末。掌坳村正在修建县级公路，杨金珍家原来有不到一亩的水田在村边，这次修路那不到一亩的水田正好在规划范围内，从2008年开始就被征用了，而征用费据她说只有一万多。除此之外，家里就只剩下两亩旱地，主要用来种植玉米，作为饲料养猪。杨金珍说这次新房的宅基地都是用的她娘家的地，自己家已经没有剩余的地来作宅基地使用了。

在当地，水稻是最主要的粮食作物，没有了水田，就等于说以后全家的口粮都要通过购买商品粮来解决，这无疑大大增加了家庭的生活压力。即使杨金珍很勤劳，可是没有耕地，让她的勤劳无处可用；即使想要出去工作，作为一个没有教育基础的女性，在当地她也没有什么可以维持家用的工作可以从事。所以从2008年开始，杨金珍说家里的日常这些花费都是依靠丈夫的赔偿金来填补，没有其他的资金来源。而今年家里要开始建设新房，所有积蓄都投在了房子上，还从农村信用社贷款5万来填补建房所缺的资金。其实以前建一座新房是不需要如此大的投入的，现在的情况却有所不同。苗族的吊脚楼用到的唯一建材就是木材，在以前，村里每家每户都有自己的林地，建房的木材主要是从自家林地里砍伐；现在林业局加强了对林地管理，不经申请批准不能随意上山砍伐木材，所以尽管杨金珍自家有4亩多山林，但建房所需的木材还是需要从木材市场采购，单是这笔开销就有4万多；另外就是现在村里的宅基地很紧张，人口一直在增长，土地只会越来越少，自从20世纪80年代包产到户后，就没有再重新分配过土地，男孩多的人家，地是越分越少，自己夫家兄弟比较多，所以他们就只分到0.8亩水田，自己家的两个儿子都没有土地，现在用的这块宅基地中间有条小河经过，在河上建房地基必须打得高一点，还得把靠山的那面用水泥糊住，这样雨季来的时候就不用担心山体滑坡，前期光是地基就投入了4万多。木材和地基两项加起来就是8万元，这已经是别人建一座房的价钱了。

在我国，无论是农村还是城市，我们都会发现国人对于建房卖房有一种超乎寻常的热衷，当然我们可以理解杨金珍有两个已经到了适婚年龄的儿子，丈夫的离世使她希望两个儿子能更早地成家立业。在农村男孩子要想结婚，房子是最基本的、最重要的条件，因为房子是看得见摸得着、可以直观地预测到的家庭财产，剩下的至于你们家有多少欠债抑或存款，别人是无法知道的，在这种情况下房屋就成了衡量家庭财力最直接的标准。从前面杨金珍的介绍中我们得知她不但把丈夫的全部赔偿金都投入到了房屋的建设中，还从农信社贷款5万，房子是建了，贷款如何偿还，以后又靠什么生活呢？杨金珍说房子替儿子盖起来了，至于贷款那就是两个儿子自己的事啦。两个儿子都只读到初中，就算外出务工也只能从事收入比较低的体力工作，而且在外地的花销比家里更大，就像杨金珍的大儿子一样在外工作两年也没有任何积蓄留下，所以单靠体力是不行的。盖房花掉了家里所有的积蓄，而这些积蓄本来是可以作为两个儿子创业资金的，所以贫困很可怕，但是缺乏经营的思维，永远脱离不了贫困才是更可怕的。

在前面的采访中，很多农户都反映在农信社贷款很麻烦，需要50%的抵押才能够贷出来，而杨金珍却说农信社很愿意把钱贷给她，这可能是因为那笔赔偿金的抵押作用吧。我们前面采访的农户中，有些有很长时间的专业从业经验，甚至详细的投资计划，却只是因为抵押问题无法完成贷款，钱的用途和投资前景为什么不进入贷款的考评范围呢？

农信社的贷款抵押是50%，也就是说有5万就可以贷款10万，但是就算最后把抵押款执行，也仍然有5万元是无法清偿的，从这个角度来说贷款的流向及投资渠道的未来发展前景才是完全收回贷款最重要的保证。而且在农村调查款项的流向比在城市的调查成本要低很多，因为农信社面临的消费群体面更窄，一般都是十里八乡、乡里乡亲的，各家各户都互相熟悉，更易于获取信息，也使资金的使用过程的监督更加便利，现在唯一需要注意的就是如何使这一优势制度化，摆脱家族、血缘、亲情网的限制，有更加牢固的制度与法律后盾，为需要资金创业的农民提供充足的资金支持。

花费了如此多的金钱，经过这么大的周折，房子已经基本成形，杨金珍带我们参观了一下新房，相比于北京居住空间的狭小，这座房子可以算是豪宅了，说起房子的面积，杨金珍说除了作为将来孩子结婚考虑之外，听村委会宣传说要搞农家乐，房子面积大一些可以隔成隔间，以后供游客居住。这已经是我们不止一次地听到农家乐这个词汇了，在对村治保主任的采访中我们就听说了村里关于开发农家乐的规划，而与之配套的家庭规划这是我们第一次听说。

在访谈的最后我们问杨金珍对现在的生活满意吗？她微笑着说挺满意的，只是觉得以前跟丈夫在广州的生活更加幸福，丈夫过早离世使她自己的个人生活结束，现在所能想到的和所能做到的一切都是为了子女。

在中国漫长的历史中，农村妇女似乎总缺乏自己的独立人格，她们的丈夫依附于土地，而她们依附于自己的丈夫，年老时又依附于自己的儿子，她们从出生开始似乎就是作为服务别人的角色出现，值得庆幸的是教育和离乡务工给了农民脱离土地的出口，也成为农村女性脱离依附独立的途径，这是社会进步的巨大标志。但是我们不能仅仅满足于这些发展，更应该在这些方面加强政策的扶持力度，因为女性思想观念的改变对于下一代的影响是我们不能忽视的。

附录1：大塘乡掌坳村集体林权制度改革实施方案

林权制度改革是一项稳定林业发展惠及子孙后代的富民工程，为进一步贯彻落实《雷山县集体林权制度改革实施方案的通知》和《大塘乡集体林权改革实施方案的通知》精神，改革必须坚持依法依规、分类指导、尊重历史、依靠群众主体、稳定统一等原则。我村林改工作领导小组通过组织学习林改政策、召开各种会议、深入农户、动员群众、走访寨老等方式多方面听取并综合意见，在原分山到户、自我管理、自我经营、稳定发展的基础上，结合我村林改工作实际，特制定本方案：

一、基本情况。

（一）全村有5个村民小组。

农业户166户；农业人口668人，涉林农户156户，在林改工作中参与率达98.3%。

（二）我村林地现有自留山、责任山、管理山445幅，面积2828幅。其中，自留山378幅，责任山4幅，管理山63幅。

（三）林改工作领导小组及其成员。

组　长：杨昌彪（村党支部书记）

副组长：吴道安（村委会主任）

成　员：吴道雄（村委会文书）

吴承岑（村委会成员）

杨芬英（村委会成员）

杨秀青（村委会成员）

吴胜州（1组组长）

吴庭金（2组组长）

李正龙（3组组长）

杨昌亮（4 组组长）

吴庭州（5 组组长）

（四）全村原有和现有的幅山、林地面积，和通过林改后的幅山、林地面积待林改勘界结束后，以法定为准。

（五）相关村、组、农户林权管理，经营方式，使用规定，权属按《贵州省集体林权改革确切发证办法》有关规定管理或使用，并受法律保护。

（六）对林业三定证、续包证丢失，目前无法出具证件的农户，必须向领导小组或村民小组说明丢失情况，并通过召开小组会议进行表决。与会人员必须达到小组户代表的 2/3 以上，小组户代会表决后，确定丢失林权证据的山林归谁所有。

（七）对没有权源依据的山林，要经过领导小组或村民小组研究决定，方可造册登记。

二、林地争议纠纷情况

第 1 幅山　地名：同欧见

主要树种：杉树林。上抵山梁，下抵吴杀略土，左抵吴文标土，右抵吴德文山。

争议纠纷人员：掌坳村 2 组吴杀略与 5 组吴道刚。

第 2 幅山　地名：乌干兰

主要树种：杉松林。上抵大路，下抵水冲，左抵掌坳村，右抵娘当土。

争议纠纷人员：掌坳村 1 组吴道权与 4 组吴启龙。

第 3 幅山　地名：学各谷

主要树种：杉松林。东抵水溪龙头村分界，南抵平寨村分界，西抵同照右，北抵同保握。

争议纠纷人员：掌坳村与鸡鸠村。

第 4 幅山　地名：排东

主要树种：杉松林和阔叶林。上抵山顶，下抵否脚公（小河山界），左抵山脊（小河山界），右抵大冲。

第 5 幅山　地名：乌勇山

主要树种：松树林。上抵送两，下抵干打金田，左抵翁帮，右抵平寨山。

三、掌坳村林改工作保障措施

（一）认真贯彻落实林改政策，稳定林改工作顺利进行，以村规民约、护林公约来管林、护林、用林；严格执行林改工作上的“四签两不准”［会议通知签收、开会签到、林改方案签字、表（票）决签名。不准请人代签、不准用圆珠笔或铅笔签字］和两个三分之二［参加村民会议的人数必须超过应到会人数的2/3、表决票通过票数必须达到应参加会议人数的2/3以上表（票）决通过方案］制度。

（二）林改工作期间，村民不得外出远门，急需外出的必须向领导小组或村民小组组长请假方能外出，并在期限内参与林改工作。除特殊情况外，无故不参与林改工作的农户、山主，后果一律自负，并对该户林改、勘界、确权、发证等手续不予办理。

（三）林改工作中，村与村、组与组、户与户所有林改争议纠纷，要尊重群众主体，兼顾双方利益，应先由林权权利人、当事人、继承人相互沟通，就地协商解决。若协调无效，应提交领导小组进行调解，但在调解中，争议双方任何一方不得进入林山作业采伐，违者要追究法律责任。

（四）林改工作结束后，对争议纠纷山林调解不成的，视为林权争议纠纷处理，暂不发证。待双方协调后，由相关单位补发林权证书。

本案裁决结果附后。

大塘乡掌坳村集体林权制度改革工作领导小组
2008年4月10日

附录 2：大塘乡掌坳村村规民约

为加强社会治安综合治理，维护社会稳定，使全体村民能在改革开放的新形势下有一个正常的生产、生活秩序，安居乐业，经广泛征求每个村民意见，经农户代表大会讨论通过，特别制订本村村规民约，望广大村民互相监督，共同遵守执行。

一、全体村民要坚决执行党在农村的各种方针、政策，在村两委领导下，积极协助村治安联防组织，自觉参加“互助联防”、“联户联防”或“十户联防”工作，共同搞好本村社会治安，遵纪守法，勇于检举一切违法犯罪行为，见义勇为，争当模范村民。

二、严禁偷鸡摸狗、偷牛盗马等盗窃行为，违者交违约金 50～100 元，并责令返还原物，原物已损坏的，照价赔偿，情节严重构成犯罪的，移交公安机关依法处理。

三、不准随便放牧（牲畜）糟蹋他人庄稼，未经主人同意不准进入他人责任山挖药材、采摘野果，违者除赔偿损失外，交违约金 10～100 元。

四、严禁乱砍滥伐林木，保护森林资源，村民用材必须办理砍伐证，违者除没收砍伐的木材外，交违约金 10～100 元，构成犯罪的送公安机关依法处理。

五、严格道路交通管理，未经村委同意不许任何人在本村道路交通路段挖引水沟，违者交违约金 50～200 元，情节严重的，送公安机关处理。

六、严禁盗割输电电线，破坏电力、通信和水利设施，违者、交违约金 50～200 元，构成犯罪的送公安机关处理。

七、认真搞好防火安全，排查火灾隐患，杜绝火灾事故，房前屋后卫生要整洁，不准堆放易燃物，发现房前屋后卫生脏、乱、差，有柴草等易燃物，拒不整改的，报公安消防部门依法处理。不准小孩玩火，对小孩玩火造成火灾事故的，要追究其家长责任，轻者交违约金 100～200 元，重者送公安机关处理；对成年人失火或故意放火的，要视情节轻重，加倍处罚，并送公安机关处理。

八、严格执行计划生育政策，控制人口增长，对违反计划生育政策的，交违约金100~200元，并报计生部门处理。

九、加强户口管理，搞好人口出生，死亡，婚姻迁出、迁入的登记，生小孩必须办理准生证，人口出生，死亡、婚姻等变动要在一个月内到村组及公安派出所办理人口变更和注销手续，逾期不办的，交违约金10~100元。

十、认真做好自家房前屋后的卫生清扫工作，积极参加村、组组织的各种卫生大扫除，对自己负责的卫生区域，凡是检查一次不过关的，除重新清扫外，处罚10元每次。

十一、加强学校管理，对无故到学校闹事，干扰学校秩序及损坏学校财产的，除赔偿损失外，交违约金10~200元。

十二、严禁赌博、卖淫、嫖娼、拐卖妇女儿童，非法拘禁他人、从事邪教等非法活动，一经发现，交违约金100~500元，并送公安机关。

十三、讲文明、讲礼貌、讲道德，家庭和睦，邻里相让，说话和气，遇事讲理，不许打架斗殴，酗酒闹事，违者交违约金50~100元，造成人身伤害和财产损失的，要负责伤者一切医疗费、营养费、误工补贴和财产损坏赔偿费等。

十四、各村民小组要自行消除矛盾纠纷，需经村调解委员会调处的，当事人出示书面申请及交纳10元的笔、墨、纸张和工作费，方能受理。

十五、严格加强河流管理，不许用炸药、用电打鱼，用药毒鱼，违者交违约金100~200元。

十六、为推动我村成为安全卫生文明村寨，农户每年自愿集资20元人民币用于维护本村社会治安工作经费。

十七、积极参加抗洪抢险、救灾救火工作，对见死不救、见危不援的要接受群众的批评教育。

十八、村公约经农户代表会议通过，从发布之日起实行，由村民委员会执行，并负责解释。

2007年12月30日

附录3：大塘乡掌坳村旅游发展纲要（2010—2015年）

在社会主义新农村建设时期，乡村旅游以其鲜明的特色和功能，在满足旅游消费需求的同时，有效促进了贫困农村的经济发展，成为城乡互动的一种有效模式。为进一步扩大旅游产业发展规模，提升发展档次和水平，增强服务经济建设和满足人民生产生活需求能力，特制订本村旅游发展纲要。

一、指导思想

以邓小平理论和“三个代表”重要思想为指导，认真贯彻落实党的“十七大”和十六届三中、四中全会以及中央经济工作会议精神，坚持以人为本，树立全面、协调和可持续的科学发展观，依托掌坳村的资源优势、区位优势、交通优势，以建设“雷山县后花园”为发展方向，把旅游业放在全村跨越式发展的重要位置，着眼发展大旅游、大产业，以开发旅游资源为主导，以打造旅游精品为重点，以提升旅游形象为主线，以加强依法治旅、规范旅游市场，优化旅游环境为保障，促进旅游产业与政治、经济、文化实现有机结合，为建设掌坳村作出应有的贡献。

二、总体布局

坚持政府主导、企业参与、市场运作原则以及社会效益、经济效益、生态效益良性循环的可持续发展战略，根据本村旅游资源的分布，大体划分为“一个中心，一大旅游带”。一个中心：多功能乡村游。继续加大基础设施建设力度，努力提高乡村载体功能，高标准建设餐饮、休闲、娱乐等场所，开发铜鼓舞等特色旅游产品，使之成为本村旅游种类齐全、服务功能配套，集吃、住、行、游、购、娱于一体的旅游中心。一大旅游带：莲花河岸风光游。以莲花片区其他3个村为依托，重点发展垂钓、烧烤、休闲、观光、游乐于一体，休闲和旅游度假、餐饮娱乐于一体的休闲度假村。

三、奋斗目标

通过5年的努力，把本村建成贵州省知名的特色旅游山寨。一是打造知名山寨景点；二是完善休闲景观；三是提升载体建设。以农家乐为重点，全力提高旅游载体的档次和水平。新增旅游定点接待农家乐 5 家，切实增强旅游支撑能力。到 2015 年，年接待游客能力达到 5000 人次以上，可实现旅游收入 20 万元。

具体做到“三个围绕”：

围绕历史、民族文化开发旅游项目。民族文化是人类传统文化的组成部分，也是一种重要的旅游资源。一是继续开发民族文化旅游项目。以非物质文化旅游资源丰富为重点，5 年间，要通过招商引资等形式，继续加大投入建设力度，把掌坳村建成度假、休闲旅游山寨。二是开发铜鼓舞旅游项目。充分开发铜鼓舞民间艺术等特色旅游产品，真正把铜鼓舞打造成为掌坳村的一张特色文化名片。三是开发农业观光旅游项目。多渠道筹集资金，加强莲花片区的基础设施建设，积极组织开展农业观光活动，使之成为掌坳村弘扬农业文化的阵地、旅游产业的一道亮丽风景。

围绕生态文化、休闲文化于一体开发旅游项目。一是开发莲花沿河自然农业风光旅游项目。建成雷山县后花园景区，在山间设置木屋、凉亭等、河沿设置休闲长廊等建筑形式，为游人提供体验远离都市喧嚣的生活场所，提供休闲、购物、餐饮、娱乐等理想场所。二是开发以农业生态园林休闲为重点的旅游度假村项目。加大投入和开发力度，建成的山间生态园将是人们度假休闲、游玩、垂钓、观光于一体的综合性旅游区，体验自然生态的重要旅游景点。

围绕农业文化开发旅游项目。按照“农业既是生产阵地，又是旅游景观”的要求，农业要充分结合自身发展实际和特点，加强农业文化建设，注重人文管理、规范生产、改善环境质量、提升农业品位，形成以农业园区为主，辐射到食品、药材、农产品的农业旅游专线，促进农业与旅游业的深度结合，拓展农业贸易和旅游业的发展空间，提高旅游综合效益。

四、保障措施

1. 科学编制详细规划。聘请旅游规划设计部门的专家学者，制定出符合掌坳村实际，具有前瞻性、科学性、专业性和可操作性的《旅游规划》，指导掌坳村旅游业发展，并认真组织实施。

2. 申请加入黔东南旅游圈。依托掌坳村铜鼓舞被纳入国家非物质文化遗产的有利契机，申请县政府将旅游产业向掌坳村延伸，争取早日加入黔东南旅游圈。

3. 优化旅游产业发展环境。进一步制定有利于旅游产业发展的优惠政策，特别是在立项规划、土地使用、税费收缴等方面给予投资者实实在在的优惠，为旅游产业创造宽松的发展环境，鼓励、吸引更多的投资者来掌坳村参与开发旅游业；本着“谁投资、谁受益”的原则，用招商引资的办法，吸纳内、外埠资金，建设旅游景观。

4. 强化对旅游工作的领导。大力搞好旅游产业宣传，增强全社会环境保护意识；明确目标分工，细化工作责任；旅游、工商、城建、林业、农业、文化、民宗、物价、公安、交通、卫生等有关部门要密切配合，协同作战，全市上下形成一盘棋，共同打造旅游产业。

附录 4：雷山县大塘乡掌坳村 2009—2013 年建设社会主义新农村规划方案

组织编制：雷山县大塘乡人民政府

参与编制：大塘乡掌坳村党支部、大塘乡掌坳村村委会

编制时间：2009 年 5 月 20 日

第一章　序言

党的“十七大”提出了建设社会主义新农村目标的要求，是为全面构建和谐小康社会作出的重大战略部署。随着我国社会主义市场经济建设向纵深推进，经济社会发展已进入促进产业升级，结构方式转型向全面建设小康社会迈进的重要阶段。没有农村小康就没有全国的小康，农业、农村、农民问题始终是“三农”工作的主题。要紧紧抓住利用好这一重要战略机遇期，增强优患意识、责任意识、大局意识、发展意识。紧密立足村情，结合实际，充分把握国家、省、州、县、乡经济社会发展大动向，科学地规划实施好本村 2009—2013 年社会主义新农村建设纲要，促进村域经济社会快速协调健康发展，力争实现新的历史跨越。

掌坳村在建设社会主义新农村的宏伟目标中，要全面贯彻党的“十六大”精神和中组部“关于建设社会主义新农村的决定”精神，按照县、乡确定的发展规划，着眼于全面建设小康社会的要求。坚持以邓小平理论和“三个代表”重要思想为指导，着眼于建设资源节约型、环境友好型、小康和谐型社会，以科学发展观，紧紧围绕“生态立村、农业强村、旅游富村、科教兴村”战略加快发展。努力在农业产业化、特色优势产业、扶贫开发、旅游产业、基础设施，农田水利基本建设及生态环境保护和能源建设、教育等方面加快社会主义新农村建设步伐，努力实现掌坳村经济社会跨越式发展。

本规划统筹绘就了掌坳村今后 5 年乃至更长时期内经济社会发展的指导

思想、目标要求及关系全体村民切身利益的便民、利民、惠民实事，全体村民要以此规划为指针，切实转变观念，解放思想，统一行动，提高认识，切实发扬艰苦奋斗、自力更生、苦干实干的拼搏精神，切实转变固有的传统陋习，以改革的勇气和不畏艰难困苦的志气，与时俱进，开拓进取，动员调动全村人民的力量，依靠全体村民的智慧和首创精神，在乡党委、政府和村两委的领导下，借用外力，凝聚民力、民智、民心，依托州县乡各部门的帮扶指导，真抓实干。把发展作为兴村富民的第一要务，专心为民搞建设，一心一意谋发展，为建设一个经济更加发展、民主更加健全、科教更加进步、文化更加繁荣、社会更加和谐、人民生活更加殷实的社会主义新农村而不懈奋斗。

一、规划总要求

掌坳村新农村建设要按照“生产发展、生活宽裕、乡风文明、村容整洁、管理民主”的总目标和科学发展观，加快全面建设和谐小康社会的要求统筹实施好每个经济社会发展目标任务。

指导思想是：以邓小平理论和“三个代表”重要思想为指导，认真落实科学发展观，努力构建和谐小康社会，坚持“求同存异，共求繁荣，突出特色，凸现特性”。大力实施“生态立村、农业强村、旅游富村、科教兴村”的战略。

二、规划原则

今后 5 年是全面推进建设社会主义新农村承前启后的重要时期，更以“二十字方针”和科学发展观为总要求，努力注重把握好以下几个重大原则：

1. 坚持又好又快发展原则。

2. 坚持开发与保护并重原则。

3. 坚持因类指导、分步推进、突出重点、科学布局原则。

4. 坚持“特色产业与主导产业”同步发展原则。

5. 坚持以“农业产业结构调整”为重心原则。

6. 坚持“以人为本”理念发展观的原则。

7. 坚持“体制、机制创新和深化扩大开放”原则。

三、规划目标

经过 5 年的努力，使本村基本达到“生产发展、生活宽裕、乡风文明、村容整洁、管理民主”。

至2013年人均占有粮达到580千克，人均纯收入达到3600元，年均增长6.5%以上，年均增纯收入230元以上。村域经济总体实力大为增强，社区人居环境提升，内外环境优化，人口素质普遍提升。

四、村域现状（基本情况）

大塘乡掌坳村位于雷山县的北部，省道炉榕线、县干道雷—丹线，穿境而过，交通及区位优势明显，民族风情厚重古朴。距县城7公里，到州府凯里52公里，辖2个自然寨（掌坳、南亮），5个村民小组166户，665人。村域总面积约____平方公里。有耕地面积____亩（其中：田____亩，土____亩）。人均耕地____亩，集体山林面积2828亩。未开发利用荒山荒地草地面积____余亩，森林覆盖率达____%。2008年人均占有粮食____千克，人均纯收入____元。其村域经济水平处于中等，至今由于诸多条件的制约及村民观念十分守旧，经济社会发展仍然滞后，有相当一部分村民尚未脱贫。经济结构仍然单一，群众增收渠道狭窄，农业综合生产能力及农户自我发展能力相当脆弱，科技含量低下，文化素质低劣。

五、规划具体目标

通过5年的努力，基本达到以下经济社会目标：

——基本实现人均半亩以上高产稳产基本农田，户均1.5亩以蔬菜种植基地，4头以上商品猪、1头种猪，户均转移1个劳力，90%的农户主要劳力掌握3门以上实用技术。使80%的农户有稳定的经济收入来源。100%以上的农户稳定解决温饱，80%以上农户过上比较富裕的生活，农民人均纯收入达3600元，人均占有粮580千克，年人均纯收入增长6.5%以上。

——力争建成村卫生室、村民族文化广场，计划生育控制在各年度计划以内。

——扫除青壮年文盲，适龄儿童入学率达100%。

——村级组织健全，村党支部在“五个好”基础上进一步提升。

——村集体经济成分壮大发展，达到8万~12万元，社会治安环境更加和谐。

——村内外软硬环境更加优化，“精神文明、物质文明与民主法制文明”三部曲协调发展。

六、规划具体内容

按照“科学规划、合理布局、因地制宜、突出重点、分类指导、整体推进、稳步实施”的原则，有计划、有部署、有目标、有措施地实施好本村的新农村建设项目：

（一）产业结构调整及发展方向

主抓“米袋子”和“钱票子”工程进行产业结构调整。

1. 种植业项目

①粮食工程：双杂推广面达100%，粮食总产量达560吨。

②超级稻、优质稻占总田面积的95%以上。

③公路沿线坝子稻田规划为“反季节蔬菜及绿色产业发展基地”，总面积60～100亩。

④目标要求户均达1亩以上的无公害茶叶基地。

⑤进一步发展生态农业能源建设沼气工程50～100口。

⑥发展经果林50～100亩（重点扶持2户）。

2. 养殖业项目

①每年重点发展4～5户养猪专业户，户均5～8头种猪以上。

②每年重点发展5户以上的养羊专业户，户均15只以上。

③每年重点发展5～8户的稻田养鱼专业户，户均2000尾以上。

④每年重点发展1～2户养鸡专业户，户均150只以上。

通过不断地积累壮大发展养殖业经济成分和进行产业结构优化升级，在总量上提升养殖业的比重和提高经济效益，为群众营造稳定的经济增收来源。切实下大力抓好“钱票子”工程。

3. 农业适用技术培训及劳动力产业转移培训与输出

——农技培训：每年有重点培训3～4期（重点培训20～30人掌握2～3门实用农业技术）（借助远程教育及农业科技推广体系等）。

——劳动力转移培训：每年有组织地培训20～30人（职业技能培训、依托县乡扶贫部门及劳务中介组织及机构）。

——政策法规培训：每年在村级开展2次以上培训（依托各类培训机构及媒体平台）。

（二）农田水利基本建设类

——沟渠防渗2条，总长8千米。

（1）渠道，长____千米，灌溉面积____亩。

（2）渠道，长____千米，灌溉面积____亩。

——中低产田改良项目____处45亩。

（1）4组（南亮）稻田（冷、阴、烂、锈稻田）____亩。

（2）（____稻田）面积____亩（冷、阴、烂、锈稻田）。

（三）基础设施建设及公益事业类

——进村公路硬化项目：主道____米（其中掌坳进村公路____米，南亮自然寨进村公路____米）。

——排污沟建设____米。

——停车场建设：在桥头旁修建一个面积为500平方米的停车场。

——铜鼓坪完善工程：扩大原有780平方米的铜鼓坪，用鹅卵石铺成，并建有民族特设的风雨长廊围住铜鼓坪，完善各种体育文化音响设施。

——休闲凉亭建设5个。

——桥梁建设：在原有的基础上建成民族风情旅游桥——风雨桥。

——旅游寨门2个：村委办公楼旁1个，莲花小学背后1个。

——消防设施3个：掌坳2个大型，南亮1个中型。

——垃圾箱、垃圾池设立：垃圾箱50个，垃圾池3个。

——“三改”工程：全面落实“三改”工程（为整治村容寨貌所需）。

——旅游接待房4户，每户规模均为160平方米（木质结构楼）。

——农房改造危房15~20户（为整治村容寨貌所需）。

——绿化工程：在村寨边空地处栽种常年绿树种。

（四）旅游业类建设

把加快培育发展旅游业作为本村的特色产业，加大力度建设旅游产业，努力打造本村旅游产业品牌，使该产业成为本村产业发展的亮点、热点。

——重点抓乡村民俗旅游和农业观光旅游业。

——重点发展5~10户有特色、成规模的农家乐接待户。

——重点培养10~15人的旅游专业服务人员。

——争取上级与外商投资，以各种融资方式参与本村旅游业发展规划、包装及经营等。

（五）集体经济建设类

——通过培植庭院经济、农家乐带动旅游产业发展增加村集体经济收入。

——通过招商引资，鼓励外商及客人到本村发展旅游业收取管理费用。

（六）村级组织建设与法制建设类

健全巩固村级组织功能，充分发挥村党支部的“双带”作用和各种农村能人的示范带动作用，放手发展农户经济和多种经济成分，共存繁荣，加快推进产业结构调整，培育发展旅游产业，壮大集体经济实力和村域经济总体水平，健全法制，加大普法力度，努力深化社会治安综合治理，加强农民远程教育培训，深入在村民中开展公法制教育和道德意识教育，努力营造一个安定和谐有序的村落环境。

（七）组织与实施

实施好掌坳村社会主义新农村建设规划，关键是加强领导。最重要的是争取各项建设资金，主动出击，争取上级支持。迫切的是全体村民要有加快发展的责任意识，艰苦创业的苦干意识。关键是要有一个强有力的村两委领导班子队伍，需要加强与各方密切配合。重在全体村民的积极参与，充分调动一切积极因素，充分地整合好人力、物力、财力资源优势，在有关部门的指导下和乡党委、政府的领导下，通过上下互动的努力奋斗，掌坳村社会主义新农村建设的目标一定能够实现，一个美好的家园定会呈现在我们眼前。

规划年度实施步骤：

1. 农田水利设施建设，优先实施建设农田水利基础设施类项目，逐步增强农田生产条件基础功能，力争在2009—2010年两个年度争取扶贫和水利部门资金，完成所有渠道工程项目。在2009—2010年争取完成中低产田改良项目，力争争取县扶贫项目资金和县农业综合开发项目资金及农业局低产田资金实施。

2. 消防工程类：争取在2009—2010年建设，确保村容寨貌及人居环境安全。

3. 基础设施类：争取在2009—2011年利用帮扶资金实施完善建设。

4. 村旅游设施配套建设类：争取上级部门资金或利用外商资金（引资），加快旅游设施规划，加强“包装”整修工作。

2009—2012年三个年度争取资金对整体村容寨貌进行统一规划和包装建设。

5. 产业结构调整与发展方向。

确定以早熟蔬菜种植为本村的特色产业发展方向。以畜牧养殖业和绿色产业（茶叶）作为本村的支柱主导产业发展方向，各年度重点扶持示范户、专业户、大户以点带面，示范推进带动发展。力争在规模、效益、效应上取得突破，优化产业结构，调整布局及经济总量（在前面已有详细的年度安排）。

2010—2012 年力争创办成 1 ~ 2 个村集体经济实体，种养业基地。

力争在 2012 年年底基本实施完成规划内容项目，整体提升村级经济社会综合发展能力和增强村级基础设施功能，增强村民经济的自我发展能力水平，确保取得质和量的突破与跨越。

资金概算投资情况：

预计规划总投资 157 万元。其中：

1. 农田水利建设 8 万元（沟渠及中低产田改良小水窖、池）。
2. 消防工程建设 8 万元。
3. 进村公路硬化建设 10 万元。
4. 排污沟建设 4 万元。
5. 种养业产业 20 万元（含村集体经济实体）。
6. 铜鼓坪、风雨长廊 20 万元。
7. 旅游寨门 6 万元。
8. 风雨桥 15 万元。
9. 停车场建设 5 万元。
10. 休闲凉亭建设 8 万元。
11. 垃圾箱、垃圾池建设 5 万元（投工投劳）。
12. “三改”工程 25 万元（投工投劳）。
13. 村级组织建设 3 万元。
14. 村容寨貌整体规划与包装 20 万元。

附录5：掌坳村人口与计划生育村民自治章程

第一章 总则

第一条 为全面落实中共中央“控制人口数量，提高人口质量，改善人口结构”的人口政策，一如既往地坚持“三不变”，落实“三为主”，深化“三结合”，实现“两个转变”，达到“一个提高”，进一步实现人口与计划生育村民自我管理、自我教育、自我服务、自我监督，根据《中华人民共和国村民委员会组织法》《中华人民共和国人口与计划生育法》《贵州省人口与计划生育条例》（以下简称《条例》）及有关政策法规，结合本村实际，制定本章程。

第二条 本章程在村党支部具体领导下，由村民委员会具体组织实施，并按照本章程规定依法管理本村的人口与计划生育。由村民代表会议监督执行。同时接受镇党委、政府的领导，镇人大主席团的监督和镇计生站办的具体指导。章程是全体村民的行为规范，章程面前人人平等。

第二章 组织机构与职能

第三条 村成立人口与计划生育村民自治工作委员会依法管理全村的人口与计划生育工作。工作委员会由村党支部书记任顾问，村委员会主任任主任，村人口计划生育主任任副主任，相关人员为成员。工作委员会下设办公室、育龄妇女自管小组、育龄妇女之家（村计生卫生室）、人口学校和计生协会会员之家。

第四条 相关组织及人员职责：

（一）村人口与计划生育主任职责

1. 负责协调村八大组织及计生协会，实行综合治理，齐抓共管，做好本村的计生工作。

2. 制订年度人口与计划生育工作计划，完成上级下达的各项人口与计划生育工作任务。

3. 具体负责本村的人口与计划生育工作，贯彻执行党和国家及相关部门的人口与计划生育方针政策和法律法规，落实人口与计划生育目标责任制，宣传教育育龄群众自觉实行计划生育。

4. 负责组织召开人口与计划生育村民大会和村民代表大会，解决人口与计划生育难题。

5. 全面掌握婚育对象的基本情况，及时为符合生育条件的妇女办理《计划生育证》，在镇计生办站的指导下，认真登记、填写各种数据、文字资料。

6. 组织本村育龄妇女小组长搞好育龄妇女的分类查访、生殖保健和节育措施的落实，发现政策外怀孕及时动员其尽早落实补救措施，杜绝大月份引产和政策外生育。

7. 根据乡镇安排，足额统筹落实并按期协助镇计生办办理好本村独生子女户、两女结扎户的养老金、奖励资金和独生子女户的月保健费的审核、发放和登记工作。

8. 积极协助村“两委”做好人口与计划生育“三结合”工作，帮助低于本村人均收入水平的独生子女户、两女结扎户达到全村人均水平以上，率先达到小康。做到年度有计划，工作有措施，帮扶有效果。

9. 加强人口与计划生育财务管理，做到专款专用，不得借支、挪用。

（二）人口与计划生育协会职责

1. 建立健全协会日常工作制度，做到有计划、有分工、有活动、有记录。建立会员联系户制度，1 个代表会员联系 1 ~ 2 对育龄夫妇。

2. 协助本村村民自治工作委员会组织会员带头学习宣传国家的人口与计划生育的方针政策、法律法规和计生节育技术、优生优育、生殖保健科普知识，带头实行计划生育，带头联系群众，以会员的模范行为带动和影响广大人民群众少生快富奔小康。

3. 组织协会理事和会员联系户长，结合协会特点，围绕生育、节育、不育这条主线，积极为实行计划生育的家庭开展生产、生活、生育服务，努力为育龄群众排忧解难，并指导会员联系户长开展好各项活动。

4. 切实维护育龄群众实行计划生育的合法权益，注意倾听群众的意见和呼声，及时向村委会反映，发挥好桥梁和纽带作用，并主动承担力所能及的工作。

5. 积极参与有关人口与计划生育村民自治章程的修改和工作计划的制订和落实，组织有关人员参加涉及人口与计划生育工作方面的村民委员会议，对本村人口与计划生育各项事务进行监督。

6. 发挥协会监督作用，对政策法规的执行、生育、婚育节育统计、村务公开以及实行计划生育中出现的问题进行监督，并视情况向村委或上级有关部门反映。

7. 注重发挥协会模范带头和典型示范作用，充分利用会员的一技之长，帮助支持他们更好地带动、指导实行计划生育的家庭勤劳致富奔小康。

8. 教育协会理事和会员时刻关心实行计划生育的贫困家庭，在土地、资金、技术、信息、物质等方面给予帮助和扶持。积极主动地为村委会当好参谋助手。

9. 协助村委会落实好本村独生子女户、两女结扎户的养老金、奖励资金和独生子女户的月保健费的审核、发放和登记工作。

（三）育龄妇女小组长职责

1. 积极配合村人口计生主任作好人口与计划生育情况调查，掌握本村已婚育龄妇女的婚育状况和节育措施落实情况，发现政策外怀孕及时主动动员其落实补救措施，并向村委会报告。

2. 积极配合村人口计生主任做好宣传教育和发动工作，宣传落实好党和国家的人口与计划生育方针政策法律法规。

3. 定期组织本组的育龄妇女参加各级举办的人口与计生知识学习培训，宣传品及时发放到户，并抓好本小组的各项活动，确保本组育龄妇女的人口计生政策法规和计生科普知识应知应会率达 90% 以上。

4. 组织本组已婚育龄妇女按时参加孕检、妇科病普查普治、生殖健康检查和落实节（绝）育措施，确保每次妇检率和普查率，以及绝育手术及时率均达 95% 以上。

5. 做好本组流动人口的计划生育管理工作，协助村民自治工作委员会和村委会办理好外出流动人口的相关手续。

6. 按月及时、准确、全面地向村民自治工作委员会（村计生协会）报告本组的新婚、出生、死亡、迁入迁出、流入流出和已婚育龄夫妇落实避孕节育、补救措施情况，并如实填写好各种工作记录。

7. 积极开展生产、生活、生育“三生”服务，时刻关心实行计划生育的贫困家庭，在土地、资金、技术、信息、物质等方面给予帮助和扶持，帮助育龄群众率先致富。

8. 积极组织和参加精神文明和“十星级文明户”、“五好家庭”的创建、评选活动。

第三章　育龄夫妇的权利和义务

第五条　育龄夫妇享有以下权利：

1. 有权参加镇、村举办的人口与计划生育政策法规、生殖保健等计生科普知识及农业实用技术的学习培训。

2. 有权根据相关的法律法规和本章程的规定申请生育，并有权接受管理服务。

3. 在镇、村计划生育专业技术人员的指导下，有权选择避孕节育措施。

4. 对在人口与计划生育工作中违反政策弄虚作假，收受贿赂的工作人员有权向各级主管部门和纪检监察机关检举揭发；对不实行计划生育的人和事有权提出批评并向村、镇举报。

5. 对人口与计划生育行政机关作出的行政处罚不服，有权向上级行政主管部门申请复议；对复议决定不服，有权向人民法院提起行政诉讼。

6. 有权对全村的人口与计划生育工作提出合理化意见和建议，有权监督党员、干部、群众实行计划生育。

7. 实行计划生育的，有权享受政策规定的各项优待奖励。

第六条　育龄夫妇应履行下列义务：

1. 认真学习党和国家的人口与计划生育方针政策、法律法规，学习优生优育和避孕节育知识，接受生殖保健教育。

2. 夫妻双方都有实行计划生育的义务，符合生育条件要求生育的夫妻，应先办理《计划生育证》，做到办证怀孕，持证生育。

3. 提倡晚婚晚育，禁止早（非）婚生育，严禁政策外生育。

4. 凡已生育的育龄夫妇应在生育后2天内向村、组汇报小孩出生的时间、地点、性别、孩次等相关信息。

5. 生育子女的育龄夫妻应在生育后42～90天内落实避孕节育措施。剖宫产的，应在210天内落实避孕节育措施。

6. 自愿推迟生育的已婚育龄夫妻，应在镇计划生育服务站的工作人员指导下，落实好相应的避孕节育措施。

7. 服用避孕节育药具、上环和男女结扎1年内的已婚育龄妇女应在规定的时间内主动到育龄妇女之家接受妇科病普查普治、孕（环）情检查和优生检测，政策外怀孕的应自觉落实补救措施。

8. 需外出30天以上的育龄人口应先到镇计生办办理《流动人口婚育证明》，如实向所在组组长、村人口计生主任和镇计生办提供外出务工经商的具体地点及从事何种行业等情况。已婚育龄妇女外出前，应到乡计生站进行孕（环）情检查，并与村委会签订流动人口计划生育管理诚信协议书，同时自请“三代人员”（代养子女、代种土地、代管房产）作外出不政策外生育的担保。

9. 外出已婚育龄妇女要自觉接受流入地计生部门的管理，并按规定时间寄回流入地乡镇（街道办事处）计生部门出具的孕（环）情检查证明。

10. 流入育龄人口应携带户籍所在地出具的《流动人口婚育证明》，每3个月到现居住地计生部门接受1次查验证和孕（环）情检查。

11. 离婚、丧偶的育龄妇女也应自觉参加镇、村开展的妇科病普查普治。

第四章 奖励及违约责任

第七条 本村对下列自觉实行计划生育的村民给予奖励：

1. 实行晚婚晚育的。

2. 生育一孩后采取节育措施自愿终生只生育一个子女的。

3. 符合政策安排生育二孩后，自觉落实绝育措施的。

4. 自愿参加计划生育宣传教育、妇科病普查普治、孕（环）情检查等系列服务和小组活动的。

5. 对自觉实行计划生育的农村独生子女户、两女结扎户家庭生活困难的予以帮扶。

第八条 对有下列行为之一的追究违约责任，同时不得评为“十星级文明户”、“五好家庭”：

1. 违反《条例》规定生育的，在追究违约责任的同时，按《条例》有关规定报请镇计生办按规定处理。

2. 生育子女后，在规定时间内不落实安全可靠的避孕节育措施，又无合法证明的。

3. 批准生育后，不按《生殖健康服务手册》所列项目接受服务和教育的。

4. 不按规定接受孕检、访视、妇科病普查普治，或弄虚作假，请人代替检查的。

5. 遗弃、非医学需要人工终止妊娠或非法收养子女的。

6. 外出30天以上已婚育龄妇女不按要求及时办理《流动人口婚育证明》，或者流出后不按时寄回孕检证明的。

7. 流入育龄人口不按时交验《流动人口婚育证明》，流入已婚育龄妇女不按时接受孕检的。

8. 不按时参加村、组组织的会议、学习或活动的。

9. 有其他破坏计划生育行为的。

附录6：掌坳村人口与计划生育村民自治村规民约

为使本村的人口与计划生育工作达到“自我管理、自我教育、自我服务、自我监督”的目的，进一步规范村民生育行为，教育村民自觉遵守人口与计划生育政策、法律法规，依法严肃处理违反计划生育的现象，根据《中华人民共和国村民委员会组织法》《村人口与计划生育村民自治章程》的规定，结合本村实际，经村民代表大会讨论通过，制订本村人口与计划生育村规民约如下：

第一条 村民必须自觉执行国家法律法规和人口与计划生育政策，做到少生优生，树立科学、文明的婚育观念。

第二条 符合结婚条件的青年男女必须到婚姻登记机关办理结婚登记，领取结婚证。

第三条 符合生育条件的夫妇，必须持有关证件到计划生育管理部门办理生育证件，领取《服务证》或《生育证》后方可怀孕或生育。新婚夫妇领取《服务证》时，要自觉与村委会签订人口与计划生育诚信管理协议书。

未符合生育条件而怀孕的，依照《贵州省计划生育管理条例》的规定，必须自觉落实补救措施，未自觉落实补救措施造成政策外生育的，除接受计生部门依法征收的社会抚养费外，还需向村民自治委员会交纳1000元的诚信违约金。

第四条 符合政策生育的夫妇在领取《服务证》或《生育证》后，一旦怀孕，禁止进行非医学需要的人工终止妊娠或溺弃女婴，一经发现并查明有进行非医学需要的人工终止妊娠或溺弃女婴的，除接受上级计生部门依法追究其法律责任外，村民自治委员会另收取500元的诚信违约金。

第五条 育龄夫妇要在其新生儿出生后5天内，主动向村民自治委员会报告婴儿的出生日期、地点、性别、姓名等生育的具体情况，并在婴儿出生后的42～90天内（剖宫产的在210天内）主动落实相应的节（绝）育措施，逾期未落实措施的，除接受上级计生部门的处罚外，村民自治委员会另收取200元的诚信违约金。

第六条 已婚育龄夫妇中的重点妇检对象应参加每年四次的妇检，因事不能按时参加妇检的，应提前向村民自治委员会报告（书面请假），事后要及时补检。无故不参加妇检或事后未及时补检的，除接受上级计生部门的处罚外，每少一次村民自治委员会将收取50元的诚信违约金。

第七条 收养婴儿的，必须按照《收养法》的规定，向有关部门申请办理收养手续。未符合收养条件私自收（领）养婴儿的，初上级计生部门按照相关政策法规处理以外，村民自治委员会另收取500元的诚信违约金。

第八条 本村已婚育龄夫妇外出务工、经商的，在外出前应与村民自治委员会签订《流动人口计划生育诚信协议书》，并办理《流动人口婚育证》，符合避孕节育措施的，必须落实相应节育措施后方可外出。

外出期间必须自觉到流入地进行登记，服从流入地管理并按时向本村村民自治委员会反馈情况，属于妇检对象的，必须在流入地计生部门参加妇检，并按时寄回妇检证明；不按时寄回妇检证明的，每次将收取诚信违约金100元。

有生育情况的，要以书面形式向本村村民自治委员会报告，并寄回有加盖当地计生部门公章的婴儿出生证明和避孕节（绝）育手术证明复印件（手术可在流入地的计生部门进行）。如不寄回上述证件的，收取500元的诚信违约金。

外出期间违反生育政策规定违法生育的，除接受计生部门按照规定收取的社抚费外，村民自治委员将收取1000元的诚信违约金。

流出人口诚信违约金收取方式：流出人口未返回的，由自请的“三代人员”（代养子女、代种土地、代管房产）代交；举家外出的，待返回后收取。

第九条 反外来人口租赁房屋的必须在三日内向村委报告，如不按时报告的，如查实将收取诚信违约金100元。

第十条 按时参加村委和计生部门组织的各种会议和培训及计生普查普治，积极参加计生协会组织的各种活动。因事不能参加的要提前向村民自治委员会请假，无故不参加会议、培训、协会活动的，每少一次村民自治委员会将收取30元的诚信违约金。

第十一条 凡发现本村村民有违反计划生育政策、法律法规的，须及时向村民自治委员会报告。对知情不报或支持、包庇、藏匿违反计划生育政策、法律法规的人和事，经查实，村民自治委员会将处以200元的罚款。

第十二条 人口与计划生育村务公开将按时公开本村村民的婚育状况及履约状况，并实行民主监督。

第十三条 凡违反本村人口与计划生育村规民约的村民，由村民自治委员会按照有关规定进行集体研究，并作出处罚决定。

对村民自治委员会作出的处理决定，当事人必须自觉履行。如拒不履行的，当事人将不能享受上级部门给予的各项帮扶救助资金及村给予的其他优惠待遇。

第十四条 凡自觉遵守本村人口与计划生育村规民约的村民，将享受以下优惠措施：

1. 凡按照规定的条件，要求出具各种证明材料的，可优先特办。

2. 优先享受“三结合”帮扶及各项救助资金，优先参加村争取到的项目帮扶及致富技能培训，拓宽就业渠道，了解致富信息，实现脱贫致富，独生子女户、两女结扎户还将特别享受国家、省、州、县分别给予的各项奖励扶助措施及优先优惠政策。

3. 对检举、揭发违反计划生育政策、法律法规的，经查实后每例奖励100元，村民自治委员会并为举报者保密。

附录 7：掌坳村调查问卷选

民族村寨家庭户调查问卷

调查时间：2009.7.8
调查地点：掌坳村

一、 姓名：杨昌卿
二、 性别：✓1.男 2.女
三、 年龄：57
四、 文化程度 1.大专及以上 2.高中（中专） ✓3.初中 4.小学 5.文盲半文盲
五、 婚姻状况 1.未婚 ✓2.初婚有配偶 3.再婚有配偶 4.离婚 5.丧偶
六、 您是哪个民族 苗族
七、 您信仰什么宗教 1.佛教 2.伊斯兰教 3.基督 4.道教 5.天主教 6.不存在 ✓
八、 您家共有几口人（包括户籍人口和外来居住半年以上人口数） 4 人，分别是户主、配偶、长女、长子
九、 2008 年您家的收入为 6000 元（包括政府补贴和社会救济）
十、 2008 年您全家收入来源情况

职业	收入（元）	职业	收入（元）
从事种植业	930	出租林地耕地房屋等	
从事畜牧业	750	外出打工	3000
从事旅游业		从事运输业	
家庭手工业		政府补贴和社会救济	1750
从事养殖业		其他经营收入	
本乡镇就业工资		合计	

十一、 2008 年您家的农作物、牲畜、家禽情况

种类	亩数	折算价值（元）	种类	亩数	折算价值（元）	种类	个数	折算价值（元）
水稻	0.70	490	瓜果			猪	2	600
玉米		100	花草			牛		
薯类		100	棉花			羊		
油菜		160	茶叶			马		
蔬菜		150	药材			禽类	5	150
大豆								
小米								

十二、您家承包土地情况（单位：亩）

总面积	水浇地面积	旱地面积	良田面积	荒地面积
1.2	—	0.5	0.7	—

十三、您家承包的土地有出租吗？ 1. 是 2. 否 出租________亩。

十四、您家从事民族特色手工业吗？1. 是 2. 否 从事的是________手工业。

该手工业一年中最忙的时间是________，一年生产________，收入为________元。

十五、制约您家农副业收入增长的主要因素（限选三项）

1. 自然灾害 2. 市场（销路、价格） 3. 政策 4. 缺少劳动力 5. 土地少

6. 缺少资金技术信息等 7. 缺少项目 8. 不存在

十六、您家住房主要建筑类型是什么

1. 木板屋 2. 吊脚楼 3. 砖木结构房屋 4. 钢筋水泥房 5. 其他________

十七、您家住房建筑面积是________平方米

十八、您家住房取暖设施 1. 炭火 2. 煤炉 3. 电烤箱 4. 其他____ 5. 不存在

十九、您家饮用水主要类型是什么 1. 自来水 2. 井水 3. 溪河水 4. 其他____

二十、您家做饭主要燃料是什么

1. 煤气液化气 2. 电 3. 煤炭 4. 木柴 5. 其他 沼气

二十一、您家农业生产水源情况

1. 水库水 2. 降雨 3. 井水 4. 河流水 5. 泉水 6. 其他________

二十二、您家主要生产性固定资产数量情况 （单位：个）

汽车	拖拉机	打草机	收割机	机动三轮车	牛车	马车	水泵	其他
								打米机

二十三、2008 年您家支出情况（单位：元）

总支出	生产性	衣服	食品	看病	教育	娱乐	红白喜事		交通	通讯		住房	
							办事	随礼		手机	固话	新建	修缮
11970	250	100	500	100	5000			350	350	200	120		5000

二十四、目前您家耐用消费品情况（单位：个）

项目	个数	项目	个数
电视机	1	农用车（拖拉机）	
电冰箱		电脑	
洗衣机		小轿车	
照相机		电话	1
影碟机	1	组合音响	
电动车		手机	2
摩托车		自行车	
其他			

二十五、如果你们这里有新型农村合作医疗制度，你是否参加

1.已参加 2.没参加 3.不存在

二十六、去年以来，您和您的家人是否患过大病（达到住院程度的疾病）1.是 2.否

患病花费＿＿＿＿元，合作医疗报销＿＿＿＿元。

二十七、如果你们这里有社会养老保险，您是否参加

1.已参加 2.没参加 3.不存在

二十八、如果您家是贫困家庭，难以脱贫的主要原因（限选三项）

1.疾病或工伤 2.教育费用 3.建房或结婚负债 4.劳动力少 5.自然灾害及自然条件差 6.失去土地 7.文化水平低 8.不存在

二十九、您闲暇时间主要做什么（限选三项）

1.看电视（每天看 1 小时） 2.聊天（喜欢和谁聊天：＿＿＿＿）

3.文体活动（具体如：＿＿＿＿） 4.下棋（类型：＿＿＿＿）

5.看书（哪一类：政治、科技） 6.打牌（种类：＿＿＿＿）

7.上网（每天上网时长：＿＿＿＿小时） 8.闲逛（地点：＿＿＿＿）

9.其他＿＿＿＿

三十、您家外出劳动力情况（如没有外出劳动力则填零）

姓名	性别（男填1，女填2）	年龄	文化程度	外出时间	外出地区	从事工作
杨春莉	2	20	初中	1年	福建	打工

三十一、从整体上来说，您感觉您所在村寨的自然和人文环境如何？

1.很好 2.一般 3.较差 4.很差

三十二、您对自己当前的生活状况是否满意？1.很满意 2.比较满意 3.一般 4.不满意

三十三、您是否愿意为村寨的发展出谋划策？1.愿意 2.不愿意 3.不知道

三十四、当您家出现家庭纠纷时，一般会找什么人调解？

1.村干部 2.家族长辈 3.德高望重者 4.朋友 5.其他＿＿＿＿

三十五、您是如何了解到国家和地区的方针政策的？

1.村委会传达 2.传闻 3.报纸 4.电视 5.广播 6.网络 7.其他

三十六、您最想从事什么职业？

1.种田 2.打工 3.经商 4.当干部 5.当工人 6.当教师 7.当企业老板 8.当司机 9.影视明星 10.其他＿＿＿＿

三十七、关于土地使用权问题，您认为怎样好？

1.平均分配到户 2.改革后，组建发展规模专业户 3.说不清

二十八、您认为村集体为本村已解决的具体问题有哪些？

1.水　2.电　3.交通　4.通讯　5.公粮水费 6.就业 7.其他________

二十九、您认为家里迫切需要解决的问题有哪些？（最多选三项）

1.资金　2.科学技术 3.社会地位 4.文化知识　5.治病　6.孩子就业

7.本人或子女升学　8.其他________

四十、您认为集体经济是否重要？

1.完全没必要　2.不重要　3.可有可无　4.重要　5.很重要　6.说不清

四十一、您家办婚嫁大事，您与谁一起商量

1.亲戚　2.朋友　3.族人　4.其他人　5.不与人商量

四十二、当您遇上生意上的重大问题时，与谁一起商量

1.亲戚　2.朋友　3.族人　4.其他人　5.不与人商量

四十三、当您需要借钱解决燃眉之急时，首先向谁借钱

1.亲戚　2.朋友　3.族人　4.其他人　5.不找人借

四十四、当下列人有婚丧喜事时，您通常给谁送人情

1.亲戚　2.朋友　3.族人　4.其他人

四十五、如果您做生意，您会找谁与您一块儿干

1.亲戚　2.朋友　3.族人　4.其他人　5.自己单干

四十六、您觉得谁的信用最好，办事最可靠

1.亲戚　2.朋友　3.族人　4.自己　5.其他

民族村寨家庭户调查问卷

调查时间：2009年7月8日

调查地点：掌坳村

一、姓名：吴啟雄

二、性别：1.男 2.女

三、年龄：42

四、文化程度 1.大专及以上 2.高中（中专） 3.初中 4.小学 5.文盲半文盲

五、婚姻状况 1.未婚 2.初婚有配偶 3.再婚有配偶 4.离婚 5.丧偶

六、您是哪个民族 苗族

七、您信仰什么宗教 1.佛教 2.伊斯兰教 3.基督 4.道教 5.天主教 6.不存在

八、您家共有几口人（包括户籍人口和外来居住半年以上人口数） 9 人，分别是 公公、奶奶、妈妈、爸爸、叔妈、四个子女

九、2008年您家的收入为 无 元（包括政府补贴和社会救济）

十、2008年您全家收入来源情况

职业	收入（元）	职业	收入（元）
从事种植业	/	出租林地耕地房屋等	/
从事畜牧业	/	外出打工	4000
从事旅游业	/	从事运输业	/
家庭手工业	/	政府补贴和社会救济	/
从事养殖业	/	其他经营收入	/
本乡镇就业工资	/	合计	/

十一、 2008年您家的农作物、牲畜、家禽情况

种类	亩数	折算价值（元）	种类	亩数	折算价值（元）	种类	个数	折算价值（元）
水稻	4	2500	瓜果	1.00	150	猪	2	1500
玉米	1	300	花草	/	/	牛	1	3000
薯类	/	100	棉花	/	/	羊	/	/
油菜	/	100	茶叶	/	/	马	/	/
蔬菜	/	100	药材	/	/	禽类	/	/
大豆	/	/						
小米	/	/						

十二、您家承包土地情况（单位：亩）

总面积	水浇地面积	旱地面积	良田面积	荒地面积
5亩	~~4亩~~	1亩	4亩	无

十三、您家承包的土地有出租吗？ 1. 是 2.✓否 出租___无___亩。

十四、您家从事民族特色手工业吗？1. 是 2.✓否 从事的是___无___手工业

该手工业一年中最忙的时间是___无___，一年生产___无___，收入为___无___元

十五、制约您家农副业收入增长的主要因素（限选三项）

1.✓自然灾害 2. 市场（销路、价格） 3. 政策 4. 缺少劳动力 5. 土地少

6.✓缺少资金技术信息等 7.✓缺少项目 8. 不存在

十六、您家住房主要建筑类型是什么

1.✓木板屋 2. 吊脚楼 3. 砖木结构房屋 4. 钢筋水泥房 5. 其他________

十七、您家住房建筑面积是___50___平方米

十八、您家住房取暖设施 1.✓炭火 2. 煤炉 3. 电烤箱 4. 其他_____ 5. 不存在

十九、您家饮用水主要类型是什么 1.✓自来水 2. 井水 3. 溪河水 4. 其他_____

二十、您家做饭主要燃料是什么

1. 煤气液化气 2. 电 3. 煤炭 4.✓木柴 5. 其他________

二十一、您家农业生产水源情况

1. 水库水 2.✓降雨 3. 井水 4. 河流水 5. 泉水 6. 其他________

二十二、您家主要生产性固定资产数量情况（单位：个）

汽车	拖拉机	打草机	收割机	机动三轮车	牛车	马车	水泵	其他
无	无	无	无	无	无	无	无	无

二十三、2008 年您家支出情况（单位：元）

总支出	生产性	衣服	食品	看病	教育	娱乐	红白喜事		交通	通讯		住房	
							办事	随礼		手机	固话	新建	修缮
17300	2000	1000	3000	1500	8000	无			1000	1500	300		

二十四、目前您家耐用消费品情况（单位：个）

项目	个数	项目	个数
电视机	1个	农用车（拖拉机）	无
电冰箱	无	电脑	无
洗衣机	无	小轿车	无
照相机	无	电话	1个
影碟机	1个	组合音响	无
电动车	无	手机	3个
摩托车	无	自行车	3个
其他	无		

二十五、如果你们这里有新型农村合作医疗制度，你是否参加

1.已参加 2.没参加 3.不存在

二十六、去年以来，您和您的家人是否患过大病（达到住院程度的疾病）1.是 2.否

患病花费 600 元．合作医疗报销 80% 元

二十七、如果你们这里有社会养老保险，您是否参加

1.已参加 2.没参加 3.不存在

二十八、如果您家是贫困家庭，难以脱贫的主要原因（限选三项）

1.疾病或工伤 2.教育费用 3.建房或结婚负债 4.劳动力少 5.自然灾害及自然条件差 6.失去土地 7.文化水平低 8.不存在

二十九、您闲暇时间主要做什么（限选三项）

1.看电视（每天看 3 小时） 2.聊天（喜欢和谁聊天：无）

3.文体活动（具体如：无） 4.下棋（类型：无）

5.看书（哪一类：无） 6.打牌（种类：无）

7.上网（每天上网时长：无 小时） 8.闲逛（地点：无）

9.其他＿＿＿＿

三十、您家外出劳动力情况（如没有外出劳动力则填零）

姓名	性别（男填1，女填2）	年龄	文化程度	外出时间	外出地区	从事工作
金応杀	2	36	文盲	2008.11	江西	造林
李朝英	2	40	文盲	2008.11	江西	造林

三十一、从整体上来说，您感觉您所在村寨的自然和人文环境如何？

1.很好 2.一般 3.较差 4.很差

三十二、您对自己当前的生活状况是否满意？1.很满意 2.比较满意 3.一般 4.不满意

三十三、您是否愿意为村寨的发展出谋划策？ 1.愿意 2.不愿意 3.不知道

三十四、当您家出现家庭纠纷时，一般会找什么人调解？

1.村干部 2.家族长辈 3.德高望重者 4.朋友 5.其他＿＿＿＿

三十五、您是如何了解到国家和地区的方针政策的？

1.村委会传达 2.传闻 3.报纸 4.电视 5.广播 6.网络 7.其他

三十六、您最想从事什么职业？

1.种田 2.打工 3.经商 4.当干部 5.当工人 6.当教师 7.当企业老板 8.当司机 9.影视明星 10.其他＿＿＿＿

三十七、关于土地使用权问题，您认为怎样好？

1.平均分配到户 2.改革后，组建发展规模专业户 3.说不清

三十八、您认为村集体为本村已解决的具体问题有哪些？

1. 水　2. 电　3. 交通　4. 通讯　5. 公粮水费　6. 就业　7. 其他________

三十九、您认为家里迫切需要解决的问题有哪些？（最多选三项）

1. 资金　2. 科学技术　3. 社会地位　4. 文化知识　5. 治病　6. 孩子就业

7. 本人或子女升学　8. 其他________

四十、您认为集体经济是否重要？

1. 完全没必要　2. 不重要　3. 可有可无　4. 重要　5. 很重要　6. 说不清

四十一、您家办婚嫁大事，您与谁一起商量

1. 亲戚　2. 朋友　3. 族人　4. 其他人　5. 不与人商量

四十二、当您遇上生意上的重大问题时，与谁一起商量

1. 亲戚　2. 朋友　3. 族人　4. 其他人　5. 不与人商量

四十三、当您需要借钱解决燃眉之急时，首先向谁借钱

1. 亲戚　2. 朋友　3. 族人　4. 其他人　5. 不找人借（贷款）

四十四、当下列人有婚丧喜事时，您通常给谁送人情

1. 亲戚　2. 朋友　3. 族人　4. 其他人

四十五、如果您做生意，您会找谁与您一块儿干

1. 亲戚　2. 朋友　3. 族人　4. 其他人　5. 自己单干

四十六、您觉得谁的信用最好，办事最可靠

1. 亲戚　2. 朋友　3. 族人　4. 自己　5. 其他

民族村寨家庭户调查问卷

调查时间：2009.7.8
调查地点：掌坳村四组伍家

一、姓名：伍明秀
二、性别：1.男 2.女
三、年龄：58
四、文化程度　1.大专及以上　2.高中（中专）　3.初中　4.小学　5.文盲半文盲
五、婚姻状况　1.未婚　2.初婚有配偶　3.再婚有配偶　4.离婚　5.丧偶
六、您是哪个民族 苗
七、您信仰什么宗教　1.佛教 2.伊斯兰教 3.基督 4.道教 5.天主教 6.不存在
八、您家共有几口人（包括户籍人口和外来居住半年以上人口数）3 人，分别是 丈夫 儿子.
九、2008年您家的收入为 4500 元（包括政府补贴和社会救济）
十、2008年您全家收入来源情况

职业	收入（元）	职业	收入（元）
从事种植业		出租林地耕地房屋等	
从事畜牧业		外出打工	
从事旅游业		从事运输业	
家庭手工业		政府补贴和社会救济	
从事养殖业		其他经营收入	
本乡镇就业工资		合计	

十一、　2008年您家的农作物、牲畜、家禽情况

种类	亩数	折算价值（元）	种类	亩数	折算价值（元）	种类	个数	折算价值（元）
水稻	2	1400.-	瓜果			猪		
玉米			花草			牛		
薯类			棉花			羊		
油菜			茶叶			马		
蔬菜			药材			禽类		
大豆								
小米								

十二、您家承包土地情况（单位：亩）

总面积	水浇地面积	旱地面积	良田面积	荒地面积
2.5(亩)	[illegible]	0.5(亩)	2(亩)	

十三、您家承包的土地有出租吗？ 1. 是 ✓2. 否 出租________亩。

十四、您家从事民族特色手工业吗？1. 是 ✓2. 否 从事的是________手工业。

该手工业一年中最忙的时间是______，一年生产______，收入为______元。

十五、制约您家农副业收入增长的主要因素（限选二项）

1. 自然灾害 2. 市场（销路、价格） 3. 政策 4. 缺少劳动力 ✓5. 土地少

6. 缺少资金技术信息等 ✓7. 缺少项目 8. 不存在

十六、您家住房主要建筑类型是什么

1. 木板屋 2. 吊脚楼 3. 砖木结构房屋 ✓4. 钢筋水泥房 5. 其他______

十七、您家住房建筑面积是 110 平方米

十八、您家住房取暖设施 ✓1. 炭火 2. 煤炉 3. 电烤箱 4. 其他____ 5. 不存在

十九、您家饮用水主要类型是什么 ✓1. 自来水 2. 井水 3. 溪河水 4. 其他____

二十、您家做饭主要燃料是什么

✓1. 煤气液化气 ✓2. 电 3. 煤炭 4. 木柴 5. 其他______

二十一、您家农业生产水源情况

1. 水库水 2. 降雨 3. 井水 4. 河流水 ✓5. 泉水 6. 其他______

二十二、您家主要生产性固定资产数量情况 （单位：个）

汽车	拖拉机	打草机	收割机	机动三轮车	牛车	马车	水泵	其他

二十三、2008 年您家支出情况（单位：元）

总支出	生产性	衣服	食品	看病	教育	娱乐	红白喜事		交通	通讯		住房	
							办事	随礼		手机	固话	新建	修缮
160400	1200	1500	3500	800	500			2000	750	1100		15万	

二十四、目前您家耐用消费品情况（单位：个）

项目	个数	项目	个数
电视机	1	农用车（拖拉机）	
电冰箱		电脑	
洗衣机		小轿车	
照相机		电话	
影碟机	1	组合音响	
电动车		手机	2
摩托车	1	自行车	
其他			

二十五、如果你们这里有新型农村合作医疗制度，你是否参加

1. 已参加 2. 没参加 3. 不存在

二十六、去年以来，您和您的家人是否患过大病（达到住院程度的疾病）1. 是 2. 否

患病花费________元，合作医疗报销________元。

二十七、如果你们这里有社会养老保险，您是否参加

1. 已参加 2. 没参加 3. 不存在

二十八、如果您家是贫困家庭，难以脱贫的主要原因（限选三项）

1. 疾病或工伤 2. 教育费用 3. 建房或结婚负债 4. 劳动力少 5. 自然灾害及自然条件差 6. 失去土地 7. 文化水平低 8. 不存在

二十九、您闲暇时间主要做什么（限选三项）

1. 看电视（每天看 2 小时） 2. 聊天（喜欢和谁聊天：________）

3. 文体活动（具体如：________） 4. 下棋（类型：________）

5. 看书（哪一类：医学） 6. 打牌（种类：________）

7. 上网（每天上网时长：________小时） 8. 闲逛（地点：________）

9. 其他________

三十、您家外出劳动力情况（如没有外出劳动力则填零）

姓名	性别（男填 1，女填 2）	年龄	文化程度	外出时间	外出地区	从事工作

三十一、从整体上来说，您感觉您所在村寨的自然和人文环境如何？

1. 很好 2. 一般 3. 较差 4. 很差

三十二、您对自己当前的生活状况是否满意？1. 很满意 2. 比较满意 3. 一般 4. 不满意

三十三、您是否愿意为村寨的发展出谋划策？ 1. 愿意 2. 不愿意 3. 不知道

三十四、当您家出现家庭纠纷时，一般会找什么人调解？

1. 村干部 2. 家族长辈 3. 德高望重者 4. 朋友 5. 其他________

三十五、您是如何了解到国家和地区的方针政策的？

1. 村委会传达 2. 传闻 3. 报纸 4. 电视 5. 广播 6. 网络 7. 其他

三十六、您最想从事什么职业？

1. 种田 2. 打工 3. 经商 4. 当干部 5. 当工人 6. 当教师

7. 当企业老板 8. 当司机 9. 影视明星 10. 其他 医生

三十七、关于土地使用权问题，您认为怎样好？

1. 平均分配到户 2. 改革后，组建发展规模专业户 3. 说不清

三十八、您认为村集体为本村已解决的具体问题有哪些？

1. 水 2. 电 3. 交通 4. 通讯 5. 公粮水费 6. 就业 7. 其他________

三十九、您认为家里迫切需要解决的问题有哪些？（最多选三项）

1. 资金 2. 科学技术 3. 社会地位 4. 文化知识 5. 治病 6. 孩子就业

7. 本人或子女升学 8. 其他________

四十、您认为集体经济是否重要？

1. 完全没必要 2. 不重要 3. 可有可无 4. 重要 5. 很重要 6. 说不清

四十一、您家办婚嫁大事，您与谁一起商量

1. 亲戚 2. 朋友 3. 族人 4. 其他人 5. 不与人商量

四十二、当您遇上生意上的重大问题时，与谁一起商量

1. 亲戚 2. 朋友 3. 族人 4. 其他人 5. 不与人商量

四十三、当您需要借钱解决燃眉之急时，首先向谁借钱

1. 亲戚 2. 朋友 3. 族人 4. 其他人 5. 不找人借

四十四、当下列人有婚丧喜事时，您通常给谁送人情

1. 亲戚 2. 朋友 3. 族人 4. 其他人

四十五、如果您做生意，您会找谁与您一块儿干

1. 亲戚 2. 朋友 3. 族人 4. 其他人 5. 自己单干

四十六、您觉得谁的信用最好，办事最可靠

1. 亲戚 2. 朋友 3. 族人 4. 自己 5. 其他

民族村寨家庭户调查问卷

调查时间：2009.7.6

调查地点：掌坳村2组

一、姓名：李廷英

二、性别：1.男 2.女

三、年龄：49

四、文化程度 1.大专及以上 2.高中（中专） 3.初中 4.小学 5.文盲半文盲

五、婚姻状况 1.未婚 2.初婚有配偶 3.再婚有配偶 4.离婚 5.丧偶

六、您是哪个民族 苗

七、您信仰什么宗教 1.佛教 2.伊斯兰教 3.基督 4.道教 5.天主教 6.不存在

八、您家共有几口人（包括户籍人口和外来居住半年以上人口数） 5 人，分别是 妻子．母亲．长子．次子

九、2008年您家的收入为 4000 元（包括政府补贴和社会救济）

十、2008年您全家收入来源情况

职业	收入（元）	职业	收入（元）
从事种植业	1000	出租林地耕地房屋等	
从事畜牧业		外出打工	3000
从事旅游业		从事运输业	
家庭手工业		政府补贴和社会救济	
从事养殖业		其他经营收入	
本乡镇就业工资		合计	4000

十一、 2008年您家的农作物、牲畜、家禽情况

种类	亩数	折算价值（元）	种类	亩数	折算价值（元）	种类	个数	折算价值（元）
水稻	2.	800	瓜果			猪		
玉米			花草			牛		
薯类			棉花			羊		
油菜			茶叶			马		
蔬菜			药材			禽类		
大豆								
小米								

十二、您家承包土地情况（单位：亩）

总面积	水浇地面积	旱地面积	良田面积	荒地面积
3	1	0.5	1	0.5

十三、您家承包的土地有出租吗？　1. 是　　2. 否　　出租________________亩。

十四、您家从事民族特色手工业吗？1. 是　　2. 否　　从事的是________________手工业。

该手工业一年中最忙的时间是________，一年生产________，收入为________元。

十五、制约您家农副业收入增长的主要因素（限选三项）

1. 自然灾害　2. 市场（销路、价格）　3. 政策　4. 缺少劳动力　5. 土地少

6. 缺少资金技术信息等　7. 缺少项目　8. 不存在

十六、您家住房主要建筑类型是什么

1. 木板屋　2. 吊脚楼　3. 砖木结构房屋　4. 钢筋水泥房　5. 其他________

十七、您家住房建筑面积是 120 平方米

十八、您家住房取暖设施 1. 炭火　2. 煤炉　3. 电烤箱　4. 其他_____　5. 不存在

十九、您家饮用水主要类型是什么 1. 自来水 2. 井水 3. 溪河水 4. 其他_____

二十、您家做饭主要燃料是什么

1. 煤气液化气 2. 电　3. 煤炭 4. 木柴　5. 其他_______

二十一、您家农业生产水源情况

1. 水库水 2. 降雨 3. 井水 4. 河流水 5. 泉水 6. 其他_______

二十二、您家主要生产性固定资产数量情况（单位：个）

汽车	拖拉机	打草机	收割机	机动三轮车	牛车	马车	水泵	其他

二十三、2008 年您家支出情况（单位：元）

总支出	生产性	衣服	食品	看病	教育	娱乐	红白喜事		交通	通讯		住房	
							办事	随礼		手机	固话	新建	修缮
1300	200	100	200	300				500					

二十四、目前您家耐用消费品情况（单位：个）

项目	个数	项目	个数
电视机	1	农用车（拖拉机）	
电冰箱		电脑	
洗衣机		小轿车	
照相机		电话	1
影碟机	1	组合音响	
电动车		手机	
摩托车		自行车	
其他			

二十五、如果你们这里有新型农村合作医疗制度，你是否参加

1.已参加 2.没参加 3.不存在

二十六、去年以来，您和您的家人是否患过大病（达到住院程度的疾病）1.是 2.否

患病花费 300 元，合作医疗报销 2100 元。

二十七、如果你们这里有社会养老保险，您是否参加

1.已参加 2.没参加 3.不存在

二十八、如果您家是贫困家庭，难以脱贫的主要原因（限选三项）

1.疾病或工伤 2.教育费用 3.建房或结婚负债 4.劳动力少 5.自然灾害及自然条件差 6.失去土地 7.文化水平低 8.不存在

二十九、您闲暇时间主要做什么（限选三项）

1.看电视（每天看 2 小时） 2.聊天（喜欢和谁聊天：家人）

3.文体活动（具体如：______） 4.下棋（类型：______）

5.看书（哪一类：______） 6.打牌（种类：______）

7.上网（每天上网时长：______小时） 8.闲逛（地点：______）

9.其他______

三十、您家外出劳动力情况（如没有外出劳动力则填零）

姓名	性别（男填1，女填2）	年龄	文化程度	外出时间	外出地区	从事工作
吴臣郎	1	24	小学	2009.5	浙江	打工

三十一、从整体上来说，您感觉您所在村寨的自然和人文环境如何？

1.很好 2.一般 3.较差 4.很差

三十二、您对自己当前的生活状况是否满意？1.很满意 2.比较满意 3.一般 4.不满意

三十三、您是否愿意为村寨的发展出谋划策？1.愿意 2.不愿意 3.不知道

三十四、当您家出现家庭纠纷时，一般会找什么人调解？

1.村干部 2.家族长辈 3.德高望重者 4.朋友 5.其他______

三十五、您是如何了解到国家和地区的方针政策的？

1.村委会传达 2.传闻 3.报纸 4.电视 5.广播 6.网络 7.其他

三十六、您最想从事什么职业？

1.种田 2.打工 3.经商 4.当干部 5.当工人 6.当教师 7.当企业老板 8.当司机 9.影视明星 10.其他______

三十七、关于土地使用权问题，您认为怎样好？

1.平均分配到户 2.改革后，组建发展规模专业户 3.说不清

三十八、您认为村集体为本村已解决的具体问题有哪些？

1. 水　2. 电　3. 交通　4. 通讯　5. 公粮水费　6. 就业　7. 其他＿＿＿＿＿

三十九、您认为家里迫切需要解决的问题有哪些？（最多选三项）

1. 资金　2. 科学技术　3. 社会地位　4. 文化知识　5. 治病　6. 孩子就业

7. 本人或子女升学　8. 其他＿＿＿＿＿

四十、您认为集体经济是否重要？

1. 完全没必要　2. 不重要　3. 可有可无　4. 重要　5. 很重要　6. 说不清

四十一、您家办婚嫁大事，您与谁一起商量

1. 亲戚　2. 朋友　3. 族人　4. 其他人　5. 不与人商量

四十二、当您遇上生意上的重大问题时，与谁一起商量

1. 亲戚　2. 朋友　3. 族人　4. 其他人　5. 不与人商量

四十三、当您需要借钱解决燃眉之急时，首先向谁借钱

1. 亲戚　2. 朋友　3. 族人　4. 其他人　5. 不找人借

四十四、当下列人有婚丧喜事时，您通常给谁送人情

1. 亲戚　2. 朋友　3. 族人　4. 其他人

四十五、如果您做生意，您会找谁与您一块儿干

1. 亲戚　2. 朋友　3. 族人　4. 其他人　5. 自己单干

四十六、您觉得谁的信用最好，办事最可靠

1. 亲戚　2. 朋友　3. 族人　4. 自己　5. 其他